강의를 키워드로 풀어쓴

# 최태성
# 한능검
# 기본서

심화 1·2·3급

# 한국사능력검정시험에 도전하는 여러분!

안녕하세요. 큰★별쌤 최태성입니다.
여러분, 이런 책 본 적 있어요? 기발하지 않아요?
**키워드와 그림의 환상적인 콜라보레이션~~**
304개의 키워드로 한국사 개념을 죽 훑고 흐름도 꽉 잡는 거예요.
한 번 딱 보면 바로 생각날 수 있도록 그림도 더했고요.
대박!!! 책을 보고 또 봐도 짱. 하하하. 자화자찬인가요?

한능검에 도전하려고 하니 막연한 두려움에 시작을 망설이는 분들이 분명 있으실 겁니다.
'공부할 시간이 부족한데', '나 역알못인데', '외울 게 너무 많잖아'
시간이 별로 없을 때 뭐부터 해야 할지 당황하잖아요. 바로 기출 문제를 풀긴 부담스럽고,
그렇다고 엄청나게 많은 강의를 처음부터 듣자니 멘붕이고요 ….
그럴 때 필요한 책이 바로 "**이 책**" 되겠습니다.

압축된 강의식 설명글! 그리고 이해 팍팍 도와주는 똥작가님의 재치 있는 그림!
거기에 덧붙여 연결되는 한국사능력검정시험 기출 문제까지.
이러면 완벽한 거 아닌가요? 박수!! 또 자화자찬♥♥ 하하하.

사실 제가 여러분께 드리고 싶은 진짜 이야기는 따로 있어요.
이 책이 의미 없이 세상에 나온 것이 아니라는 걸 알려드리고 싶었거든요.
정말 의미 있는 책입니다.

여러분, 한국사를 왜 공부하세요? 단순히 사실들을 암기해서 자격증 따시려고요?
그게 다예요? 아~~ 어쩌죠? 그렇게 배우시면 일주일 뒤에 다 까먹어요.
한국사를 공부하는 이유는 많은 역사적 사실들을 공부하는 과정에서
그 사실들을 만들어낸 '사람'을 만나기 위해서랍니다.
'사실'을 알기 위해서가 아니라 '사람'을 만나기 위해서 한국사를 공부하는 겁니다.

그러니 이 귀한 시간.
한국사능력검정시험을 공부하는 이 귀한 시간에 '사람'을 놓치시면 안 되겠지요?
똥작가님의 그림과 제 강의 글로 그 '사람'을 만날 수 있도록 최선을 다하겠습니다♡
아무쪼록 한국사능력검정시험도 합격하시고, 공부하시는 과정에서 '사람'도 꼭 만나 보세요.
그래야 '내'가 어떻게 살아가는 것이 건강한지 그 방향성을 찾을 수 있기에.
자!! 힘내세요~~ 여러분은 합격하실 겁니다. 파이팅!

여러분을 응원하는 큰★별쌤 *최태성*

# 한국사능력검정시험 **시험 안내**

| | 심화 | | | 기본 | | |
|---|---|---|---|---|---|---|
| ✓ **평가 등급** | 1급 | 2급 | 3급 | 4급 | 5급 | 6급 |
| | 80점 이상 | 70~79점 | 60~69점 | 80점 이상 | 70~79점 | 60~69점 |
| ✓ **문항수** | 50문항 (5지 택1형) | | | 50문항 (4지 택1형) | | |
| ✓ **시험 시간** | 10:00 ~ 10:10 (10분 소요) | 오리엔테이션(시험 시 주의 사항) | | 10:00 ~ 10:10 (10분 소요) | 오리엔테이션(시험 시 주의 사항) | |
| | 10:10 ~ 10:15 (5분 소요) | 신분증 확인(감독관) | | 10:10 ~ 10:15 (5분 소요) | 신분증 확인(감독관) | |
| | 10:15 ~ 10:20 (5분 소요) | 문제지 배부 및 파본 검사 | | 10:15 ~ 10:20 (5분 소요) | 문제지 배부 및 파본 검사 | |
| | 10:20 ~ 11:40 (80분 소요) | 시험 실시 | | 10:20 ~ 11:30 (70분 소요) | 시험 실시 | |
| ✓ **시험 일시** | 연 6회 실시 (2월, 4월, 6월, 8월, 10월, 12월) | | | 연 4회 실시 (2월, 4월, 8월, 12월) | | |
| ✓ **시험 응시료** | 22,000원 | | | 18,000원 | | |

✓ **시험 접수**
한국사능력검정시험 홈페이지(http://www.historyexam.go.kr)에서 시험 실시 4주 전 월요일부터 금요일까지 접수 가능

준비물 ❶ 수험표 ❷ 신분증 ❸ 컴퓨터용 수성사인펜, 수정테이프(수정액)

✓ **합격자 발표**
응시자가 인터넷 성적 조회 및 성적 통지서, 인증서 출력(홈페이지, 정부24)
*별도의 성적 통지서, 인증서를 발급하지 않습니다.

✓ **시험 유의 사항**
◆ 시험 당일 시험실 입실은 08:30부터 09:59 까지 가능합니다(10시부터 시험실 입실 불가).
◆ 시험 종료 15분 전까지는 퇴실할 수 없습니다.

✓ **답안 작성 유의 사항**
◆ 답안지는 컴퓨터용 사인펜만을 사용해 작성해야 하며, 그 외의 펜을 사용하는 경우 응시자가 불이익을 받을 수 있습니다.
◆ 시험 중 답안지를 교체한 경우 인적사항 등 답안지 기재사항을 모두 다시 기재해야 합니다. 교체 전 답안지는 감독관에게 제출하며 답안지 교체에 따른 추가 시간은 없습니다.
◆ 답안 작성 방법 예시

| 바른 방법 | 바르지 못한 방법 | | | | | |
|---|---|---|---|---|---|---|
| ● | ⊘ | ⊗ | ◑ | ⦸ | ⊙ | ◡ |

| 중복 답안으로 인한 오답 처리 예시 | | | | |
|---|---|---|---|---|
| 예비 마킹이 남아있는 답안 | ① | ⊘ | ③ | ● |
| 수정테이프 사용 없이 X표시한 답안 | ① | ● | ⊗ | ④ |
| 2개 이상의 문항에 점이 찍힌 답안 | ● | ② | ③ | ④ |

# 이 책의 활용법

## ➕ 키워드로 핵심 잡고 스토리로 흐름 잡고 그림으로 기억한다!

키워드 304개면
개념 정리 끝!

급수별 필수 학습
**키워드 체크**

| 심화 응시자<br>(1,2,3급) | | 기본 응시자<br>(4,5,6급) |
|---|---|---|
| 기본 ✓ 심화 ✓ | | 기본 ✓ |
| 304개 키워드 | | 200개 키워드 |

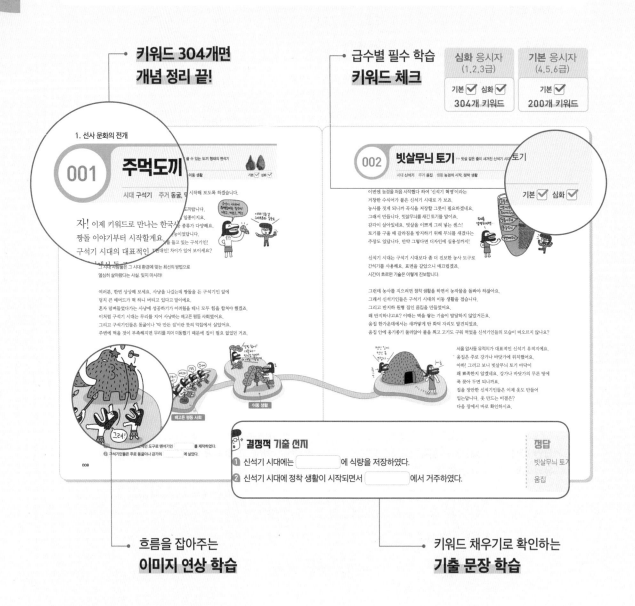

흐름을 잡아주는
**이미지 연상 학습**

키워드 채우기로 확인하는
**기출 문장 학습**

귓가에 생생하게 들리는
큰★별쌤 목소리

열 마디 설명보다
강력한 그림

# ➕ 키워드만 알아도 기출 문제가 술술 풀린다!

**대표 기출 148문항으로**
**개념 완벽 적용!**

**배운 개념을 다시 확인하는**
**빈틈 없는 키워드 점검!**

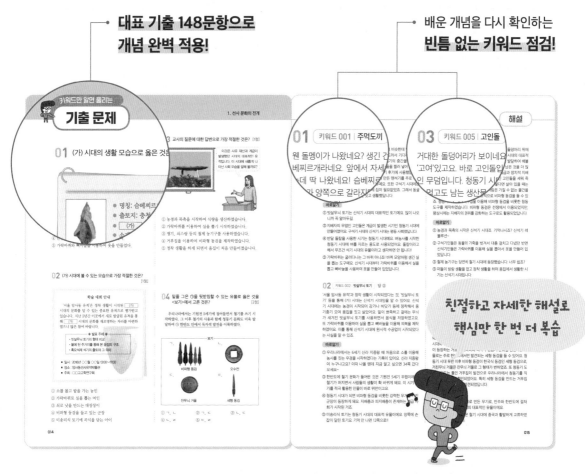

## ➕ 함께보면 효과 2배 부록

시험에 꼭 나올 키워드만 콕 집었다!
### 최태성 족집게 강의

펼치면 흐름이 되는
그림 연표

암기는 딱 36쪽으로 끝내라!
### 시험장까지 가져가는 핵심 요약집

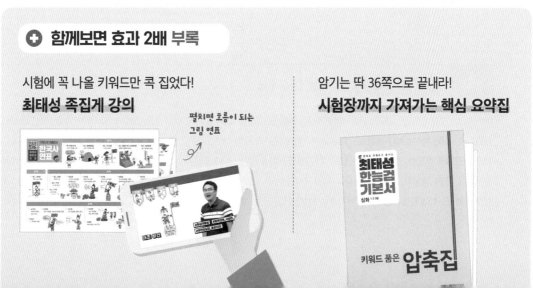

# 이 책의 키워드

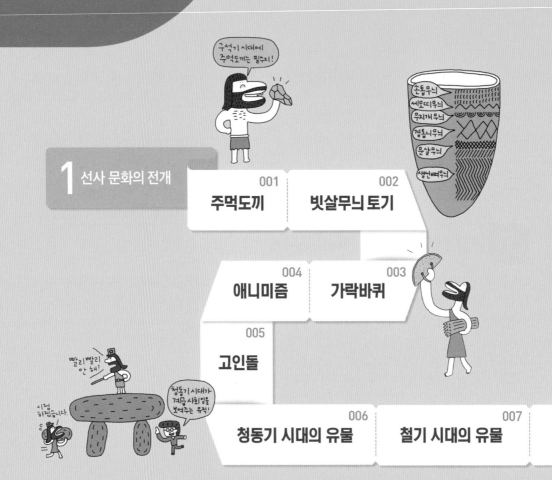

**1** 선사 문화의 전개

| 001 | 002 |
| --- | --- |
| **주먹도끼** | **빗살무늬 토기** |

| 004 | 003 |
| --- | --- |
| **애니미즘** | **가락바퀴** |

005
**고인돌**

| 006 | 007 |
| --- | --- |
| **청동기 시대의 유물** | **철기 시대의 유물** |

2 고조선과
여러 나라의 성장

# 001 주먹도끼 ▶▶ 주먹에 쥐고 쓸 수 있는 도끼 형태의 뗀석기

시대 구석기  주거 동굴, 막집  생활 무리·이동 생활          기본 ✔ 심화 ✔

자! 이제 키워드로 만나는 한국사의 긴 여정을 떠나보도록 하겠습니다.
짱돌 이야기부터 시작할게요.
구석기 시대의 대표적인 도구가 바로 짱돌 **주먹도끼**랍니다.
돌멩이에서 돌 조각을 떼어내서 만든 **뗀석기**의 일종이지요.
뗀석기는 주먹도끼·찍개·긁개·슴베찌르개 등 종류가 다양해요.
그중 주먹도끼는 지금의 스마트폰같이 만능이었답니다.
뭐든 할 수 있었죠. 한 손에 주먹도끼를 들고 있는 구석기인!
한 손에 스마트폰을 들고 있는 현대인! 차이가 있어 보이세요?

그 시대 사람들은 그 시대 환경에 맞는 최선의 방법으로
열심히 살아왔다는 사실. 잊지 마시라!

여러분, 한번 상상해 보세요. 사냥을 나갔는데 짱돌을 든 구석기인 앞에
덩치 큰 매머드가 떡 하니 버티고 있다고 말이에요.
혼자 덤벼들었다가는 사냥에 성공하기가 어려웠을 테니 모두 힘을 합쳐야 했겠죠.
이처럼 구석기 시대는 무리를 지어 사냥하는 **배고픈 평등 사회**였어요.
그리고 구석기인들은 **동굴**이나 '막 만든 집'이란 뜻의 **막집**에서 살았어요.
주변에 먹을 것이 부족해지면 **무리를 지어 이동**했기 때문에 집이 필요 없었던 거죠.

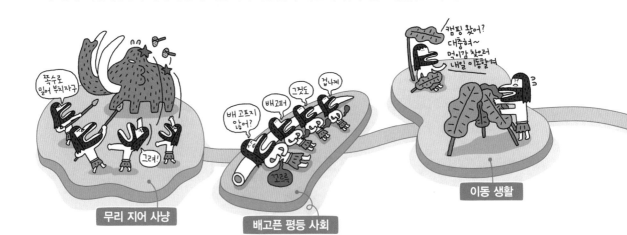

무리 지어 사냥          배고픈 평등 사회          이동 생활

 **결정적 기출 선지**

❶ 구석기 시대에는 대표적인 도구로 뗀석기인 [        ]를 제작하였다.

❷ 구석기인들은 주로 동굴이나 강가의 [        ]에 살았다.

**정답**

주먹도끼

막집

# 빗살무늬 토기 ▶▶ 빗살 같은 줄이 새겨진 신석기 시대의 토기

시대 신석기   주거 움집   생활 농경의 시작, 정착 생활   기본 ✔ 심화 ✔

이번엔 **농경을 처음 시작**했다 하여 '신석기 혁명'이라는
거창한 수식어가 붙은 신석기 시대로 가 보죠.
농사를 짓게 되니까 곡식을 저장할 그릇이 필요하겠네요.
그래서 만듭니다. **빗살무늬를 새긴 토기**를 말이죠.
감각이 살아있네요. 빗살을 이쁘게 그려 넣는 센스!
토기를 구울 때 갈라짐을 방지하기 위해 무늬를 새겼다는
주장도 있답니다. 만약 그렇다면 디자인에 실용성까지!

신석기 시대는 구석기 시대보다 좀 더 진보한 농사 도구로
**간석기**를 사용해요. 표면을 갈았으니 매끄럽겠죠.
시간이 흐르면 기술은 이렇게 진보합니다.

그런데 농사를 지으려면 **정착 생활**을 하면서 농작물을 돌봐야 하잖아요.
그래서 신석기인들은 구석기 시대의 이동 생활을 접습니다.
그리고 반지하 원형 집인 **움집**을 만들었어요.
왜 반지하냐고요? 이때는 벽을 쌓는 기술이 발달하지 않았거든요.
움집 한가운데에서는 새까맣게 탄 화덕 자리도 발견되었죠.
움집 안에 옹기종기 둘러앉아 불을 쬐고 고기도 구워 먹었을 신석기인들의 모습이 떠오르지 않나요?

**서울 암사동 유적지**가 대표적인 신석기 유적지예요.
움집은 주로 강가나 바닷가에 위치했어요.
아하! 그러고 보니 빗살무늬 토기 바닥이
왜 뾰족한지 알겠네요. 강가나 바닷가의 무른 땅에
푹 꽂아 두면 되니까요.
집을 장만한 신석기인들은 이제 옷도 만들어
입는답니다. 옷 만드는 비결은?
다음 장에서 바로 확인하시죠.

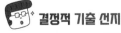

## 결정적 기출 선지

**1** 신석기 시대에는 [          ]에 식량을 저장하였다.

**2** 신석기 시대에 정착 생활이 시작되면서 [          ]에서 거주하였다.

**정답**

빗살무늬 토기

움집

## 003 가락바퀴 ▶▶ 실을 만들 때 사용했던 도구

시대 신석기  짝꿍 뼈바늘  기본 ☑ 심화 ☑

떠돌이 생활을 청산한 신석기인들은 옷을 만들어 입습니다.
구석기인들은 동물 가죽을 대충 걸쳐 입었는데,
신석기인들은 몸에 딱 맞는 옷을 입은 거죠. 이제 그 비결을 공개합니다.
바로 **가락바퀴**.
가락바퀴를 이용해 만든 실을 **뼈바늘**에 꿰어 옷이나 그물을 만들었지요.
가락바퀴는 가운데 구멍에 막대기를 끼우고 실을 뽑아낼 때
그 실을 막대기에 감는 일종의 물레 같은 거예요.
신석기인들은 패션에도 눈을 떴어요. 동물의 뼈나 이빨로 치레걸이라는 장신구와
조개껍데기로 가면을 만들었답니다.
신석기 시대에 정착 생활을 시작하게 됐으니까 매일 보는 사람을 계속 만나기에 외모에
더욱 신경을 쓴 건 아닐까요?
암튼 멋진 옷에 멋진 액세서리까지. 오우! 나이스~

> 가락바퀴를 돌려
> 실이 한 곳에
> 감기도록 하는
> 것입니다.

## 004 애니미즘 ▶▶ 모든 자연물에 정령이 있다고 믿는 신앙

시대 신석기  신앙 토테미즘, 샤머니즘  기본 ☐ 심화 ☑

> 고마워요
> 햇님!

농사를 처음 시작한 신석기인들에게 자연 현상은 아주 중요했어요.
적당한 햇빛, 적당한 비가 꼭 필요했죠.
하지만 매번 날이 좋을 수는 없는 법.
기상청도 없고, 인터넷도 없고, 과학 지식은 없는 거나 마찬가지.
남은 방법은? 태양과 물을 숭배하며 날씨가 좋길 빌어야겠네요.
이걸 **애니미즘**이라고 해요.
특정 동물을 숭배하는 **토테미즘**, 무당을 믿는 **샤머니즘**의 모습도
신석기 시대에 나타난답니다. 이렇게 신석기인들이 해·곰·무당에
게 빌면서까지 농사가 잘 되길 바랐지만 아직 농사 기술이 발달하
지 않아 수확량이 시원찮습니다. 그래서 신석기 시대도 수렵과 채
집을 병행하면서 서로 돕고 사는 **평등 사회**였답니다.

 **결정적 기출 선지**

❶ 신석기 시대에는 [        ]를 이용하여 실을 뽑았다.

**정답**

가락바퀴

# 005 고인돌 ▶▶ 청동기 시대 지배자의 무덤

시대 청동기  생활 계급의 발생  무기 비파형 동검          기본 ☑ 심화 ☑

신석기 시대의 포인트가 농경의 시작이라면, 청동기 시대의 포인트는 **계급의 발생**입니다.
청동기 시대에는 농사 기술이 발달하면서 배불리 먹고도 '남는 것'이 생겼어요.
남는 게 생겼으니 서로 나눠 먹고 다같이 행복해졌을까요? 천만의 말씀 만만의 콩떡.
'남은 것'을 더 많이 차지하기 위한 싸움이 벌어졌고, 이기기 위해서는 무기가 필요했습니다.
청동기 시대의 대표적인 무기로는 **비파형 동검**이 있어요. 비파라는 악기를 닮은 청동 칼이랍니다.

이제 싸움의 결과로 승리자와 패배자가 나타났고, 계급이 발생하게 됩니다.
청동기 시대 계급 사회를 보여 주는 가장 확실한 유적이 바로 **고인돌**입니다.
우리나라에서 제일 큰 고인돌의 덮개돌은 자그마치 297톤입니다.
이 거대한 고인돌, 즉 한 사람의 무덤을 만들기 위해 수백 명, 많게는 천 명 이상이 동원되었어요.
이를 통해 그 무덤의 주인공이 지배자일 것으로 추측할 수 있지요.
그럼 청동기 시대의 무덤은 고인돌뿐일까요? 아니요, 그렇지 않습니다.
돌로 관을 짜서 만든 '돌널무덤'도 있었답니다.

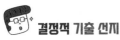

**결정적 기출 선지**

❶ 청동기 시대에는 지배자의 무덤으로 [      ]을 축조하였다.

정답

고인돌

## 006 청동기 시대의 유물 ▸▸ 청동기 시대부터 주로 사용한 도구나 토기

종류 반달 돌칼, 민무늬 토기, 미송리식 토기    주의 농기구는 여전히 돌로 제작    기본 ✓ 심화 ✓

청동기 시대가 되면 농사 기술이 더 발달하여 벼농사를 짓게 됩니다.
청동기 시대 농기구는 무엇으로 만들까요? 청동? 에이.
마치 다이아몬드로 만든 호미를 사용한다는 말 같네요.
당시 청동은 매우 귀한 금속이라 청동으로 만든 것은
가진 자의 권위를 상징하는 도구이기도 했어요.
거친무늬 거울을 배에 턱 차고 햇빛에 번쩍이는 비파형
동검을 들고 있는 청동기 시대의 한 남자를 떠올려보세요.
번쩍이는 세단을 몰며 도시를 질주하는 현대인의 모습과
별반 차이가 없겠죠?!

권위를 상징하는…

그래서 청동기 시대에는 여전히 돌로 만든 농기구를 썼어요.
대표적인 농기구가 **반달 돌칼**이랍니다.
반달 돌칼은 이름 그대로 돌로 만든 반달 모양의 칼이에요.
벼를 수확할 때 유용하게 쓰였죠. 근데 왼쪽 그림 속 두 개의 구멍은 뭘까요?
반달 돌칼의 양쪽 구멍에 줄을 꿰어 손가락을 고정한 뒤 쓱싹쓱싹 벼 이삭을
아주 쉽게 자를 수 있었답니다.

그럼 반달 돌칼로 수확한 벼는 어디에 저장했을까요?
청동기 시대에는 **민무늬 토기**가 있었어요.
말 그대로 무늬가 없다는 거죠. 신석기 시대의
빗살무늬 토기처럼 섬세한 무늬를 그려 넣기보다는
대량으로 더 많이 팍팍 만들어 내기 위해 무늬는 생략.
뭐 이런 거 아닐까요?
밑바닥도 평평하게 만들었어요. 사는 곳이 평평해졌거든요.
그리고 청동기 시대에 특이한 토기가 하나 더 있는데, 미송리 지역에서 발견된 **미송리식 토기**입니다.
이 토기는 양 옆에 손잡이가 달려 있는 것이 특징이랍니다.
그릇을 들고 다닐 때 손잡이가 있으면 더 편하잖아요~ 시간이 흐를수록 그릇도 진화하네요.

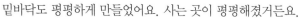

청동기 시대 민무늬 토기전

단순하게 기능미를 강조!

오, 손잡이까지

미송리식 토기

 **결정적 기출 선지**

❶ 청동기 시대에는 [        ]을 사용하여 벼를(곡물을) 수확하였다.

❷ 청동기 시대에는 손잡이가 있는 [        ] 토기를 사용하였다.

**정답**

반달 돌칼

미송리식

# 007 철기 시대의 유물 ▶▶ 철기 시대부터 주로 사용한 도구나 화폐

종류 세형 동검, 명도전    주의 세형 동검은 청동 무기    기본 ☐ 심화 ✔

청동기 시대에 비파형 동검이 있다면, 철기 시대에는 **세형 동검**이 있어요.
세형 동검은 철기가 아닌 청동기로 만든 무기입니다.
철기 시대에 웬 청동기냐구요?
철기 시대 초기에는 청동기도 함께 사용했기 때문이에요.
그래도 철기 시대 자존심이 있죠! 더 날카롭고, 더 단단해졌답니다!

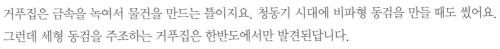

비파형 동검이 한반도와 만주 지역 일대에서 광범위하게
발견되는 것에 비해 세형 동검은 한반도에서 집중적으로
발견되고 있어요. 그래서 세형 동검을 통해 한반도에서
독자적 청동기 문화가 발전했음을 알 수 있답니다.
세형 동검을 만들 때는 **거푸집**을 사용했어요.
거푸집은 금속을 녹여서 물건을 만드는 틀이지요. 청동기 시대에 비파형 동검을 만들 때도 썼어요.
그런데 세형 동검을 주조하는 거푸집은 한반도에서만 발견된답니다.
무늬가 고운 잔무늬 거울도 철기 시대의 청동기 유물이죠.

그리고 이제 더 이상 돌로 농기구는 안 만듭니다. 그럼? 철로 만들죠.
철제 농기구로 농사를 지으니 생산력이 엄청 향상됐답니다. 철로 만든 철제 무기도 사용하지요.
아, 참! 청동기 시대에 고인돌이 있다면, 철기 시대에는 **널무덤**과 **독무덤**이 있어요.
널무덤은 나무관이고 독무덤은 기다란 항아리 두 개를 맞물려 놓은 형태입니다.

또 철기 시대에는 마치 칼처럼 생긴 돈을 사용했어요.
바로 **명도전**. 유사시에는 칼로도 쓰였다네요.
반량전, 오수전과 같은 돈도 있었어요.
중요한 건 이 돈들이 중국 돈이라는 겁니다.
헌데, 그 중국 돈이 우리나라에서 발견되었어요.
또 붓도 발견되고 있어요. 이건 무엇을 의미할까요?
네, 바로 철기 시대가 되면서 중국과의 교류가
활발했다는 것을 의미한답니다.

## 결정적 기출 선지

① 철기 시대에는 거푸집을 사용해 무기인 [       ]을 제작하였다.

② 철기 시대에는 [       ]과 같은 화폐를 사용하였다.

**정답**

세형 동검

명도전

## 01 (가) 시대의 생활 모습으로 옳은 것은? [2점]

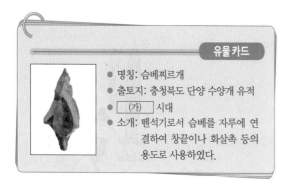

**유물 카드**

● 명칭: 슴베찌르개
● 출토지: 충청북도 단양 수양개 유적
● (가) 시대
● 소개: 뗀석기로서 슴베를 자루에 연
결하여 창끝이나 화살촉 등의
용도로 사용하였다.

① 빗살무늬 토기를 제작하였다.
② 주로 동굴이나 강가의 막집에서 살았다.
③ 지배층의 무덤으로 고인돌을 축조하였다.
④ 반달 돌칼을 사용하여 곡물을 수확하였다.
⑤ 가락바퀴와 뼈바늘을 이용하여 옷을 만들었다.

## 02 (가) 시대에 볼 수 있는 모습으로 가장 적절한 것은? [1점]

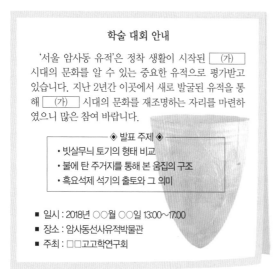

### 학술 대회 안내

'서울 암사동 유적'은 정착 생활이 시작된 (가) 시대의 문화를 알 수 있는 중요한 유적으로 평가받고 있습니다. 지난 2년간 이곳에서 새로 발굴된 유적을 통해 (가) 시대의 문화를 재조명하는 자리를 마련하였으니 많은 참여 바랍니다.

◆ 발표 주제 ◆
• 빗살무늬 토기의 형태 비교
• 불에 탄 주거지를 통해 본 움집의 구조
• 흑요석제 석기의 출토와 그 의미

■ 일시 : 2018년 ○○월 ○○일 13:00~17:00
■ 장소 : 암사동선사유적박물관
■ 주최 : □□고고학연구회

① 소를 몰고 밭을 가는 농민
② 가락바퀴로 실을 뽑는 여인
③ 쇠로 낫을 만드는 대장장이
④ 비파형 동검을 들고 있는 군장
⑤ 미송리식 토기에 곡식을 담는 아이

## 03 교사의 질문에 대한 답변으로 가장 적절한 것은? [1점]

이것은 사유 재산과 계급이 발생했던 시대의 대표적인 유적입니다. 이 시대에 새롭게 나타난 사회 모습을 말해 볼까요?

① 농경과 목축을 시작하여 식량을 생산하였습니다.
② 가락바퀴를 이용하여 실을 뽑기 시작하였습니다.
③ 쟁기, 쇠스랑 등의 철제 농기구를 사용하였습니다.
④ 거푸집을 이용하여 비파형 동검을 제작하였습니다.
⑤ 정착 생활을 하게 되면서 움집이 처음 만들어졌습니다.

## 04 밑줄 그은 ㉠을 뒷받침할 수 있는 유물로 옳은 것을 <보기>에서 고른 것은? [2점]

우리나라에서는 기원전 5세기에 접어들면서 철기를 쓰기 시작하였다. 그 이후 철기의 사용과 함께 청동기 문화도 더욱 발달하여 ㉠ 한반도 안에서 독자적 발전을 이룩하였다.

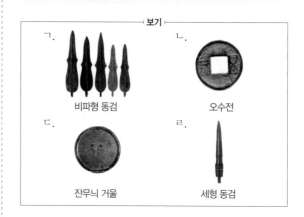

┌─── 보기 ───┐
ㄱ. 비파형 동검
ㄴ. 오수전
ㄷ. 잔무늬 거울
ㄹ. 세형 동검

① ㄱ, ㄴ　　② ㄱ, ㄷ　　③ ㄴ, ㄷ
④ ㄴ, ㄹ　　⑤ ㄷ, ㄹ

## 01 〔키워드 001 | 주먹도끼〕 답 ②

웬 돌멩이가 나왔네요? 생긴 건 주먹도끼하고 비슷한데 명칭이 슴베찌르개라네요. 앞에서 자세히 설명을 못 드려서 기다리고 있었는데 딱 나왔네요! 슴베찌르개는 나무 작대기의 중간을 '베'어서 나무가 양쪽으로 갈라지면 그 안에 뾰족한 돌을 찔러 넣어 만든 것입니다. 쉽게 말해서 창인데요. 주로 구석기 후기에 사용했답니다. 구석기 시대는 돌을 깨서 일부분을 떼어 만든 뗀석기를 주로 사용했죠. 슴베찌르개도 뗀석기의 한 종류예요. 또한 구석기 시대에는 먹을 것을 찾아 돌아다녔기 때문에 집이 필요없었죠. 그래서 동굴이나 강가에 막 지은 막집을 짓고 생활했답니다.

### 바로알기

① 빗살무늬 토기는 신석기 시대의 대표적인 토기예요. 많이 나오니까 꼭 알아두길.

③ 지배자의 무덤인 고인돌은 계급이 발생한 시기인 청동기 시대에 만들어졌어요. 구석기 시대와 신석기 시대는 평등 사회였답니다.

④ 반달 돌칼을 사용한 시기는 청동기 시대예요. 벼농사를 시작한 청동기 시대에 벼를 자르는 용도로 사용되었어요. 돌칼이라고 해서 무조건 석기 시대의 유물이라고 생각하면 안 됩니다!

⑤ 가락바퀴는 굴러다니는 그 바퀴 아니죠! 바퀴 모양처럼 생긴 실을 뽑는 도구예요. 신석기 시대부터 가락바퀴를 이용해서 실을 뽑고 뼈바늘을 사용하여 옷을 만들어 입었답니다.

## 02 〔키워드 002 | 빗살무늬 토기〕 답 ②

'서울 암사동 유적'과 정착 생활이 시작되었다는 것, '빗살무늬 토기' 등을 통해 (가) 시대는 신석기 시대임을 알 수 있어요. 신석기 시대에는 농경이 시작되어 강가나 바닷가 등에 정착해서 옹기종기 모여 움집을 짓고 살았어요. 밑이 뾰족하고 겉에는 무늬가 새겨진 빗살무늬 토기를 사용하면서 음식을 저장하였고요. 또 가락바퀴를 이용하여 실을 뽑고 뼈바늘을 이용해 의복을 제작하였어요. 이를 통해 신석기 시대에 원시적 수공업이 시작되었다는 사실을 알 수 있죠.

### 바로알기

① 우리나라에서는 6세기 신라 지증왕 때 처음으로 소를 이용해 농사를 짓는 우경을 시작하였다는 기록이 있어요. 신라 지증왕이 누구냐고요? 이따 나올 텐데 지금 알고 싶으면 34쪽 갔다 오세요~

③ 한반도에 철기 문화가 들어온 것은 기원전 5세기 무렵이에요. 철기가 퍼지면서 사람들의 생활이 확 바뀌게 돼요. 이 시기 철기를 적극 활용한 인물이 바로 위만이고요.

④ 청동기 시대가 되면 비파형 동검을 비롯한 강력한 무기를 가진 군장이 등장하게 돼요. 지배층과 피지배층이 존재하는 계급 사회가 시작된 거죠.

⑤ 미송리식 토기는 청동기 시대의 대표적 유물이에요. 양쪽에 손잡이 달린 토기요. 기억 안 나면 12쪽으로!!

## 03 〔키워드 005 | 고인돌〕 답 ④

거대한 돌덩어리가 보이네요. 큰 돌덩어리가 작은 돌덩어리 위에 '고여' 있고요. 바로 고인돌입니다. 고인돌은 청동기 시대의 대표적인 무덤입니다. 청동기 시대에는 농사 기술이 더욱 발달하여 배불리 먹고도 남는 생산물(잉여 생산물)이 생깁니다. 남은 것을 더 많이 차지하기 위한 싸움이 일어났고, 그 결과로 계급과 정치적 지배자가 생겨났습니다. 지배자들은 거대한 무덤인 고인돌을 세워 죽어서도 자신의 존재감을 나타냈습니다. 그렇다면 살아 있을 때는 어떻게 존재감을 드러냈을까요? 일반 사람은 가질 수 없는 물건을 통해 존재감을 뿜뿜 뿜냅니다. 대표적으로 비파형 동검을 들 수 있죠. 청동기 시대에는 거푸집을 이용해 비파형 동검을 비롯한 청동 도구를 제작하였습니다. 비파형 동검은 전쟁에서 이용되었지만, 평상시에는 지배자의 권위를 강화하는 도구로도 활용되었답니다.

### 바로알기

① 농경과 목축의 시작은 신석기 시대죠. 기억나시죠? 신석기 레볼루션~

② 구석기인들은 동물의 가죽을 벗겨서 대충 걸치고 다녔던 반면 신석기인들은 가락바퀴를 이용해 실을 뽑아서 옷을 만들어 입었답니다.

③ 철제 농기구는 당연히 철기 시대에 등장했습니다. 너무 쉽죠?

⑤ 떠돌이 방랑 생활을 접고 정착 생활을 하며 움집에서 생활한 시기는 신석기 시대입니다.

## 04 〔키워드 007 | 철기 시대의 유물〕 답 ⑤

초기 철기 시대가 되면 청동기 문화가 더욱 발달하게 되고, 한반도 안에서 독자적인 청동기 문화를 이룩하게 됩니다. 철기 시대인데 왜 청동기가 나오냐고요? 여러분~ 우리나라에서는 청동기 후기 시대와 철기 시대가 겹칩니다. 그래서 철기 시대에도 청동기 유물이 등장하는 거죠. 우리나라의 독자적 청동기 문화를 증명하는 유물로는 주로 한반도에서만 발견되는 세형 동검을 들 수 있어요. 청동기 시대 후반 이후 비파형 동검이 한국식 동검인 세형 동검으로, 거친무늬 거울은 잔무늬 거울로 그 형태가 변하였죠. 또 청동기 도구를 만드는 틀인 거푸집의 발견으로 우리나라에서 청동기를 직접 제작하였음이 확인되었어요. 특히 세형 동검을 만드는 거푸집은 한반도 전역에서만 발견되었답니다.

### 바로알기

ㄱ. 비파형 동검은 청동으로 만든 무기로, 만주와 한반도에 걸쳐 발견되는 청동기 시대의 대표적인 유물이에요.

ㄴ. 중국 화폐인 오수전은 철기 시대에 중국과 활발하게 교류하였음을 증명해 줍니다.

2. 고조선과 여러 나라의 성장

## 008 단군 조선 ▶▶ 단군왕검이 세운 우리나라 최초의 국가

시대 **청동기**　인물 **단군왕검**　법 **8조법**　　　기본 ✓ 심화 ✓

**청동기** 계급 사회를 기반으로 마침내 우리나라 최초의 국가가
탄생합니다. 바로 **단군왕검**이 세운 **단군 조선(고조선)**이죠.
고조선하면 떠오르는 이야기가 하나 있죠?
바로 곰과 호랑이 이야기.
옛날 하늘의 아들 환웅이 바람·구름·비를 다스리는 신하와
함께 땅으로 내려옵니다. 이때 사람이 되고 싶었던 곰과
호랑이가 환웅을 찾아갔고 곰은 미션 성공, 호랑이는 탈락!
결국 곰은 여인으로 변하여 환웅과 아이를 낳으니
그가 바로 단군왕검입니다.
단군왕검에서 '단군'은 제사장, '왕검'은 정치 지도자를 뜻해요.
즉, 고조선은 정치와 종교가 합쳐진 **제정일치 사회**였죠.

그럼 고조선은 한반도 어디에 있었을까요?
사실 고조선의 영역을 그린 지도가 전해지진 않아요.
대신 고조선의 영토는 고조선 사람들이 많이 사용했던
비파형 동검과 청동기 시대 무덤인 고인돌의 분포 지역을 통해 짐작할 수 있답니다.
기원전 3세기 즈음 고조선은 중국의 연과 대등하게
맞설 정도로 발전해요.
부왕, 준왕과 같은 강력한 왕이 등장하여 왕위를
세습하고, 왕 밑에 상·대부·장군 같은 관직도 마련하였죠.

또 고조선에는 **8조법**이 있었어요.
청동기 시대엔 사유 재산이 나타났겠죠?
농사 기술이 발달해서 '남은 것'이 생겼잖아요.
재산을 지키기 위해 엄격한 법이 필요했던 겁니다.
지금은 3개의 조항만 전해지고 있는데,
사람을 죽이면 똑같이 죽이고, 도둑질하면 노비로 삼고,
남을 다치게 하면 곡식으로 갚는다는 내용이에요.

 **결정적 기출 선지**

❶ _____은 제사장이면서 지배자였다.

❷ 고조선에서 _____, _____ 등 강력한 왕이 등장하여 왕위를 세습하였다.

**정답**

단군왕검

부왕, 준왕

# 위만 조선

▶▶ 기원전 2세기경 위만이 집권한 이후부터
기원전 108년에 멸망할 때까지의 고조선

시대 **철기**  인물 **위만**  경제 **중계 무역**

기본 ☐  심화 ☑

단군 조선이 청동기 문화를 배경으로 최초로 등장한 국가라면,
**위만 조선**은 철기를 배경으로 단군 조선을 계승한 나라입니다.
철기 문화를 본격적으로 수용하여 발전하였죠.

그럼 위만은 어디에서 온 사람일까요?
고조선이 성장할 무렵 중국에서는 여러 나라가 다투고 있었어요.
전쟁을 피해 중국에서 고조선으로 넘어온 사람들이 많았는데
위만도 그중 한 사람이었죠.
기원전 2세기경 위만은 자신이 이끌던 무리를 데리고 고조선의
준왕을 찾아갔습니다. 이때 위만은 우리 조상들의 상징이라고 할 수 있는 상투를 머리에 틀고 있
었다고 해요.
준왕은 위만을 신하로 받아들이고 서쪽 변방을 지키게 했어요.
그런데 위만이 점점 힘을 키워 준왕을 몰아내고 아예 나라를 접수해버린 거예요.
중국의 연에서 고조선으로 투항해 온 위만이 중국인인지 아닌지 논란이 있는 것도 사실이지만
상투는 중국인의 문화가 아니니 이를 근거로 우리나라 계통으로 보고 있습니다.

위만 조선은 중국의 한과 한반도 남쪽의 진 사이에서 **중계 무역**을 통해 짭짤한 수익을 거두었어요.
그런데 위만 조선이 중계 무역을 독점하자 열 받은 한 무제가 전쟁을 일으킵니다.
1년이 넘게 우리나라 역사상 최초의 대규모 전쟁이 벌어지게 되었죠.
위만 조선 사람들은 세형 동검을 가지고 한에 맞서 싸웠을 겁니다.
위만 조선은 결코 밀리지 않았지만, 지배층의 내분으로
왕검성이 함락되면서 아쉽게도 패배하고 말았어요.
이후 한은 고조선이 있던 지역에 한사군이라는
식민지를 네 군데 설치하고 물러나죠.
현도군·임둔군·낙랑군·진번군이
네 군데의 한사군입니다.
그러나 고구려, 백제가 이 한사군을 깨면서 성장할 거예요.
조금만 기다리시라! 두둥~

위만 조선 안돼! 한과 교역하려면 꼭 우리를 거쳐야 해!

한과 교역하고 싶어요.

건방진 것들! 전쟁이다!

한

---

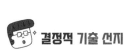 **결정적 기출 선지**

❶ 위만 조선은 한과 진 사이에서 [          ]을 하였다.

❷ 한 무제가 군대를 보내 위만 조선의 왕검성을 공격하였다.  ○  ✕

**정답**

중계 무역

○

# 010 부여 ▶▶ 북만주 지역에 존재한 나라

**정치** 사출도 **풍속** 순장, 1책 12법, 영고(제천 행사) **기본** ☑ **심화** ☑

한사군의 시대는 오래 못 가요. 만주와 한반도에서 철기 문화를 바탕으로 한 여러 나라가 성장합니다.
부여, 고구려, 옥저, 동예, 삼한이 대표적이죠.
부여와 고구려는 왕이 존재하고, 다섯 개의 부족(5부족)이 연맹을 맺은 형태였어요.
왕이 다스리는 부족을 중심으로 동서남북에 한 부족씩.
부여에서는 이런 형태를 **사출도**라고 불렀습니다.

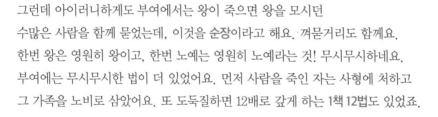

각 부족을 다스리는 4방향의 부족장인 가(加)는 가축 이름을 따서
마가 , 우가 , 저가 , 구가 라고 불렀답니다.
가(加)들이 사출도를 다스린 것이죠.
목축을 중요시했던 부여답지요?
연맹 체제라 왕은 힘이 별로 없었어요.
세습이 아니라 부족장들이 모여서 뽑은 선출직이었으니까요.

그런데 아이러니하게도 부여에서는 왕이 죽으면 왕을 모시던
수많은 사람을 함께 묻었는데, 이것을 순장이라고 해요. 껴묻거리도 함께요.
한번 왕은 영원히 왕이고, 한번 노예는 영원히 노예라는 것! 무시무시하네요.
부여에는 무시무시한 법이 더 있었어요. 먼저 사람을 죽인 자는 사형에 처하고
그 가족을 노비로 삼았어요. 또 도둑질하면 12배로 갚게 하는 **1책 12법**도 있었죠.

부여의 경제도 한번 볼까요?
부여는 반은 농사, 반은 목축으로 먹고살던
반농반목의 경제 구조였어요. 넓은 평야 지대에 위치해
농사짓기에 유리했지만 기후가 너무 추워서
가축을 키워 비상시에 대비해야 했거든요.
또 부여는 한 해를 무사히 잘 보낸 것을 감사하며
12월에 영고라는 제천 행사를 지냈어요.
여러분도 12월 31일에 감사 기도 드리죠?
비슷한 모습이랍니다.

 **결정적 기출 선지**

① 부여에서는 여러 가(加)들이 별도로 [          ]를 다스렸다.

② 부여에서는 12월에 [          ]라는 제천 행사를 거행하였다.

**정답**
사출도
영고

# 011 고구려 ▶▶ 만주와 한반도 북부에 있었던 주몽이 세운 나라

정치 제가 회의    풍습 서옥제, 동맹(제천 행사)                                      기본 ☑ 심화 ☑

처음에 부여와 함께 쌍두마차를 달린 나라인 고구려.
삼국 시대의 고구려가 바로 이때부터 있었는데요. 고구려를 세운 주몽은 부여에서 내려왔어요.
그래서인지 고구려는 부여와 비슷한 면이 많이 있었습니다.
대표적으로 5부족 연맹체! 부여의 마가, 우가처럼 고구려에서도 왕 아래의 상가·고추가 등
여러 대가들이 국가의 중대한 일을 결정했어요.
이들이 모여 귀족 회의인 제가 회의를 열고 국가의 중대사를 결정했죠.
대가들은 사자·조의·선인 등의 관리를 거느리기도 했습니다.

또 고구려와 부여에는 형사취수제라는 공통된 풍속이 있었어요.
'형이 죽으면 동생이 형수와 결혼한다.(?)' 뜨악!
오늘 우리에게는 이 제도가 많이 낯설지만 그 당시 사람들에게는 그럴 만한 이유가 있었답니다.
남편이 죽으면 부부의 공동 재산이 아내의 것이 되니 죽은 남편의 가족들은 재물을 잃고 싶지
않았을 테고, 과부가 된 아내 역시 자식을 돌봐줄 남자가 필요했던 거죠.

고구려에는 독특한 결혼 풍속이 하나 더 있었는데요.
바로 서옥제입니다.
결혼하고 나서 신랑이 신부 집에 머무르며
아이를 낳고 살면서 아이가 성장할 때까지
처갓집 일을 해주며 지내는 겁니다. 데릴사위제랑 살짝
비슷해요.
우리가 흔히 말하는 '장가가다'라는 표현이
서옥제에서 유래했어요.

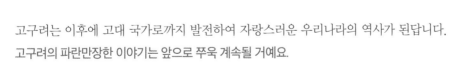

또 고구려에서는 동맹이라는 제천 행사를 지냈습니다.
동맹은 10월에 열렸어요. 지금의 추석을 떠올리면 이해하기 쉬울 거예요.

고구려는 이후에 고대 국가로까지 발전하여 자랑스러운 우리나라의 역사가 된답니다.
고구려의 파란만장한 이야기는 앞으로 쭈욱 계속될 거예요.

---

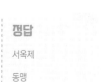 결정적 기출 선지                                              정답

❶ 고구려에는 혼인 풍습으로 일종의 데릴사위제인 [        ]가 있었다.        서옥제

❷ 고구려에서는 10월에 [        ]이라는 제천 행사를 거행하였다.            동맹

# 012 옥저와 동예 ▶▶ 군장 국가에 머물렀던 동해안의 두 나라

정치 읍군·삼로   풍속 옥저-민며느리제, 동예-책화, 무천(제천 행사)   기본 ✔ 심화 ✔

동예와 옥저는 왕 대신 **읍군·삼로**라 불리는 군장이 나라를 다스렸어요.
이 두 나라는 동해안 해안가에 자리 잡아 해산물이나 소금이 풍부했죠.
산악 지대라 먹는 게 늘 걱정이었던 고구려. 이걸 또 탐냅니다.
힘 약한 옥저와 동예는 그저 눈치 보며 고구려에 토산물을 바쳤죠.
옥저와 동예가 강력한 정치 권력으로 성장하지 못한 이유입니다.

옥저에도 고구려처럼 독특한 결혼 풍속이 있었어요. 바로 **민며느리제**!
여자아이를 남자 집에서 성장할 때까지 키우고 나서
결혼할 때가 되면 대가를 지불한 뒤 정식으로 남자가
여자 집에 혼인을 청합니다.
고구려 서옥제랑 거꾸로지요? 하지만 동기는 비슷합니다.
여자아이의 노동력을 얻는 대신 키우는 데 들어가는 돈을 감당하는 거죠.
또 사람이 죽으면 가매장했다가 나중에 뼈를 거두어
가족 공동 무덤인 커다란 목곽에 안치하는 **골장제**라는 장례 풍속도 있었어요.

동예는 **과하마**와 **반어피**가 유명해요.
과하마는 과일나무 밑을 지나갈 수 있을 정도로 키가 작은 말이라는 건데, 조랑말을 떠올리시면 돼요.
반어피는 바다표범 가죽이에요. **단궁**도 유명한데, 단궁은 박달나무로 만든 활이랍니다.

동예에는 책화라는 풍속도 있었어요. 타 부족의 경계를
침범했을 때 여러 가지 재물로 배상하는 풍습이지요.
초등학교 때 짝꿍이랑 책상 정중앙에 선 하나 딱 그어놓고
"이 선 넘으면 다 내 꺼~"하면서 티격태격했던 경험
있으신가요? 책화와 거의 비슷한 모습이죠.
동예의 결혼 풍속과 제천 행사도 한번 볼까요?
같은 부족끼리 결혼하지 않는 족외혼이 있었고요.
제천 행사로는 10월에 거행했던 무천이 있었어요.

 **결정적 기출 선지**

❶ 옥저에는 결혼 풍속으로 [          ]가 있었다.

❷ 동예에는 읍락 간의 경계를 중시하는 [          ]라는 풍속이 있었다.

**정답**

민며느리제

책화

# 삼한 ▶▶ 한반도 중남부 지방에 위치한 연맹 왕국

정치 신지·읍차, 제정 분리 사회(소도)   풍속 수릿날, 계절제(제천 행사)   기본 ☑ 심화 ☑

옥저와 동예에는 왕이 없고, 대신 읍군이나 삼로라고 불리던 군장이 다스렸다고 했죠?
삼한 역시 왕이 아니라 군장이 다스렸습니다.
**신지·읍차**와 같은 군장이 있었어요.

아! 삼한은 하나의 나라가 아닌 거 아시죠?
한반도 남쪽의 마한과 진한, 변한을 합쳐 삼한이라고 부릅니다.
마한의 소국인 목지국의 지배자가 삼한 전체를 주도했어요.
삼한 중 변한에서는 품질 좋은 철이 많이 생산되었다고 합니다.
철을 화폐처럼 사용할 정도였죠.
또 얼마나 품질이 좋은지 **낙랑과 왜에 수출**도 했대요.
이러한 철의 우수성은 가야까지 이어진답니다.

그런데 삼한에는 군장 자신도 영향력을 미칠 수
없는 곳이 있었으니, 그곳이 바로 제사장인 **천군**이
다스리는 신성 지역 **소도**입니다.
군장, 출입 금지!
죄인이 이곳으로 도망쳐 왔을 때는 군장도 함부로
할 수 없었어요.
청동기 시대 고조선이 단군(제사장) 왕검(정치 지도
자)의 제정일치 사회였다면, 삼한은 제사장과
군장이 따로 있는 **제정 분리 사회**임을 알 수 있어요.
요즘도 성당이나 사찰 같은 종교 시설은 공권력이
함부로 투입되지 못하죠.

대통령과 추기경. 그 모습을 볼 때마다 삼한의 소도가 생각나더군요.
비슷한 이유이기에….

또 삼한에서는 5월에 수릿날, 10월에 계절제라는 제천 행사를 지냈어요.

## 결정적 기출 선지

| | | 정답 |
|---|---|---|
| ❶ 삼한 중 변한에서는 철이 많이 생산되어 낙랑, 왜 등에 수출하였다. ○ ✕ | | ○ |
| ❷ 삼한에는 신성 지역으로        가 있었다. | | 소도 |

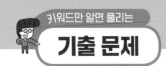

# 기출 문제

## 01 다음 법을 시행하였던 나라에 대한 설명으로 옳은 것은? [2점]

범금 8조가 있다. 남을 죽이면 즉시 죽음으로 갚고, 남을 상해하면 곡식으로 배상한다. 남의 물건을 훔친 자가 남자면 그 집의 노(奴)로 삼으며 여자면 비(婢)로 삼는데, 자신의 죄를 용서받으려는 자는 한 사람마다 50만[전]을 내야 한다.

– 『한서』 –

① 신지, 읍차 등의 지배자가 있었다.
② 골품제라는 신분 제도를 마련하였다.
③ 제가 회의에서 국가 중대사를 결정하였다.
④ 왕 아래 상, 대부, 장군 등의 관직을 두었다.
⑤ 여러 가(加)들이 별도로 사출도를 주관하였다.

## 02 (가) 나라에 대한 설명으로 옳은 것은? [2점]

위만이 망명하여 호복을 하고 동쪽의 패수를 건너 준왕에게 투항하였다. 위만은 서쪽 변방에 거주하도록 해주면, 중국의 망명자를 거두어 (가) 의 번병(藩屏)*이 되겠다고 준왕을 설득하였다. 준왕은 그를 믿고 총애하여 박사로 삼고 … 백 리의 땅을 봉해 주어 서쪽 변경을 지키게 하였다.

– 「삼국지」 동이전 –

*번병 : 변경의 울타리

① 국가 중대사를 정사암에서 논의하였다.
② 마립간이라는 왕의 칭호를 사용하였다.
③ 여러 가(加)들이 다스리는 사출도가 있었다.
④ 빈민을 구제하기 위해 진대법을 시행하였다.
⑤ 사회 질서를 유지하기 위해 범금 8조를 두었다.

## 03 (가) 나라에 대한 설명으로 옳은 것은? [2점]

 이것은 지린 성 라오허선 유적에서 출토된 (가) 의 황금 귀고리이다. 이 나라에서는 금이 많이 산출되고 사람들이 금과 은으로 치장하기를 즐겼다고 한다. 삼국지 동이전에 따르면 (가) 은/는 장성 북쪽에 있었던 나라로, 여러 가(加)들이 별도로 주관하는 사출도가 있었다.

① 12월에 영고라는 제천 행사를 열었다.
② 혼인 풍속으로 민며느리제가 있었다.
③ 소도라고 불린 신성 지역이 존재하였다.
④ 단궁, 과하마, 반어피 등의 특산물이 유명하였다.
⑤ 사회 질서를 유지하기 위하여 범금 8조를 두었다.

## 04 다음 대화에 해당하는 나라에 대한 설명으로 옳은 것은? [2점]

① 신성 지역인 소도가 있었다.
② 서옥제라는 혼인 풍습이 있었다.
③ 읍락 간의 경계를 중시한 책화가 있었다.
④ 여러 가(加)들이 별도로 사출도를 주관하였다.
⑤ 사회 질서를 유지하기 위해 범금 8조를 만들었다.

## 01 키워드 008 | 단군 조선   답 ④

범금 8조(=8조법)는 특정 행동을 금지하는 8개 조항을 의미하는데 우리나라 최초의 국가인 고조선에서 시행된 법입니다. 8조법은 받은 만큼 돌려주는 법입니다. 사람 죽였어? 그럼 너도 죽어. 우리 집 털었어? 노비로 일해서 갚아. 지금 나 쳤어? 곡식으로 갚아. 법 없이 살 수 없는 시대가 왔네요. 고조선은 점차 왕권이 안정되어 기원전 3세기경 왕위가 부왕에서 그의 아들 준왕으로 이어지는 부자 상속이 이루어졌습니다. 그리고 왕 아래에는 상·대부·장군 등의 관직도 설치했습니다. 왕 아래에 관직이 설치되었다는 말은 체계적인 통치 체제가 수립되었다는 의미죠. 우아. 고조선, 대단한데요?

### 바로알기

① 신지와 읍차는 삼한에서 군장을 부르는 명칭이에요. 삼한은 정치와 종교가 딱 분리되어 있어서 정치 지도자인 군장과 제사장인 천군이 따로 있었죠.

② 골품제는 신라의 아주 폐쇄적인 신분 제도에 해당해요. 뒤에 가서 더 자세히 배울 거예요. 예습하고 싶으면 43쪽!

③ 고구려는 상가·고추가 등의 대가들이 모여 제가 회의에서 국가 중대사를 결정하였습니다.

⑤ 부여에서는 왕이 중앙을 통치하고 지방은 나누어 여러 가(加)들이 별도로 사출도를 주관하였답니다.

## 02 키워드 009 | 위만 조선   답 ⑤

위만과 준왕이 나왔네요? (가) 나라는 무엇일까요? 맞아요. 바로 고조선이에요. 중국의 진·한 교체기에 혼란이 계속되자, 이것을 피해 고조선으로 넘어오는 유이민이 늘어납니다. 기원전 2세기에 위만이 무리 1,000여 명을 이끌고 고조선에 들어오게 되는데 이때 준왕은 위만에게 서쪽 변경 지역의 수비 임무를 맡겼지요. 그런데 이주민 세력을 통솔하면서 세력을 키우던 위만이 수도 왕검성을 공격하게 돼요. 그리고 준왕을 몰아내고 스스로 고조선의 왕이 됩니다. 이때가 기원전 194년의 일이에요.

⑤ 고조선에는 사회 질서를 유지하기 위한 8조의 법이 있었는데 현재는 이 중 살인, 상해, 절도에 해당하는 세 가지 조항만 전해지고 있지요.

### 바로알기

① 백제에서는 정사암 회의라는 귀족 회의에서 국가의 중대사를 논의하였어요.

② 마립간은 대군장이라는 의미를 뜻하는 신라의 왕호지요. 신라 내물왕 때부터 마립간이라는 칭호를 사용했어요.

③ 부여에서는 왕 아래에 마가·우가·저가·구가의 관리가 독자적으로 사출도라고 불리는 행정 구역을 다스렸어요.

④ 고구려 고국천왕은 봄에 곡식을 빌려 주었다가 가을에 갚도록 하는 진대법을 실시하여 빈민을 구제하였어요. 26쪽에서 나온답니다.

## 03 키워드 010 | 부여   답 ①

황금 귀고리가 중국 지린 성에서 출토되었대요. 금이 많이 산출된 나라라 …. 아직 잘 모르시겠죠? 조금만 더 읽어 봅시다. 북쪽에 있었던 나라, 그리고 결정적으로 사출도! 이 나라는 바로 부여입니다. 부여에는 왕 아래 가축의 이름을 딴 마가·우가·저가·구가를 두었어요. 각 가들은 저마다의 행정 구역인 사출도를 다스렸고, 왕과 합쳐 5부족 연맹 왕국을 이루었죠. 왕의 힘이 그다지 강하진 않았어요. 흉년이 들면 군장들이 왕에게 찾아가 이게 어떻게 된 일이냐고 막 따지고 그랬을 정도니까요. 또 부여에서는 12월에 영고라는 제천 행사를 지냈어요. 부'여'어'영'고.
한번 따라 읽어 보세요. 이렇게 외우면 절대 까먹지 않겠죠?

### 바로알기

② 옥저에는 어린 여자아이를 남자 집에 데려와 키운 다음 며느리로 삼는 민며느리제가 있었어요. '민'은 '미리 치른', '미리 데려온'이라는 뜻이죠.

③ 삼한에서 천군이 다스리는 신성 지역을 소도라고 했어요. 이걸 통해 삼한은 정치와 종교가 분리된 제정 분리 사회라는 걸 알 수 있죠.

④ 동예에는 많은 특산물이 있었는데, 대표적으로 단궁·과하마·반어피가 있어요.

⑤ 고조선은 8조법을 두어 사유 재산을 지키고 사회 질서를 유지했어요. 지금은 3개 조항의 내용만 전해집니다.

## 04 키워드 013 | 삼한   답 ①

나라를 다스리는 군장의 명칭이 신지이고, 하늘에 제사 지내는 사람을 천군이라고 부른 나라이므로 삼한이죠. 고조선 멸망 이후 한반도 중남부에서 여러 소국들이 연맹하여 만든 삼한은 마한·진한·변한으로 이루어져 있었어요. 삼한은 제정 분리 사회로 신지·읍차라는 군장이 있었고, 이들과는 별도로 천군이라는 제사장이 있었어요. 천군은 신성 지역인 소도를 관리했는데, 소도에는 정치적 지배자인 군장의 세력이 미치지 못하였어요.

### 바로알기

② 고구려에서는 혼인 후 남자가 여자 집에 들어가서 살다가 아이가 성장한 뒤 독립하는 서옥제라는 결혼 풍속이 있었어요.

③ 책은 '책한다', 즉 '꾸짖는다'란 뜻이에요. '화를 입히면 꾸짖는다'라는 책화의 풍속은 동예에 해당하죠. 동예에서는 군장을 읍군·삼로라 불렀고요.

④ 부여에서는 마가·우가·저가·구가 등의 가(加)들이 별도로 사출도를 다스렸어요.

⑤ 범금 8조, 다른 말로 고조선의 8조법. 현재는 8조 중에서 3조만 전해지고 있어요. 자주 나오는 선지인 거 혹시 눈치채셨나요?

# 고대

• 삼국이 이루어 낸
다채로운 앙상블 •

**1** 고구려와
백제의 발전

| 014 | 015 | 016 | 017 |
|-----|-----|-----|-----|
| **고국천왕** | **소수림왕** | **광개토 대왕** | **장수왕** |

018
**근초고왕**

019
**성왕**

**2** 신라의 발전과
가야의 성립과 멸망

| 023 | 022 | 021 | 020 |
|-----|-----|-----|-----|
| **가야** | **진흥왕** | **법흥왕** | **지증왕** |

**3** 고구려와 수·당의 전쟁과
신라의 삼국 통일

| 024 | 025 | 026 |
|-----|-----|-----|
| **살수 대첩** | **안시성 싸움** | **부흥 운동** |

027
**매소성 전투**

# 014 고국천왕 ▶▶ 을파소와 같은 인재를 등용하고 제도를 정비하여 국정을 안정시킨 왕

국가 고구려    업적 진대법                                     기본 ☐  심화 ☑

자! 이제 철기 시대의 연맹 왕국에서 더 나아가 고대 국가 단계로 발전합니다.
점점 덩어리가 커지는 느낌이죠?
우리나라의 고대 국가에는 고구려·백제·신라가 있어요.
이 삼국은 공통된 특징이 있어요. 고대 국가가 될 수 있었던 비결이라고도 볼 수 있죠.
고대 국가는 무엇보다도 왕권이 강해야 해요.
부여처럼 왕권이 약하면 연맹 왕국 단계를 못 벗어나죠.
그래서 삼국 모두 왕권 강화를 위해 율령 반포·불교 수용·영토 확장 정책을 시행합니다.
각 나라마다 어떤 왕들이 이 정책들을 시행했을지 앞으로 하나하나 살펴보자고요.

그럼 먼저 고구려 이야기부터 시작해 볼게요.
고구려 태동기에 집권한 태조왕.
고구려에 공납을 바치던 옥저를 정복합니다. 또 왕위 계승을
세습제로 못 박아 이제 계루부 고씨만 왕이 될 수 있게 했어요.
그리고 태조왕의 바통을 이어 받은 고국천왕이 고대 국가의
기틀을 더욱 단단하게 만듭니다.
초기 고구려의 5부족 연맹체 기억나죠?
고국천왕은 5개 부족을 행정 구역의 5부로 개편합니다.
따로국밥이 아닌 중앙에서 왕이 통솔하는 중앙 집권 시스템
을 구축한 거죠. 또 왕위 계승을 형제 상속에서 부자 상속으로
바꾸기도 했어요. 왕권이 그만큼 강력해진 거죠.

또 고국천왕은 을파소의 건의를 받아들여 봄에 곡식을
빌려 주고, 가을에 곡식을 갚도록 한 진대법을 시행했어요.
백성들이 파산하는 것을 막기 위해 시행된 제도입니다.
진대법은 우리나라 역사에 기록된 최초의 복지 정책이에요.

 **결정적 기출 선지**

❶ 태조왕은 [          ]를 정복하고 동해안으로 진출하였다.

❷ 고국천왕은 [          ]을 실시하여 빈민을 구제하였다.

정답

옥저

진대법

# 015 소수림왕 ▶▶ 불교를 받아들이고 율령을 반포한 왕

국가 **고구려**    업적 **불교 수용, 율령 반포, 태학 설립**    기본 ☑  심화 ☑

승승장구! 잘 나가나 싶었는데 고구려에 위기가 닥칩니다.
중국의 위가 고구려를 공격해요.
하지만 이 정도로 무너질 고구려가 아닙니다.
위기는 기회! **미천왕**이 한사군 중 마지막으로 남아 있던
**낙랑군과 대방군을 축출**하고 영토를 확장하며 위기를 극복합니다.

그러나 고구려는 다시 한 번 위기를 맞죠.
이번엔 4세기 백제의 근초고왕으로부터 ….
이때 고구려 왕인 고국원왕이 전사합니다.
고구려국에서 원통하게 죽은 고국원왕. 흑흑흑.
이제 고구려는 선택해야 합니다. 망하거나 변하거나 ….

고구려여~
다시
일어나자!

고구려의 개혁은
멋지게 성공하지.

불교 수용
율령 반포
태학 설립

고구려는 운이 좋았어요.
걸출한 개혁 군주 **소수림왕**이 위기를 극복합니다.
소수림왕은 아버지 고국원왕의 원수를 갚기 위해 피로 얼룩진
전쟁을 선택하지 않습니다. 대신 고구려의 국력을 추스려 내실을
다지는 데 힘쓰죠.
'변화'의 캐치프레이즈를 내세워서요.

우선 뒤숭숭한 민심을 다잡기 위해 중국 전진에서 온 순도라는 승려를 통해
**불교를 수용**하고요. 법으로 체제를 안정시키기 위해 **율령을 반포**합니다.
그리고 우리나라 기록상 최초의 대학인 **태학**을 설립해요.
태학에서 귀족 자제들에게 유학을 가르쳐 계속적으로 고구려의 브레인들을 양성하죠.

전쟁이 아닌 지혜로운 개혁으로 위기를 극복한 소수림왕.
덕분에 고구려는 탄탄대로를 걸을 준비를 완료했습니다.

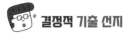 **결정적 기출 선지**

❶ [          ]은 낙랑군과 대방군을 축출하고 영토를 확장하였다.

❷ 소수림왕은 [          ]을 설립하여 인재를 양성하였다.

**정답**

미천왕

태학

# 016 광개토 대왕 ▶▶ 4세기 말 ~ 5세기 초 고구려의 영토를 가장 크게 넓힌 왕

국가 고구려   업적 신라에 침입한 왜 격퇴   연호 영락      기본 ☑ 심화 ☑

이제 개혁에 성공했으니 전성기를 누려야죠.

5세기 고구려 전성기의 시발점이 바로 **광개토 대왕**(=광개토 태왕)입니다.

광개토 대왕은 우리나라 땅따먹기 1인자!

이름 그대로 엄청난 영토 확장을 하여 북쪽으로 쭉쭉 뻗어나갑니다.

게다가 이때 신라 내물왕의 요청을 받아들여 신라에 쳐들어온 왜(일본)군을 물리쳐 줍니다.

**엄청난 영토 확장을 한 광개토 대왕**

근데 이때 고구려가 왜를 끝까지 추격하는 과정에서 김해의 **금관가야**까지 타격을 입게 되죠.

결국 금관가야는 쇠퇴하고 고령의 대가야가 바통을 물려받게 된답니다. 나비효과네요.

또 광개토 대왕은 황제만 사용할 수 있다는 연호도 우리나라 최초로 사용합니다. 바로 **영락**. 자신감이 대단하죠?

위대한 광개토 대왕의 업적은 그의 아들 장수왕이 세운 **광개토 대왕릉비**에 다~ 나와 있죠.

비석이 무려 아파트 3층 높이래요.

**신라 내물왕의 도움 요청**

**신라에 쳐들어온 왜를 물리친 광개토 대왕**

**광개토 대왕의 뒤를 이은 장수왕**

 **결정적 기출 선지**

❶ 광개토 대왕의 공격으로 김해의 [          ]가 쇠퇴하였다.

❷ 광개토 대왕은 [          ]이라는 연호를 사용하였다.

**정답**

금관가야

영락

# 017 장수왕 ▸▸ 5세기에 도읍을 평양으로 옮기고 한강 유역을 확보한 왕

국가 고구려    업적 평양 천도, 충주 고구려비 건립

기본 ✓ 심화 ✓

광개토 대왕의 아들 장수왕.
무려 98세라는 엄청난 천수를 누리셨기에 그 이름도 장수왕.
본격적으로 **남진 정책**을 추진합니다.
남쪽으로 내려가려면 우선 후방이 든든해야겠죠?
그래서 중국의 남조와 북조, 모두와 양다리 외교를 하면서
외교적 안정을 도모합니다.
대단한 외교 전략가예요.
그리고 **도읍을 국내성에서 평양으로 옮겨** 남쪽 타격을
위한 준비를 갖춥니다.

장수왕의 평양 천도 그리고 남진 정책. 이 압박감.
백제와 신라는 손을 잡아야만 합니다.
그래서 백제 비유왕과 신라 눌지왕은 **나·제 동맹**을 맺습니다.

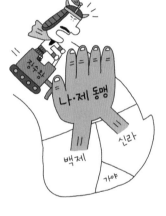

그러나 아랑곳하지 않는 장수왕. 백제로 밀고 내려가
백제의 수도 한성을 함락시키고 백제 개로왕도 죽여버리죠.
이제 한강을 차지한 고구려.
백제는 부랴부랴 웅진(공주)으로 천도했으나
고구려가 다시 밀고 내려옵니다.
장수왕은 더 남쪽으로 밀고 내려가 남한강 끝자락에 있는 충주 지역에 이르러 비석 하나 딱 꽂죠.
바로 **충주 고구려비**입니다.
결국 백제와 신라는 나·제 동맹의 수준을 더 격상하여 백제 동성왕과 신라 소지왕 때
결혼 동맹을 체결합니다. 그러나 이 동맹은 결국 깨지게 된답니다.
과연 나·제 동맹의 운명은? 앞으로 더 지켜보시죠.

잠깐, 그럼 장수왕이 정복 활동만 했느냐? 아닙니다.
장수왕은 지방에 **경당**이라는 학교를 세워 글과 활쏘기를 가르치게 했답니다.

 **결정적 기출 선지**

❶ 장수왕은 수도를 국내성에서 [          ]으로 천도하였다.

❷ [          ]는 고구려가 남한강 유역까지 진출하였음을 보여 준다.

**정답**

평양

충주 고구려비

# 018 근초고왕 ▶▶ 4세기 백제의 전성기를 이룬 왕

국가 백제    업적 『서기』 편찬, 평양성 공격    기본 ☑ 심화 ☑

**이제,** 백제 이야기를 해 보죠. 백제는 한강 유역에서 건국되었어요.
고구려의 고국천왕처럼 백제는 **고이왕**이 기초 공사를 합니다.
고이왕은 율령을 반포하고, 왕 아래 6좌평 16관등제를 두어 관리들을 서열화했어요.
또 신하들에게 관등에 맞춰 다른 색의 관복을 입도록 했습니다.
밖으로는 마한의 목지국을 병합하면서 한강 유역을 장악하죠.

이제 이 개혁의 열매를 4세기 근초고왕이 받습니다.
우선 근초고왕은 왕위를 부자 세습으로 바꿉니다.
고이왕이 다져 놓은 왕권 강화의 기반을 왕이 바뀌어도
이어 나가겠다는 의지를 보였던 거죠.
또 고흥에게 백제의 역사책인 『서기』를 편찬하게 해요.
역사서는 잘나갈 때 만들어지는 법이랍니다.

이제 나라 안을 탄탄히 다졌으니 밖으로 정복 활동을 펴나갑니다.
먼저 **마한 정복!** 한강 유역을 넘어 남해안까지 진출해요.
심지어 고구려의 **평양성**까지 공격하여 고구려 고국원왕을 죽이기까지 합니다.
고구려를 벌벌 떨게 한 공포의 근초고왕.
더 나아가 중국 남조의 동진과 국교를 체결하고 **중국의 요서와 일본의 규슈에도 진출**하죠.
여기서 일본의 역사 왜곡 근거로 악용되는 유물을 언급해야겠네요.
바로 칠지도입니다. 칼의 좌우에 나뭇가지 모양의 칼날이 세 개씩 달려있는 칼이에요.
백제가 왜에게 조공으로 바친 것이라는 주장도 있긴 하지만
4세기 백제에서 만들어 왜에게 하사한 것으로 추정하고 있습니다.
두 나라의 긴밀한 관계를 보여 주죠.

근초고왕이 5세기 광개토 대왕과 만났다면 누가 이겼을까요?
그 둘이 만났더라면 우리의 삼국사는
더 드라마틱했을 텐데 말이죠.

 **결정적 기출 선지**

❶ [        ]은 평양성을 공격하여 고국원왕을 전사시켰다.

❷ 근초고왕은 고흥으로 하여금 [        ]를 편찬하게 하였다.

**정답**

근초고왕

『서기』

# 성왕 ▶▶ 백제의 중흥을 도모했으나 관산성 전투에서 패하여 전사한 왕

국가 백제   업적 사비 천도, 남부여(국호)

기본 ☑  심화 ☑

## 백제의 흥망성쇠

### 무령왕의 노력

그러나 4세기 백제의 전성기는 거기서 끝.
5세기 장수왕의 남진 정책으로 쫓기듯 웅진(공주)으로
도망간 백제는 다시 한번 힘을 내봅니다.
6세기 무령왕은 지방에 **22담로**를 설치하여 왕족을 파견하
고 지방 통제를 강화합니다.
또 **중국 남조의 양**과 교류하기도 하죠.
하지만 아직은 역부족…. 여기서 끝나나요~

### 백제를 부흥시키고자 한 성왕

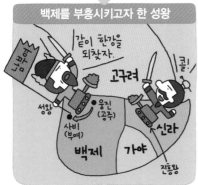

이때 백제 부흥의 기치를 내걸고 등장한 왕이 있었으니
그가 바로 성왕이시라. 6세기 성왕은 도읍을 사비(부여)로
옮기고 국호도 남부여로 바꿉니다.
또 수도를 5부, 지방을 5방으로 정비하고 중앙 관청을
22부로 확대합니다. 그리고 한강을 되찾기 위해
신라 진흥왕과 함께 고구려를 공격하죠.
오예! 대성공! 한강 다시 접수.

### 진흥왕에게 배신당하고 전사한 성왕

아~ 아~ 그러나 이게 웬일!
신라 진흥왕이 배신을 하고 한강을 몽땅 가로챕니다.
나·제 동맹 결렬! 진흥왕, 죽여 버릴 테야~
격분한 백제 성왕은 관산성 전투에서 진흥왕과 복수의
혈투를 벌입니다. 그러나 여기서 오히려 성왕이 죽고
신라가 한강 하류 지역까지 온전히 차지하게 된답니다.
다음은 삼천 궁녀 의자왕. 근데 여기서 반전.
의자왕은 신라의 40여 개의 성을 빼앗고, 신라의 군사적
요충지였던 대야성을 함락시키기까지 했답니다.
말년에는 술과 여자에 빠져 제정신이 아니셨지만….
결국 백제는 7세기에 대단원의 막을 내리게 됩니다.

## 결정적 기출 선지

❶ 무령왕은 지방의 [          ]에 왕족을 파견하였다.

❷ [          ]은 도읍을 사비로 천도하고 국호를 남부여로 고쳤다.

**정답**

22담로

성왕

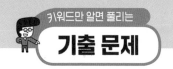
## 01 다음 밑줄 그은 '왕'의 업적으로 옳은 것은? [2점]

○ 372년 전진 왕 부견이 사신과 승려 순도를 보내 불상과 경문(經文)을 주었다. 왕이 사신을 보내 사례하고 토산물을 바쳤다.

○ 373년 처음으로 율령을 반포하였다.

― 『삼국사기』 ―

① 태학을 설립하였다.
② 평양으로 천도하였다.
③ 우산국을 정벌하였다.
④ 독서삼품과를 실시하였다.
⑤ 영락이라는 연호를 사용하였다.

## 02 다음 사건이 일어난 이후의 사실로 옳은 것은? [2점]

왕이 보병과 기병 등 5만 명을 보내 신라를 구원하게 하였다. 고구려군이 남거성을 거쳐 신라성에 이르렀는데, 그곳에 왜적이 가득하였다. 고구려군이 도착하자 왜적이 퇴각하였다.

① 고구려가 옥저를 복속시켰다.
② 백제가 고구려의 평양성을 공격하였다.
③ 가야 연맹이 대가야를 중심으로 재편되었다.
④ 신라 지배자의 칭호가 차차웅으로 바뀌었다.
⑤ 고구려가 대방군을 축출하고 영토를 확장하였다.

## 03 (가)에 들어갈 내용으로 옳은 것은? [3점]

백제 ○○○왕의 업적

- 마한 정벌
- 고구려 평양성 공격
- 중국의 동진과 외교 관계 수립
- (가)

① 웅진 천도
② 불교 공인
③ 서기 편찬
④ 대가야 복속
⑤ 남부여로 국호 변경

## 04 (가), (나) 사이의 시기에 있었던 사실로 옳은 것은? [3점]

(가) 왕 16년 봄, 사비(일명 소부리라고 한다)로 도읍을 옮기고 국호를 남부여라고 하였다.

― 『삼국사기』 ―

(나) 왕 32년 가을, 신라를 습격하기 위해 왕이 직접 보병과 기병 50명을 거느리고 밤에 구천(狗川)에 이르렀는데, 신라 복병과 만나 싸우다가 신라군에게 살해되었다.

― 『삼국사기』 ―

① 지증왕이 우산국을 복속하였다.
② 근초고왕이 마한을 정벌하였다.
③ 고국원왕이 평양성에서 전사하였다.
④ 무령왕이 22담로에 왕족을 파견하였다.
⑤ 진흥왕이 한강 하류 지역을 차지하였다.

## 01 키워드 015 | 소수림왕 답 ①

사료가 나오면 긴장되죠? 우리 함께 천천히 살펴봐요! 사료 속에 정답의 근거가 되는 핵심 키워드가 보이네요. '전진', '승려 순도', '율령을 반포'를 찾으셨나요? 전진으로부터 불교를 수용하여 율령을 반포한 '왕'은 고구려의 소수림왕입니다. 소수림왕은 불교를 적극 받아들였어요. 무슨 이유였을까요? 국가의 사상을 통합하기 위한 정치적 목적이 있었답니다. 아버지인 고국원왕이 백제와의 싸움에서 전사하는 등 어수선한 상황 속에서 왕위에 올랐으니 국민들의 마음을 하나로 모아야 했거든요. 그리고 율령을 반포하여 국가 체제를 튼튼히 합니다. 또 태학을 설립하여 유학을 장려하고 인재를 양성하였고요.

### 바로알기

② 5세기 장수왕은 남진 정책을 추진하면서 수도를 평양으로 옮겼어요. 고구려가 남하하자 아래 두 나라, 백제와 신라는 손을 잡지요. 이름하여 나·제 동맹.

③ 우산국을 정벌한 왕은 신라 지증왕입니다. 34쪽에서 배울 겁니다. 신라 장군 이사부 지하에서 웃는다♬ 독도는 우리 땅♥

④ 통일 신라 원성왕은 유교 경전에 대한 이해 수준을 시험해 관직 선발에 참고하는 독서삼품과를 시행하였어요.

⑤ 고구려 광개토 대왕은 우리나라 최초로 '영락'이라는 연호를 사용했어요.

## 02 키워드 016 | 광개토 대왕 답 ③

신라는 4세기 후반 내물왕 때 왜군의 침입으로 국가적 위기에 처합니다. 다급해진 신라는 고구려에게 SOS를 요청했죠. 이에 광개토 대왕은 5만 명의 군사를 신라에 보내 왜군을 물리쳐 줍니다. 그런데 이 왕 남쪽까지 내려갔는데 그냥 돌아올 광개토 대왕이 아니죠. 왜군을 쫓아 남쪽 끝까지 추격하다가 김해의 금관가야 세력까지 약화시켰습니다. 결국 금관가야는 몰락하고 전기 가야 연맹은 해체됩니다. 그리고 5세기 후반 대가야가 후기 가야 연맹의 맹주가 된답니다. 또 고구려 군대는 왜군을 모두 물리친 후에도 신라에 머물면서 정치적 영향력을 행사했어요.

### 바로알기

① 고구려에 공납을 바치던 옥저는 결국 고구려 태조왕에게 정복당합니다.

② 4세기 근초고왕 때 백제가 고구려의 평양성을 공격하여 고국원왕을 전사시켰죠.

④ 신라는 고구려와 백제에 비해 고유한 문화를 오랫동안 가지고 있었습니다. 국가 통치자의 칭호도 그런 사례 중 하나인데요. 왕이란 말을 사용하기 전까지 거서간·차차웅·이사금·마립간이란 신라만의 독특한 용어를 순서대로 사용했습니다.

⑤ 고구려 미천왕은 고조선 멸망 이후 한이 설치했던 한사군인 낙랑군, 대방군을 축출하였습니다.

## 03 키워드 018 | 근초고왕 답 ③

우선 제시된 업적을 보고 어떤 왕인지 알아내야겠죠? 한번 풀어볼까요? 마한을 정벌했고, 고구려의 평양성을 공격했어요. 중국의 동진과는 외교 관계를 수립했네요. 이처럼 정복 활동과 외교 활동을 활발하게 펼쳤던 백제의 왕은 누구일까요? 그렇죠! 바로 근초고왕이에요. 백제는 삼국 중 가장 먼저 전성기를 이루는데 그때가 바로 근초고왕 때죠. 근초고왕은 어마어마하게 많은 업적을 세워요. 중국의 요서 및 일본의 규슈까지 진출하고, 왕위 부자 세습을 확립합니다. 일본에 아직기를 파견해 한자를 가르치기도 하죠. 그리고 고흥에게 역사책인 『서기』를 편찬하게 해요. 당시에 나라의 역사책을 만든다는 건 그만큼 강한 나라로 성장했다는 걸 의미한답니다.

### 바로알기

① 웅진(공주)으로 천도했던 왕은 백제 문주왕이에요. 장수왕의 남진 정책에 밀려 한성을 버리고 웅진으로 도읍을 옮긴 거죠. 업적이라기보다 굴욕 사건이라 할 수 있겠네요.

② 백제에서 불교를 공인한 왕은 침류왕입니다.

④ 대가야를 복속한 왕은 백제가 아닌 신라의 진흥왕이에요. 36쪽에 나옵니다.

⑤ 남부여로 국호를 바꾼 왕은 백제의 성왕입니다. 아이쿠, 남부여의 성왕이라고 불러야 맞겠네요.

## 04 키워드 019 | 성왕 답 ⑤

사비로 도읍을 옮기고 국호를 남부여라고 한 왕은? 바로 백제의 성왕입니다. 백제는 고구려 장수왕에게 한성이 함락되면서 웅진(공주)으로 쫓기듯이 천도를 할 수밖에 없었습니다. 굴욕적으로 쫓겨온 수도에서는 다시 일어설 수 없다고 판단한 성왕은 사비로 천도를 감행합니다. 그리고 국호도 남부여로 바꾸죠. 또한 고구려에게 빼앗긴 한강을 되찾기 위해 신라 진흥왕과 손잡고 고군분투합니다. 결국 성왕은 신라 진흥왕과 함께 한강 유역을 되찾는 데에 성공하지만 기쁨도 잠시, 진흥왕이 뒤통수를 칩니다. 한강 하류 지역을 다시 신라에 빼앗기죠. 열 받은 백제 성왕은 관산성에서 복수혈전을 벌이지만 결국 복수는 커녕 죽고 맙니다.

### 바로알기

① 신라 지증왕은 이사부를 보내 우산국을 복속합니다. 궁금하면 34쪽! 독도는 옛날에도 지금도 영원히 우리 땅!

② 백제 근초고왕은 마한 세력을 정벌하여 남해안까지 진출했어요.

③ 고구려 고국원왕은 백제 근초고왕의 공격으로 371년 평양성에서 전사하였습니다.

④ 백제의 수도가 웅진이었던 시기에 무령왕은 지방에 대한 통제를 강화하기 위해 22담로를 설치하고 왕족을 파견했어요.

# 020 지증왕 ▶▶ 나라 이름을 신라로 정한 왕

국가 신라    업적 '신라'·'왕' 칭호 사용, 우산국 복속          기본 ☑ 심화 ☑

이제 삼국 중 마지막으로 신라를 볼게요. 알에서 태어난 박혁거세가 건국한 신라.
신라 초기에는 박·석·김씨가 돌아가며 왕위를 계승했어요. 왕권이 미약했죠.
이런 신라에 왜가 쳐들어오자 아수라장이 되어 버립니다.
4세기 후반의 내물 마립간은 고구려 광개토 대왕에게 SOS를 요청해요.
광개토 대왕은 왜를 꺾어주고 … 금관가야도 망가뜨렸죠.

그리고 신라도 손을 보시는데 ….
광개토 대왕이 '이제 김씨만 왕위를 이어라.' 하십니다.
그러고는 신라에 고구려 군대까지 주둔시키죠.
'대가를 치러야지!!'
이 흔적을 어디서 볼 수 있냐고요?
바로 호우명 그릇이요. 신라 무덤인 호우총에서 나온
그릇 바닥에 광개토 대왕의 이름이 떡 있지 뭡니까.
5세기 고구려의 영향력 하에 놓여 있는 신라의 초라한
모습을 확인할 수 있답니다.

이런 상황에서 신라는 백제와 나·제 동맹을 맺어 고구려의 간섭에서 벗어나고자 노력했어요.
5세기 눌지 마립간 때 처음으로 백제 비유왕과 동맹을 맺었고, 소지 마립간 때는 백제 동성왕과
결혼 동맹을 맺었죠.
우리가 언제까지 고구려의 꼬붕 노릇을 해야 한단 말인가. 우리도 고구려 소수림왕, 백제 고이왕
처럼 개혁 좀 하자. 싹 바꿔!! 그래서 등장한 왕이 6세기 지증왕입니다.

우리도 번듯한 나라 이름을 갖자. 그래서 만든 게 '신라'.
우리도 임금 칭호를 바꾸자. 그래서 만든 게 '왕'.
그리고 먼 훗날 후손들이 Japan 애기들하고 독도 갖고
싸울지 모르니 확실히 도장 찍어 두자. 그래서 이사부를 시켜
독도를 품고 있는 우산국(울릉도)을 복속합니다.
또 소를 이용해 밭을 가는 우경을 장려하고, 시장 감독 기관인
동시전도 설치합니다.
신라의 개혁 깃발은 이렇게 6세기 지증왕부터 펄럭인답니다.

 결정적 기출 선지

① [        ]은 국호를 신라로 확정하고, '왕'이라는 칭호를 사용하였다.

② 지증왕은 이사부를 보내 [        ]을 복속시켰다.

정답

지증왕

우산국

# 법흥왕 ▶▶ 불법을 흥하게 한 왕

국가 신라  업적 불교 공인, 병부·상대등 설치  연호 건원  기본 ✓  심화 ✓

신라는 지증왕의 개혁에서 만족하지 않았죠.
개혁은 계속됩니다. 더 강한 개혁을 6세기 법흥왕이 전개합니다.
고대 국가의 특징이 뭐라고 했죠? 율령 반포·불교 수용·영토 확장이라 했죠?
법흥왕이 이런 일 다 합니다. 한 번에 해결. 와우!

우선 강력한 법에 의한 통치를 위해 율령을 반포하고요.
이차돈의 순교를 내세워 불교를 공인토록 하였지요.
병부도 설치해 군사에 관한 일을 맡깁니다.
또 최고 관직인 상대등을 설치해 지배 체제를 정비하기도 합니다.
상대등은 신라의 귀족 회의인 화백 회의를 이끌었어요.
참고로 화백 회의는 만장일치제로 운영되었답니다.
그러고는 광개토 대왕 때 맛이 간 금관가야를 드디어 병합하죠.
'건원'이라는 독자적인 연호까지 사용하고, 관리들의 공복도 제정합니다.
이러한 개혁을 통해 이제 신라는 변방의 고립된 후진국에서 벗어나기 시작했어요.
변화의 치열한 몸부림이 성공했고, 이제 달콤한 성공의 과실이 따라올 일만 남았네요.

## 결정적 기출 선지

❶ [          ]은 병부와 상대등을 설치하여 지배 체제를 정비하였다.

❷ 법흥왕은 [          ]이라는 독자적인 연호를 사용하였다.

정답

법흥왕

건원

## 022 진흥왕 ▸▸ 한강 유역을 장악하며 6세기 신라의 전성기를 이룬 왕

국가 신라    업적 북한산 순수비 건립, 화랑도 개편    기본 ☑  심화 ☑

지증왕과 법흥왕의 강력한 개혁에 힘입어
신라는 6세기 **진흥왕** 때 최고 전성기를 맞이하게 됩니다.
4세기 백제에 근초고왕이 있고, 5세기 고구려에
광개토 대왕이 있었다면, 6세기 신라에는 걸출한
정복 군주인 진흥왕이 있었던 거죠.

5세기 고구려 장수왕의 압박으로 체결된 신라와
백제의 동맹인 나·제 동맹이 이때까지 이어집니다.
성왕과 진흥왕. 참 사이 좋았었는데 ….
함께 고구려를 압박해서 한강 유역을 빼앗았죠.
그러나 반쪽짜리 한강 유역에는 성이 차지 않았던 진흥왕.
결국 배신을 때리고 몽땅 가로챕니다. 그리고 나서 이 지역에 세운 비석이 바로 **북한산 순수비**죠.

진흥왕은 한번 비석을 세워 보니 마음에 드셨는지 영토를 확장할 때마다 비석을 세웁니다.
북한산 순수비말고도 황초령비, 마운령비 그리고 **대가야를 병합**하고 세운 창녕비가 있답니다.
또 장수왕이 세운 충주 고구려비 옆에 단양 신라 적성비를 세워 한강이 신라에게 완전히 접수되었
음을 선포했죠.

이렇게 많은 정복 활동을 진흥왕 혼자 했을까요? 아닙니다.
진흥왕을 뒷받침해 준 조직이 있었어요. 바로 **화랑도**입니다.
화랑도는 원래 청소년 수련 단체였는데 진흥왕이 국가 조직으로
개편하여 인재를 양성하고 군사력을 키웠답니다.
화랑들은 이후에 신라가 삼국 통일을 할 때에도 중요한 역할을
할 거예요.
자, 이제 잘나가게 됐으니 역사서를 써야겠죠?
진흥왕 때 거칠부의 주도로 역사책인 『국사』가 편찬됩니다.

 **결정적 기출 선지**

1 [          ]은 대가야를 정복하여 낙동강 유역을 차지하였다.

2 진흥왕은 [          ]를 국가 조직으로 개편하여 인재를 양성하였다.

**정답**

진흥왕

화랑도

# 023 가야 ▸▸ 금관가야 중심의 전기 가야 연맹 → 대가야 중심의 후기 가야 연맹

번성 철 수출, 중계 무역  멸망 금관가야-신라 법흥왕, 대가야-신라 진흥왕  기본 ☑ 심화 ☑

고대를 보통 삼국 시대라고 하는데 사국 시대라고
해야 한다는 주장도 있어요.
바로 가야를 염두에 둔 것이지요.
가야는 비록 중앙 집권 국가로 발전하지 못하고
연맹 왕국 단계에 머물렀지만 나름대로 잘나갔어요.
풍부한 철 생산력을 바탕으로 엄청난 **철기 제작 기술**을
가지고 있었거든요. 덩이쇠를 화폐처럼 사용할 정도였죠.
주변국에 수출도 많이 했고 낙랑과 왜를 연결하는 **중계 무역**으로 번성했습니다.

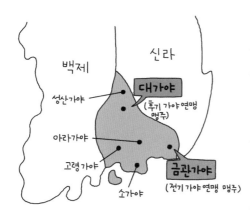

왜 이런 가야가 중앙 집권 국가로 발전하지 못했느냐.
앞서 말한 것처럼 광개토 대왕의 공격 때문입니다.
광개토 대왕이 신라에 침입한 왜군을 격퇴하는
과정에서 달아나는 왜군을 좇아 김해의 금관가야까지
밀고 들어왔거든요.
이때 **금관가야**가 휘청하게 되고 가야 연맹의 중심
세력이 고령의 **대가야**로 바뀌게 되는 것이지요.
여기서 중요한 것은 광개토 대왕의 공격으로 가야
연맹의 주도권이 바뀐 것이지 금관가야가 멸망한
것은 아니란 사실입니다.

대가야는 농사짓기에 유리한 곳에 위치하였고, 풍부한 철을 바탕으로 후기 가야 연맹을 이끌었어요.
그러나 가야는 백제와 신라 사이에 끼어서 항상 압박에 시달렸죠.
결국 가야는 중앙 집권 국가로 성장하지 못한채 6세기 중반 **신라에 의해 멸망**합니다.
신라의 법흥왕은 대가야와 결혼 동맹을 체결하고 얼마 안 있어 금관가야를 멸망시키죠.
그리고 나서 진흥왕 때가 되면 대가야를 무너뜨립니다. 벽돌 깨기의 진수를 보여 주네요.
아쉽지만 가야의 무덤에 대해 살펴보고, 가야의 이야기는 여기서 마무리 지어야겠습니다.
김해 대성동 고분군에서는 청동솥이, 고령 지산동 고분군에서는 철제 갑옷과 투구 등이 출토되었
어요.

---

🎯 **결정적 기출 선지**

❶ 금관가야는 철이 많이 생산되어 낙랑과 왜를 연결하는 [          ]으로 번성하였다.

❷ 5세기 이후 고령의 [          ]가 후기 가야 연맹을 주도하였다.

**정답**

중계 무역

대가야

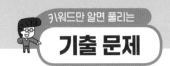

## 키워드만 알면 풀리는 기출 문제

**01** 밑줄 그은 '왕'의 업적으로 옳은 것은? [2점]

여러 신하들이 아뢰기를 "… 신(新)은 '덕업이 날로 새로워진다'는 뜻이고, 라(羅)는 '사방(四方)을 망라한다'는 뜻이므로 이를 나라 이름으로 삼는 것이 마땅하다고 여겨집니다. 또 살펴보건대 옛날부터 국가를 가진 이는 모두 제(帝)나 왕(王)을 칭하였는데, 우리 시조께서 나라를 세운 지 지금 22대에 이르기까지 방언으로만 부르고 높이는 호칭을 정하지 못하였으니, 이제 여러 신하들이 한 마음으로 삼가 신라국왕(新羅國王)이라는 칭호를 올립니다."라고 하였다. 왕이 이를 따랐다.

– 「삼국사기」 –

① 병부를 설치하고 율령을 반포하였다.
② 이사부를 보내 우산국을 복속시켰다.
③ 대가야를 병합하여 영토를 확장하였다.
④ 국학을 설립하여 유학 교육을 진흥시켰다.
⑤ 자장의 건의로 황룡사 구층 목탑을 건립하였다.

**02** (가)에 들어갈 내용으로 옳은 것은? [2점]

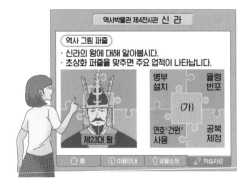

① 평양 천도
② 22담로 설치
③ 금관가야 병합
④ 독서삼품과 실시
⑤ 황룡사 구층 목탑 건립

**03** 다음 비석을 세운 왕이 시행한 정책으로 옳은 것은? [3점]

① 국학을 설립하여 유학을 교육하였다.
② 대가야를 정복하여 영토를 확장하였다.
③ 병부 등을 설치하여 지배 체제를 정비하였다.
④ 지방관을 감찰하기 위하여 외사정을 설치하였다.
⑤ 국호를 신라로 확정하고 왕이라는 칭호를 사용하였다.

**04** 다음 문화유산을 남긴 나라에 대한 설명으로 옳은 것은? [2점]

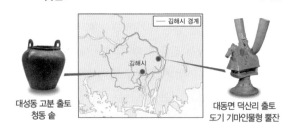

대성동 고분 출토 청동 솥

대동면 덕산리 출토 도기 기마인물형 뿔잔

① 읍락 간의 경계를 중시하는 책화가 있었다.
② 백강에서 왜군과 함께 당군에 맞서 싸웠다.
③ 지방 장관으로 욕살, 처려근지 등을 두었다.
④ 낙랑과 왜를 연결하는 중계 무역으로 번성하였다.
⑤ 만장일치제인 화백 회의를 통해 국정을 운영하였다.

## 01 키워드 020 | 지증왕  답 ②

복잡하고 긴 내용의 사료네요. 그래도 문제 풀이의 단서는 언제나 있는 법! '신라'를 나라 이름으로 삼은 것과 '신라국왕'이라는 칭호가 키워드네요. 지증왕은 나라 이름을 '신라'로, 지배자의 칭호를 '왕'으로 고쳤어요. 지증왕 이전의 신라에서는 지배자의 칭호로 이사금, 마립간 등을 사용했어요. 지증왕은 이사부를 보내 지금의 울릉도인 우산국을 복속시켰습니다.

### 바로알기

① 법흥왕은 율령을 반포하고, 병부와 상대등을 설치했어요. 또 이차돈의 순교를 계기로 불교를 공인하여 국왕 중심의 통치 체제를 확립하기도 했지요.

③ 진흥왕 때 백제 성왕과 연합해 한강 상류 지역을 차지하고, 이후 나·제 동맹을 깨고 한강 유역을 전부 차지했어요. 남쪽으로는 대가야를 병합했고, 북쪽으로는 함흥 평야까지 진출해 전성기를 이루었답니다.

④ 통일 신라의 신문왕은 김흠돌의 난을 진압하면서 진골 귀족 세력을 숙청하여 왕권 전제화를 확립하였어요. 또 국학을 설치해 유학 교육을 실시했지요. 궁금하다면 46쪽으로~

⑤ 신라 선덕 여왕 때 자장의 건의로 신라를 위협하는 주변 아홉 세력을 부처님의 힘을 빌어 물리치고자 하는 소망을 담아 황룡사 9층 목탑을 세웠어요. 이 탑은 이후 고려에 몽골이 침입했을 때 불에 타 현재는 남아 있지 않아요.

## 02 키워드 021 | 법흥왕  답 ③

'병부 설치', '율령 반포', '공복 제정'을 한 신라의 왕은 바로 법흥왕입니다. 법흥왕은 이름 그대로 '법을 흥하게 한 왕'이에요. 신라의 발전을 위한 여러 제도 정비를 다 했다고 이해하시면 조금 더 쉬워요. 관리들의 공복을 제정하였으며, '건원'이라는 독자적인 연호를 사용했죠. 군사 기구인 병부를 설치하여 국왕이 군사 지휘권을 장악하였고, 최고 관직인 상대등을 설치하여 국사를 총괄하게 했어요. 또 법흥왕은 금관가야를 병합(532)하고 낙동강 하류 지역까지 진출합니다.

### 바로알기

① 5세기 고구려의 장수왕이 남진 정책을 추진하고자 국내성에서 평양으로 천도하였습니다.

② 6세기 초 백제의 무령왕은 지방에 22담로를 설치하고 왕족을 파견하여 지방 통치력을 강화하였어요.

④ 독서삼품과는 통일 신라의 원성왕이 국학의 학생들을 독서 능력에 따라 상·중·하로 구분하여 관리 임용에 참고하고자 실시했던 제도예요. 하지만 특권층인 귀족들이 가만있었겠어요? 자기 밥그릇이 줄어들 것을 우려해 적극 반발했죠.

⑤ 신라 선덕 여왕 때 자장의 건의로 호국 염원을 담아 황룡사 9층 목탑을 세웁니다. 여러분~ 황룡사는 진흥왕 때 건립되었다는 점도 함께 기억해주세요.

## 03 키워드 022 | 진흥왕  답 ②

어려운 말이 많이 나오네요. 하지만 당황할 필요는 없습니다. 핵심만 잘 찾아내면 답을 알 수 있거든요. 그럼 왼쪽 비문부터 살펴볼까요? 인민을 많이 얻었다는 것을 보아 영토를 확장하고 세운 비석인가 봅니다. 그리고 '순수'라는 단어가 보이네요. 오른쪽 비문에서는 '적성'이라는 단어가 보이고요. 이제 확실히 아시겠죠? 북한산 순수비와 단양 신라 적성비네요. 두 비석 모두 신라 진흥왕이 영토를 넓혀 가면서 점령 지역에 세운 비석들이에요. 진흥왕은 한강 유역을 차지한 뒤 그 기념으로 북한산 순수비를 세웠고 마운령비, 황초령비, 창녕비까지 총 4개의 순수비를 세웠답니다. 이 중 창녕비가 고령의 대가야를 정복하고 세운 것이에요.

### 바로알기

① 통일 신라의 신문왕은 유학 교육을 장려하고자 국학을 설립하였습니다.

③ 법흥왕은 왕권 강화를 도모하고자 군사 기구인 병부를 설치하여 말을 듣지 않는 귀족을 처단했습니다.

④ 지방관의 비행을 감찰하는 외사정은 통일 신라 문무왕 때 설치되었습니다.

⑤ 지증왕 이전까지는 마립간이라는 칭호를 썼지만 지증왕 때 처음으로 '왕' 칭호를 써요. 또 국호도 '신라'로 정했고요.

## 04 키워드 023 | 가야  답 ④

지도에 김해시가 빨갛게 표시되어 있네요. 김해 하면 떠오르는 국가가 있죠. 바로 김해 지역을 중심으로 전기 가야 연맹을 이끌었던 금관가야입니다. 김해 대성동 고분군에서는 금관가야의 유물들이 많이 발견되었어요. 금관가야는 철이 풍부하게 생산되어 철제 무기와 철제 농기구의 제작이 활발하였어요. 덩이쇠를 화폐로 사용할 정도였답니다. 또 낙랑과 왜를 연결하는 중계 무역으로 번성하였어요. 그러나 좋은 시절은 잠깐. 신라를 도와주러 온 광개토 대왕이 휙~ 하고 지나가자 금관가야는 털썩 넘어지고 맙니다. 가야의 주도권은 대가야로 넘어가게 되고 대가야는 고령을 중심으로 후기 가야 연맹을 이끕니다. 대가야의 유물은 고령 지산동 고분군에서 많이 발견된답니다. 대표적으로 철제 갑옷과 투구가 있어요.

### 바로알기

① 책화는 철기 시대 여러 나라 중 하나였던 동예의 풍습이죠. 벌써 잊은 거 아니죠? 가물가물하다면 다시 앞으로!

② 백제가 멸망한 후 백제를 다시 일으키자는 부흥 운동이 일어납니다. 백제 부흥 세력은 왜의 도움을 받아 백강에서 당군에 맞서 싸웠으나 결국 패배하고 말죠.

③ 고구려는 욕살이나 처려근지 등의 지방 관리를 파견하였어요.

⑤ 화백 회의는 신라의 귀족 회의인데 만장일치제로 운영되었어요. 단 한 명의 반대도 용납하지 않았죠.

# 024 살수 대첩 ▶▶ 고구려가 살수에서 수를 크게 무찌른 싸움

연도 612 국가 고구려 VS 수  기본 ☑ 심화 ☑

**5세기** 광개토 대왕과 장수왕의 활약으로 전성기를 누렸던 고구려.
그러나 6세기에 상황이 급변합니다.

위·진·남북조로 분열되어 있던 중국이 수에 의해 통일되어 고구려를 압박하고,
남쪽에선 신라 진흥왕이 기세 좋게 치고 올라오는 상황.
이젠 공성의 시대가 아니라 수성의 시대.
고구려는 북쪽의 돌궐과 손을 잡고 수의 압박에 맞섭니다.

부자는 망해도 3년을 간다고 하죠.
중국의 수 양제가 대군을 몰고 고구려를 공격했으나 우리에겐 **을지문덕** 장군님이 있었지요.
수의 군대는 고구려 도읍지인 평양성을 공격하러
압록강을 넘어옵니다.
바로 이때, 을지문덕은 거짓으로 항복하는 척
수의 장수 우중문에게 시를 한 편 써서 보냅니다.
'니 잘나 전쟁 이겼으니 이제 그만 만족하고 돌아가라.'
얼핏 보면 우중문을 치켜세우는 것 같지만
실상은 우중문을 깎아내리는 것!
을지문덕은 거짓 항복을 믿고 돌아가던 수의 군사들을
**살수(청천강)**에서 수장시킵니다.

30만 명 중에서 살아 돌아간 군사는 단 2,700명뿐.

결국 수는 고구려 공격의 실패로 몰락하고 그 뒤를 이어 당이 등장합니다.
그런데 수를 이어 당도 고구려를 위협합니다.
고구려는 중국과 국경이 맞닿아 있었기 때문에 피할 수 없는 충돌이었을지도 몰라요.
이에 고구려는 당으로부터 국경을 보호하기 위해 **천리장성**을 세웠죠.
당의 군대. 보잘것없는 군대의 대명사.
고구려는 당도 물리칠 수 있을까요? 결과는 다음 장에 ….

 **결정적 기출 선지**

❶ [          ]이 이끄는 고구려군이 살수에서 수의 군대를 크게 물리쳤다.

❷ 고구려는 당의 침입에 대비하여 [          ]을 쌓았다.

**정답**

을지문덕

천리장성

# 안시성 싸움 ▶▶ 고구려가 안시성에서 당과 벌인 싸움

연도 645  국가 고구려 VS 당

기본 ☑ 심화 ☑

현실은 만만치 않았습니다.

당 태종이 동아시아 최강의 부대를 직접 몰고 고구려를 공격한 것이죠.

왜 공격했냐면요. 당시 친당 정책을 폈던 고구려의 영류왕이 **연개소문**의 정변으로

보장왕에게 왕위를 내주는 일이 벌어졌어요.

연개소문은 권력을 장악하고 당과 신라에 대한 강경한

외교 정책을 추진했습니다. 당 태종은 역적 연개소문을

벌하겠다며 얼씨구나 고구려로 쳐들어온 거죠.

7세기는 이렇게 수와 당이 연달아 고구려를

공격하는 고구려의 수난 시대였어요.

그러나 고구려는 **안시성**에서 당 태종마저 물리치지요.

대단한 고구려군의 기세를 보고 당 태종이 후퇴하며

안시성 성주인 양만춘에게 큰 상을 내렸다는 전설마저 내려온답니다.

이후에도 고구려는 몇 차례에 걸친 당의 침입도 막아 냅니다.

당시 신라는 한강 유역을 차지한 후 백제와 고구려의 압박을 받고 있었어요.

그래서 고구려 공격에 실패한 당을 찾아가 함께 고구려와 백제를 물리치자고 동맹을 제안했죠.

당은 여기서 멈추지 않고 전술을 변경합니다. 신라와 손잡고 **나·당 연합**을 결성했죠.

고구려는 당시 최강국이었던 수, 당에 맞서 싸워 이겼지만 그렇다고 국가가 온전한 것은 아니었습니다.

수와 당의 대규모 군대를 막아내느라 국력이 기울어질대로 기울어졌죠….

게다가 자식 교육 잘못 시킨 연개소문이 죽자 세 아들의 피 튀기는 내분 발생.

결국 고구려는 나·당 연합군의 공격으로 평양성이 함락되면서 무너지고 맙니다.

아, 비통하도다. 고구려여!

## 🧑‍🏫 결정적 기출 선지

**1** 7세기에 고구려의 _____ 이 정변을 일으켜 정권을 장악하고 신라를 압박하였다.

**2** 645년 고구려는 당의 침입을 _____ 에서 물리쳤다.

정답

연개소문

안시성

## 026 부흥 운동 ▶▶ 고구려·백제 멸망 후 유민들이 나라를 다시 일으켜 세우기 위해 펼친 운동

**국가** 고구려, 백제    **인물** 흑치상지(백제), 검모잠(고구려)    기본 ☑ 심화 ☑

나·당 연합군은 고구려 전에 먼저 백제를 공격했었습니다.

당시 백제는 의자왕 말기로 국정이 혼란했죠.

계백이 황산벌 전투에서 결사 항전했지만, 결국 공격을 이기지 못하고 660년 멸망하고 맙니다.

그러나 곧 백제를 다시 일으키고자 하는 **부흥 운동**이 일어났어요.

임존성에서는 **흑치상지**가, 주류성에서는 **도침**과 **복신**이 결사 항쟁을 벌입니다.

이때 일본도 백제 부흥군을 도우러 와서 나·당 연합군과 백강 전투를 벌입니다.

무려 4만여 명의 지원군. 하지만 막강한 나·당 연합군의 군대에 속수무책으로 무너지게 되죠.

백제의 부흥군은 큰 타격을 입고 이후 지도자들의 내분까지 일어나게 되면서 결국 백제 부흥의 꿈은 완전히 사라지게 됩니다.

이제 남은 건 고구려.

고구려 역시 나·당 연합군의 공격으로 668년,

약 700년 역사의 막을 내립니다.

하지만 고구려도 이렇게 허무하게 끝낼 순 없죠.

마찬가지로 부흥 운동을 벌입니다.

오골성에서 **고연무**가, 한성에서 **검모잠**이,

금마저에서는 보장왕의 서자인 **안승**이 당에 대항합니다.

그런데 참 아이러니하게도 신라가 고구려의 부흥 운동을 지원해요.

아니, 당과 같이 멸망시킬 때는 언제고 왜?

이때 당이 한반도 전체를 집어삼키려는 야욕을 보이거든요.

당이 백제의 옛 땅에 웅진 도독부, 고구려의 옛 땅에 안동 도호부,

그리고 신라에 계림 도독부라는 군정 기관을 설치해요.

떠날 사람이 이런 기관을 설치하진 않겠죠. 얘네 뭐야?

당황한 신라는 당을 몰아내기 위해 고구려의 부흥 운동을 지원했던 것이죠.

**외교에는 영원한 친구도, 영원한 적도 없다죠?**

 **결정적 기출 선지**

**1** 고구려 멸망 후, 한성에서 [        ]이 고구려를 다시 세우고자 하였다.

**2** 신라는 고구려 부흥 운동군을 후원하면서 당에 맞서 싸웠다.  ○ | ×

**정답**

검모잠

○

# 027 매소성 전투 ▶▶ 신라가 당군을 격파하고 삼국 통일을 완수한 전투

연도 675 국가 신라 VS 당

기본 ☑ 심화 ☑

운명의 7세기.
나·당 연합을 통해 백제와 고구려를 차례로 무너뜨린 신라가
한반도를 떠나지 않으려는 당과 한판 승부를 벌이니
그것이 바로 나·당 전쟁입니다.
나·당 전쟁의 대표적 전투가 **매소성 전투**와 **기벌포 전투**입니다.
여기서 승리하면서 신라는 드디어 삼국 통일의 대업을
완수하게 되죠.
평양에 있던 안동 도호부도 요동으로 쫓아버립니다.
하지만 당이라는 외세의 힘을 빌리고, 드넓었던 고구려의 영토를 뺏긴 건 쬐끔 아쉽네요.

여기서 잠깐! 신라 삼국 통일에 초석을 놓은 왕은 누구일까요?
바로 직접 당 태종을 설득해 나·당 연합 결성을 가능케 한
**김춘추**, 즉 태종 무열왕입니다.

신라에는 **골품제**라는 아주 폐쇄적인 신분 제도가 있었어요.
성골, 진골의 골제와 6두품에서 1두품까지의 품제를 합쳐서
골품제라 불렀죠. 이 골품제하에서 이때까지는 성골만 왕위에
올랐었는데, 대가 끊깁니다.
그래서 진골 출신이 처음으로 왕위에 오르니 그가 바로
김춘추, 태종 무열왕입니다.

무열왕은 당과 손잡고 백제를 멸망시켰으나 끝내 삼국 통일을 보지 못하고 죽습니다.
그렇다면 신라 삼국 통일을 완성한 왕은 누구일까요?
동해에서 신라를 지키는 용이 되었다는 전설의 그분,
문무왕입니다. 나·당 전쟁을 승리로 이끄셨죠.
암튼 삼국 중 가장 늦게 발전했던 신라의 통일!
혹시 내가 남보다 느린 것은 아닐까 걱정하고 있으신가요?
아직 당신의 전성기가 오지 않은 것은 아닐까요?

 **결정적 기출 선지**

① 나·당 전쟁 중 신라가 [       ]과 기벌포에서 당을 물리쳤다.

② [       ]은 진골 출신 최초로 왕위에 올랐다.

**정답**

매소성

무열왕

## 키워드만 알면 풀리는 기출 문제

**01** 다음 사건이 일어난 이후의 사실로 옳은 것은?  [2점]

> 을지문덕이 우문술의 군사가 굶주린 기색이 있음을 보고 이들을 피곤하게 만들려고 매번 싸울 때마다 달아났다. …… 가을 7월에 살수(薩水)에 이르러 [적의] 군사가 반쯤 강을 건넜을 때 아군이 뒤에서 적군을 공격하여 우둔위 장군 신세웅을 전사시켰다.
>
> — 『삼국사기』 —

① 고구려가 대방군을 축출하였다.
② 대가야가 신라의 공격으로 멸망하였다.
③ 고구려가 안시성 전투에서 당의 군대를 물리쳤다.
④ 신라가 군사 업무를 총괄하는 병부를 설치하였다.
⑤ 백제가 평양성을 공격하여 고국원왕을 전사시켰다.

**02** 다음 상황 이후 고구려에서 있었던 사실로 옳은 것은?
[3점]

> 이 그림은 안시성에서의 전투 장면을 상상하여 그린 것입니다. 고구려는 당 태종의 침입으로 요동성, 백암성이 함락되는 위기를 맞았지만 안시성에서 이를 물리쳤습니다.

① 수의 침략군을 살수에서 격퇴하였다.
② 낙랑군을 몰아내고 영토를 확장하였다.
③ 전진의 순도를 통해 불교를 수용하였다.
④ 평양성에서 나·당 연합군에 항전하였다.
⑤ 연개소문이 정변을 일으켜 권력을 장악하였다.

**03** 다음 사건이 일어난 이후의 사실로 옳은 것은?  [3점]

> 고구려의 대장 겸모잠(鉗牟岑: 검모잠)이 무리를 거느리고 반란을 일으켜 보장왕의 외손 안순(安舜: 안승)을 세워 왕으로 삼았다. 고간을 동주도행군총관으로, 이근행을 연산도행군총관으로 삼아 토벌케 하였다. 사평태상백 양방을 보내어 도망치고 남은 무리를 불러들이게 하였다. 안순이 겸모잠을 죽이고 신라로 달아났다.
>
> — 『신당서』 —

① 나·당 연합군이 백강에서 왜군을 물리쳤다.
② 복신과 도침 등이 주류성에서 군사를 일으켰다.
③ 계백이 이끄는 결사대가 신라군에 맞서 싸웠다.
④ 신라군이 당의 군대에 맞서 매소성에서 승리하였다.
⑤ 김춘추가 중국으로 건너가 군사 동맹을 성사시켰다.

**04** 밑줄 그은 '선왕'에 대한 설명으로 옳은 것은?  [2점]

> 선왕(先王)께서는 백성의 참상을 불쌍히 여겨 …… 바다 건너 당의 조정에 들어가서 군사를 요청하셨다. …… 백제는 평정하셨지만 고구려는 미처 멸망시키지 못하셨다. 선왕의 평정하시려던 뜻을 과인이 이어받아 마침내 이루게 되었다.
>
> — 『삼국사기』 —

① 사비로 천도하였다.
② 우산국을 정벌하였다.
③ 진골 출신으로 왕위에 올랐다.
④ 영락이라는 연호를 사용하였다.
⑤ 화랑도를 국가적인 조직으로 개편하였다.

## 01 〔키워드 024 | 살수 대첩〕 답 ③

사료 속 '을지문덕'이란 이름과 '살수'라는 지명을 통해 살수 대첩에 대한 내용임을 알 수 있어요. 612년에 수 양제는 우중문의 30만 별동대를 보내 고구려의 평양성을 공격합니다. 이때 등장한 우리의 을지문덕 장군. 유도 작전으로 수의 대군을 살수에서 크게 물리칩니다(살수 대첩). 고구려 원정으로 무리한 수는 국력을 다 소모하여 곧 멸망에 이릅니다. 이어 등장한 당 태종은 또 다시 고구려 침략의 야욕을 드러냅니다. 고구려는 요동에 천리장성을 쌓아 당의 침략에 대비했죠. 당 태종은 직접 대규모 병력을 동원하여 공격해 왔지만 고구려는 이를 안시성에서 물리칩니다(안시성 싸움, 645).

### 바로알기

① 고조선 멸망 이후 한이 설치했던 한사군 중 하나인 대방군은 4세기 초 고구려 미천왕에 의해 축출되었어요.

② 6세기 진흥왕 때 신라가 대가야를 정복했어요. 금관가야는 법흥왕 때 복속되고요. 헷갈리지 마세요!

④ 신라 법흥왕 때인 6세기에 병부를 설치했으니, 살수 대첩 이전의 사실이군요.

⑤ 4세기 백제 근초고왕이 평양성을 공격하여 고구려 고국원왕이 전사했죠.

## 02 〔키워드 025 | 안시성 싸움〕 답 ④

소개된 그림은 안시성 싸움을 묘사한 민족기록화입니다. 우리나라의 자랑스러운 전쟁사 중 하나가 안시성 싸움이죠. 살수 대첩과 맞먹습니다. 당 태종은 연개소문의 정변을 구실 삼아 친히 대군을 이끌고 고구려로 침입해 들어오십니다! 고구려는 여러 성이 함락되는 어려움을 겪었죠. 하지만 그냥 죽으란 법은 없었어요! 645년 안시성 싸움에서 양만춘이 이끄는 고구려 군대가 당의 군대를 물리쳤습니다. 그렇지만 고구려는 수와 당의 거듭된 침략을 막다 보니 국력이 많이 소모된 상태였어요. 그러던 중 신라가 당과 손을 잡고 평양성으로 쳐들어옵니다. 결과는 여러분도 잘 알죠?

### 바로알기

① 살수 대첩(612)에 대한 설명이에요. 수가 멸망하고 당이 세워졌으니 시기적으로 안시성 싸움보다 앞서죠.

② 시험에 자주 나오는 선택지예요. 낙랑군을 몰아내고 영토를 확장한 고구려의 왕은 바로 미천왕.

③ 소수림왕은 372년에 전진의 순도를 통해 불교를 받아들였어요. 불교 수용이 중앙 집권 국가 확립에 영향을 미쳤으니 시기적으로 훨씬 앞서지요.

⑤ 연개소문이 정변을 일으킨 해는 642년입니다. 이 정변을 구실로 당 태종이 고구려로 쳐들어왔던 거예요.

## 03 〔키워드 026 | 부흥 운동〕 답 ④

사료의 구체적인 내용을 모르더라도 등장 인물을 통해서 시대 상황을 유추해 볼 수 있어요. 고구려의 대장인 겸모잠(검모잠으로 더 잘 알려짐)과 보장왕의 서자 안순(안승으로 더 잘 알려짐)이 나옵니다. 검모잠과 안승, 그리고 고연무 등은 고구려 부흥 운동의 주역입니다. 검모잠은 670년 왕족인 안승을 왕으로 추대하고 고구려 유민을 모아 부흥 운동을 일으켰어요. 그런데 뭐가 틀어졌는지 갑자기 안승이 검모잠을 죽이고 신라로 달아나면서 고구려 부흥 운동은 실패로 끝납니다. 문제는 이 사건 이후의 사실을 찾는 거죠? 675년 매소성 전투에서 신라가 당의 20만 대군을 격파하여 나·당 전쟁의 승기를 잡게 됩니다.

### 바로알기

① 나·당 연합군은 백제 부흥 운동을 지원하는 왜군을 백강에서 물리쳤습니다. 이것을 백강 전투(663)라고 하죠.

② 백제 멸망 후 복신과 도침 등은 왕자 풍을 왕으로 추대하고 주류성과 임존성에서 군사를 일으켜 백제 부흥 운동을 주도했어요.

③ 계백의 결사대는 황산벌 전투(660)에서 신라의 김유신과 맞서 싸우지만 결국 패배하고 맙니다.

⑤ 신라의 김춘추는 고구려와 백제에 대항하기 위해 직접 당으로 건너가 당 태종을 설득해 나·당 연합 결성을 가능케 했어요.

## 04 〔키워드 027 | 매소성 전투〕 답 ③

선왕이 무슨 뜻이냐면요, 먼저 선(先). 네, 선대의 임금을 말해요. 제시된 사료에서 '선왕의 평정하시려던 뜻을 과인이 이어받았다'라고 나와 있어요. '과인'은 나·당 전쟁에서 당을 몰아낸 후 삼국 통일의 과업을 달성한 문무왕이에요. 바다를 건너 당에게 군사를 요청하고 백제를 평정한 '선왕'은 바로 김춘추, 태종 무열왕이고요. 김춘추는 선덕 여왕 때 당에 직접 가서 나·당 동맹을 체결하는 데 중요한 공을 세웠어요. 이후 마지막 성골인 진덕 여왕이 죽자, 김춘추가 김유신의 지원을 받아 진골 최초로 왕에 즉위하였죠.

### 바로알기

① 사비로 천도한 왕은 백제의 성왕이에요. 백제의 중흥을 꾀했죠.

② 6세기 신라의 지증왕은 이사부를 보내 우산국(울릉도)을 정벌하게 하였어요.

④ '영락'은 광개토 대왕 시기에 사용한 연호예요. 자신감 뿜뿜!

⑤ 화랑도를 국가적 조직으로 개편한 것은 신라 진흥왕의 업적이에요. 삼국을 통일하는 과정에서 이 화랑들의 역할이 컸다는 사실을 함께 기억하세요.

# 028 신문왕

▶▶ 삼국 통일 후 왕권을 강화하고 9주 5소경 체제를 정비하였던 왕

국가 통일 신라    업적 김흠돌의 난 진압, 관료전 지급    기본 ☑  심화 ☑

## Newspaper King.

통일한 지 얼마 안 된 신라는 매우 혼란스러웠어요.
원래 각기 다른 나라 사람이었던 사람들이
갑자기 한 나라 사람이 되었으니 말 안 해도 아시겠죠?
이때 혜성처럼 등장한 왕이 있었으니 바로 **신문왕**입니다.

신문왕은 치밀하게 왕권 강화 프로젝트를 가동합니다.
우선 진골 귀족인 **김흠돌의 난**을 진압함으로써
자신에게 위협이 될 수 있는 진골 귀족들을 여지없이 숙청
합니다. 그리고 관리에게 **관료전**을 지급하고
진골 귀족의 경제적 기반인 녹읍을 폐지합니다.

녹읍은 말 그대로 읍을 통째로 녹으로 받는 형태였어요.
그러니 그 마을의 조세(토지세)·공물(특산물)·역(노동력)을
모두 거둘 수 있었죠.
반면에 관료전은 조세를 거둘 수 있는 권리인 수조권만
인정되는 토지였어요.
노동력은 언제든지 군사력으로 전환이 가능하니
노동력을 징발할 수 없는 관료전을 지급한 거죠.

그러면서 화백 회의의 수장인 상대등의 세력을 꺾고, 왕명을 집행하는 집사부의 우두머리인
시중(중시)을 자신의 오른팔로 삼습니다. 든든하겠죠?

또 9주 5소경, 9서당 10정으로 통치 체제를 정비합니다. 자세한 내용은 다음 장에서 살펴볼게요.
그리고 유학을 장려하기 위해 **국학**도 설치하죠. 이는 왕권을 뒷받침할 유학적 소양을 가진 인재를
키워 왕권을 강화하기 위해서였죠.
정치·경제·사회·문화! 다방면에 걸친 신문왕의 왕권 강화 프로젝트. 무서운 정치인입니다.

## 결정적 기출 선지

1 신문왕은 [        ]을 진압하고 귀족들을 숙청하였다.

2 신문왕은 관리에게 [        ]을 지급하고 녹읍을 폐지하였다.

정답

김흠돌의 난

관료전

# 9주 5소경 & 9서당 10정
▶▶ 통일 신라의 지방 행정 조직 &
군사 조직의 명칭

국가 **통일 신라**   암기 **상수리 제도, 외사정**   기본 ☐ 심화 ☑

신문왕의 왕권 강화 프로젝트 중 하나가 통치 체제의 정비였죠.
그 산물이 바로 9주 5소경입니다. 전국을 9개 주로 나눠요.
고구려 영토에 3주, 백제 영토에 3주, 신라 영토에 3주.
그런 다음에 특수 행정 구역으로 5소경을 둬요.
왜냐하면 수도 경주가 너무 동남쪽에 치우쳐 있잖아요.
그걸 보완하기 위해 군사·행정 요충지에 작은 수도 5개를
더 두고 중앙에서 지방관을 보내 통치하게 한 거죠.
신문왕이 말하기를, "지방 구석구석까지 손아귀에 넣겠어."

한주

옛설

왕권을 위해 잘 감시해!

수상하면 즉각 연락하고

또 통일 신라 때는 지방 세력을 견제하기 위해
**상수리 제도**도 실시합니다.
상수리 제도는 지방에서 쫌 잘나간다는 사람 혹은 그 사람의 자식을 수도(금성)로 데려와
일정 기간 머물게 한 제도예요. 일종의 인질처럼 잡아둔 거죠.
'지방에서 허튼 짓 하면 너네 가족 어떻게 될지 모른다.'라고 협박한 겁니다.
또 중앙에서 보낸 지방관도 혹시 나쁜 물이 들까봐
지방관을 감찰하는 감독관 역할을 한 **외사정**도 문무왕 때부터 파견합니다. 정말 철저하네요.

9주 5소경과 유사한 용어가 하나 있어요.
군사 조직인 9서당 10정. 9서당은 중앙군이고 10정은 지방군이에요.
9서당에는 신라인뿐만 아니라 고구려·백제·말갈인도 들어가 있었어요.
전쟁에서 패배한 나라 출신 사람이 중앙군에 들어갔다?!?!
이건 민족 융합을 지향하고 있다는 뜻이죠.

지방군은 주마다 1정씩 두었어요. 전부 합쳐서 10정.
지방이 9주인데 왜 10정? 9주 중에서 국경과 접해 있던 한주가 굉장히 넓었거든요.
그래서 한주에는 특별히 1정 더, 2정을 두었습니다.

**결정적 기출 선지**

❶ 통일 신라에서는 ☐☐☐☐ 를 실시하여 지방 세력을 견제하고자 하였다.
❷ 통일 신라에서는 지방관을 감찰하기 위하여 ☐☐☐ 을 파견하였다.

**정답**

상수리 제도

외사정

# 030 호족 ▶▶ 신라 말에 등장한 지방 세력

국가 통일 신라    인물 궁예, 견훤, 왕건                                  기본 ☑ 심화 ☑

이렇게 잘 나가던 신라.
그러나 늘 정점은 쇠락의 출발점이라는 사실.
이제 천 년의 역사를 자랑하는 신라가 기웁니다.
신라 말이 되면 진골 귀족 간 왕위 쟁탈전이 벌어집니다. 서로 죽고 죽이는 상황.
대표적인 사건이 바로 **김헌창의 난**이죠.
자기 아버지인 김주원이 왕위에 못 올랐다고 아들 김헌창이 난을 일으키는 모습.
콩가루 집안이 되어 가고 있습니다.
이러니 중앙에서 지방을 통제할 수 있겠어요?
없죠. 결국 지방에서 새롭게 성장하는 세력이
있었으니 그들이 바로 **호족**입니다.

스스로를 성주, 장군 등으로 부르면서
그 지역에서는 마치 왕처럼 행동했죠.
대표적인 호족은 누구?
완도 청해진의 **장보고**, **궁예**, **견훤**, **왕건** 같은 인물입니다.

이런 호족과 손잡은 이들이 있으니 …. 바로 **6두품**!
신라의 폐쇄적 신분제인 골품제에 가장 불만이 많았던
세력이 6두품입니다.
6두품은 아무리 능력이 뛰어나도 올라갈 수 있는
최고 꼭대기가 '아찬'이었답니다.
위에 계신 귀족님들은 자기들끼리 화백 회의를 열어
만장일치제로 국가 중대사를 결정했죠.
정치판에서 밀려난 6두품은 호족을 따르게 됩니다.
왜냐고요? 호족과 6두품 모두 정부에서 배척되었다는
공통점이 있었거든요.
서서히 기울어져 가는 신라의 모습이 보이시나요?

## 결정적 기출 선지

❶ 신라 말에 지방에서 [        ]이 반독립적 세력으로 성장하였다.

❷ [        ]은 호족 세력과 연계하여 사회 개혁을 추구(골품제를 비판)하였다.

정답

호족

6두품

# 최치원

▶▶ 당에서 문장가로 이름을 떨쳤으며, 신라로 돌아온 뒤에는
진성 여왕에게 개혁책을 올린 6두품의 대표적 인물

국가 통일 신라    암기 시무 10조                                            기본 ☑  심화 ☑

우리 6두품 얘기를 조금 더 해볼까요?

6두품은 신문왕이 주도하는 왕권 강화에 편승하여 나름대로 능력을 펼치기도 했었습니다.

이때 6두품이었던 **설총**은 국왕에게 조언하는 내용의 『화왕계』를 지어 신문왕께 바쳤고,

한자의 음과 훈을 빌려 우리말을 표기하는 이두를 정리하기도 했습니다.

하지만 신라 말이 되면 6두품은 다시 진골 귀족들에게 걷어차이는 신세가 된답니다.

신라 6두품 중 대표적 인물이 바로 **최치원**입니다.

당의 과거인 빈공과에 당당히 합격하였고, 『토황소격문』을 지어 당 사람들을 놀라게 했던 최치원.

그는 신라로 돌아와 개혁책인 **시무 10조**를 진성 여왕에게 올렸지만 진골 귀족의 반대로 받아들여지지 않아요.

결국 신분의 벽을 넘지 못한 최치원은 속세를 떠나 신선이 되었다는 슬픈 이야기가 있죠.

이렇게 현실 정치에서 외면당한 능력 있는 6두품들이 바로 옆에서 배웠듯이 지방에서 새롭게 성장한 호족들과 손을 잡게 돼요. 그리고 호족 세력을 도와 신라를 무너뜨리게 됩니다.

우리 할배 최치원의 저서로는 『계원필경』이 있답니다.

『계원필경』 읽기 운동 본부장이 바로 저예요. 최태성!

 **결정적 기출 선지**

❶ [          ]은 국왕에게 조언하는 내용의 『화왕계』를 저술하였다.

❷ 최치원은 진성 여왕에게 개혁책인 [          ]를 올렸다.

**정답**

설총

시무 10조

# 032 원종과 애노의 난 ▶▶ 신라 말 지배층의 강압적인 수탈에 반발해 일어난 농민 봉기

**국가** 통일 신라 **연도** 889 | 기본 ☑ 심화 ☑

신라 말 중앙에서는 진골 귀족끼리 누가 왕이 될 것인지를 둘러싸고
서로 치고 받고, 반란이 꼬리에 꼬리를 물었었죠.
150여 년 동안 무려 20여 명의 왕이 바뀌고, 재위 기간은 고작 평균 7.5년!

이 와중에 원성왕이 왕권을 강화해보고자 **독서삼품과**를
실시합니다. 책을 읽게 하고 유교 경전을 얼마나
잘 이해했는지 평가하여 관리를 선발하는 제도지요.
그런데 귀족들이 책 읽어서 시험 보고 관리가 되겠어요?
택도 없는 소리!
결국 독서삼품과는 흐지부지됩니다.

지방에서는 호족들이 성주·장군을 자처하고 '나 건드리지 마'라며 똬리를 틀고서는
중앙 정부의 말을 귓등으로도 듣지 않고 세금도 안 내버립니다.
이러니 정치가 엉망일 수밖에 없겠네요.
이렇게 나라가 혼란스러우면 그 피해는 사회의 약자인 백성이 고스란히 입는답니다.
이때도 마찬가지였죠. 휴우….
당시 진성 여왕은 왕실 국고가 바닥나자 자신들의 기득권을 유지하기 위해 백성에게
세금을 쥐어짜 냅니다. 이러니 백성들이 어찌 지배층에게 저항하지 않을 수 있겠나이까.

대표적인 사건이 바로 **원종과 애노의 난**이었답니다.
진성 여왕 때 사벌주(상주)에서 일어난 농민 봉기죠.
백성들이 들고일어난다는 것은 그 나라의 수명이
다했다는 것을 의미해요.
참고 참다가 결국 폭발하는 것이죠.
골품제의 모순도 신라 말기에 이르니
곪다 못해 터지고 맙니다.
뼛속까지 신분제 = 골품.
결국 나라를 망하게 하네요.

 **결정적 기출 선지**

**1** 원성왕은 관리 선발을 위하여 [          ]를 시행하였다.

**2** 신라 말 진성 여왕 때 [          ] 등 농민 봉기가 일어났다.

**정답**

독서삼품과

원종과 애노의 난

# 033 무왕 ▸▸ 당과 싸우며 영토를 넓힌 발해의 제2대 왕

국가 발해 　업적 산둥반도 공격 　연호 인안 　　　　　기본 ☑ 심화 ☑

당시 삼국을 통일한 신라만 있었느냐. 아닙니다. 발해도 있었습니다.
남쪽에는 신라, 북쪽에는 발해. 이름하여 남북국 시대.
사실 남북국 시대라는 용어는 조선 후기 실학자인 유득공의 『발해고』에서 처음 사용되었어요.
유득공은 고려가 발해 역사를 제대로 기록하지 않았지만
발해도 우리 민족의 역사이므로 온전히 계승해야 한다고
주장했죠.

발해를 세운 사람은 고구려 유민 중 한 명이었던
대조영이었어요.
대조영은 옛 고구려 땅을 다스리던 당에 반기를 들고
고구려 유민과 말갈인을 이끌고 동모산에서 발해를 건국합니다.
처음에는 나라 이름을 진국이라 하였다가 후에 발해로 바꿨어
요. 발해는 고구려를 계승한 나라예요.
증거 있냐고요? 많습니다. 이건 뒤에서 설명해줄 테니 조금만 기다려주세요.

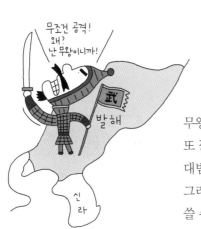

대조영의 뒤를 이어 발해를 강성 국가로 발돋움시킨
왕이 바로 **무왕**입니다.
싸울 '무(武)' 자가 들어간 무왕.
이름 그대로 당과 무력으로 충돌합니다.

무왕은 동생인 대문예를 보내 흑수 말갈을 공격하게 했어요.
또 장문휴를 보내 당의 산둥반도를 선제 공격하는
대범한 모습을 보입니다.
그리고 '인안'이라는 연호도 쓰죠. 당시 연호는 중국 황제만
쓸 수 있었는데, 발해가 당당하게 연호를 사용한 거예요.
고구려 광개토 대왕이 생각나지 않나요?

암튼 "이제 발해도 중국과 대등한 관계이다."라고 선포한 거죠.
무왕의 시대는 공성의 시대였습니다.

## 결정적 기출 선지

❶ [　　　　]은 고구려 유민을 이끌고 동모산에서 발해를 건국하였다.

❷ 무왕은 [　　　　]로 하여금 (당의) 산둥반도를 공격하게 하였다.

정답

대조영

장문휴

## 034 문왕
▶▶ 당과 친선 관계를 맺고 문물을 받아들여 3성 6부 체제를 정비한 왕

국가 발해　업적 신라도 개설, 상경 천도　연호 대흥　　　기본 ☑　심화 ☑

자! 이제 수성의 시대가 열립니다.
무왕이 판을 벌였으니 이제 내정도 확실하게 다져야죠.
문왕이 그 역할을 합니다.
이름도 공부할 '문(文)' 자가 들어가잖아요.
'대흥'이라는 연호를 썼던 문왕은 친당 정책으로
전환합니다. 그리고 자신의 정신적 기둥인 고구려를
멸망시킨 원수, 신라와도 교류합니다.
이 교류 루트가 발해의 상경에서 출발해 남경을 거쳐
신라의 금성(경주)으로 이어지는 '신라도'입니다.
원수와 손을 잡은 격이지만 발전을 위해서는 꼭 필요한
것이었죠. 그리고 그 노력은 발해의 눈부신 발전으로 나타납니다.
문왕은 도읍도 **중경에서 상경으로 옮기면서** 광활한 만주 벌판 지배 굳히기에 돌입합니다.

## 035 3성 6부
▶▶ 당의 제도를 수용한 발해의 중앙 정치 조직

국가 발해　왕 문왕　　　기본 ☐　심화 ☑

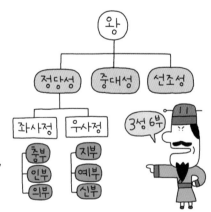

문왕은 **3성 6부**의 중앙 정치 조직도 정비합니다.
이건 당의 3성 6부 제도를 벤치마킹한 거예요.
그대로 받아들이지 않고, 명칭이나 작동 원리가
상당히 독창적이었죠.
우선 3성에는 정당성·중대성·선조성이 있었어요.
정당성의 장관인 대내상이 국정을 총괄하고,
정당성 밑에 좌사정과 우사정이 있어 이들이 각각 3부씩,
총 6부를 관할하죠.
이런 시스템을 이원적 통치 시스템이라고 합니다.
또 6부의 명칭을 유교 덕목인 충·인·의·지·예·신이라 한 것으로 보아 발해가 유학을 숭상했음을
알 수 있습니다.
이런 모습들이 발해가 당의 제도를 그대로 가져오지 않고 독자적으로 운영했다는 걸 보여 줘요.
이 외에도 발해에는 관리를 감찰하는 **중정대**와 교육 기관인 **주자감**도 있었답니다.

## 036 선왕 ▶▶ 발해의 전성기를 이끈 왕

국가 발해    업적 5경 15부 62주 설치, 해동성국    연호 건흥          기본 ✓ 심화 ✓

발해의 전성기를 이루어 낸 제10대 왕, 선왕! 무왕이 2대, 문왕이 3대….
그럼 그 사이의 왕들은?
발해에 대한 기록은 많이 남아 있지 않아 정확히 알 수는 없지만
그 사이 왕들의 짧은 재위 기간으로 미루어 볼 때
당시 발해는 왕위 다툼으로 정치적으로 불안했던 것 같아요.
이러한 혼란을 잠재우고 등극한 왕이 바로 **선왕**입니다.

발해는 선왕 때 고구려의 옛 영토를 거의 회복했을 뿐만 아니라
우리 역사상 가장 광활한 영토를 내달리며 전성기를 누립니다.
남쪽으로는 대동강, 북쪽으로는 흑룡강까지 뻗어 나갔고요.
이에 걸맞게 선왕은 '건흥'이라는 연호를 사용했죠.
또 넓어진 영토를 다스리기 위해 행정 구역도 정비합니다.
5경 15부 62주를 설치하고 지방관을 파견했어요.
당, 일본과 활발한 무역을 통해 경제적으로도 크게 발전했죠.

이때 중국인들은 발해를 '해동성국'이라고 불렀어요.
무슨 뜻이냐면요, 바다 동쪽의 번성한 나라!
특급 칭찬 아닌가요? 고구려를 계승한 나라답군요.

이렇게 번성하던 발해는 10세기에 들어 멸망으로
치닫는데요.
거란의 침입으로 멸망했답니다.
거란의 침입 말고도 발해 다수를 이루던 말갈인을 수용하지 못해 내분이 일어나 멸망했다는
주장도 있고요. 백두산 화산 폭발이 발해 멸망의 원인이라는 주장도 있다네요.
좀 황당하죠?

### 결정적 기출 선지

**1** 문왕은 수도를 중경에서 [          ]으로 옮겼다.

**2** 발해는 [          ]을 두어 유학 교육을 실시하였다.

**3** [          ]은 5경 15부 62주의 지방 통치 체제를 정비하였다.

**4** 발해는 전성기에 [          ]이라 불렸다.

**정답**

상경

주자감

선왕

해동성국

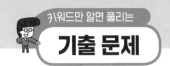
## 01 교사의 질문에 대한 학생의 답변으로 옳은 것은? [2점]

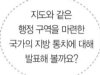
지도와 같은 행정 구역을 마련한 국가의 지방 통치에 대해 발표해 볼까요?

① 경재소를 두어 유향소를 통제하였어요.
② 지방의 22담로에 왕족을 파견하였어요.
③ 전국의 주요 지역에 12목을 설치하였어요.
④ 지방관을 감찰하기 위해 외사정을 두었어요.
⑤ 관찰사를 보내어 관할 고을의 수령을 감독하였어요.

## 02 다음 글을 작성한 인물이 활동한 시기의 사실로 옳은 것은? [2점]

> 신은 나이 12세에 중국으로 건너갔는데, 배를 타고 떠날 즈음에 아버지께서 훈계하기를 "앞으로 10년 안에 진사에 급제하지 못하면 나의 아들이라고 말하지 마라. 가서 부지런히 공부에 힘을 기울여라."라고 하였습니다. 신이 부친의 엄한 가르침을 가슴에 새겨 노력을 경주한 끝에 6년 만에 빈공과에 합격하였습니다. …… 이제 귀국하여 그동안 중국에서 지은 글을 모아 계원필경집 1부 20권을 비롯한 시·부·표·장 등의 28권을 소장(疏狀)과 함께 올리게 되었습니다.

① 김흠돌이 반란을 도모하였다.
② 최승로가 시무 28조를 올렸다.
③ 원광이 세속 5계를 제시하였다.
④ 원종과 애노가 사벌주에서 봉기하였다.
⑤ 김춘추가 진골 출신 최초로 왕위에 올랐다.

## 03 밑줄 그은 '왕'에 대한 설명으로 옳은 것은? [3점]

> • 왕의 이름은 '무예'로 고왕 대조영의 아들이다. 인안이라는 연호를 쓰고 영토를 개척하였다.
> – 「발해고」 –
> • 왕이 이르기를, "흑수가 당과 더불어 앞뒤로 우리(발해)를 치려는 것이다."하고 흑수를 치게 하였다.
> – 「신당서」 –

① 나라 이름을 '진'이라 하고 왕위에 올랐다.
② 수도를 중경 현덕부에서 상경 용천부로 옮겼다.
③ 장문휴로 하여금 산둥 지방을 공격하게 하였다.
④ 5경 15부 62주로 지방 행정 제도를 정비하였다.
⑤ 신라와 상설 교통로를 개설하여 대립을 해소하려 하였다.

## 04 (가)에 들어갈 내용으로 옳은 것은? [2점]

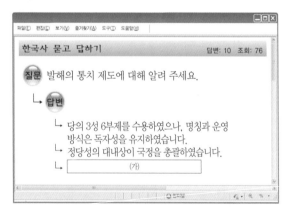

① 전국을 5경 15부 62주로 나누어 다스렸습니다.
② 관리의 비리를 감찰하는 사헌부를 설치하였습니다.
③ 인재 등용을 위하여 독서삼품과를 실시하였습니다.
④ 국가의 중요 정책을 화백 회의에서 결정하였습니다.
⑤ 상수리 제도를 시행하여 지방 세력을 견제하였습니다.

# 해설

## 01 키워드 029 9주 5소경 & 9서당 10정 답 ④

지도를 보니 '주'가 9개, '소경'이 5개네요. 9주 5소경은 통일 신라의 지방 행정 조직이죠. 신문왕은 왕권 강화를 위해 그야말로 대대적인 개혁을 추진합니다. 녹읍 폐지는 물론이고, 집사부 시중의 권한을 강화하고, 왕에게 충성할 인재 양성을 위해 국학도 설립하지요. 그리고 무엇보다 통일로 넓어진 영토를 효과적으로 통치할 방법을 찾습니다. 일단 너무 넓으니까 나누자! 전국을 9개의 주로 나눕니다. 근데 나누고 보니 수도인 경주가 너무 한반도 끄트머리에 있어요. 이 문제를 보완하고 지방의 균형 있는 발전을 도모하고자 5소경을 설치합니다. 또 문무왕 대에는 지방관의 부정을 감찰하기 위해서 외사정을 파견하였습니다. '외'는 바깥, '사정'은 꼼꼼하게 조사하여 바로잡는 것을 의미해요.

### 바로알기

① 유향소는 조선 시대에 수령을 보좌하고 향리를 감찰하는 역할을 하였어요. 조선 정부는 경재소를 두어 유향소를 통제했죠.

② 백제 무령왕은 지방에 22담로를 설치하고 왕족을 파견하여 지방 행정을 안정시키고자 노력했어요.

③ 고려 성종은 최승로의 건의를 수용하여 전국에 12목을 설치하고 지방관을 파견했습니다.

⑤ 조선은 전국을 8도로 나누고 관찰사를 파견하여 수령을 감독하게 했어요.

## 02 키워드 031 최치원 답 ④

빈공과 합격과 『계원필경』이라…. 『계원필경』은 선생님과 아주 밀접한 관련이 있는 책이랍니다. 제가 이 책 읽기 운동 본부장이라고 했잖아요. 바로 제 할배 최치원의 저서입니다. 최치원은 6두품이라는 신분의 한계에 부딪혀 당으로 유학을 떠났다가 귀국하여 신라의 관리가 되었지만, 여전히 6두품이라는 신분의 제약 때문에 뛰어난 실력을 갖고 있었음에도 불구하고 제대로 활동하지 못하고 은퇴하였습니다. 최치원이 활동했던 신라 말에 중앙에서는 진골 귀족 간 왕위 쟁탈전이 장난 아니었어요. 지방에서는 중앙의 통제가 느슨해진 틈을 타 귀족들이 대토지를 소유했고, 농민에 대한 강압적인 수취가 잇따랐죠. 나라가 어려우면 가장 힘든 사람들이 제일 아래에 있는 백성들이랍니다. 그러나 지렁이도 밟으면 꿈틀하는 법! 밟는 정도가 아니라 밟고 짜고 또 짜대니 백성들도 가만있지 않습니다. 대표적으로 사벌주(상주)에서 원종과 애노가 봉기합니다.

### 바로알기

① 통일 신라 신문왕은 김흠돌의 반란을 진압하면서 귀족들을 대대적으로 숙청했습니다.

② 최승로는 고려 성종 때 시무 28조를 올렸어요. 성종은 이를 받아들여 유교를 근본 이념으로 정치를 펼쳤답니다.

③ 신라 진흥왕 때 원광이 화랑도의 행동 지침인 세속 5계를 제시하였어요.

⑤ 신라 삼국 통일에 초석을 놓은 왕이 누구였죠? 바로 김춘추, 태종 무열왕입니다. 진골 출신 최초로 왕위에 올랐죠.

## 03 키워드 033 무왕 답 ③

자료가 좀 어렵게 느껴질 수도 있어요. 하지만 잘 살펴보면 어렵지 않게 문제를 풀 수 있답니다. 첫 번째 자료에서 '무예', '고왕 대조영의 아들', '인안이라는 연호 사용'이라는 문구가 보입니다. 두 번째 자료에는 '흑수와 당', '우리(발해)'가 나오지요. 대조영이 발해의 초대 왕이었고 2대 왕은 바로 그의 아들 무왕이었답니다. 무왕이 사용한 연호는 인안이었어요. 또한 무왕은 당이 흑수 말갈과 함께 발해를 침략할 계획을 세우자 장문휴를 보내 당의 산둥 지방을 선제 공격하게 했어요.

### 바로알기

① 대조영은 동모산에 진(진국)을 건국하고 나중에 발해로 국호를 바꿨어요.

② 수도를 중경에서 상경으로 옮긴 왕은 문왕이에요.

④ 선종 때 발해의 영토가 어마어마하게 넓어졌어요! 그래서 전국을 5경 15부 62주로 나누어 지방 행정 제도를 정비하였죠.

⑤ 발해에서 동해안을 따라 신라에 이르는 교통로인 신라도를 개설한 왕은 문왕입니다. 문왕 때 신라와 우호적인 관계를 맺지요. 무왕 때까지만 해도 신라를 적대시했지만요.

## 04 키워드 034 문왕 답 ①

발해의 통치 제도에 해당하는 내용을 고르는 문제지만, 선지를 먼저 보면 더 쉽게 정답을 찾을 수 있어요. 정답이 아닌 선지를 지워 나가는 거죠. 자료가 너무 어려우면 이런 방법도 활용해 보세요. 3성 6부제부터 보면, 왕 밑으로 정당성·선조성·중대성이라는 3성이 있고, 정당성을 관장하는 수상의 명칭은 대내상이랍니다. 그런데 이 대내상이 고구려의 수상인 대대로와 유사한 느낌을 주네요. 발해와 고구려의 연결고리~ 이제 선지를 볼게요. 발해의 지방 조직은 넓은 영토만큼이나 숫자도 굉장히 많아요. 5경 15부 62주죠.

### 바로알기

② 사헌부는 조선 시대의 기구에요. 뒤에 가서 배울 거에요. 궁금하면 122쪽을 먼저 읽어보아도 좋아요.

③ 독서삼품과는 신라 말 원성왕 때 실시한 관리 선발 제도지요.

④ 화백 회의는 신라의 귀족 회의입니다. 만장일치제라는 특징도 함께 기억해주세요.

⑤ 상수리 제도는 비교적 규모가 큰 지방의 경우, 그 지역의 중요 인물이나 그 인물의 자제를 중앙으로 데리고 오는 건데요. 지방 세력이 딴 생각을 품지 못하도록 사람을 잡아두는 거죠.

# 037 민정 문서 ▶▶ 촌락의 경제 상황을 집계한 문서

국가 **통일 신라**    암기 **정전**                    기본 ✔    심화 ✔

**자!** 이제 정치 이야기는 마무리하고 고대의 경제 이야기를 해 보죠.
신문왕의 왕권 강화 정책 중 관료전 지급이 있었죠?
조금 더 지나 **성덕왕** 때가 되면 **정전**을 지급합니다.
정전은 백성에게 지급된 거예요.
관료들에게 지급된 관료전은 세금을 거둘 수 있는
토지의 수조권을 지급한 것이고요.
백성에게 지급한 정전은 토지의 소유권을 아예 준 겁니다.
물론 여러 학설도 있지만 일단 통과.

> 토지 소유권을 줄테니 세금 잘 내!
> 성덕왕
> 정전

바로 이 정전 위에 관료전이 설정되는 겁니다.
백성이 소유하고 있는 정전에서 나온 생산물의 일부를 국가에 조세로 내야겠죠.
그걸 국가를 위해 일한 공무원들이 거두어 갈 수 있도록 한 것이 관료전이랍니다.
고려와 조선 시대에는 정전을 민전이라 불렀어요.

> 민정 문서
> 토지... 마을 인구수 특산물
> 세금은 확실히!

그럼 정확한 조세를 거두려면 통일 신라 시대 백성들이
소유하고 있던 정전의 규모를 파악하고 있어야겠죠.
통일 신라 시대 토지의 규모를 파악한 장부를
**민정 문서**라고 합니다.
민정 문서는 촌주가 3년마다 작성하였어요.
그런데 이 민정 문서에는 토지 뿐 아니라 그 마을의
사람 숫자, 가축의 숫자, 과실나무의 숫자, 특산물 등도
자세히 파악되어 있었답니다.

왜일까요?
백성이 내는 대표적 세금인 조세·공물·역을 잘 걷기 위해서죠.
조세는 토지세, 공물은 특산물을 내는 것, 역은 나라에 노동력을 제공하는 것이었어요.
민정 문서는 고려와 조선 시대가 되면 토지를 파악한 양안과 인구를 파악한 호적으로 분리됩니다.

### 결정적 기출 선지

❶ 성덕왕 때 백성에게 [          ]을 지급하였다.

❷ 통일 신라는 인구와 생산 자원을 철저히 파악하여 세금을 거두기 위해 [          ]를 만들었다.

**정답**

정전

민정 문서

## 038 당항성 ▶▶ 진흥왕이 한강 유역을 확보한 이후 신라와 중국의 교역 통로

국가 신라　비교 울산항　　　　　　　　　　　　　　기본 ☐　심화 ☑

신라 진흥왕이 백제 성왕을 배신하고 한강을 몽땅 차지한다고 했었죠?
이때부터 신라는 중국과 직교역을 할 수 있게 됩니다. 그 전진 기지가 바로 **당항성**이었어요.

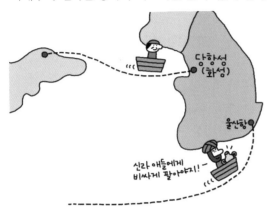

통일 이후에는 수도인 경주 근처의 **울산항**이
국제 무역항으로 유명해집니다.
이 당시에 국제 무역이 얼마나 활발했냐면요.
중국 해안 지역에 지금의 코리아 타운이라
할 수 있는 **신라방**들이 많이 생겼어요.
당도 이런 대외 무역을 관리하기 위해 갖가지
편의를 제공했어요. 대표적인 것이 산동성에
**발해관**을 설치한 것입니다. 발해인들은 이곳
에 묵으며 마음껏 무역을 할 수 있었답니다.

## 039 장보고 ▶▶ 청해진을 설치하여 해상 무역을 주도한 호족

국가 통일 신라　암기 청해진　　　　　　　　　　　기본 ☑　심화 ☑

이렇게 국제 무역이 활발해지자 무역선을 갈취하는 해적들도
등장합니다. 이런 무질서한 해상 질서를 단박에 잡은
해상왕이 바로 바다의 왕자 **장보고**예요.
장보고는 지금의 완도에 **청해진**을 설치하고 여기서 중국과
신라, 일본을 오가는 배들의 안전을 보살피고 무역도 합니다.
에피소드 하나 소개할게요. 일본 승려 엔닌이 당에 가려는데,
해적이 날뛰니 걱정이 앞섰죠. 헌데 보아하니 장보고 앞에서
해적들이 벌벌 떠는 거 아니겠어요?
엔닌은 장보고 선단에 보호를 구해, 순례를 무사히 마칩니다.
덕분에 『입당구법순례행기』라는 책도 쓸 수 있었어요.

 **결정적 기출 선지**

**정답**

❶ 통일 신라가 당과 활발히 교역하면서 당에 신라인 거주지인 [　　　　　　]이 형성되었다.　　신라방

❷ 장보고는 완도에 [　　　　]을 설치하여 해상 무역을 전개하였다.　　청해진

# 040 불상 ▶▶ 삼국의 불교 수용과 관련된 대표적인 문화유산 1탄

종류 고구려 금동 연가 7년명 여래 입상                                   기본 ☑ 심화 ☑

이제 고대의 문화를 한번 살펴보죠.

고대 국가의 특징 중 하나가 불교의 수용이라고 했죠?

불교와 관련된 문화유산 하면 불상과 불탑이 대표적이겠네요.

남아 있는 삼국 시대의 대표적 불상으로는 고구려의 **금동 연가 7년명 여래 입상**이 있답니다.

삼국 시대의 불상을 보면 공통점이 있어요. 모두 은은한 미소를 짓고 있다는 사실!

고구려 금동 연가 7년명 여래 입상도 그렇고, 백제의 미소라 불리는 **서산 용현리 마애여래 삼존상**도요.

마애여래 삼존상은 눈두덩이가 도톰하게 나와 있어 아침, 점심, 저녁으로 웃는 정도가 달라져요.

비슷한 불상이 신라에도 있는데요. **경주 배동 석조여래 삼존상**.

경주 남산을 올라가다 보면 입구에서 딱 만날 수 있어요. 아쉽게도 지금은 미소를 볼 수 없답니다.

이 불상들의 미소는 처음 들어온 외국 종교에 대한 거부감을 약화하기 위한 장치가 아니었을까요?

대중에게 이왕이면 무뚝뚝한 인상보다 웃는 얼굴이 매력적이잖아요.

결정적 기출 선지

❶ _____은 고구려 때 평양 동사(東寺)의 승려들이 만든 천불(千佛) 중 하나이다. 광배 뒷면에 '연가(延嘉) 7년'이라는 연대가 새겨져 있다.

정답

금동 연가
7년명 여래 입상

# 불탑
▶▶ 삼국의 불교 수용과 관련된 대표적인 문화유산 2탄

종류 백제 미륵사지 석탑, 통일 신라 불국사 3층 석탑    기본 ☑ 심화 ☑

전북 익산에 가면 백제의 탑인 **미륵사지 석탑**이 있습니다.
현재 남아 있는 석탑 중 가장 오래된 탑으로 보이는데요.
가만히 보면 나무로 만든 집의 형태입니다.
재료는 돌인데, 모양은 집 모양.
그래서 목탑 양식의 석탑이라고 합니다.
시간이 지나면 복잡한 형태의 집 모양이 단순해집니다.
그러면서 나타나는 석탑이 바로 부여에 있는 **정림사지 5층 석탑**이죠.

자, 이번엔 신라의 탑을 살펴볼까요?
**분황사 모전 석탑**부터 얘기해 보죠. 모전은 벽돌을 모방했다는 뜻이에요.
우리나라는 산이 많아서 돌이 무지 많았어요. 그래서 신라인들은
돌을 깎아서 벽돌처럼 만든 다음 탑으로 쌓았어요. 신라인의 우직함 대단하죠?
또 선덕 여왕 때는 승려 자장의 건의로 **황룡사 9층 목탑**도 세웁니다.
통일 신라 시대가 되면 초기 **감은사지 3층 석탑**의 거대함과 웅장함을 지나 어디 하나 흠잡을 데 없
는 완벽한 탑이 등장합니다. 통일에 대한 자신감 아닐까요?
흔히 석가탑으로 불리는 **불국사 3층 석탑**이 대표적이죠.
석가탑 옆에는 뛰어난 예술성을 자랑하는 **다보탑**도 있어요.
석가탑을 보수하는 과정에서 현존하는 세계에서 가장 오래된 목판 인쇄물인 **무구정광대다라니경**이
발견됐답니다.

집 모양 형태의 목탑 양식 석탑!

분황사 모전 석탑    감은사지 3층 석탑    불국사 3층 석탑

 **결정적 기출 선지**

① 선덕 여왕 때 승려 자장의 건의로 [          ]을 건립하였다.

② [          ]이 불국사 3층 석탑 안에서 발견되었다.

**정답**

황룡사 9층 목탑

무구정광대다라니경

# 042 원효 ▶▶ 나무아미타불을 외치며 춤추는 스님

국가 통일 신라   업적 무애가, 불교 대중화          기본 ☑ 심화 ☑

이번엔 통일 신라 시대의 승려분들을 만나보겠습니다.
원효는 **무애가**를 지어 춤추고 노래하며 전국을 다녀 중생들을 만난 승려입니다.
그리고 아들도 있습니다. 그의 아들 이름은 설총.
엇? 설총? 신문왕에게 『화왕계』라는 설화를 바쳐 왕이 나아가야 할 길을 보여 주었다는
그 설총의 아버지? 네, 맞습니다.
가만히 보니 승려가 좀 파격적인 삶을 살았네요.
그러한 그였기에 **불교 대중화**의 업적을 이룬 것이 아닐까요?

삼국 시대의 불교는 주로 귀족 중심의 불교였죠.
귀족들만이 복 받아 극락으로 갈 수 있다는….
이제 원효가 그 극락의 세계를 기층 민중들에게도 열어 줍니다.
나무아미타불~ 나무아미타불~
이 주문만 외우면 모두 극락에 갈 수 있으리라.
이걸 아미타 신앙이라고 합니다.

> 나무아미타불…
> 이 주문만 외면 모두 극락 갈 수 있삼!
>
> 정말요?

원효는 다툼을 극복하여 조화를 이루자는 **화쟁 사상**을 담아낸
『**십문화쟁론**』과 『**대승기신론소**』를 집필하기도 했어요.
원효의 사상 중 제일 유명한 **일심 사상**은 모든 것은 다 마음에서 나온다는 뜻이에요.
이렇듯 원효는 화쟁 사상과 일심 사상을 통해 종파 간의 사상적 대립을 극복하고 화합을 이루고자
했습니다.

해골물을 마신 원효가 이렇게 말했죠.
"이보게 의상. 어젯밤에 맑고 깨끗한 냉수로 알고 마신 이 물이 오늘 보니 해골에 고여 있는
썩은 물일세. 이 세상 만물은 내 마음먹기에 달렸다네."
그리고 보니 해골물의 주인공 원효 옆에 그의 베프가 있죠.
바로 의상입니다.
의상에 대해서는 다음 장에서 알아보시죠.

 **결정적 기출 선지**

① 원효는 [       ]를 지어 부르며 불교 대중화에 노력하였다.

② 원효는 일심 사상과 [       ] 사상을 주장하였다.

**정답**

무애가

화쟁

# 043 의상 ▶▶ 화엄 사상을 정립하고 부석사를 창건한 스님

국가 통일 신라    업적 화엄 사상, 부석사

기본 ✔    심화 ✔

같이 해골물을 마셨던 원효의 베프 **의상**은 어떻게 되었을까요?
의상은 태생부터 엘리트입니다. 진골 귀족 출신이었죠.

당으로 가던 유학길에 원효가 해골물을 마시고 깨달음을
얻어 다시 신라로 돌아온 반면, 의상은 그대로
당으로 갔습니다.
그리고 당에서 어려운 교리를 배우고 돌아옵니다.
그것이 바로 화엄종이에요.

의상은 『화엄일승법계도』를 지어 **화엄 사상**을 정리하고
그것을 신라 귀족에게 전파합니다.
의상은 '하나가 여럿이고 여럿이 곧 하나'라는 일즉다 다즉일을 주장했는데요.
왕은 이 말이 '왕이 곧 너희고 너희가 곧 나다. 그러니까 내 말 잘 들어.' 뭐 이렇게 들렸나 봐요.
그래서 의상의 사상은 왕권 강화에 도움을 줍니다.

그리고 의상은 관세음보살을 믿어 현실의 고난을 이겨내자는 **관음 신앙**을 전파합니다.
원효가 퍼트린 나무아미타불에 관세음보살을 덧붙이면 완벽하죠.
살아서는 관세음보살에게 소원을 빌고, 죽어서는 나무아미타불이 있는 극락 세계에 가면 되니까요.
또 문무왕의 명을 받들어 한국 화엄종의 근거지인 **부석사** 등 여러 절을 창건하기도 하죠.
부석사는 고려 시대 건축물인데 웬 의상이냐고요?
목조 건물이니 신라 때 의상에 의해 만들어진 건축물이 불타 고려 때 다시 증축된 거겠죠.
이제 이해가 되시죠?

아, 원효와 의상 말고도 당대에 뛰어난 스님이 한 분 더 계세요.
바로 혜초입니다. 의상이 당에 갔다면 혜초는 인도와 중앙아시아로 떠납니다.
부처님의 가르침을 얻기 위해 무려 4년간의 순례를 마치고 돌아온
혜초는 『왕오천축국전』이라는 기행문을 남겼답니다.

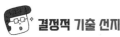 **결정적 기출 선지**

❶ 의상은 [          ]를 건립하고 화엄 사상을 전파하였다.

❷ [          ]는 인도와 중앙아시아를 순례하고 『왕오천축국전』을 지었다.

**정답**

부석사

혜초

## 044 선종 ▶▶ 참선을 통해 불성에 이르는 불교의 한 종파

국가 통일 신라    암기 승탑, 9산 선문                          기본 ✔ 심화 ✔

불교의 종파 중 경전에 적혀 있는 문자를 통해 부처님을 만나는 것이 교종이고요. 문자 없이 개인의 깨달음과 참선을 통해 부처님을 만나는 것이 선종입니다.
선종은 통일 신라를 전후해서 한반도에 상륙하는데요.
신라 말기 혼란한 시대에 인기가 폭발합니다.
누구로부터? 바로 신라 말 등장한 세력인 호족이죠.
'누구나 부처가 될 수 있다.'라는 말을 통해 누구나 왕이 될 수 있다는 생각을 할 수 있게 해 준 선종은 호족들에게 인기를 끌 수밖에 없었습니다.
선종은 스승이 지도해주는 것이 중요했기에 선종이 유행하면서 스승의 사리를 모시는 승탑도 함께 유행했습니다. 대표적인 승탑으로 쌍봉사 철감선사 승탑이 있어요.
그리고 이 당시에 선종 승려들이 가르침을 설파했던 9개의 거점을 9산 선문이라 부른답니다.

## 045 사신도 ▶▶ 평안도의 강서대묘에 있는 도교의 방위신을 묘사한 벽화

국가 고구려    종교 도교                                     기본 ✔ 심화 ✔

좌청룡·우백호·남주작·북현무. 혹시 아시나요?
동서남북 사방을 지키는 도교에서 주로 이야기되는 사방신.
이것을 고구려 고분 벽화에 그려냅니다.
이 벽화를 사신도라고 하지요.
백제에도 도교 사상의 영향을 받은 문화유산이 있는데요.
바로 산수무늬 벽돌과 금동 대향로입니다.
금동 대향로에는 신선들이 사는 이상 세계가 표현되어 있어요.
벽화를 그려 넣은 고구려의 무덤은 과연 어떤 구조를 갖추고 있을까요?
그림을 그려 넣을 공간이 확보되어야겠네요. 어떤 구조였을지 다음 장에서 바로 확인하시지요~

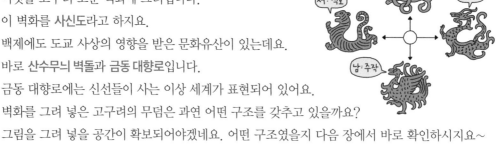

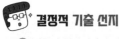 결정적 기출 선지

**1** 쌍봉사 철감선사 승탑은 [      ]의 영향을 받아 만들어졌다.

**2** 고구려 강서대묘에 있는 [      ] 중 하나인 현무도는 도교 사상의 영향을 받았다.

정답

선종

사신도

## 046 돌무지무덤 ▸▸ 돌을 쌓아 올리는 고분 형태

국가 고구려, 백제    암기 장군총                                          기본 ☑ 심화 ☑

이제 고구려의 무덤 구조를 살펴보죠.
초기 고구려의 무덤은 돌을 잘라서 무지막지 쌓아 올리는
스타일이었답니다. 이걸 돌무지무덤이라고 해요.
대표적인 무덤으로 장군총이 있는데,
돌 덩어리 한 변의 길이가 10m나 된다죠.
이집트에 피라미드가 있다면 우리나라에는
이런 돌무지무덤이 있답니다.
그런데 재미있는 건 이런 돌무지무덤이 백제에서도 발견된다는 거예요.
서울 롯데월드 근처에 있는 백제 석촌동 고분에 돌무지무덤이 나타납니다.
왜일까요? 백제가 고구려 주몽의 아들 온조가 내려와 세운 나라이기 때문이죠.

## 047 굴식 돌방무덤 ▸▸ 무덤 내부에 공간이 있고 입구가 드러나는 고분 형태

국가 고구려, 백제    암기 벽화 ○, 입구 ○                                  기본 ☑ 심화 ☑

시간이 지나면서 고구려와 백제의 고분은 굴식 돌방무덤으로 바뀝니다.
드디어 무덤 내부에 공간이 생겼고 이 공간에 벽화를 그려 넣게 됐죠.
도교에서 중시하는 사신도가 바로 굴식 돌방무덤 형태에서 그려진 겁니다.
고구려 무용총의 무용도, 각저총의 씨름도도 모두 굴식 돌방무덤 형태에서 그려진 벽화예요.
그런데 이렇게 내부 공간을 만들다 보니 입구가 필요했겠죠.
입구가 있다 보니 도굴이 아주 쉬웠겠고요.
도굴꾼들이 굴식 돌방무덤을 싹쓸이했어요.
그래서 남아 있는 게 벽화밖에 없는 겁니다.
나쁜 도굴꾼들.

 **결정적 기출 선지**

❶ 백제 석촌동 고분과 고구려 장군총은 유사한 [          ] 형태이다.

❷ [          ]의 벽과 천장에는 (도교의 영향을 받은) 벽화를 그리기도 하였다.

**정답**

돌무지무덤

굴식 돌방무덤

# 048 벽돌무덤 ▶▶ 벽돌을 이용하여 축조한 고분 형태

**국가** 백제   **암기** 무령왕릉   기본 ✔ 심화 ✔

이렇게 고구려와 백제 모두 초기에는 돌무지무덤에서 이후 굴식 돌방무덤으로 바뀌는데,
백제는 중국과의 교류가 활발하다 보니 **중국 남조의 영향**을 받은 고분이 만들어집니다.
바로 **벽돌무덤**.
대표적인 무덤이 백제의 두 번째 수도인
공주(웅진)에 있는 **무령왕릉**이죠.

이 무덤은 일제 강점기에도
꼭꼭 숨어 있었답니다.
광복 이후 우리 고고학자들에
의해서 발굴된 무덤이에요.

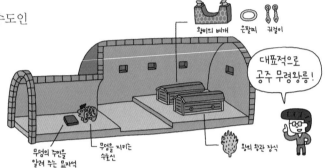

대표적으로 공주 무령왕릉!

왕비의 베개   은팔찌   귀걸이
무덤의 주인을 알려 주는 묘지석   무덤을 지키는 수호신   왕의 왕관 장식

1971년 박정희 정부 때인 비 오는 어느 날.
관리인이 백제 송산리 고분군 무덤 주위로 물이 흘러들어 가지 못하게 물길을 트려고 삽을 푹
꽂는데. 아 글쎄! 삽이 안들어가는 거예요.
관리인이 흙을 치워 보니 기왓장이 나왔어요.
처음으로 일제에 약탈당하거나 도굴되지 않은 무덤이 발견되었으니 얼마나 설렜겠어요.
그런데 어떻게 알고 찾아온 기자들. 특종을 잡기 위한 취재 경쟁이 벌어집니다.
그 과정에서 유물이 부러지기도 하고 난리도 아니었어요.
이러다가 광복 이후 최대의 고고학적 발굴이 엉망이 될 것을 두려워 한 발굴단.

여기는 무령왕릉으로 발굴…

찰칵찰칵

기자들을 몰아내고 실측도, 촬영도 하지 않고 단 하룻밤 만에
무령왕릉 안에 있는 유물을 모두 밖으로 가지고 나옵니다.
유물의 위치, 방향 등이 모두 고대사의 수수께끼를 풀 수 있는
열쇠임에도 불구하고 그 정보를 모두 지워버린 거죠.
당시 발굴 단장이었던 책임 교수는 회고담에서 무령왕릉 발굴
을 인생에서 가장 수치스러운 실패였다고 고백하기도 했어요.
다시는 이런 실수하지 말아야죠.
역사를 배우는 이유가 바로 똑같은 실수를 반복하지 않기 위해서니
까요.

---

 **결정적 기출 선지**

❶ 백제의 무덤 양식인 ☐☐☐☐은 중국 남조의 영향을 받아 만들어졌다.

❷ 백제의 ☐☐☐☐은 무덤 내부의 방을 벽돌로 쌓아 만든 대표적인 벽돌무덤이다.

**정답**

벽돌무덤

무령왕릉

# 049 돌무지덧널무덤 ▶▶ 덧널 위에 돌을 쌓고, 그 위에 흙을 덮는 고분 형태

국가 신라    암기 천마도, 김유신 묘                              기본 ☑ 심화 ☑

신라는 어떨까요? 신라는 독특해요.
고구려와 백제는 지배층이 같은 부여 족속이라 유사성이 참 많아요.
그런데 신라는 뭐든 달라요.
이런 걸로 봐서 신라는 다른 계통의 사람들로 지배층이 형성된 듯합니다.

어쨌건 신라의 초기 무덤 형태는 고구려, 백제와는 다른
**돌무지덧널무덤** 구조였습니다.
관을 하나 놓고 다시 그 관을 큰 곽에다 넣어요.
부장품과 함께요.
그러고는 돌멩이들을 쌓죠. 그리고 다시 흙을 덮습니다.
이러니 입구가 없죠. 당연히 벽화를 그려 넣을 공간도 없고요.

헌데, 천마총에서 나온 **천마도**는 뭐냐고요?
그건 벽화가 아니라 말을 탄 사람에게 흙이 튀지 않도록
말 안장에 늘어뜨리는 말다래를 장식한 그림이랍니다.
돌무지덧널무덤은 벽화가 없는 대신 도굴이 어려워
금관과 같은 부장품이 많이 발견돼요.
호우명 그릇이 발견된 호우총도 전형적인 돌무지덧널무덤입니다.

그런데 신라도 시간이 흐르면서 굴식 돌방무덤으로 고분 양식이 바뀌어요.
고구려·백제·중국과 교류하면서 더 세련된 모양으로 무덤을 만들고 싶었나봐요.

삼국 통일 후에 대표적인 굴식 돌방무덤으로 **김유신 묘**가 있습니다.
김유신 묘는 무덤 주위를 둘레돌로 두르고 거기에 12지 신상을 새겼어요.
같은 굴식 돌방무덤인데도 특이하죠? 평범하지 않은 것이 신라답네요.
또 통일 후에는 불교식 장례 풍습인 화장도 유행한답니다.

 **결정적 기출 선지**

① [          ]은 도굴이 어려운 구조로 (금관, 유리잔 등) 많은 부장품이 출토되었다.
② 김유신 묘는 무덤의 둘레돌에 12지 신상을 새겼다. ○ ✕

**정답**

돌무지덧널무덤

○

## 050 고대 문화의 일본 전파

인물 고구려 혜자, 백제 노리사치계 기본 ☐ 심화 ✅

한류 열풍? 요즘에만 있는 것일까요? 아닙니다.
삼국 시대부터 우리 문화는 일본에 큰 영향을 주었어요.
삼국의 문화는 일본 아스카 문화에 영향을 줍니다.
아스카는 일본 규슈에 있는 지역 이름이랍니다.
얼마나 영향을 미쳤을까요?
쌍둥이를 탄생시킵니다.

마님~
주름치마 인기가
장난 아니네요.

아스카 문화
(다카마쓰 고분 벽화)

고구려 수산리
고분 벽화

**일본의 다카마쓰 고분 벽화**에는 고구려 수산리 고분 벽화 속
여인과 똑같은 주름치마를 입은 여인이 등장하고요.
일본의 목조 미륵보살 반가사유상은 삼국의 금동 미륵보
살 반가사유상이랑 재료만 다르지 완전 똑같이 생겼어요.

그뿐만이 아닙니다.
고구려의 **담징**은 종이와 먹 제조 방법을 전수해 주었고,
승려 **혜자**는 일본 쇼토쿠 태자의 스승이었습니다.
그리고 백제의 **아직기**는 일본의 태자에게 한자를 가르쳤고, **왕인**은 천자문과 논어를 전파했습니다.
또 백제의 **노리사치계**는 불경과 불상을 전해 주었죠.
신라도 조선술과 축제술을 전해 주는데, 일본에서는 신라의 축제술로 만든 저수지를
'한인의 연못'이라고 부릅니다.
마지막으로 가야는 토기 제작 기술을 전파해 주어 일본 **스에키** 제작에 영향을 주었습니다.
스에키는 '쇠처럼 단단한 토기'라는 뜻이에요.
이 모든 것이 삼국이 일본과 교류하면서 우리 문화를 많이 전파했다는 증거랍니다.

계속해서 남북국도 일본에 우리 문화를 전파했어요.
통일 신라와 발해는 일본 하쿠호 문화 성장에 영향을 주었답니다.
통일 신라는 유교 문화와 불교 사상을 전파해 주었고요.
발해는 일본과 외교 관계를 맺어 교류했고, 일본 궁중에서 발해 음악을 연주하기도 했습니다.

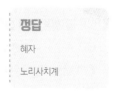 **결정적 기출 선지**

**1** 고구려의 승려 [ ]는 일본 쇼토쿠 태자의 스승이 되었다.

**2** 일본에 불경과 불상을 전해 준 사람은 백제의 [ ]이다.

**정답**

혜자

노리사치계

## 051 모줄임 천장 구조 ▶▶ 모서리를 좁히면서 천장을 올리는 구조

국가 발해    암기 정혜 공주 묘

기본 ☑ 심화 ☑

마지막으로 발해의 문화를 살펴볼게요.

발해 상경성 터를 보면 주작대로라고 궁궐 앞에 쭉 뻗어 나간 대로가 있어요.

그건 당의 수도 장안성을 모방한 겁니다.

발해의 중앙 정치 조직인 3성 6부도 당의 제도를 벤치마킹했다고 했었어요.

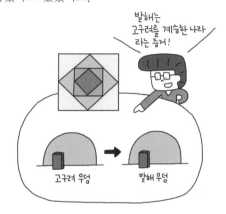

하지만 발해는 명백히 **고구려**를 계승한 나라입니다.

발해를 세운 대조영 기억나시죠? 고구려 유민이었잖아요.

또 발해의 지배층에도 고구려인들이 많았어요.

발해의 문화에 남아 있는 고구려의 흔적들도

발해가 고구려를 계승했다는 증거랍니다.

한두 개가 아니에요. 대표적인 것이 온돌이죠.

그리고 무덤을 보면 모서리를 줄여 나가는

**모줄임 천장 구조**도 보입니다. 문왕의 딸 **정혜 공주**의 무덤이

모줄임 천장 구조로 되어 있어요.

고구려 굴식 돌방무덤의 천장 구조와 똑같다고 하네요.

정혜 공주 묘에서 나온 돌사자상이나 발해의 석등도

고구려의 굳건한 기상을 팍팍 뿜어내고 있죠.

또 발해 불상 중 두 부처님이 나란히 앉아 있는

**이불병좌상**이 있어요.

이는 고구려의 불상인 금동 연가 7년명 여래 입상과

기법이 비슷해요.

게다가 발해 문왕은 일본에 국서를 보낼 때 직접 '나 고려국왕은 …'이라는 표현을 씁니다.

왜 고려냐고요? 고구려를 고려라고도 불렀거든요.

이제 확실히 아시겠죠? 명백히 발해는 고구려를 계승한 나라입니다.

 **결정적 기출 선지**

1 발해는 [          ]를 계승한 나라이다.

2 발해 정혜 공주의 묘는 [          ] 구조로 되어 있다.

정답

고구려

모줄임 천장

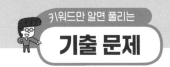

## 기출 문제

**01** (가) 국가의 경제에 대한 설명으로 옳은 것은? [2점]

 이 석상은 원성왕릉 앞에 세워진 무인상이다. 부리부리한 눈이나 이국적인 얼굴 윤곽과 복식은 흥덕왕릉 앞에 있는 무인상과 더불어 서역인의 모습을 하고 있다. 이는 당시 ___(가)___ 이/가 아라비아 등 서역과 활발하게 교류하였다는 주장을 뒷받침해 준다.

① 의창을 두어 빈민을 구제하였다.
② 솔빈부의 말이 특산물로 유명하였다.
③ 왜관을 설치하여 일본과 교역하였다.
④ 경시서를 통해 수도의 시전을 감독하였다.
⑤ 청해진을 중심으로 해상 무역이 전개되었다.

**02** (가)에 해당하는 문화유산으로 옳은 것은? [3점]

### ○○신문

제△△호 　　　　　　○○○○년 ○○월 ○○일

**'제 모습 찾기' 끝낸 백제의 고탑(古塔)**

국립문화재연구소는 지난 20여 년간의 작업 끝에 최근 수리를 마친 ___(가)___ 의 모습과 조사 연구 성과를 공개한다고 밝혔다. 이 탑은 7세기 백제 무왕 대에 창건된 미륵사에 있었던 3개의 탑 중 서쪽에 위치한 것으로, 목탑 양식이 반영된 석탑이다.

①
②
③
④
⑤

**03** 다음 가상 인터뷰의 주인공에 대한 설명으로 옳은 것은? [2점]

스님께서 저술하신 대승기신론소, 십문화쟁론 등을 통해 주장하고 싶은 내용이 무엇인지요?

모든 것은 한마음에서 나온다고 생각해요. 화합과 회통이 중요합니다.

① 황룡사 구층 목탑의 건립을 건의하였다.
② 무애가를 만들어 불교 대중화에 힘썼다.
③ 국청사를 중심으로 해동 천태종을 창시하였다.
④ 불교 개혁을 주장하며 수선사 결사를 제창하였다.
⑤ 유불 일치설을 주장하여 유교와 불교의 조화를 도모하였다.

**04** 밑줄 그은 '이 종파'에 대한 설명으로 옳은 것은? [2점]

이것은 9산 선문의 하나인 희양산문을 개창한 지증 대사의 탑비와 승탑입니다. 비문에는 '도의가 당에서 돌아와 처음으로 선(禪)을 말하였고, 뒤를 이어 도윤, 범일, 무염 등이 당에서 선(禪)을 배우고 돌아왔다.'는 기록이 있어 신라 하대 이 종파의 수용 과정을 알 수 있습니다.

① 사직단에서 풍요를 기원하는 제사를 지냈다.
② 천명 사상을 통해 왕조 교체를 정당화하였다.
③ 시경, 서경, 역경 등을 주요 경전으로 삼았다.
④ 신선 사상과 결합하여 불로장생을 추구하였다.
⑤ 참선과 수행을 통해 깨달음을 얻고자 하였다.

## 01 키워드 039 | 장보고 답 ⑤

사진부터 볼까요? 눈이나 입매, 얼굴 윤곽이 동아시아 사람의 모습은 아닌 것 같네요. 서역인에 가까운 것 같죠? 원성왕과 흥덕왕은 모두 통일 신라 시대의 왕인데 감히 왕릉 앞에 서역인의 모습을 한 무인상이?! 당시 통일 신라는 국제 무역항으로 유명한 울산항을 통해 아리바아 등 서역과 활발하게 교역했어요. 서역인의 모습을 한 무인상이 그 증거랍니다. 통일 신라는 서역뿐 아니라 당, 일본과도 교류합니다. 그런데 교역하는 나라가 많아지다 보니 바다가 시끄러워집니다. 이때 바다를 주름잡은 인물이 해상 무역의 왕, 장보고입니다. 장보고는 완도에 청해진을 설치하고 바다에서 노략질을 일삼던 해적들을 소탕해요. 그리고 일본과 중국을 연결하는 바닷길을 완전히 장악해 버리죠. 여기까지는 좋았어요. 그런데 세력이 커지다 보니 권력욕이 생겼나 봐요. 딸을 왕비로 만들려다가 귀족의 견제를 받고 그만 살해당합니다. 욕심이 화를 불렀네요. 쯧쯧!

### 바로알기

① 고려는 의창이라는 창고를 두어 평상시에 곡식을 저장했다가 흉년이 들었을 때 저장해 두었던 곡식으로 빈민을 구제했습니다.

② 말은 발해의 대표적인 특산물이었는데, 특히 솔빈부의 말이 유명했어요.

③ 조선은 국경 지대에 왜관을 설치해 일본과의 무역을 허용했어요.

④ 고려는 시전 상인들의 상황위를 감독하고 물가를 조절하기 위해 개경에 경시서라는 관청을 두었어요.

## 02 키워드 041 | 불탑 답 ⑤

미륵사에 위치한 목탑 양식의 백제 석탑이라는 것을 통해 익산 미륵사지 석탑에 대한 내용임을 알 수 있어요. 현존하는 탑 중에서 가장 오래된 탑으로 목탑 양식을 갖추고 있죠. 돌로 만들기는 했는데, 문이며 기둥이며 창틀이 있는 게 마치 나무로 만든 집 같아요. 그래서 목탑 양식이라고 하는 겁니다. 본래 미륵사에는 세 개의 석탑이 있었는데, 이 중 중앙과 동쪽의 두 탑은 사라지고 현재는 서쪽의 탑 하나만 남아 있어요. 이 탑은 고려 시대에 벼락이 떨어져 파손되었는데, 일제 강점기에 무너진 부분을 시멘트로 씌워놓아 버렸죠. 황당하네요. 이에 20여 년간의 긴 수리 작업을 거쳐 본래의 모습으로 복구되었고 연구 성과가 공개되었답니다.

### 바로알기

① 고려 전기에 송의 영향을 받아 건립된 다각 다층탑인 월정사 8각 9층 석탑이에요.

② 백제의 부여 정림사지 5층 석탑입니다. 미륵사지 석탑보다 모양이 단순해졌죠?

③ 불국사 내에 있는 통일 신라 시대의 다보탑이에요. 바로 옆에는 석가탑이 있답니다.

④ 신라의 경주 분황사 모전 석탑이에요. 우리나라에는 돌이 많아서 돌로 벽돌 양식을 모방한 거예요.

## 03 키워드 042 | 원효 답 ②

『대승기신론소』, 『십문화쟁론』을 저술하고 '모든 것은 한마음에서 나온다', '화합과 회통'을 주장한 인물은 누구일까요? 바로 통일 신라의 승려 원효랍니다. 당으로 유학 가던 도중 해골에 고인 물을 마시고 깨달음을 얻었던 바로 그 승려지요. 원효는 당시 불교가 종파끼리 서로 치고 받고 다툼이 격해지자 그만 싸우고 서로 조화를 이루자는 화쟁 사상을 주장했어요. 또 불교가 주로 왕족이나 귀족 계층 중심으로 퍼져 있었는데, 원효는 기존의 질서를 깨고 백성들도 누구나 복을 받고 극락에 갈 수 있다고 주장합니다. 불교의 대중화에 앞장선 거예요! 그래서 일종의 불교 가요인 '무애가'를 지었고 아미타 신앙을 전도했답니다.

### 바로알기

① 신라의 자장 대사는 선덕 여왕에게 황룡사 경내에 9층 목탑을 짓자고 건의합니다. 불교를 통해 나라의 번영과 안녕을 기원한 거죠.

③ 해동 천태종을 창시한 승려는 고려의 의천이에요. 의천은 교종의 입장에서 선종을 통합하려고 애썼지요. 고려 승려는 뒤에서 배울 건데요. 시험에는 이렇게 통일 신라 승려와 함께 나와요.

④ 수선사 결사를 제창한 승려는 고려의 지눌입니다. 지눌 역시 분열된 불교를 통합하려고 노력했어요. 분열은 곧 싸움과 부패의 원인이었으니까요.

⑤ 지눌의 제자인 혜심은 유불 일치설을 주장합니다. 유교나 불교 모두 도를 추구한다는 점에서 서로 일치한다고 본 거죠.

## 04 키워드 044 | 선종 답 ⑤

'이 종파'는 무엇일까요? 설명에서 힌트를 찾아봅시다. '탑비와 승탑'이라는 문화유산이 나오고요. '선(禪)'이라는 불교의 가르침에 대해 말하고 있군요. 바로 선종 불교를 가리킵니다. 그리고 승탑은 승려의 사리를 봉안하는 탑입니다. 사리는 수행을 한 승려의 몸 속에서 나오는 구슬 모양의 유골을 말해요. 정말 구슬처럼 생겼어요! 이 유골이 바로 승탑에 모셔지는 거죠. 선종은 참선과 실천 수행을 통해 깨달음을 얻는 것을 추구하기 때문에 경전보다 스승의 가르침이 중요합니다. 그 스승이 죽으면 제자들이 승탑을 만들었죠. 따라서 선종이 유행하면서 자연스럽게 승탑이 많이 만들어지게 된 거랍니다.

### 바로알기

① 사직단은 조선 시대에 토지와 곡식의 신에게 제사를 지내던 곳이에요. 불교보다는 도교적인 성격이 강합니다.

② 천명 사상은 상(은) 왕조를 멸망시킨 중국 주나라의 사상이에요. 좀 낯설죠?

③ 『시경』, 『서경』, 『역경』은 유교의 경전인 삼경을 가리킵니다. 『대학』, 『논어』, 『맹자』, 『중용』은 사서고요. 사서삼경 들어 봤죠?

④ 신선 사상과 결합해 불로장생과 현세 구복을 추구한 종교는 도교랍니다.

• 불굴의 민족정신, 코리아 •

# 고려

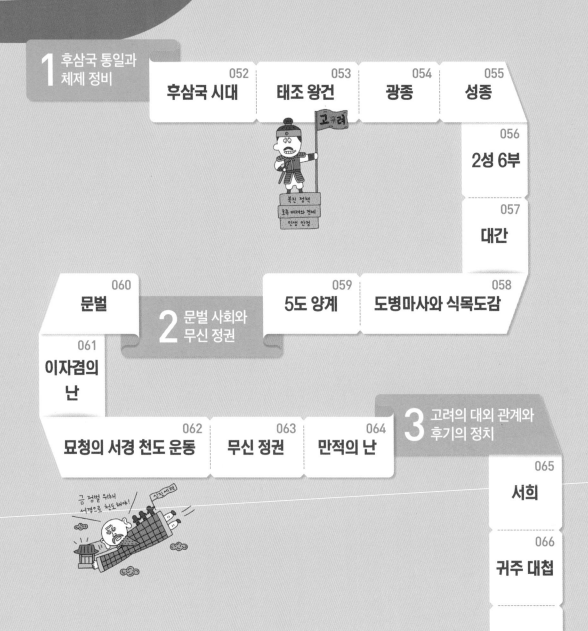

| 067 | 068 | 069 | 070 | 071 |
|---|---|---|---|---|
| 별무반 | 삼별초 | 원 간섭기 | 공민왕 | 신진 사대부 |

| 074 | 073 | | 072 |
|---|---|---|---|
| 민전 | 전시과 | **4** 고려의 경제·사회·문화 | 신흥 무인 세력 |

| 075 |
|---|
| 시비법 |

| 076 |
|---|
| 경시서 |

| 077 | 078 | 079 | 080 | 081 | 082 |
|---|---|---|---|---|---|
| 벽란도 | 남반 | 의창 | 향약구급방 | 향도 | 균분 상속 |

| 083 |
|---|
| 국자감 |

| 088 | 087 | 086 | 085 | 084 |
|---|---|---|---|---|
| 의천 | 풍수지리설 | 삼국유사 | 동명왕편 | 삼국사기 |

| 089 |
|---|
| 지눌 |

| 090 | 091 | 092 |
|---|---|---|
| 팔만대장경 | 직지심체요절 | 월정사 8각 9층 석탑 |

| 095 | 094 | 093 |
|---|---|---|
| 상감 청자 | 주심포 | 관촉사 석조 미륵보살 입상 |

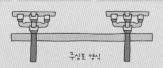

# 052 후삼국 시대

▶▶ 통일 신라 말기에 신라·후백제·후고구려가
서로 경쟁하면서 대립하던 시기

연도 936년 후삼국 통일　인물 궁예, 견훤, 왕건　　　기본 ☑ 심화 ☑

**고려가** 들어서기 전의 상황을 좀 볼게요. 점점 무너져 가는 신라.
왕실은 허수아비가 되었고, 힘이 센 사람이 왕이 되네요.
그중 두각을 나타내는 자들이 있었으니, 바로 호족 출신인 **궁예**와
**견훤**입니다. 궁예는 개성 송악에 후고구려를, 견훤은 완산주(전주)에서
후백제를 세웁니다. **후삼국 시대**가 열리게 된 거죠. 궁예는 국호를 마진
으로 바꾸고 철원으로 천도한 후 다시 국호를 태봉으로 바꾸었어요.
또 자신을 썩은 세상을 구원해 줄 존재, 미륵불로 칭합니다.
그런데 궁예가 관심법이다 뭐다 하면서 '너의 역모의 마음을 읽었다.'며
사람을 마구 죽여요. 그러자 신하들이 궁예를 내쳤고, **왕건**이 왕으로 추대되어 고려를 건국합니다.

후백제의 견훤 역시 중국의 오월, 후당에 사신을 파견해 외교 활동을 하고 신라 경애왕까지 죽이
면서 기세등등하게 세력을 넓혔어요. 그런데 이 과정에서 아들과의 권력 다툼이 일어납니다.
심지어 아들이 견훤을 금산사라는 사찰에 감금하는 사태까지 벌어집니다.
견훤은 겨우 탈출해서 고려 왕건에게 투항해 버려요.
그리고 왕건에게 아들을 토벌해 달라 요청하죠.
이쯤 되자 신라의 마지막 왕이었던 경순왕도 어쩔 도리가 없었어요. 고려 왕건에게 나라를 바칩니다.
마지막으로 고려군이 일리천 전투에서 후백제마저 격파하며 후삼국 시대의 최종 승리자는 **왕건**이
되었습니다. 고려 왕조가 출범하며 우리나라의 중세가 시작되네요.

## 후삼국 통일 과정

폭정을
일삼는 궁예

궁예를 내쫓고
고려를 세운 왕건

왕건에게 투항한
후백제 견훤

왕건에게 항복한
신라 경순왕

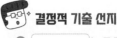 **결정적 기출 선지**

① [　　　　　　] 는 국호를 마진으로 바꾸고 송악에서 철원으로 천도하였다.

② 견훤이 [　　　　　] 를 건국하였다.

**정답**

궁예

후백제

# 태조 왕건 ▶▶ 호족 출신으로 고려를 세우고 후삼국을 통일한 왕

업적 흑창 설치, 사심관·기인 제도, 북진 정책                기본 ☑ 심화 ☑

중세 고려의 문을 연 인물은 바로 **태조 왕건**입니다.
후고구려 궁예의 뒤를 이은 왕건이 호족들의 힘을 빌려 **후삼국을 통일**하였죠. 송악으로 도읍도 옮깁니다. 제일 먼저 해야 할 일은?
**민생 안정**이겠죠. 이를 위해 세금을 많이 깎아 줍니다.
세금 깎아 준다는데 누가 마다하겠어요?
또 민생 안정의 일환으로 가난한 백성에게 곡식을 빌려 주고
추수할 때 다시 돌려받는 **흑창**도 설치했어요.

그리고 뜨거운 감자, **호족**! 호족의 힘을 빌려 고려를 세웠으니 우선
**결혼 정책**을 통해 호족과 좋은 관계를 유지하고 사성 정책을 실시해
호족들에게 왕씨 성을 주었어요.

또 개국공신들에게 **역분전**이라는 토지도 줬답니다.
그런데 왕권을 강화하려면 견제도 해야 하잖아요.
호족 견제책으로 호족에게 자신이 거주하고 있는 지역의 역모를
책임지고 막으라는 의미에서 **사심관**이라는 벼슬을 줍니다.
사심관은 둘러보는 관리란 뜻이에요.
또 지방의 힘 있는 호족의 자제를 개경에서 살게 하는
**기인 제도**도 실시합니다.
"네가 담당하는 지역에 문제가 생기면 너의 아들은 …"
자신의 아들이 중앙에 인질로 있으니 지방의 호족들은
행동을 조심할 수밖에 없는 거지요. 후덜덜하네요.;;

그뿐만 아니라 왕건은 **고구려 계승**을 명확히 합니다.
나라 이름도 고구려를 따서 고려라고 부르고, 고구려의 수도였던 평양(서경)을 중시하며
**북진 정책**을 추진하죠. 덕분에 영토도 꽤 넓게 되었답니다. 청천강에서 영흥만까지!
그리고 발해의 유민들을 고려로 받아들였어요. 발해도 고구려를 계승한 나라였잖아요.
또 『정계』와 『계백료서』를 지어 관리들이 지켜야 할 규범을 정리합니다.
그리고 훈요 10조라는 유언도 남겨요. 새로운 국가를 연 왕답게 한 일이 정말 많죠?

## 결정적 기출 선지

1 태조 왕건은 빈민 구제를 위해 [        ]을 설치하여 민생을 안정시켰다.

2 [        ]은 사심관과 기인 제도를 시행하여 지방 호족을 견제하였다.

**정답**

흑창

태조 왕건

# 054 광종 ▶▶ 피의 숙청, 그러나 왕권 강화를 이룬 왕

업적 노비안검법, 과거제 실시                     기본 ☑ 심화 ☑

왕건배 왕위쟁탈전

왕건의 부인은 29명, 자식은 무려 25남 9녀!
그럼 왕건 사후에 벌어질 일은? 안 봐도 비디오죠.
서로 왕이 되겠다고 싸웁니다.
이런 혼탁한 과정을 거쳐 **광종**이 왕위에 오릅니다.
자칫하면 호족들에게 희생될 수도 있는 상황!
광종은 일단 납작 엎드립니다.
유약한 허수아비로 컨셉을 잡고 왕권 강화를 위한
플랜을 짜며 무려 7년을 기다립니다.
호족들이 해달라는 것들을 해주며 안심할 때까지요.

어느 정도 준비가 되자 광종은 재정 부족을 이유로 들며 불법적으로
노비가 된 사람을 양인으로 전환하자고 합니다. 바로 **노비안검법**인데요.
이건 사실 호족의 경제력·군사력을 축소시킨 정책입니다.
노비들이 호족의 군사력으로 전환될 소지가 있기 때문에
노비를 양민으로 돌리는 법을 통과시킨 거죠.
세금을 내는 양민이 늘면서 국가 재정도 늘어납니다.

또 광종은 **쌍기**의 건의를 수용해 **과거제**를 시행합니다.
과거제를 통해 유학을 익힌 새로운 인재를 등용하려 한 거예요.
왕이 직접 실력 있는 관리를 뽑겠단 거죠.
'관리가 되고 싶으면 실력을 키우라!'
목숨 걸고 칼싸움하며 고려를 세운 호족들은 열 받겠죠. 광종을 내치려고 합니다.
하지만 광종은 이것을 기회로 삼아 역모 혐의로 개국 공신들을 단번에 제거합니다.
노비안검법으로 이미 호족들의 힘을 약화시켜 놓았기 때문에 가능했던 일이죠.
만약에 과거제를 먼저 시행하고 노비안검법을 나중에 시행했다면 얘기가 달라졌을 거예요.
광종은 황제를 칭하고 **광덕·준풍**의 연호를 사용하겠노라는 칭제 건원도 단행해요.
관리들에게 말 잘 들으라며 색깔별 유니폼을 입히는 **공복 제정**으로 왕권 강화 프로젝트 마무리!

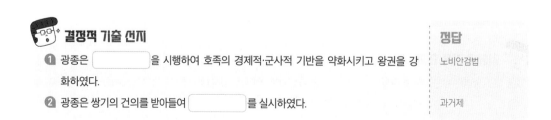

### 🧑‍🏫 결정적 기출 선지

**1** 광종은 [          ]을 시행하여 호족의 경제적·군사적 기반을 약화시키고 왕권을 강화하였다.

**2** 광종은 쌍기의 건의를 받아들여 [          ]를 실시하였다.

정답

노비안검법

과거제

## 055 성종 ▶▶ 유교 사회의 기틀을 마련하고 제도를 정비한 왕

인물 최승로   업적 2성 6부 정비, 12목에 지방관 파견              기본 ✓ 심화 ✓

광종이 호족을 숙청하며 피를 묻혔으니 이제 성종은
맛있게 밥을 드시기만 하면 되겠네요.
광종은 칼에 의한 정치, 성종은 붓에 의한 정치.
성종은 유학자 **최승로의 시무 28조**를 받아들여
유교를 정책의 근간으로 삼아요. 시무 28조에서는 지방관을
파견하고 팔관회와 같은 불교 행사를 억제하자고 했어요.
이에 성종은 유학 교육의 진흥을 위해 개경에 **국자감**을
설치하고, 지방에 경학박사와 의학박사를 파견했지요.
중앙 행정 조직은 **2성 6부** 체제로 정비하고, 지방에는 **12목**을 설치해 **지방관을 파견**합니다.
광종이 지방 호족을 제압해 주었으니 성종은 이제 룰루랄라 지방관을 보낼 수 있었던 거죠.
또 성종 때 최초로 지방 호족을 향리로 편입시키고 지방관 아래에 두어 서열 정리를 확실히 했어요.

광종 큰아버지 덕에
차려진 밥상
맛있게만 먹으면......

2성 6부제 실시   중앙   지방   지방관 파견

## 056 2성 6부 ▶▶ 고려의 중앙 행정 조직

왕 성종   구성 2성 : 중서문하성+상서성              기본 ✓ 심화 ✓

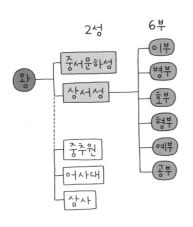

2**성 6부** 체제는 당의 3성 6부를 참고해 마련했어요.
2성은 국가의 주요 정책을 결정하는 최고 부서인 **중서문하성**
과 정책 집행을 담당하는 **상서성**으로 이루어졌고요.
상서성 밑에 6부는 실질적 행정을 담당하는 이(내무)·병(국
방)·호(경제)·형(법무)·예(외교)·공(건설)부로 구성됩니다.
중서문하성의 장관인 **문하시중**이 국정을 총괄했고,
문하시중 아래에는 **재신**과 **낭사**를 두었지요.
**성종** 때 이러한 중앙 관제까지 마련되면서
고려는 국가 체제의 기틀을 마련한답니다.

---

**결정적 기출 선지**

❶ [          ]는 성종에게 시무 28조를 올려 유교 중심의 정치를 주장하였다.

❷ 성종은 전국 주요 지역에 [          ]을 설치하고 지방관을 파견하였다.

**정답**

최승로

12목

## 057 대간 ▶▶ 중서문하성의 낭사와 어사대의 관원으로 구성되어 언론 기능을 담당한 관리

구성 중서문하성 낭사+어사대 관원    권리 서경·간쟁·봉박권    기본 ☐  심화 ☑

고려의 중앙 행정 조직에는 2성 6부 외에도
**중추원과 어사대, 삼사**가 있어요.
중추원은 **추밀과 승선**으로 구성되었고요.
어사대는 관리들의 비리를 감찰하는 기구죠.
삼사는 화폐와 곡식의 출납 및 회계를 담당해요.
고려의 언론 기능은 **어사대의 관원**과
**중서문하성의 낭사**가 대간이 되어 담당합니다.
**서경**(왕의 정책 맘에 안 들면 사인 불가)·**간쟁**(왕이시여,
이러시면 아니 되옵니다)·**봉박**(정책이 맘에 안 드네.
다시 서류 봉해서 돌려보내)이 이들의 업무죠.
대간은 왕권 견제와 관리 감찰의 기능을 했습니다.

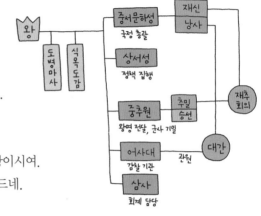

## 058 도병마사와 식목도감 ▶▶ 국가 중대사를 결정한 고려만의 독자적 회의 기구

구성 중서문하성 재신+중추원 추밀    기본 ☑  심화 ☑

중서문하성의 **재신**과 중추원의 **추밀**이 모여 회의를 하는 기구가
바로 **도병마사와 식목도감**입니다.
도병마사는 국방과 군사 문제 등 국가의 중요 정책을 결정하고,
식목도감은 국가의 중요 행사를 관장했어요.
재신과 추밀이 함께 합의를 이룬다 하여 재추 회의라고도 하죠.
2성 6부는 당의 제도, 중추원과 삼사는 송의 제도에 영향을
받은 반면, 도병마사와 식목도감은 고려만의 독창적 기구였어요.
물론 이 기구에 참여하는 신하들은 문관입니다. 무관 회의 기구는 없었냐고요? 있었죠.
중방이라는 기구인데 유명무실입니다. 무신정변이 일어나면 빛을 보게 될 것입니다.

우리가 짱이야!

중서문하성 재신    중추원 추밀

 **결정적 기출 선지**

① 고려의 [       ]는 화폐와 곡식의 출납에 대한 회계를 전담하였다.

② 어사대의 관원은 중서문하성의 낭사와 함께 [       ]으로 불렸다.

정답

삼사

대간

## 059 5도 양계

▶▶ 전국을 5도로 나누고, 군사 지역은 동계와 북계로 나눈 고려의 지방 행정 조직

지방관 안찰사+병마사 　 군사 주현군+주진군

기본 ☑ 심화 ☑

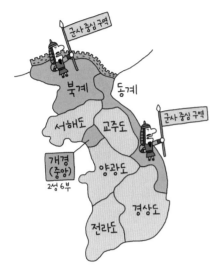

고려의 지방은 **5도 양계** 체제예요. 전국을 서해도·교주도·
양광도·경상도·전라도 5개 도로 나눴죠!
5도에 파견되어 행정을 담당하는 지방관은 **안찰사**예요.
지금으로 치면 도지사죠. 또 북계·동계의 양계가 있어요.
위쪽에서는 거란이나 여진이 쳐들어올 가능성이 많고,
동해 쪽에는 왜구가 배를 타고 넘어올 가능성이 커요.
당연히 철벽 수비를 해야겠죠? 그래서 이 두 곳에 군사적
특수 행정 구역인 양계를 설치한 거죠.
양계에는 **병마사**라는 지방관을 파견해 적의 침입에 대비하
였습니다. 아, 참! 고려 때는 전국에 지방관을 다
파견한건 아니고, 일부에만 파견했어요.

지방관이 파견되지 않은 곳은 **향리**가 실질적 행정을 담당하였는데요.
실제로 지방관이 파견된 주현보다 파견되지 않은 속군과 속현의 수가 더 많았어요.
그리고 특수 행정 구역으로 **향·부곡(농업)·소(수공업)**가 있었는데,
여기에도 지방관이 파견되지 않아 향리가 다스렸어요.
이렇게 향리가 지방관이 해야 할 일을 대신했으니 당연히 고려 시대엔 향리의 힘이 어마어마했겠죠.
완벽하게 전국에 지방관을 파견하는 일은 조선 시대에 가서야 가능해진답니다.

중앙 조직은 2성 6부, 지방 조직은 5도 양계. 그럼 군사 조직은?
고려의 중앙군은 **2군 6위**, 지방군은 **주현군과 주진군**으로 구성됩니다.
2군 6위는 직업 군인으로 이루어졌어요. 그래서 군인전이라는 토지를 지급받죠.
일반 군현인 5도에는 예비군적 성격의 주현군이,
양계에는 상비군인 주진군이 주둔했어요.
지방군은 16세에서 60세 미만의 일반 농민들을
주축으로 이루어졌습니다.

 **결정적 기출 선지**

**1** 고려는 지방을 〔　　　　　〕로 나누어 통치하였다.

**2** 고려에는 지방관이 파견된 주현보다 파견되지 않은 속현이 더 많았다. ○ | ✕

정답

5도 양계

○

**01** 다음 정책을 시행한 왕의 업적으로 옳은 것은? [2점]

○ 명주의 순식이 무리를 이끌고 조회하러 오니, 왕씨 성을 내려 주고 대광으로 임명하였으며, …… 관경에게도 왕씨 성을 내려 주고 대승으로 임명하였다.
　　　　　　　　　　　　　　　　　　　－「고려사절요」－

○ 가을 7월, 발해국의 세자 대광현이 무리 수만을 거느리고 와서 항복하자, 성명을 하사하여 '왕계(王繼)'라 하고 종실의 족보에 넣었다.
　　　　　　　　　　　　　　　　　　　－「고려사」－

① 12목에 지방관을 파견하였다.
② 관학 진흥을 목적으로 양현고를 두었다.
③ 신돈을 등용하여 전민변정도감을 설치하였다.
④ 쌍기의 건의를 받아들여 과거제를 실시하였다.
⑤ 지방 호족을 통제하기 위하여 사심관을 임명하였다.

**02** 밑줄 그은 '왕'의 재위 시기에 볼 수 있는 모습으로 적절한 것은? [1점]

　　왕이 한림학사 쌍기를 지공거로 임명하고, 시(詩)·부(賦)·송(頌)과 시무책을 시험하여 진사를 뽑게 하였다. 위봉루에 친히 나가 급제자를 발표하여, 갑과에 최섬 등 2명, 명경 3명, 복업 2명을 합격시켰다.
　　　　　　　　　　　　　　　　　　　－「고려사절요」－

① 여진 정벌에 나서는 별무반의 군인
② 도병마사에서 회의하는 중추원 관리
③ 국자감에 7재의 개설을 명하는 국왕
④ 전시과에 따라 토지를 지급받는 관리
⑤ 노비안검법에 의해 양인으로 해방되는 노비

**03** 밑줄 그은 '이 정책'으로 옳은 것은? [1점]

중앙의 5품 이상 관리에게 국정에 관한 의견을 받으셨는데, 구체적으로 어떻게 활용하실 계획인가요?

왕권을 강화하고 유교적 통치 체제를 확립하는 데 활용할 것이오. 특히, 최승로의 건의를 받아들여 이 정책을 실시할 것이오.

① 노비안검법을 실시하였다.
② 12목에 지방관을 파견하였다.
③ 인사권을 가진 정방을 폐지하였다.
④ 경순왕 김부를 경주의 사심관으로 삼았다.
⑤ 인재를 등용하기 위해 과거제를 도입하였다.

**04** (가)에 대한 설명으로 옳은 것은? [2점]

　　국가가 　(가)　을/를 설치하여 시중·평장사·참지정사·정당문학·지문하성사로 판사를 삼고, 판추밀 이하로 사를 삼아, 큰일이 있을 때마다 회의하였다. 한 해에 한 번 모이기도 하고 여러 해 동안 모이지 않기도 하였다.
　　　　　　　　　　　　　　　　　　　－「역옹패설」－

① 6부를 통해 행정 실무를 맡아보았다.
② 국방과 군사 문제를 주로 논의하였다.
③ 화폐와 곡식의 출납에 대한 회계를 전담하였다.
④ 관원은 중서문하성의 낭사와 함께 대간으로 불렸다.
⑤ 관리를 임명할 때 심사하여 동의하는 권한이 있었다.

## 01 [ 키워드 053 | 태조 왕건 ] 답 ⑤

지방 세력에게 왕씨 성을 내려 주었다는 내용과 발해의 유민을 포용하였다는 내용을 통해 고려 태조 왕건에 대한 내용임을 알 수 있어요. 태조 왕건은 창업 군주예요. 하지만 혼자 힘으로 세운 나라가 아니었기에 호족들을 마음대로 다룰 수가 없었죠. 그래서 태조 왕건은 지방의 호족 세력을 포섭하기 위해 노력했어요. 호족의 딸과 정략 결혼을 하거나 호족들에게 관직과 토지, 왕씨 성 등을 내려 주었어요. 그러나 다른 한편으로는 사심관 제도와 기인 제도 등을 실시하여 지방 호족들을 통제하는 채찍 정책도 폈어요.

### 바로알기

① 12목을 설치하고 지방관을 파견한 것은 고려 성종 때의 일이에요. 고려 시대에 지방관을 파견한 것은 이때가 최초예요.

② 고려 예종은 위축된 관학을 진흥시키기 위해 장학 재단인 양현고를 설치하였어요. 뒤에서 그 이유를 설명드릴게요~

③ 공민왕은 승려 신돈을 등용하여 전민변정도감을 설치하고 개혁을 실시했어요.

④ 광종은 과거제를 실시하여 왕에게 충성하는 새로운 인물들을 등용해요. 그리고 과거를 통해 뽑힌 관리들에게 각각 다른 색의 옷을 입혀 서열을 정해버려요. 네, 바로 공복 제정입니다.

## 02 [ 키워드 054 | 광종 ] 답 ⑤

자료에 나오는 '왕'은 '쌍기'를 지공거로 임명하고 시험으로 관리를 뽑게 했습니다. 과거제에 관한 내용이네요. 바로 광종에 대한 설명입니다. 광종은 과거제를 실시해 기득권을 쥐고 있는 호족 세력을 쫓아내고 새로운 인재를 등용하려 합니다. 또 노비안검법이라는 제도도 시행하는데요. 노비안검법은 원래 양인이었는데 호족이 불법으로 노비로 삼은 자들을 다시 원상 복구하는 제도였어요. 호족 세력을 약화시키고 왕권을 강화하려 했던 겁니다.

### 바로알기

① 별무반은 윤관이 여진을 정벌하기 위해 숙종에게 건의해 만든 특수 부대예요. 윤관은 별무반을 이끌고 여진 정벌에 성공해 동북 9성을 설치했죠.

② 도병마사는 고려만의 독창적인 회의 기구로 재신과 추밀이 모여 국가 중대사를 결정했어요. 성종 때 설치되었습니다. 따라서 광종 때는 도병마사에서 회의하는 관리의 모습을 볼 수 없었겠죠.

③ 예종은 관학 진흥 차원에서 국자감에 전문 강좌인 7재를 설치해요. 최충헌의 9재 학당을 비롯한 사학 12도가 인기를 끌자 관학 교육이 위축되었거든요.

④ 경종은 관리의 인품과 관품을 고려해 토지를 지급하는 시정 전시과를 시행합니다.

## 03 [ 키워드 055 | 성종 ] 답 ②

왕이 말하는 '최승로'라는 인물은 성종에게 시무 28조를 올렸던 유학자였어요. 광종이 왕권 강화의 기반을 다져 놓았다면, 성종은 그 위에서 다양한 정책들을 시행해 나갔죠. 특히 최승로의 시무 28조를 받아들여 유교를 근본 이념으로 삼아 정치를 펼쳤답니다. 먼저 전국에 12목을 설치한 뒤 지방관을 파견해 지방 세력들을 통제했어요. 지방 호족들은 향리로 만들어 버렸죠. 또 유학 교육을 진흥하기 위해 국자감도 세웠지요. 참 다양한 업적을 남겼는데, 이 모든 일이 불교 국가인 고려에서 유교적 이념에 따라 실시되었던 거예요. 참 신기하죠?

### 바로알기

① 광종은 불법으로 노비가 된 자를 다시 양민으로 되돌리는 노비안검법을 시행했어요. 호족 세력을 약화시키기 위한 방책이었죠.

③ 공민왕은 왕권을 제약하고 신진 사대부의 등용을 막고 있던 정방을 폐지했어요. 내용이 궁금하다면 89쪽으로 고고!

④ 태조는 사심관과 기인 제도를 활용해 지방 호족을 견제하면서 지방 통치를 보완하는 작업을 했어요. 최초의 사심관은 고려에 항복한 신라 경순왕입니다. 호족 회유책으로는 혼인 정책을 시행하고 역분전을 지급했으며, 왕씨 성을 하사했죠.

⑤ 광종은 과거제를 도입해 충성스러운 신진 인사를 등용하고 호족의 전횡을 막았답니다.

## 04 [ 키워드 058 | 도병마사와 식목도감 ] 답 ②

조금 생소한 자료인가요? 사료로 제시된 『역옹패설』은 고려 시대에 이제현이 지은 책이에요. 따라서 제시된 사료는 고려 시대의 정치 기구와 관련 있다는 사실을 유추해 볼 수 있답니다. 국가에 큰일이 있을 때마다 회의하였다는 것으로 보아 임시 기구지만 중대한 사항을 논의했다는 것도 추정할 수 있고요. 결정적으로 시중, 평장사, 참지정사, 정당문학, 지문하성사를 판사로 삼았고, 판추밀 이하로 사를 삼았던 기구라… 아! 재추 회의인 도병마사죠?! 도병마사는 주로 국방과 군사 문제를 논의했고요. 고려 후기에는 도평의사사로 개편되면서 국정 전반에 걸쳐 중요 사항을 담당하는 정무 기구로 발전했답니다.

### 바로알기

① 상서성은 그 아래 실제 정무를 담당하던 6부를 두고 정책 집행을 총괄했습니다.

③ 고려의 삼사는 화폐와 곡식의 출납에 대한 회계를 담당했어요. 조선의 3사와는 완전히 달라요.

④ 어사대의 관원은 중서문하성의 낭사와 함께 대간으로 불렸어요. 대간은 서경, 봉박, 간쟁의 권한을 가지고 왕권을 견제했습니다.

⑤ 대간은 관리의 임명과 법령의 개정이나 폐지 등에 동의하는 서경이라는 권한을 가지고 있었지요.

## 060 문벌 ▶▶ 고려 시대에 여러 대에 걸쳐 고위 관리를 배출하였고, 서로 혼인 관계를 맺어 권력을 키운 세력

특권 음서제, 공음전                                    기본 ☑ 심화 ☑

고려 시대를 이끌었던 역사 주도 세력은
크게 다섯 세력입니다.
고려 전기의 호족과 문벌, 후기의 무신과
권문세족 그리고 신진 사대부예요.
요 순서는 잘 기억해두세요!

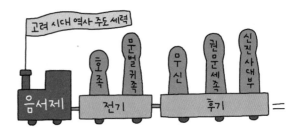

고려의 건국 세력이었던 호족과 6두품 출신들은 시간이 지나면서 특권층을 형성하게 되는데
이들을 **문벌**(=문벌 귀족)이라고 해요.
문벌들이 자신의 기득권을 유지하기 위해 주로 썼던 관리 등용 방식이 **음서제**입니다.
조상의 '음'덕을 받아 관직에 나가는 거죠.
5품 이상 고위 관리의 자제는 과거를 거치지 않고 관직에 나갈 수 있었던 것입니다.
가문의 도움을 받아 관리로 진출하는 것이죠. 잘난 가문 출신이 음서로 주요 관직을 독점하고
정치권력을 장악해서 계속 잘난 가문이 되는 거죠. 요샛말로 낙하산! 금수저!
해주 최씨, 경원 이씨, 경주 김씨 후손 있어요? 고려 지배층 집안 후손인데 말이죠.
아~ 시대를 잘못 타고 태어나셨습니다. 아쉽네요.

정치적으로 음서제를 통해 기득권이 유지되었다면
경제적으로는 **공음전**이 있습니다.
이것도 조상의 '음'덕을 받은 거죠.
음서제의 '음'과 같죠? 조상의 덕택 '음(蔭)'!
5품 이상 고위 관료 집안에서 태어나면
국가가 그냥 토지를 줍니다.
잘 먹고 잘 살라고요.

아! 여러분, 다시 한번 말하지만 국가에서 토지를 준다는 것은 토지의 소유권을 주는 게 아니라
그 토지에서 나오는 세금을 거둘 수 있는 권리인 수조권을 주는 거예요.
어쨌건 공음전과 음서제는 문벌의 대표적 특권이라 할 수 있답니다.

### 결정적 기출 선지

① [          ]은 시험 없이 관직에 진출하는 음서제의 혜택을 받았다.

② 문벌 귀족은 국가로부터 [          ]을 받아 경제적 혜택을 누렸다.

**정답**

문벌(문벌 귀족)

공음전

# 061 이자겸의 난 ▶▶ 문벌인 이자겸이 왕위를 찬탈하기 위해 일으킨 반란

연도 1126    인물 인종, 척준경                    기본 ✔  심화 ✔

지금까지 본 고려 사회, 귀족들 일부만을 위한 사회 같지 않았나요?
문벌 세력끼리만 잘 먹고 잘 사는 사회.
이들은 여러 특권을 누리며 점차 보수화되는데요.
이런 폐쇄적 사회에서는 반드시 균열이 생깁니다.
그것이 고려 시대에는 **이자겸의 난**으로 나타났어요.
문벌들은 폐쇄적 결혼을 지향했어요.
자기들끼리 내부에서 짝짓기하는 모습.
이 과정이 누적되면서 결국 한 개인에게 권력이 집중됩니다.

그 대표적 인물이 바로 경원 이씨 집안의 이자겸입니다.
이자겸은 당시 왕인 **인종**의 장인이자 외할아버지였답니다.
헉! 그럼 왕이 이모랑 결혼했다는 거네요. 후덜덜!
지금으로서는 상상조차 하기 힘든 일이지만
당시 고려에서는 가능한 일이었어요.
고려 전기만 해도 왕실 내부 근친혼이 비일비재했거든요.
왕실의 강력한 외척이 된 이자겸에게 권력이 집중될 수밖에
없었겠지요?

권력의 맛에 눈을 뜬 이자겸은 자신의 것을 지키기 위해
금이 제안한 사대 관계도 덥석 받아들이고 말아요.
하나라도 잃고 싶지 않나 보죠? 흥!
마침내 이자겸은 스스로 왕이 되려고 합니다.
그래서 당시 무력 실세였던 **척준경**과 난을 일으켰어요.
물론 실패!!! 왕권의 위협을 느낀 인종은 이자겸에
반대하는 문벌 세력과 함께 이자겸을 몰아냅니다.
한 왕조의 생명은 몇 년쯤일까요? 길면 200년?
고려의 200년 수명이 흘러간 시점에서
점점 더 큰 위기가 다가옵니다.

이자겸의 난은 진압되었지만
문벌 중심의 고려 사회는 흔들리기 시작함

---

 **결정적 기출 선지**

① 문벌 귀족은 유력 가문(왕실)과 중첩된 혼인 관계를 맺었다.  ○ ╎ ✕

② 고려 시대에 왕실의 외척인 [     ]이 권력을 독점하였다(난을 일으켰다).

정답

○

이자겸

081

# 062 묘청의 서경 천도 운동

▶▶ 승려 묘청이 서경으로의 천도를
주장하며 일으킨 반란

연도 1135   주장 서경 천도, 금 정벌                기본 ☑ 심화 ☑

이자겸의 난으로 이미 문벌 중심 사회의 모순이 노출되었고,
지배층의 분열이 나타나면서 이제 고려는 치유 불능 상태로 치닫습니다.
이 무렵 북방 민족인 여진이 세운 금이 고려에 사대를 요구하죠.
근데 기득권 세력인 문벌 세력은 그들과 싸울 이유가 없잖아요.
잃을 게 많았던 이자겸과 신라 계승 의식을 내세운 김부식을 필두로 금의 사대 요구를 수용합니다.

그러자 **서경**을 중심으로 한 신진 세력들이 들고일어나죠.
대표적인 인물이 바로 승려 **묘청**과 문신 정지상입니다.
이들은 고구려 계승 의식을 내세우며 '**금 정벌**'과
'**칭제 건원**'을 외치면서 **서경 천도 운동**을 전개합니다.

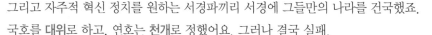

묘청은 풍수지리설을 들고 나와 "개경은 이미 끝났다.
더 이상 가능성은 없다. 새로운 땅, 서경(평양)에서 새로운
기운이 일어날 것이다."라고 주장했어요.
그리고 자주적 혁신 정치를 원하는 서경파끼리 서경에 그들만의 나라를 건국했죠.
국호를 **대위**로 하고, 연호는 **천개**로 정했어요. 그러나 결국 실패.
서경보다 개경이 더 좋았던 개경파의 대표, 김부식이 이끄는 관군에 의해 진압됩니다.

그후 역사의 뒤안길로 사라진 묘청의 서경 천도 운동은 약 800년 뒤
일제 강점기의 역사학자 신채호가 『조선사연구초』에서 언급하면서
다시 주목을 받습니다.
신채호는 묘청의 서경 천도 운동을 굉장히 중요한 사건이라고
평가하면서 이 운동의 실패로 우리나라가 사대주의에 빠지게 되었고
결국 일제의 식민 통치를 받게 되었다고 하였죠.
정말 신채호의 말대로 묘청의 서경 천도 운동이 성공하였다면
우리나라의 역사가 달라졌을까요?

이자겸의 난과 묘청의 서경 천도 운동은 모두 실패했지만 문벌 사회가 휘청하고 있음을
보여 준 건 사실입니다. 이럴 때 정신 차리고 변화해야 하는데 그게 참 쉽지 않아요.

 **결정적 기출 선지**

❶ [        ]이 서경 천도를 주장하며 칭제 건원과 금국 정벌론을 내세웠다.

정답

묘청

# 063 무신 정권 ▶▶ 고려 의종 대에 무신들이 정변을 일으켜 수립된 정권

계기 무신정변    연도 1170년 수립                              기본 ☑ 심화 ☑

아직도 정신을 못 차린 문신들은 더 건방져집니다. 그러다 큰일 날 텐데….
그러던 어느 날 무신인 정중부와 문신 김돈중 사이에 사건이 하나 터집니다.
김돈중이 정중부의 수염에 불을 붙여요.
이게 말이 되는 행동이에요?
이것이 끝이 아니었어요. 젊은 문신인 한뢰가
나이 지긋한 무신 이소응의 뺨을 짝!
이게 바로 보현원 사건이에요.
결국, 무신들의 분노가 폭발합니다.
1170년 무신들이 칼을 들고 문관들을
축출하는 **무신정변**이 벌어진 겁니다.
당시 왕이었던 의종은 거제도로 쫓겨나요.
또 문관 중심의 도병마사 대신 무관 중심의
회의 기구인 **중방**이 권력의 핵심 기구가 되죠.
무신 집권자 중 한 명이었던 경대승은 신변 보호를 위해
**도방**이라는 일종의 사병 조직을 만들기도 합니다.

무신 정중부의 수염에 불을 붙인 문신

이소응의 뺨을 때린 문신

나라를 확 뒤집은 무신

하지만 권력은 또 다른 욕심을 부르는 법.
이번에는 무신들끼리 서로 권력을 잡으려고 싸웁니다.
싸움 좀 한다는 무신들끼리 싸운다면? 장난 아니죠.
이의방, 정중부, 경대승, 이의민까지 최고 집권자가 계속 바뀝니다.
이때 **최충헌**이 무신들의 혈투를 정리합니다. 그리고 성립된 최씨 무신 정권.
최충헌이 **봉사 10조**라는 사회 개혁안을 제시하며 그 나름대로 안정기를 취하게 되죠.
최충헌은 중방이라는 공식 기구보다는 자신이 만든 사적 기구를
통해 권력을 더 움켜쥐려 합니다. 그래서 탄생한 게 **교정도감**.
그리고 본인이 교정도감의 우두머리인 교정별감이 되어
최고 권력을 행사하죠.
최충헌의 아들 **최우** 때는 인사권을 좌지우지하기 위해 **정방**이라는
기구를 만들기도 합니다. 정책은 교정도감에서, 인사는 정방에서!

---

 **결정적 기출 선지**

❶ _____은 최씨 무신 정권 때 최고 권력 기구로 활용되었다.

정답

교정도감

# 064 만적의 난 ▸▸ 무신 정권 시기의 하극상, 왕후장상의 씨가 따로 있는가!

연도 1198    저항 망이·망소이의 난        기본 ☑ 심화 ☑

무신들이 문신을 때려잡는 모습을 보이니 기층 민중들도 '그럼 우리도 한번?'
이러면서 저항 운동을 일으켜요. 무신정변은 완전 하극상이잖아요.
또 무신 집권자 중 한 명이었던 이의민은 천민 출신이었어요.
기층 민중들이 '우리도 못 할 것은 없다!'라고 생각한 거죠.
게다가 무신 집권기에는 무신들 사이에 싸움이 끊이지 않았고,
지배 체제가 붕괴되니까 백성들에 대한 통제력이 약화되었거든요.
게다가 무신들은 문신들이 했던 짓을 그대로 일삼기 시작해요.
농민에 대한 수탈이 굉장히 심했습니다. 방법이 있나요?
다 같이 들고일어나는 수밖에요.

대표적으로 노비 **만적**이 '왕후장상의 씨가 따로 있는가!'라며 신분 해방 운동을 도모합니다.
노비가 이런 일을 벌이다니 …. 정말 대단하지 않나요?
만적은 이렇게 말하기도 했어요. "시기만 잘 만나면 왕후장상이 될 수 있다.
어찌 우리만 뼈 빠지게 일하겠는가! 최충헌과 주인들을 죽이고 노비 문서를 불태워 이 땅에서
천민을 없애면 우리도 왕후장상이 될 수 있다."
시대의 한계를 뛰어넘는 모습.
저는 이게 영웅의 요소가 아닐까 생각됩니다만.

번져가는 촛불처럼 저항 운동은 여기서 끝나지 않습니다.
공주 명학소에서 **망이·망소이의 난**이 일어나고
경상도에서도 **김사미·효심의 난**이 일어나죠.
망이와 망소이는 향·부곡·소의 특수 행정 구역 중
수공업에 주로 종사하는 소(所)민이었어요.
차별을 가장 많이 받는 민중이었죠.
김사미와 효심은 일반 농민이었습니다.
정말 하극상의 시대인가요?

---

 **결정적 기출 선지**

**①** [　　　　　]이 개경에서 반란(신분 해방)을 모의하였다.

**②** 공주 명학소에서 [　　　　　]가 가혹한 수탈에 저항하여 봉기하였다.

정답

만적

망이·망소이

## 065 서희 ▶▶ 거란 장수 소손녕과의 외교 담판으로 거란을 물리친 인물

방어 거란　성과 강동 6주 획득　　　　기본 ✓　심화 ✓

이제 고려의 대외 관계를 한번 보죠. 고려 약 500년은 끝없는 외침의 시대였다고 봐야 해요.
먼저 10~11세기에는 **거란**이 쳐들어옵니다.
거란은 송을 제압하는 게 진짜 목적이었기에 송과 친선 관계에 있는
고려를 손보려 했어요. 잔뜩 힘을 주고 온 거란의 속내를 정확히
꿰뚫어 본 **서희**는 '거란과 손잡겠다. 그런데 그 사이에 여진이
버티고 있어 왕래가 어렵다. **강동 6주**를 달라!'라는 요구를 하죠.
정말 엄청난 배포죠. 성공할까요? 네, 그 어려운 걸 서희가 해냅니
다. 정말 현대의 외교관들이 본보기로 삼아야 할 인물이십니다.
거란은 서희의 요구를 들어주어 강동 6주를 고려에게 내줍니다.
그러나 고려는 이후에도 친거란 정책을 펴지 않았어요.
열이 잔뜩 오른 거란은 또 쳐들어오죠.
2차 때는 양규 장군의 활약으로 잘 달래서 돌려보냅니다.

거란과의 왕래를 위해 강동 6주를 주시죠!
으응 그래요 고려요

## 066 귀주 대첩 ▶▶ 거란의 3차 침입 때 강감찬이 귀주에서 거란군을 크게 무찌른 싸움

연도 1019　방어 거란　인물 강감찬　　　　기본 ✓　심화 ✓

그 이후에도 고려의 태도는 똑같아요.
결국 거란이 또 쳐들어옵니다. 거란은 강동 6주를 넘기고,
고려 왕이 직접 거란으로 올 것을 요구했어요.
그러나 고려가 강동 6주 반환을 거부하자 무려 10만 대군을
이끌고 침입합니다.
거란의 3차 침입 때 활약한 인물이 바로 **강감찬**입니다.
이때 강감찬은 흥화진에서 쇠가죽으로 냇물을 막았다가 물을 한꺼번에 흘려보내 거란군을 물리치
고 뒤이어 귀주에서 대승을 거둡니다. 고려 최고!! 이후 고려는 북방 민족의 침입에 대비하기 위해
개경에 나성을, 국경 지대인 압록강에서 도련포까지는 **천리장성**을 축조해 국방을 강화합니다.

고려
강감찬 장군

###  결정적 기출 선지

① 서희가 거란과 외교 담판을 벌여 [　　　　]를 획득하였다.
② [　　　　]이 귀주에서 (강동 6주의 반환 등을 요구한) 거란을 크게 물리쳤다.

정답
강동 6주
강감찬

## 067 별무반 ▶▶ 고려 숙종 때 여진을 정벌하기 위해 편성된 군대

방어 여진   인물 윤관   결과 동북 9성 축조                기본 ☑ 심화 ☑

12세기. 이번에는 만주 쪽에 웅크리고 있었던 여진이 고려를 압박하네요.

아직 여진이 크기 전이라 고려가 혼낼 수 있는 상황. 이때 활약한 인물이 바로 **윤관**이랍니다.

여진은 유목 민족이어서 말을 굉장히 잘 탔어요.

여진이 말을 타고 휘젓고 다니니 우리도 기병이 필요하다 싶어 기병이 포함된 **별무반**이라는

특수 부대를 만듭니다. 별무반은 신기군(기병)·신보군(보병)·항마군(승병)으로 구성되었어요.

이 특수 부대가 여진을 혼쭐내죠. 그리고 영토 확장.

여진을 쫓아낸 지역에 **동북 9성**이 설치됩니다. 그런데 여진이 제발 동북 9성을 돌려 달라고 하도

시위를 하기에 분란을 일으킬 필요는 없겠다 싶어 1년 만에 다시 돌려줍니다. 꼭 그래야 했니?

이후 여진은 계속 성장하여 금을 세우죠.

이젠 아예 고려에 사대 관계를 요구할 정도지요.

당시 집권 세력이었던 이자겸이나 김부식은 사대 관계 요구에 응합니다. 앞에서 배웠었죠?

묘청이 그래서 열 받은 거였고요.

 **결정적 기출 선지**

① [          ]은 기병·보병·승병으로 구성된 특수 부대였다.

② [          ]이 별무반을 이끌고 여진을 정벌해 동북 9성을 개척하였다.

**정답**

별무반

윤관

# 삼별초 ▶▶ 최씨 무신 정권 때 정비된 군사 조직

방어 몽골   항쟁 강화도 → 진도 → 제주도

기본 ☑   심화 ☑

13세기. 이번에는 **몽골**이 압박을 하네요. 근데 이 몽골이 누구죠?
그 이름도 유명한 칭기즈 칸의 후예들. 만만치 않겠네요. 휴우~
몽골은 고려에 방문했던 몽골 사신 저고여가 귀국길에 죽어버리자
이걸 구실 삼아 고려에 침입했어요.
이때 고려의 집권자가 최씨 무신 정권의 실세 최우였죠.
최우는 **강화도로 천도**하여 몽골과의 결사 항전을 선언합니다.
하지만 강화도로 천도하자 몽골 군대가 고려 본토로 마구 밀고
들어옵니다. 이 과정에서 한반도는 몽골의 말발굽에 짓밟히죠.
거란 침입 때 만든 초조대장경도 불타고,
신라 때 만든 황룡사 9층 목탑도 불타고 ···.

고려가 마냥 당하지만은 않았습니다.
**처인성 전투**에서 김윤후와 처인 부곡민이
몽골군 사령관 살리타를 사살하는 성과를
올리죠. 그렇지만 역부족이었습니다.
결국 최씨 무신 정권은 막을 내리고,
고려 정부는 몽골과 강화를 체결하고
개경으로 환도합니다.
이때 이 개경 환도를 반대한 이들이 있었으니 바로 **삼별초**입니다.
삼별초는 최씨 무신 정권 때 최우가 설치한 군사 조직으로, 치안과 전투를
담당했어요. 최우가 치안 유지를 위해 조직한 야별초에서 비롯되었죠.
야별초는 좌별초와 우별초로 구성되어 있었는데, 이후 몽골에 포로로
잡혔다가 탈출한 병사들로 구성된 신의군이 합쳐져 삼별초로 재편된 거예요.
삼별초는 배중손, 김통정이 중심이 되어
**강화도에서 진도, 제주도로** 옮겨가며
대몽 항쟁을 전개했답니다.

---

 **결정적 기출 선지**

**1** 몽골 침입 때 [          ]의 활약으로 처인성에서 살리타를 사살하였다.

**2** [          ]는 진도와 제주도로 근거지를 옮기면서 대몽 항쟁을 전개하였다.

정답

김윤후

삼별초

## 069 원 간섭기

▶▶ 1259년, 몽골과 강화를 맺은 이후 고려는 독립국의 지위를 유지한 채 원의 간섭을 받게 되는데, 공민왕의 반원 운동이 성공하는 1356년경까지 약 97년간의 시기를 뜻함

관청 정동행성    암기 쌍성총관부, 권문세족    기본 ☑ 심화 ☑

몽골과의 강화 후 고려는 무너지진 않았지만 몽골이 세운 원의 내정 간섭은 상상을 초월합니다.
먼저 일본을 치러 갈 테니 그 일을 수행할 관청을 만들라고 하죠. 그래서 탄생한 게 **정동행성**.
원의 일본 침략이 실패로 돌아갔음에도 정동행성은 그대로 남아 고려 내정 간섭 기구로 성격이
변질돼요. 정동행성 내에 있었던 이문소가 그 역할을 하게 되죠.
서경에 동녕부, 철령 이북에 **쌍성총관부**, 제주에 탐라총관부가 설치되면서 영토도 많이 잃어요.
또 결혼도감을 설치해 **공녀**를 강제 선발하고, **응방**을 설치해 매와 각종 특산품까지 어마어마하게
가져갑니다. 2성 6부의 중앙 관제도 첨의부와 4사로 격하되었고,
왕은 몽골의 사위가 되어, 왕 이름에 원에게 충성한다는 의미의 '충(忠)'자를 넣어야 했답니다.

일제 강점기 친일파처럼 이 시기에도 친원파가 등장했는데요.
원을 등에 업고 득세한 **권문세족**은 정방을 장악하여 국정을 좌지우지했어요.
또 산과 강을 경계로 할 정도의 엄청난 땅을 불법적으로 확보하여 대농장을 소유합니다.
이들은 몽골 복장인 호복을 입고, 변발을 하고 몽골어를 썼습니다.
이러니 나라가 정상적으로 돌아갈 리가 없지요.

 **결정적 기출 선지**

① 원 간섭기에 친원 세력인 [　　　　　]이 정치권력을 독점하고 대농장을 소유하였다.

② 원 간섭기에 지배층을 중심으로 변발과 호복이 유행하였다. ○ | ✕

**정답**

권문세족

○

# 070 공민왕 ▶▶ 원의 지배에서 벗어나 자주적인 개혁 정치를 펼친 왕

업적 쌍성총관부 탈환, 전민변정도감 설치       기본 ☑ 심화 ☑

태양이 늘 하늘에 떠 있지는 않죠. 기세등등하던 원도 기웁니다.
그때를 놓치지 않고 반원 자주 정책을 추진한 왕이 등장하죠.
바로 **공민왕**입니다.
공민왕은 우선 철령 이북에 설치되었던
**쌍성총관부를 무력으로 수복**합니다.
다음으로 내정 간섭 기구로 활용됐던
**정동행성 이문소도 폐지**하죠.
격하된 관제를 복구하는 정책도 추진합니다.
당연히 당시 고려에서 유행하고 있었던
호복·변발과 같은 몽골풍도 금지시키지요.

원에 빌붙어 성장했던 권문세족도 가만 놔두지 않아요.
우선 무신 정권 시절 최우가 인사권을 장악하기 위해 만들었던 **정방을 폐지**합니다.
원 간섭기에도 정방이 권문세족에 의해 활용되고 있었거든요.
그리고 권문세족의 힘을 약화시키기 위해 승려 **신돈**을 앞세워 **전민변정도감을 설치**합니다.
'토지(전)와 백성(민)을 바로잡는다(변정).' 권문세족이 불법으로 빼앗은 토지와 억울하게
노비가 된 사람을 다시 원래대로 돌려놓기 위해 만든 기구지요.
이를 통해 권문세족의 경제적 기반을 확 무너뜨립니다.

이 무시무시한 반권문세족 정책이 진행되는 과정에서
원에 공녀로 끌려갔다 황후가 된 기황후를 등에 업고
권문세족의 대장 노릇을 했던 기황후의 오빠 기철과
그의 잔당들인 친원 세력이 모두 숙청됩니다.
고려 전기에 광종의 노비안검법이 있다면, 고려 후기엔
공민왕의 전민변정도감이 있지요.
두 정책 모두 왕권 강화와 재정 안정에 기여했죠.
하지만 공민왕의 개혁은 큰 성과를 거두지는 못합니다.
그 이유는 뒤에서 알아보시죠.

 **결정적 기출 선지**

❶ [        ]은 원의 내정 간섭 기구였던 정동행성 이문소를 폐지하였다.

❷ 공민왕은 권문세족을 견제하기 위해 신돈을 기용하고 [        ]을 설치하였다.

정답
공민왕
전민변정도감

# 071 신진 사대부 ▶▶ 성리학을 수용하여 사회 모순을 개혁하려 했던 고려 말의 세력

인물 정도전, 정몽주  사상 성리학  기본 ☑ 심화 ☑

권문세족을 숙청하려면 공민왕에게 지원군이 필요했겠네요.
이때 성장한 신진 세력이 바로 **신진 사대부**입니다. 이후 조선을 건국하는 중추 세력이 되죠.
그 유명한 이성계의 왼팔! **정도전**. "이 몸이 죽고 죽어 일백 번 고쳐 죽어"의 **정몽주**까지.
모두 신진 사대부입니다.
이들은 **성리학**을 새 시대의 비전으로 받아들이고,
고려를 상징했던 불교와 고려 사회의 모순을 비판했어요.
성리학은 고려 말에 안향이 원으로부터 처음 들여온
학문입니다. 이후 충선왕 때는 이제현이
원의 만권당에서 원의 학자들과 교류하면서 성리학이
더욱 발전하였죠. 성리학으로 무장한 신진 사대부는
대부분 중소 지주 출신으로, 대지주였던 권문세족과
각을 세우게 됩니다. 공민왕의 개혁은 이렇게 새로운
시대를 이끌 세력을 키워 놓았다는 데 큰 의의가 있지요.

잠깐! 삐익!!! 고려 말 홍건적과 왜구가 쳐들어오면서 권문세족 숙청하고 왕권 강화해서
잘나가던 공민왕의 앞길에 빨간불이 켜집니다.
홍건적은 원의 반란군인데 머리에 붉은 두건을 둘렀다고 해서 붙여진 이름이에요.
홍건적의 침입으로 개경이 함락되자 공민왕과 원의 공주이자 왕후인 노국 대장 공주가 안동까지
피난을 가게 됩니다.

이때 비바람 맞으며 서로 옷 챙겨주고,
서로 먹여주고…. 이런 고생을 하다 보니
서로의 사랑은 국적이 달라도 깊어질 수밖에요.
그러다 노국 대장 공주가 아이를 낳다 죽게 됩니다.
먼저 떠난 노국 대장 공주를 그리워하며 식음을
전폐하고 국정에서 손을 떼게 된 공민왕.
추진하던 개혁 작업의 칼날도 무뎌집니다.
게다가 아직 권문세족의 힘은 강했고, 신돈이 제거되고 공민왕까지 죽으면서 개혁은 중단된답니다.

 **결정적 기출 선지**
❶ 신진 사대부는 [        ]을 개혁 사상으로 수용하였다.
❷ 공민왕은 홍건적의 침입 당시 안동까지 피난하였다. ○ | ✕

정답
성리학
○

# 신흥 무인 세력

▶▶ 고려 말 홍건적과 왜구의 침입을
물리치며 새롭게 성장한 세력

인물 최영, 이성계

기본 ✔  심화 ✔

고려 말에는 왜구도 말썽입니다.
왜구가 침략해서 여기저기 불을 지르고 백성들을 약탈하죠. 이때 **최무선**의 건의로 화약과 화포를 제조할 **화통도감**이 설치됩니다.
당시 원의 화포 제작 기술은 일급 기밀이었는데, 이를 오랜 기간 연구한 끝에 화약 제조법을 개발하고 화포를 제작할 수 있었어요. 그리고 1380년 **진포**에서 처음으로 화포를 사용해 왜구를 크게 격퇴합니다.

고려 말 홍건적, 왜구와 싸우면서 성장한 세력이 있으니 바로 **신흥 무인 세력**입니다.
대표적인 인물 소개 올립니다. **최영**과 **이성계**.
조선을 건국한 그 이성계 맞아요.
이때 기울어져가는 원을 대신하여 떠오른 나라가 있어요.
명! 명은 공민왕이 수복한 철령 이북의 땅이 원래 자기네
땅이라며 자기들이 다스리겠다는 둥 말도 안 되는 소리를 합니다.
이에 발끈한 최영은 이참에 명의 영토인 요동을 칠 것을 주장하죠.
당시 공민왕이 죽고 왕위에 오른 우왕은 힘이 없었기 때문에
최영의 주장을 받아들입니다.
한편, 이성계는 **4불가론**을 내세우며 전쟁을 하지 말자고 주장합니다.
하지만 이는 받아들여지지 않고 최영과 우왕은 이성계를 전쟁에 내보냅니다.
허나 아무리 생각해도 전쟁을 하는 것이 무리라고 판단한 이성계는 위화도에서 군사를
돌려 **위화도 회군**을 단행합니다.
다시 개경으로 돌아온 이성계는 최영을 죽이고 우왕을 폐위한 뒤 정치적·군사적 실권을 장악
합니다. 그리고 신진 사대부와 손을 잡고 나라를 바꿀 힘을 키워갑니다.
이때 신진 사대부가 새 왕조를 세울 것을 주장한 급진파와 고려 왕조를 유지하자는 온건파로
나뉘었어요. 급진파의 대표적 인물이 정도전, 온건파의 대표적 인물이 정몽주랍니다.

수많은 외세의 침략에도 굳건히 나라를 지켰던 고려가 점점 기울고 있네요.

---

 **결정적 기출 선지**

❶ [      ]이 화포를 사용해 진포에서 왜구를 격퇴하였다.

❷ 고려 말 [      ]는 위화도 회군을 계기로 권력을 장악하였다.

정답

최무선

이성계

## 01 (가)에 들어갈 지배 세력에 대한 설명으로 옳은 것은?
[3점]

단원명 : (가) 사회의 동요

1. 이자겸의 난
   - 경원 이씨와 왕실의 혼인
   - 이자겸의 전횡과 몰락
2. 묘청의 서경 천도 운동
   - 서경 세력과 개경 세력의 대립
   - 묘청의 난과 그 영향

① 교정도감을 통해 국정을 총괄하였다.
② 홍건적과 왜구를 물리치면서 성장하였다.
③ 비변사의 구성원이 되어 권력을 장악하였다.
④ 토지 개혁을 주장하여 과전법을 실시하였다.
⑤ 과거와 음서를 통해 고위 관직을 독점하였다.

## 02 밑줄 그은 '이 사건'에 대한 설명으로 옳은 것은?
[1점]

### 한국사 대담 – 단재 신채호의 역사 인식

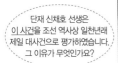

단재 신채호 선생은 이 사건을 조선 역사상 일천년래 제일 대사건으로 평가하였습니다. 그 이유가 무엇인가요?

선생은 이 사건을 진취 사상 대 보수 사상의 싸움으로 보아, 전자가 폐하고 후자가 승리하면서 우리 역사가 사대적, 보수적으로 전개되었다고 이해하였기 때문입니다.

① 이성계가 위화도에서 회군하여 최영을 제거하였다.
② 왕실의 외척인 이자겸이 척준경과 함께 난을 일으켰다.
③ 묘청 일파가 김부식이 이끄는 관군에 의해 토벌되었다.
④ 조위총이 군사를 일으켜 정중부 등의 제거를 도모하였다.
⑤ 강조가 정변을 일으켜 김치양을 제거하고 목종을 폐위하였다.

## 03 다음 시나리오의 상황 이후에 전개된 사실로 옳은 것은?
[2점]

S# 17. 보현원으로 행차하는 길, 오문(五門) 앞

왕의 명으로 수박희를 행하면 중, 대장군 이소응이 상대를 이기지 못하고 도망가자 문신 한뢰가 이소응을 막아선다.

한뢰: (이소응의 뺨을 때리며) 대장군이란 자가 어찌 병사 한 명을 이기지 못하느냐?

이소응: (뺨을 맞고 계단 아래로 떨어져) 내가 젊은 문신에게 이런 수모를 당한단 말인가!

정중부: (성난 목소리로) 네 이놈 한뢰야! 이소응이 비록 무신이기는 하나 벼슬이 3품인데 어찌 이처럼 심하게 모욕하는 것이냐?

① 왕의 장인인 김흠돌이 반란을 도모하였다.
② 묘청이 칭제 건원과 금국 정벌을 주장하였다.
③ 의종이 왕위에서 쫓겨나 거제도로 추방되었다.
④ 이자겸이 왕실의 외척이 되어 권력을 독점하였다.
⑤ 김부식이 서경의 반란군을 진압하기 위해 출정하였다.

## 04 다음 사건이 일어난 시기를 연표에서 옳게 고른 것은?
[2점]

근래 많은 고관들이 우리 같은 천한 출신에서 나왔습니다.

장수와 재상의 씨가 따로 있겠습니까? 우리 모두 상전을 죽이고 천민이 없는 세상을 만듭시다!

만적

| 918 | 1009 | 1107 | 1170 | 1270 | 1388 |
|---|---|---|---|---|---|
| | (가) | (나) | (다) | (라) | (마) |
| 고려 건국 | 강조의 정변 | 윤관의 여진 정벌 | 무신 정변 | 개경 환도 | 위화도 회군 |

① (가)  ② (나)  ③ (다)  ④ (라)  ⑤ (마)

## 01 키워드 060 | 문벌 답 ⑤

이자겸의 난과 묘청의 서경 천도 운동이 일어나게 된 원인을 물어보는 문제입니다. 두 사건은 왜 일어났을까요? 그건 당시 문벌 귀족이라는 지배 세력 내에 갈등 때문이에요. 이들은 과거와 음서를 통해 관직을 독점하고 세습을 할 수 있는 공음전으로 경제 기반을 탄탄히 했죠. 그리고 왕실이나 다른 귀족 가문과 혼인 관계를 맺어 자신의 권력을 막강하게 만들었어요. 대표적인 문벌 귀족 가문이 바로 경원 이씨죠. 결국 한 가문이 권력을 독점하고 마구 휘두르다가 스스로 와르르 붕괴하고 맙니다.

### 바로알기

① 교정도감은 무신 정권의 최충헌이 세운 권력 기관이에요. 궁금하면 83쪽!

② 고려 말 홍건적과 왜구를 물리치면서 신흥 무인 세력이 성장했어요. 최영과 이성계가 대표적인 인물이죠.

③ 비변사는 왜구와 여진의 침입에 대비해 설치한 조선 시대의 임시 기구였어요. 임진왜란 이후에는 권력의 핵심 기구가 됩니다.

④ 과전법은 고려의 마지막 왕인 공양왕 때 국가 재정을 확보하고 신진 사대부의 경제 기반을 마련하기 위해 실시한 토지 제도입니다. 이 제도는 조선 시대에 직전법이 등장하기 전까지 운영됩니다.

## 02 키워드 062 | 묘청의 서경 천도 운동 답 ③

고려 시대인데 갑자기 단재 신채호가 나오네요? 신채호는 『조선사연구초』에서 묘청의 서경 천도 운동을 '조선 역사상 일천년래 제일 대사건'이라고 평가하였거든요. 묘청과 정지상으로 대표되는 서경파는 풍수지리설을 내세우면서 개경은 지력이 다했기 때문에 서경으로 도읍을 옮겨야 한다고 주장했지요. 하지만 개경파가 이를 반대하게 되자 직접 서경에 '대위'라는 국호의 나라를 세우고 독자적인 연호를 사용하며 난을 일으켰어요. 서경 천도에 반대하였던 김부식이 이끄는 관군에 의해 결국 난은 진압되었답니다.

### 바로알기

① 고려 말 요동 정벌에 반대한 이성계는 위화도에서 회군하여 우왕과 최영을 몰아내고 권력을 장악하였어요.

② 왕실의 외척이 되어 권력을 장악한 이자겸은 인종이 자신에게 위협을 느끼고 자신을 제거하려 하자 척준경과 함께 난을 일으켰어요.

④ 서경의 유수였던 조위총은 무신 정권에 반발하여 서경에서 난을 일으켜 무신 집권자였던 정중부 등을 제거하고자 하였어요.

⑤ 거란의 2차 침입과 관련된 내용입니다. 강조가 정변을 일으켜 김치양을 제거하고, 목종을 폐위한 후 현종을 옹립시키는 일이 발생했어요. 거란은 이를 구실삼아 고려를 재침략하였지요.

## 03 키워드 063 | 무신 정권 답 ③

역사적인 사건을 영화 시나리오로 만들어 보았네요. 먼저 보현원이라는 곳에서 수박희를 행하는 장면이 나오는데요. 수박희란 주로 손을 써서 상대를 공격하는 전통 무예를 가리켜요. 고려 시대에 굉장히 인기가 있었다고 합니다. 그런데 무신 이소응이 시합에서 지자 문신 한뢰가 이소응의 뺨을 때리는 일이 벌어집니다. 사실 별 것도 아닌 일인데 엄청 치욕스럽게 만든 거죠. 당시 분위기가 그랬어요. 문신이 무신을 무시하고 깔보고 개, 돼지 취급을 했던 거죠. 그러다가 이 보현원 사건을 계기로 정중부와 이의방 등이 무신정변을 일으킵니다. 의종을 폐위시켜 거제도로 추방하고 허수아비 명종을 세워 정권을 장악했죠.

### 바로알기

① 통일 신라 신문왕은 김흠돌의 반란을 진압하면서 귀족들을 대대적으로 숙청했습니다.

②, ⑤ 묘청의 서경 천도 운동은 무신정변 이전에 일어났던 사건입니다. 개경파인 김부식과 관군들에 의해 1년 만에 진압되어 실패했죠.

④ 문벌 세력인 이자겸의 경원 이씨 가문은 왕실의 외척이 되어 약 80년간 권력을 휘둘렀어요. 이 역시 무신정변 이전입니다.

## 04 키워드 064 | 만적의 난 답 ④

그림에 등장하는 만적이라는 인물이 아주 유명한 말을 남깁니다. "장수와 재상의 씨가 따로 있겠습니까?" 만적은 무신 정권 때의 노비였죠. 무신들이 쿠데타를 일으켜 세상을 뒤집고 이의민과 같은 천민 출신의 최고 권력자도 나타나자 이때다 싶어 하층민들도 여기저기서 들고일어났어요. 우리도 못할 건 뭐야? 안 그래도 탐관오리에게 수탈당하고 힘들어 죽겠는데 이래 죽으나 저래 죽으나 마찬가지라고 생각했던 거죠. 1198년 만적은 노비들을 모아 놓고 노비 문서를 불태워버립니다. 그리고 난을 일으키려 했는데 내부에 밀고자가 생기는 바람에 실패하고 말아요.

따라서 만적의 난이 일어난 시기는 무신정변으로 무신들이 집권한 무신 정권기 (라)입니다.

**05** (가) 지역에 대한 탐구 활동으로 가장 적절한 것은?

[2점]

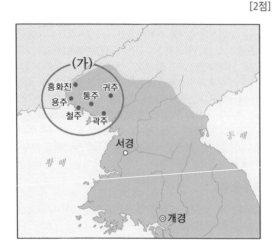

① 서희의 외교 교섭 결과에 대해 조사한다.
② 공민왕이 수복한 쌍성총관부의 위치를 파악한다.
③ 윤관의 여진 정벌과 관련된 척경입비도를 검색한다.
④ 궁예가 국호를 바꾸고 도읍을 옮긴 지역을 살펴본다.
⑤ 김윤후가 몽골 장수 살리타를 사살한 지역을 확인한다.

**06** (가) 군사 조직에 대한 설명으로 옳은 것은?

[3점]

오늘은 개경 환도 결정에 반발하여 봉기한 (가) 을/를 소개하는 시간입니다. 화면 속 자료에 대한 설명 부탁드립니다.

이 자료는 승화후 왕온을 왕으로 추대한 (가) 이/가 일본에 보낸 외교 문서를 일본 측에서 그 이전의 고려 국서와 비교하여 정리한 것입니다.

고려첩장불심조조

① 승려 출신으로 구성된 항마군이 있었다.
② 여진을 정벌하여 동북 9성 일대를 확보하였다.
③ 거란의 침입에 대비하는 과정에서 설치되었다.
④ 경대승이 신변 보호를 위해 만든 사병 조직이다.
⑤ 진도와 제주도로 근거지를 옮기면서 항쟁하였다.

**07** 교사의 질문에 대한 답변으로 옳은 것은?

[2점]

이곳은 종묘에 있는 고려 제3대 왕의 신당입니다. 쌍성총관부를 수복하기도 한 이 왕의 업적에 대해 이야기해 볼까요?

① 대광현 등 발해의 유민을 받아들였어요.
② 빈민 구제를 위해 흑창을 처음 두었어요.
③ 쌍기의 건의에 따라 과거제를 실시했어요.
④ 신돈을 기용하고 전민변정도감을 설치했어요.
⑤ 광덕, 준풍 등의 독자적인 연호를 사용했어요.

**08** 다음 두 인물의 공통점으로 옳은 것은?

[1점]

수행평가 보고서

제목: 역사의 라이벌

• 역성 혁명 반대
• '동방 이학의 시조'로 불림
• 저서: 포은집

• 조선 건국 주도
• 재상 중심의 정치 운영 주장
• 저서: 삼봉집

① 왕실과 중첩된 혼인 관계를 맺었다.
② 성리학을 개혁 사상으로 수용하였다.
③ 중방을 중심으로 권력을 장악하였다.
④ 원 세력을 배경으로 대농장을 차지하였다.
⑤ 홍건적과 왜구의 토벌을 통해 성장하였다.

## 05  키워드 065 | 서희   답 ①

지도에 표시된 (가) 지역은 어디일까요? 압록강 동쪽의 강동 6주라는 곳입니다. 고려의 외교 달인 서희가 거란의 적장 소손녕과 담판을 벌여 얻어 낸 곳이에요. 거란은 중국의 송을 없애기 전에 먼저 배후에 있던 고려부터 처치하려고 했어요. 그래서 거란의 소손녕이 고려로 쳐들어온 거죠. 이를 눈치 챈 서희는 이제 송과 손을 떼고 거란과 손을 잡겠으니 압록강 동쪽 영토인 강동 6주를 달라고 합니다. 그 지역에 여진이 버티고 있어 거란과 손잡기가 힘들다고 핑계를 대면서요. 근데 글쎄, 이게 먹혔다니까요? 거란은 강동 6주를 고려에게 넘겨줍니다. 그것도 공짜로! 서희가 풀어 낸 '썰'에 넘어간 거예요. 이렇게 서희의 외교술은 역사에 길이 남게 되죠.

### 바로알기

② 쌍성총관부는 철령 이북의 땅입니다. 오늘날의 함경남도 평야에 해당하죠. 원 간섭기에 빼앗겼던 영토인데 공민왕 때 되찾게 되죠.

③ 윤관은 여진을 몰아낸 후, 동북 지방 일대, 즉 함경도 일대에 9성을 개척하고 고려 국경을 표시하는 비석을 세웁니다. 이 장면을 담은 기록화가 척경입비도예요.

④ 궁예가 국호를 마진으로 바꾸고 천도한 지역은 철원입니다.

⑤ 몽골의 2차 침입 때 승려 김윤후가 몽골 장수 살리타를 죽인 곳은 처인성으로, 오늘날의 용인 지역이에요.

## 06  키워드 068 | 삼별초   답 ⑤

'개경 환도 결정에 반발'한 군사 조직 내용이 포인트네요. 바로 삼별초죠. 삼별초는 고려 정부를 자처하면서 일본에 외교 문서를 보내기도 했어요. 이러한 사실이 '고려첩장불심조조'에 실려 있어요. 삼별초는 최우가 본인의 치안 유지를 위해 설치했던 야별초가 분화된 좌·우별초와 몽골과의 전쟁 과정에서 포로가 되었던 사람들로 구성된 신의군을 합쳐 부른 것이에요. 최씨 정권을 지키던 삼별초는 국가 위기 상황에서 나라를 지키는 데에 목숨을 걸었답니다. 왕의 해산 명령에도 응하지 않고 진도, 제주도까지 근거지를 옮기며 끝까지 항전했어요.

### 바로알기

① 윤관의 별무반이 기병인 신기군, 보병인 신보군, 승병인 항마군으로 편성된 부대였어요.

② 별무반은 여진을 북방으로 쫓아내는 데 큰 공을 세웠어요. 덕분에 동북 9성도 득템!

③ 고려 정종 때 거란의 침입에 대비하여 광군이 조직되었어요.

④ 무신 정권 초기의 집권자 중 한 명인 경대승은 신변 보호를 위해 도방이라는 사병 조직을 만들었어요.

## 07  키워드 070 | 공민왕   답 ④

'쌍성총관부를 수복한 고려의 왕'이라는 것을 통해 공민왕의 신당임을 알 수 있어요. 14세기 중반 원의 세력이 약화되자 공민왕은 왕권 강화와 자주성 회복을 위한 개혁을 추진합니다. 몽골식 복장과 변발을 폐지하고 관제를 복구하죠. 또 원의 내정 간섭 핵심 기구였던 정동행성 이문소를 폐지하고 친원파를 숙청합니다. 쌍성총관부를 공격하여 무력으로 철령 이북의 땅도 수복합니다. 또 권문세족을 향한 개혁 가운데 중요한 것이 바로 전민변정도감의 설치입니다. 전민변정도감은 권문세족이 불법적으로 빼앗은 토지를 본래 주인에게 돌려주고 강제로 노비가 된 사람을 양민으로 해방시켰던 기구예요. 권문세족의 경제 기반을 약화시키고 국가 재정을 확보하겠다는 공민왕의 의지가 엿보입니다.

### 바로알기

① 대광현은 발해의 마지막 왕인 대인선의 아들로, 고려 태조 때 고려에 투항하였어요.

② 흑창은 고려 태조가 설치한 것으로, 가난한 농민에게 곡식을 빌려 주었다가 추수기에 상환하도록 하는 빈민 구휼 기구예요. 앞서 배운 고구려의 진대법과 유사한 기구죠.

③ 고려 광종 때 쌍기의 건의를 받아들여 과거제를 실시하였어요.

⑤ 고려 광종은 왕권을 크게 끌어올리면서 자신을 황제라 부르게 하고, 광덕·준풍 등의 연호를 사용하였어요.

## 08  키워드 071 | 신진 사대부   답 ②

두 인물이 역사의 라이벌로 등장했네요. 각각 누구인지 알아볼까요? 왼쪽 인물은 역성 혁명, 즉 고려를 엎고 새로운 국가를 세우는 것에 반대합니다. 오른쪽 인물은 고려를 멸망시키고 조선 건국을 주도하죠. 바로 포은 정몽주와 삼봉 정도전입니다. 정몽주는 끝까지 고려 사람으로 남았고, 정도전은 새로운 조선 사람이 되었습니다. 그런데 이들에게는 공통점이 있었죠. 바로 신진 사대부였다는 거예요. 고려 말 부패하고 혼란한 사회를 성리학을 바탕으로 개혁하자고 주장한 세력 말이에요. 그런데 정도의 차이가 있었던 겁니다. 온건파인 정몽주는 온건한 개혁을 주장한 반면, 급진파인 정도전은 급진적 개혁을 추구했지요.

### 바로알기

① 고려 전기 문벌은 왕실과 중첩된 혼인 관계를 맺으면서 권력을 장악했고, 음서와 공음전의 혜택을 누렸습니다.

③ 무신 정권기엔 중방이 권력의 핵심 기구였어요. 그러다 최씨 무신 정권 때부터는 최고 권력 기구가 교정도감으로 바뀌죠.

④ 친원 세력인 권문세족은 원을 등에 업고 농민들의 땅을 빼앗아 어마어마한 대농장을 차지합니다.

⑤ 고려 말에 홍건적과 왜구를 물리치는 과정에서 최영, 이성계와 같은 신흥 무인 세력이 성장했어요.

# 073 전시과

▶▶ 국가의 관직이나 직역을 담당하는 이들에게 지위에 따라 전지와 시지를 차등 있게 나누어 주는 토지 제도

변천 시정 전시과(경종) → 개정 전시과(목종) → 경정 전시과(문종)

기본 ☑ 심화 ☑

**자!** 이젠 고려의 경제 이야기를 해 봐야겠네요.
경제에서 핵심은 늘 토지입니다. 앞에서 태조 왕건이
호족에게 회유책과 견제책을 동시에 사용했다고 했죠?
경제적으로도 회유책이 있었는데, 그게 바로 **역분전**입니다.
고려 개국에 기여한 신하들의 인품과 공로, 충성도를
기준으로 지급한 토지지요.

경종 시대가 되면 관리들의 서열을 매겨 토지를
지급하는 시스템이 도입됩니다. 바로 **전시과**.
전시과는 관리를 18등급으로 나눈 후 등급에 따라
전지(농토)와 시지(임야)를 지급하는 제도예요.
전시과는 세 차례에 걸쳐 바뀌게 되는데요.
**시정 전시과**는 경종 때 전·현직 관리를 대상으로
관등과 인품을 기준으로 수조권을 나눠 줬어요.

이게 지속됐느냐? 아니죠! 땅이 모자라잖아요! 목종이 **개정 전시과**를 시행합니다.
이제는 인품 말고 관등만 기준으로 삼자! 그러면 부족한 땅이 해결되었을까요? 택도 없죠~
결국엔 문종이 현직 관리만을 대상으로 수조권을 지급하게 됩니다. 이게 바로 **경정 전시과**.
여기서 지급되는 토지는 소유권을 준 게 아니라 세금을 거둘 수 있는 **수조권**을 준 겁니다.
전시과는 세습되지 않고 죽거나 퇴직하면 국가에 반납하는 것이 원칙이었답니다.

전시과 제도엔 관리들이 국가를 위해 일한 대가로 지급되는
토지 제도만 있는 건 아니에요. 그 외의 토지 제도도 포괄
적으로 담고 있답니다.
6품 이하 관리인데 아직 발령받지 못한 사람에게는 쉬는
기간 동안 생계를 유지하라고 한인전을 지급했습니다.
또 하급 관료와 군인의 유가족에게 입에(口) 나누어(分)
생계를 유지토록 해 주자는 구분전도 지급되었죠.

 **결정적 기출 선지**

❶ 태조 왕건 때 개국 공신에게 인품, 행실, 공로를 기준으로 [          ]을 지급하였다.

❷ 고려 시대에는 [          ] 제도를 마련하여 관료에게 토지를 지급하였다.

**정답**

역분전

전시과

# 074 민전 ▶▶ 백성 개인의 사유지

암기 1/10, 호적, 양안　　　　　　　　　　　　기본 ☐ 심화 ☑

그러고 보니 고위 관료들은 전시과와 공음전을 통해,
하위 관료들은 전시과와 한인전 또는 구분전을 통해서
생계를 유지하고 있었네요.
기득권층은 이렇게 다 챙기는데 피지배층은
어떻게 생계를 유지했을까요?
피지배층에게는 자신이 소유하고 있는 아주 작은
땅뙈기가 있었답니다. 그걸 **민전**이라고 해요.
여기서 나온 생산물의 일부, 약 1/10을 세금으로 내고
그 세금이 전시과 명목으로 관리들에게 전달되는 거였죠.
이렇게 자신이 소유한 민전에서 농사짓는 사람을
자영농이라고 합니다.
그런데 방금 말했지만 '아주 작은 땅뙈기'다 보니
이걸로는 먹고살기 힘들어요.

그래서 지주들이 소유하고 있는 토지를 빌려서 농사를 짓는 소작도 하게 됩니다.
진짜 힘든 농민들은 오로지 소작으로만 생계를 유지하기도 했답니다. 소작을 하면 지주에게
지대를 내야 하는데 무려 생산물의 1/2을 냈어요. 도둑이 따로 없네요.

근데 세금을 거두려면 기준이 되는 기본 장부가 있어야겠죠?
통일 신라에는 민정 문서가 있었잖아요. 여기에는 인구·토지 정보가 모두 포함되어 있었죠.

고려 시대에 오면 이제 분리가 됩니다.
사람 정보는 **호적**에서, 토지 정보는 **양안**에서 다루게 돼요.
이렇게 호적과 양안을 통해 조사한 정보를 토대로
농민들에게 조세·공물·역을 부과하였습니다.
조세는 토지세, 공물은 그 지역의 특산물을 거두는 것이고요.
역은 요역과 군역으로 나뉘는데 요역은 성 쌓기, 길 닦기 등에
자신의 노동력을 제공하는 거고, 군역은 국방의 의무를
수행하는 거죠. 16세에서 60세 미만의 남성들이 동원되었답니다.

## 결정적 기출 선지

① [　　　　　]에서 나온 생산량의 1/10은 세금으로 납부해야 했다.

② 고려의 농민은 조세, 공물, 역의 의무가 있었다. ○ | ✕

정답
민전

○

## 075 시비법 ▶▶ 토양이나 작물에 비료를 공급하여 농작물의 생육을 촉진하는 방법

경제상 우경의 일반화, 『농상집요』, 문익점     기본 ☐   심화 ☑

시비법? 싸움 거는 법? 하하하.

비료를 만드는 기술을 말합니다. 시간이 흐르면서 비료 만드는 기술도 향상되었겠죠.

그래서 고려 시대가 되면 지력 회복을 위해 놀렸던 휴경지가 많이 감소됩니다.

또한 고려 시대에 우경이 일반화됩니다. 신라 지증왕 때 우경을 장려했다고 했죠?

하지만 소는 아무나 가질 수 없었거든요. 거의 수백 년이 흘러서야 농민에게 보급이 되었네요.

밭농사에서는 2년 3작 윤작법 방식도 보급되지요. 전체 땅을 셋으로 나누고 2년 동안 조, 보리,

콩을 돌아가면서 농사짓는 것이에요. 한 작물만 계~속 심으면 지력 소모가 심하거든요.

더 놀라운 것은 고려 말이 되면 논농사에 모내기법이 일부 남부 지방에 도입된다는 겁니다.

조선 후기에는 전국적으로 시행되죠. 이 당시 농서로는 『농상집요』가 있는데요.

우리나라에서 자체적으로 만든 건 아니고 이암이 원에서 들여온 책으로 농업에 필요한 지식을 알렸죠.

그 유명한 붓통에 담아온 문익점의 목화도 있네요. 전에는 솜옷이 귀족들만 입는 사치품이었다면,

이제는 농민들도 겨울에 솜옷을 입게 되었지요. 백성들의 의생활에 변화를 주신 위대하신 그분!!

이번에는 수공업 분야를 보죠.

고려 전기에는 주로 국가 주도의 관영 수공업과

소 수공업이 주를 이루었어요.

그런데 고려 후기가 되면 물건의 매매가

성행하면서 물건 만드는 사람들이 다양해져요.

특히 사찰에서 많은 사람을 동원해 물건을

만들어 판매하죠. 이걸 사원 수공업이라 합니다.

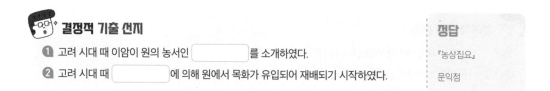

### 결정적 기출 선지

1 고려 시대 때 이암이 원의 농서인 [　　　　]를 소개하였다.    정답 『농상집요』

2 고려 시대 때 [　　　　]에 의해 원에서 목화가 유입되어 재배되기 시작하였다.    문익점

## 076 경시서 ▶▶ 시전의 상행위를 감독하는 관청

화폐 건원중보, 삼한통보, 은병(활구)　　　　　　기본 ☑ 심화 ☑

이번에는 상업을 보죠. 요즘도 경제 분야에서의 독점적 행위는 막으려는 분위기죠.
대형 마트의 강제 휴무도 그런 차원입니다. 고려 시대도 마찬가지였어요.
물건 거래에 있어 독점에 따른 폐해를 막기 위해 **경시서**를 설치
했답니다. 지금으로 보면 '공정 거래 위원회' 정도가 되겠네요.
이쯤 되면 상업이 꽤 발달했다는 느낌이 오죠?
그래서 교환을 더 편하게 해 주는 화폐를 발행하려고 합니다.
최초의 시도는 성종이 해요.
철로 만든 철전인 **건원중보**가 탄생하는 배경이랍니다.
숙종 때도 삼한통보·해동통보 같은 동전을 주조해요.
더 나아가 은으로 만든 은병(활구)을 발행하기도 합니다. 입구가 넓어서 활구라고도 불렀어요.
그런데 아직 화폐 유통에 성공하지는 못해요. 사람들이 화폐의 필요성을 느끼지 못했거든요.

독점
경시서

## 077 벽란도 ▶▶ 고려의 국제 무역항

비교 당항성(신라) VS 울산항(통일 신라)　　　　　　기본 ☑ 심화 ☑

오! 꼬레

고려
벽란도

꼬레아(Corea)! 이 이름은 고려 시대에 서방에 알려지죠.
그 장소가 바로 **벽란도**예요.
벽란도는 예성강 하구, 개성 옆에 있는 항구죠. 여기에 많은
**아라비아 무역상**들이 들어와 물건을 교환해 갑니다.
그 과정에서 고려라는 이름이 알려지게 되었답니다.
삼국 시대에는 당항성, 남북국 시대에는 울산항,
고려 시대에는 벽란도가 국제 무역을 주도했죠.
아무래도 수도랑 가까운 곳에 항구가 있어야 교환과
판매가 원활했겠죠. 뭐 당항성이야 신라 진흥왕의 한강
확보로 중국과 직교역이 가능해져서 뜬 곳이고요.

### 결정적 기출 선지

❶ 고려 시대에는 [　　　　　]가 시전을 관리·감독하였다.

❷ 고려 시대 때 [　　　　　]에서 국제 무역이 이루어졌다.

정답

경시서

벽란도

# 078 남반 ▶▶ 고려 시대 궁궐에서 숙직하며 국왕을 모시고 왕명을 전달하던 중간층

신분 향리, 향·부곡·소민, 백정                                    기본 ☑ 심화 ☑

이번엔 사회 좀 보죠. 우선 신분 제도부터 볼게요.
고려의 신분은 법적으로 양인과 천인으로 나뉘었어요.
양인은 다시 지배층, 중간층, 피지배층으로 구분됩니다.
왕족과 중앙의 고위 관리, 상급 향리가 양인 지배층에
해당하는데요. 상급 향리는 호장, 부호장이 되어
지방 행정을 장악하고 지방군을 통솔했죠.

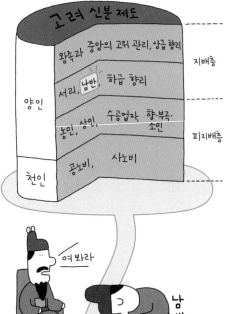

중간층은 고대에는 없었는데 고려 때 나타난 계층이에
요. 관청에서 말단 행정을 담당한 서리, 궁중 실무를
담당한 남반, 지방 행정의 실무를 담당한 하급 향리
등이 하급 관리로 구성이 됩니다.
지금과 비교해 볼까요? 남반은 청와대 하급 공무원,
하급 향리는 지방 동사무소 공무원이라 할 수 있겠죠.

양인 피지배층은 농민과 상인, 수공업자, 향·부곡·소 등
특수 지역의 주민으로 이루어졌어요. 군현에 거주하는
농민이 양인의 대부분을 차지했는데, 이들은 백정이라
불렸어요. 이 백정은 소 잡고, 돼지 잡던 그 백정이 아닙니다. 그건 조선 백정이고요, 천민이에요.
고려 백정은 일반 농민이기에 엄연히 양인 농민이랍니다.
향과 부곡은 주로 농사를 짓고, 소는 수공업 제품을 생산하는 마을이었습니다.

이들 향·부곡·소민들은 양인 신분이었지만 이주의
자유가 없고, 세금도 양인보다 더 많이 내야 했답니다.
천인의 대다수는 노비고요. 노비는 공노비와 사노비로
나뉘는데요. 사노비 중 외거 노비는 주인과 떨어져 살
면서 신공을 납부했습니다.
또한 노비는 주인의 재산 취급을 받았기 때문에
매매·상속·증여가 가능했답니다.

 **결정적 기출 선지**

① 고려에서는 [         ]이 궁중에서 지내면서 실무를 담당하였다.

② 고려 시대 사노비 중 외거 노비는 해마다 주인에게 신공을 바쳤다.  ○ | X

**정답**

남반

○

## 079 의창 ▶▶ 평상시 곡물을 비축하였다가 흉년에 빈민을 구제하는 기구

변천 진대법(고구려 고국천왕) → 흑창(고려 태조) → 의창(고려 성종)    기본 ☐ 심화 ☑

봄에 곡식을 빌려 줄 테니 가을에 갚아!

의창

고구려 고국천왕 때 진대법 기억나세요?
그 역사와 전통을 이어받은 제도가 고려의 **의창**이랍니다.
봄에 곡식을 빌려 주고, 가을에 갚도록 하는 제도지요.
지금도 저소득층에게 긴급 지원 구호 시스템이 있죠.
의창은 태조가 설치한 **흑창**의 명칭을 성종 때 바꾼
것이에요.
이 외에 **상평창**이 있어요. 항상 평균 가격으로 물가를
안정되게 유지시키는 창고라는 건데 물가가 오른다 싶으면 창고에 있는 물건을 풀어서 가격을 낮추는 거죠. 또 기금을 모아 그 이자로 빈민을 구제하는 **제위보**도 마련했어요.
이때도 병원이 있었을까요? 네, 있었어요. 병원 역할을 했던 동서 대비원, 약국 역할을 했던 혜민국이 있었죠. 모두 자비와 은혜를 베푼다는 의미를 가지고 있네요. 지금과 유사한 시스템이라 할 수 있죠.

## 080 향약구급방 ▶▶ 고려 때 간행된 우리나라에서 가장 오래된 의약서

비교 향약구급방(고려) vs 향약집성방(조선)    기본 ☐ 심화 ☑

백성은 국가의 근본. 뿌리가 튼튼해야 나라가 튼튼하지 않겠어요?
긴급 재난 시에는 임시 기구로 구제도감이나 구급도감이 세워집니다.
또 고려 시대에는 우리나라에서 가장 오래된 의약서인 『**향약구급방**』이 편찬돼요.
구급방. 그러니까 급할 때 쓰는 처방전을 말합니다. 그 처방전의 약재는?
향촌에 있는 우리 주변에서 구할 수 있는 약재죠.
그렇다면 이런 책의 혜택은 누가 입을까요? 바로 일반 백성이겠죠.
헐벗고 약해서 자주 아플 수 있는 사람들에게 쉽게 구할 수 있는
약재를 가지고 처방을 내려 줄 수 있기 때문입니다.
이런 것들이 많이 만들어져야 좀 더 좋은 세상이 될 텐데 말이에요.

응급 환자 발생!

 **결정적 기출 선지**

❶ 고려 성종 때 봄에 곡식을 빌려 주고 가을에 갚도록 하는 [          ]을 설치했다.

❷ 고려 시대에는 우리나라의 가장 오래된 의약서인 [          ]을 편찬하였다.

**정답**

의창

향약구급방

## 081 향도 ▸▸ 매향 활동을 하는 불교의 신앙 조직

비석 사천매향비 　　　　　　　　　　　　　　　기본 ☐　심화 ☑

수능 시험장 앞에서 기도를 드리시는 부모님의 간절한
모습을 본 적이 있나요?
고려 사람들도 간절한 소원이 있었겠죠.
마을의 복과 나라의 복을 구하기 위해 마을 사람들이
동원되어 향나무를 바닷가에 묻어 두곤 했습니다.
이들은 언젠가 그 향나무가 떠오르는 날 이 세상을
구원해 줄 미륵 부처님이 오신다는 믿음을 가지고 있었죠.
이러한 행위를 **매향** 활동이라고 합니다.
'나라와 마을의 행복을 빕니다.'라고 적은 **사천매향비**와 같은 비석을 세우기도 했어요. 이렇게 매향
활동과 불상·석탑·사원 건립 등에 주도적 역할을 하는 불교의 신앙 조직을 **향도**라고 하는데,
고려 후기로 가면 마을의 상장제례 때 서로 도와주는 농민 공동체 조직으로 변하게 됩니다.

## 082 균분 상속 ▸▸ 남녀노소 차별 없이 유산을 균분하게 상속

시기 고려부터 조선 초까지 　　　　　　　　　　　기본 ☐　심화 ☑

고려 사회에서 가장 큰 특징은 뭐니 뭐니 해도 여성의 가정 내 지위였죠. 조선에 비해 완전 높아요.
우선 **균분 상속**. '아들 딸 구별 말고 재산은 똑같이 나눠 주자.'
이게 고려 시대의 구호(?)였답니다.
조선 초기까지 이 전통은 이어진답니다. 그러니 딸도 제사 지낼
수 있었겠죠. 아들만 제사 지낸다는 편견은 버리시라.
**사위와 외손자도 음서의 혜택**을 받았고 사위가 처가살이를
할 수도 있었죠.

호적에도 남자, 여자 가리지 않고 태어난 순서대로 올렸답니다.
고려 돌싱녀들은 재혼하는 게 가능했을까요? 당연! 재혼한 여성의 자식도 차별하지 않았어요.
이러한 가족 제도는 조선 시대까지 이어지다가 조선 후기에 확 바뀝니다.
조선 후기에는 부계 중심의 가족 제도가 확립돼요. 성리학 때문이죠.
큰아들이 상속도 많이 받고, 큰아들이 제사도 지내고, 과부의 재가도 금지되었어요.
심지어 집안에 아들이 없을 경우 양자를 입양하기까지 했답니다.
지금은 고려 시대랑 비슷할까요, 아니면 조선 후기랑 비슷할까요?

# 국자감 ▶▶ 고려의 최고 국립 교육 기관

설립 성종   비교 사학 12도   암기 7재                    기본 ☐   심화 ☑

드디어 고려 문화로 들어갑니다. 고려 문화는 정말 화려합니다.
우리 역사에서 '화려함'이란 단어는 좀 낯설죠? 천만에 말씀 만만에 콩떡. 고려 문화는 화려합니다.

우선 유학부터 보죠. 고려 시대에 유교를 정치 이념으로
삼으면서 유교는 교육과 국가 의례, 역사서 편찬에
큰 영향을 주었어요.
**성종** 때는 **국자감**이라는 국립 대학을 중앙에 세웁니다.
국자감은 유학부와 기술학부로 나뉘었어요.
지금 대학교에도 학부가 있고 학과가 있는 것처럼,
국자감도 그랬어요. 하지만 부모의 관직에 따라 나뉘었죠.
유학부는 국자학·태학·사문학을 가르쳤고, 7품 이상 관리의 자제만 입학할 수 있었어요.
기술학부는 율학·서학·산학에 대해 공부했고, 8품 이하의 관리나 서민 자제들도 입학할 수 있었답니다.
지방에도 **향교**라는 학교를 세웠어요. 국자감과 향교는 모두 관립이 되겠죠.

사립도 있냐고요? 네, 있죠. 고려 시대 유명한 사립학교 12곳을 묶어 **사학 12도**라고 불렀습니다.
이 중에서 짱이 **최충의 9재 학당**이었답니다.
최충은 해동공자라는 멋진 별명을 얻을 만큼 유명했어요.
최충이 세운 9재 학당을 문헌공도라고도 하는데요.
과거 합격자에 국자감 출신보다 문헌공도 출신이 점차 많아지게 됩니다.
어떻게 해야 할까요?
예종은 고민 끝에 국자감에 **7재**라는 전문 강좌들을 열어 놔요.
그리고 장학금을 주기 위해 **양현고**를 설치하기도 한답니다.
또 숙종은 도서관인 서적포를 설치해 서적 간행을 강화했습니다.
우리나라는 예나 지금이나 교육열은 짱인 듯….

## 결정적 기출 선지

① [        ]는 불교 신앙과 관련된 공동체로 매향 활동을 주도하였다.

② 고려 시대에는 사위와 외손자에게도 음서의 혜택이 주어졌다.   ○ ┆ ✕

③ 성종은 개경에 [        ]을 설립하여 유학 교육 진흥에 힘썼다.

④ [        ]이 9재 학당을 설립하여 사학을 진흥시켰다.

**정답**

향도

○

국자감

최충

## 084 삼국사기 ▶▶ 김부식이 고려 인종의 명을 받아 편찬한 삼국 시대의 역사

저자 김부식    형식 기전체                                      기본 ☑ 심화 ☑

우리나라에 남아 있는 역사서 중 가장 오래된 것은 바로
고려 문벌 세력의 대표적 인물이었던 **김부식**의 『**삼국사기**』입니다.
김부식은 신라 계승 의식을 내세워 금에 사대하자고 했었죠.
그러면 김부식이 쓴 역사서인 『삼국사기』 역시 **신라 계승 의식**이
강하겠네요. 『삼국사기』는 **기전체** 형식으로 쓰여졌습니다.
기전체는 왕의 이야기인 '본기'와 신하들의 이야기인 '열전'이 중심을
이룹니다. 그리고 '세가', '지', '연표'를 더해 구성한 거죠.
이해하기 쉽게 예를 들어 볼게요. 공민왕과 신돈의 이야기를
『삼국사기』에 서술해 보면요. 공민왕이 신돈을 통해 전민변정도감을
설치한 것은 '본기'에 나올 거예요. 또 '지'에도 등장합니다. 전민변정도감을
사회 제도로도 볼 수 있거든요. 그리고 '열전'에 신돈이 나오면서 또 등장해요.

## 085 동명왕편 ▶▶ 고려 후기에 이규보가 고구려의 건국 시조인 동명왕에 관해 쓴 장편 서사시

저자 이규보                                               기본 ☑ 심화 ☑

몽골 침입기에 고려 정부는 강화도로 들어가 숨바꼭질 놀이
하고, 민중은 적의 말발굽에 쓰러지고 ….
이런 과정에서 다시 우리의 영광스러운 과거를 만나 위기를
극복하고자 합니다. 과거의 영광스러운 시대.
고려라는 이름의 원조. 바로 고구려입니다. 고구려가 수와
당으로부터 민족의 방파제 역할을 했던 거 기억나죠?
**이규보**의 『**동명왕편**』은 만주 벌판을 호령하던
옛 고구려의 영광을 되새기며 몽골 침입을 물리쳐 보겠다는
고려인의 염원이 담겨 있는 역사서지요.

 **결정적 기출 선지**

① [         ]는 우리나라에서 현존하는 가장 오래된 역사서이다.

**정답**

『삼국사기』

## 086 삼국유사 ▶▶ 충렬왕 때 승려 일연이 편찬한 역사서

저자 일연    수록 단군의 건국 이야기                              기본 ☑ 심화 ☑

원 간섭기, 권문세족이 날뛰니 살기가 더 어려워집니다.
이런 와중에도 민족 정신을 잃지 말자며 쓰인 책들이 있어요. 승려 **일연**은 『**삼국유사**』를 쓰지요.
유학자인 김부식은 신비로운 기적같은 일들을 믿지 않습니다. 눈에 보이는 것만을 기록했죠.
반면에 일연은 그렇게 김부식이 놓친 역사의 이야기들을 『삼국유사』에 적극적으로 담았습니다.
그래서 **단군의 건국 이야기**가 『삼국유사』에 기록되는 겁니다. 단군 이야기는 『삼국유사』뿐 아니라
**이승휴의 『제왕운기』**에도 나타납니다.
『삼국유사』와 『제왕운기』는 원 간섭기에 쓰여져
자주적 역사 의식이 담겨 있었죠. 고려의 정신마저
잃어버리면 정말 원의 일부가 되는 것이니까요.
그렇기에 단군의 고조선이 등장하는 것이랍니다.

## 087 풍수지리설 ▶▶ 지형이나 방위를 인간의 길흉화복과 연결하여 무덤이나 집터로 좋은 곳을 찾는 이론

인물 도선    암기 북진 정책, 팔관회                              기본 ☐ 심화 ☑

고려는 불교뿐 아니라 다른 종교도 그 나름대로 발전해요.
다양성이 인정되는 고려라니까요. 조선과는 이런 부분에서 좀 다르죠.
어쨌건 고려에서는 **풍수지리**도 아주 유행합니다.
풍수지리는 산이나 강 등 지형을 보고 명당을 예측하는 사상인데요.
신라 말에 **도선**이 중국에서 들여왔어요. 사실 고려를 세운 호족들이
경주의 기는 쇠했다며 혁명의 깃발을 내건 근거도 풍수지리였죠.
고려 초기에는 태조 왕건의 북진 정책 수행 과정에서 서경이 중시되고,
고려 중기가 되면 이제 사회가 보수화되면서 북진보다는 남방 경영에
관심이 커져 남경(현재 서울)이 중시된답니다.
이 외에도 도교 행사와 불교 행사가 짬뽕된, 하늘에 제사 지내는 **팔관회**도 성대하게 치러졌죠.

 **결정적 기출 선지**

1 일연의 [        ]에는 고조선의 건국 이야기가 수록되어 있다.

정답

『삼국유사』

## 088 의천 ▶▶ 교종 중심의 선종 통합을 시도한 왕자님 승려

**종파** 해동 천태종    **사상** 교관겸수                    기본 ☑ 심화 ☑

고려 문화 중 가장 찬란함을 자랑했던 불교에 대해 알아볼까요?
승려 소개 먼저 해 드릴게요. **의천**은 문벌 귀족 사회의 왕자님이세요.
그러니 힘이 좀 세요. 당시 불교의 가장 큰 문제점은 교종과
선종으로 종파가 나뉘어 있다는 거였죠.
교종은 경전 공부를 통해 부처의 길에 도달할 수 있다고 믿는
반면, 선종은 글자 없이 참선을 통해 부처의 길에 다다를 수 있다고
믿었답니다. 의천은 **국청사**를 창건하여 **해동 천태종**을 창시하고
이후 교종 중심의 선종 통합을 시도합니다. 그래서 내세운 주장이
바로 **교관겸수**입니다. 교? 교종이죠. 관? 직관이죠.
그러니까 선종이 강조하는 문득 깨달음을 함께 겸해서 수양도 해야 한다는 것입니다.
왕자님이 합치라 했으니 물리적 결합은 됩니다. 하지만 의천이 죽은 후엔 다시 빠이 빠이.

## 089 지눌 ▶▶ 선종 중심의 교종 통합을 주장하며 결사 운동을 시도한 승려

**종파** 조계종    **사상** 돈오점수, 정혜쌍수                    기본 ☑ 심화 ☑

의천과 짝꿍으로 언급되는 고려의 승려가 있어요.
무신 정권기에 활약한 승려 **지눌**입니다. **조계종** 창시자죠.
지눌은 선종 중심의 교종 통합을 시도합니다. 그래서 내세운
주장이 **정혜쌍수**와 **돈오점수**(문득 깨달음+점진적 수행).
그리고 썩어 빠진 불교계를 정화하자고 주장하며 뜻 맞는
사람끼리 모여 수행하는 결사 운동을 **수선사**(현재 송광사)라는
절에서 시도하지요. 완전 개혁 승려예요.

지눌의 제자인 **혜심**은 불교와 유교의 조화를 도모합니다.
혜심의 유불 일치설은 고려 말 성리학 수용의 사상적 기반을 마련하기도 했습니다.
또 **요세**는 자신의 행동을 진정으로 참회하는 법화 신앙에 중점을 두고 백련사 결사를 주도했어요.

 **결정적 기출 선지**

❶ [        ]은 수선사 결사를 제창하여 불교계를 개혁하고자 하였다.

**정답**

지눌

## 090 팔만대장경 ▶▶ 부처의 힘으로 외적을 물리치고자 하는 바람을 담은 국보 제32호 대장경

특징 목판 인쇄   제작 강화도   보관 합천 해인사          기본 ☑ 심화 ☑

고려는 인쇄의 나라이기도 합니다. 유네스코 세계 기록유산에 선정된
**팔만대장경**은 목판입니다. 나무판에 글자 하나하나를 새겨 넣었죠.
글자 하나 새기고 한 번 절하고, 또 글자 하나 새기고 한 번 절하고….
수천만 개의 글자 중 잘못된 글자 하나 없는 이유가 바로 여기 있었네요.
이런 엄청난 과정을 거쳐 팔만여 개의 나무판이 만들어진 것이랍니다.
언제냐고요? 바로 몽골이 쳐들어왔을 때입니다.

최씨 무신 정권은 대장도감이라는 임시 기구를 설치하여 대장경을
만들었어요. 무려 16년 동안요. 부처의 힘으로 몽골을 물리치기 위해
만든 팔만대장경은 **초조대장경**이 불타고 다시 만들었다 하여 재조대장경이라고도 합니다.
이 어렵고 정성스레 만든 걸 어디다 보관할까요? 과학적 지식을 총동원하여 지은 **합천 해인사 장경판고**
에 모셔 놓죠. 아참! 목판은 고려 시대에 만들어졌지만 장경판고는 조선 시대에 지은 거예요.

## 091 직지심체요절 ▶▶ 승려들의 교과서, 현존하는 가장 오래된 금속 활자본

특징 금속 활자   제작 청주 흥덕사   보관 프랑스          기본 ☑ 심화 ☑

정성이 가득 담긴 팔만대장경이지만 목판이기에 아쉬운 부분이 있어요.
목판 인쇄술은 다양한 책을 찍기에는 적합하지 않다는 거죠.
한 권 찍는 데만 어마어마한 목판이 소요되거든요.
그래서 금속 활자가 나오는 거죠. 책의 내용에 따라 낱낱의 활자를 판에
옮겨 가면서 문장을 만들면 되니까요. 다양한 책을 만들어 낼 수 있기에
인쇄사에 있어 획기적이었죠. 우리가 그걸 또 먼저 해내요!

**상정고금예문**이 가장 오래된 건데 전해지지 않으니 아쉽고.
**직지심체요절**이 현재 세계에서 가장 오래된 금속 활자본으로 남아
있답니다. **청주 흥덕사**에서 제작했고요.
근데 지금은 프랑스가 보관하고 있어요.

 **결정적 기출 선지**

❶ [        ]은 현존하는 가장 오래된 금속 활자본이다.

정답

직지심체요절

## 092 월정사 8각 9층 석탑 ▶▶ 고려 중기 유행한 다각 다층탑

위치 평창    기본 ☑ 심화 ☑

불교 국가인 고려에서 탑을 빼 놓을 수 없죠.
고려 시대에는 **다각 다층탑**이 유행을 합니다. 대표적인 다각 다층탑으로
송의 영향을 받은 평창 **월정사 8각 9층 석탑**과 고려 말에 원의 영향을 받은
개성 **경천사지 10층 석탑**이 있죠.
　이 탑들을 보면 우리가 일반적으로 아는 탑과는 다른 형태임을 알 수 있을
거예요. 모두 중국의 영향을 받았기 때문이죠.
　탑 하나에도 당시의 사회상이 스며들어 가 있네요.
　경천사지 10층 석탑은 서울 국립 중앙 박물관 내에 떡 버티고 있죠.
　우리나라 탑 대부분이 화강암이라 천년만년 비를 맞아도 끄떡없는데,
경천사지 10층 석탑은 대리석으로 만들어져 산성비에 녹아요. 보존
을 위해 실내로 옮긴 거예요.

## 093 관촉사 석조 미륵보살 입상 ▶▶ 고려 시대 불상 중 가장 큰 불상

위치 논산    기본 ☑ 심화 ☑

삼국 시대 불상이 배시시 웃고 있다면, 통일 신라 불상은 완전 카리스마.
반면에 고려의 불상은 파격과 개성미가 물씬 풍깁니다.
**논산 관촉사 석조 미륵보살 입상**을 현장에서 가서 직접 한번 봐 보시라. 크
기에 압도되시겠다.
크기 하니까 또 생각나는데 고려 불상은 산 전체에 부처님 얼굴 하나
올려놓고 산 전체가 불상이라고 자랑하는 경우도 있다는 사실.
대표적인 것이 **파주 용미리 마애이불 입상**되시겠다. 고려 초기에
호족이 권력 자랑하기 위해 집채만 한 불상을 만드셨다는….
또 고려 초기에 대형 철불도 조성됩니다.
대표적인 불상이 **하남 하사창동 철조 석가여래 좌상** 되시겠다.

🗣 **결정적 기출 선지**

① 충청남도 논산에 있는 [          ]은 고려 초기에 만들어진 것으로 고려 시대 불상 중
가장 큰 석불이다.

정답

관촉사 석조
미륵보살 입상

## 094 주심포 ▶▶ 지붕의 무게를 지탱하는 공포가 기둥 위에만 있는 양식

건물 안동 봉정사 극락전, 영주 부석사 무량수전   비교 다포   기본 ✓ 심화 ✓

고려 후기 만들어진 목조 건물이 아직까지 남아 있어요.
대표적인 건물이 **안동 봉정사 극락전, 영주 부석사 무량수전,
예산 수덕사 대웅전**이에요.
이 건물들의 공통된 특징이 **주심포** 양식이라는 건데요.
기둥 주! 즉, 기둥 위에 포를 하나씩 얹어 놓은 형식이라는
것입니다. 목조 건물은 지붕에 흙이 얹혀져 무지 무거운데요.
그 지붕의 무게를 분산하는 역할을 하는 것이 포입니다.
또 이 건물들은 기둥의 가운데 부분이 볼록한 배흘림기둥으

주심포 양식

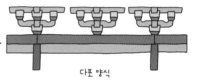

다포 양식

로 되어 있어서 건물이 더 안정적이고 아름답게 보이죠. 주심포와 비교되는 양식이 **다포**인데
이건 기둥 위뿐 아니라 기둥과 기둥 사이에도 포를 올려놓는 것입니다. 포가 많으니 당연히
더 많은 무게를 지탱하겠죠?
그래서 경복궁 근정전처럼 크고 화려한 건물일 때 주로 다포를 씁니다.


## 095 상감 청자 ▶▶ 표면을 파낸 자리를 백토·흑토 등으로 메워 무늬를 나타낸 후 청자유를 발라 구워 낸 자기

암기 은입사, 나전 칠기   기본 ✓ 심화 ✓

상감 기법은
공예품을 회화의 경지로
끌어 올렸다는 평을 받죠.

'고려' 하면 청자. 청자 중에서도 상감 기법을 도입한
청자가 있으니 바로 **상감 청자**입니다.
주로 무신 집권기에 유행하였죠.
문양을 새겨 넣고, 그 문양 라인에 백토를 이겨 넣은 뒤
유약을 발라 완성하는데, 그 오묘함이 끝내줍니다.
상감 기법은 입사 기법에서 응용한 것인데,
고려에서는 특히 **은입사** 기술이 발달했어요.
상감 기법이 청자에 백토를 이겨 넣은 것이라면,
은입사는 은을 이겨 넣어 문양을 완성하는 것입니다.
조개껍데기 박아 넣는 **나전 칠기**도 유행하였죠.


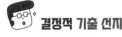 **결정적 기출 선지**

① [       ]은 경상북도 영주시에 있으며, 배흘림기둥에 주심포 양식의 건물이다.

**정답**

영주 부석사 무량수전

## 01 (가)에 들어갈 제도로 옳은 것은? [1점]

○ 경종 원년 11월에 처음으로 직관(職官)·산관(散官) 각 품의
    (가)    을/를 제정하였다. …… 자삼(紫衫) 이상은 18
품으로 나누었다.
                                                    - 『고려사』 -

○ 문종 30년, 양반    (가)    을/를 다시 고쳤다. 제1과
는 중서령, 상서령, 문하시중으로 전지 100결과 시지 50결
을 주며, …… 제18과는 한인(閑人), 잡류(雜類)로 전지 17
결을 주었다.
                                                    - 『고려사』 -

① 과전법          ② 역원제          ③ 전시과
④ 호포제          ⑤ 관수관급제

## 02 다음 화폐를 처음 발행한 국가의 경제 상황으로 옳은 것은? [1점]

지금 보시는 유물은 은병입니다. 기록에 따르면 처음에는 은 1근으로 만들었는데, 나중에는 이것처럼 작게 제작하였다고 합니다.

① 벽란도가 국제 무역항으로 번성하였다.
② 덕대가 광산을 전문적으로 경영하였다.
③ 관수품을 조달하는 공인이 활동하였다.
④ 담배, 면화 등이 상품 작물로 재배되었다.
⑤ 일본의 요청을 받아들여 3포가 개항되었다.

## 03 밑줄 그은 ⊙, ⓒ 기구에 대한 설명으로 옳은 것은? [1점]

○ 우리 태조께서 흑창을 설치하여 빈궁한 백성에게 진대하는
것을 일정한 법식으로 삼으셨다. 그런데 지금, 백성은 늘어
가는데 저축은 많아지지 않고 있으니, 쌀 1만 석을 더 보태고
이름을 ⊙ 의창이라고 고친다.

○ 백성들로서 가난하여 제 힘으로 살아갈 수 없는 자들에 대하
여서는 ⓒ 제위보로 하여금 보리가 익을 때까지를 기한으로
구제하도록 할 것이다.
                                                    - 『고려사』 -

① ⊙ – 기금을 모아 이자로 빈민을 구제하였다.
② ⊙ – 환자를 치료하고 굶주린 사람을 도와주었다.
③ ⓒ – 물가 조절을 통해 민생 안정을 도모하였다.
④ ⓒ – 각종 재해 발생 시 임시 기관으로 운영하였다.
⑤ ⊙, ⓒ – 농민 생활의 안정을 위해 운영하였다.

## 04 다음 문화유산에 대한 탐구 활동으로 가장 적절한 것은? [2점]

보물 제614호로 경상남도 사천시 곤양면 흥사리에 있다. 고려 우왕 13년(1387)에 향나무를 묻고 세운 것으로, 비문에는 내세의 행운, 왕의 만수무강과 국태민안을 기원하는 내용이 담겨져 있다.

① 상평창의 역할을 알아본다.
② 도선비기의 내용을 파악한다.
③ 향교의 조직과 역할을 조사한다.
④ 도교의 제사 의식 과정을 정리한다.
⑤ 불교 신앙 조직의 활동을 찾아본다.

## 01 키워드 073 | 전시과   답 ③

(가)는 경종이 처음으로 제정하였대요. 경종 때 관리를 18등급으로 나누고 토지를 지급한 제도는? 네, 전시과입니다. 고려를 건국한 태조는 일찍이 후삼국 통일 과정에서 공을 세운 사람들에게 역분전이란 토지를 지급했어요. 공로와 인품, 행실을 따진 논공행상의 성격이 강했죠. 그러다가 경종 때는 시정 전시과를 실시해 관리를 18등급으로 나누고 전지와 시지를 나누어 주었어요. 이때 토지에 대한 소유권이 아닌 수조권을 주었고 관직과 인품을 반영해 전·현직 관리에게 토지를 지급했죠. 목종 때는 전시과를 개정해 토지 지급 기준으로 관직만을 고려했어요. 그래서 개정 전시과라 부릅니다. 시간이 흘러 문종 때는 토지가 부족해지자 현직 관료에게만 토지를 지급했는데, 이를 경정 전시과라고 합니다. 고려의 토지 제도 정리가 좀 되나요?

### 바로알기

① 과전법은 조선 건국 직전 신진 사대부의 경제적 기반을 마련하기 위해 실시된 토지 제도예요.

② 조선 시대에는 전국 주요 지점에 말을 관리하는 '역'과 숙소인 '원'을 설치해 관리들이 이용하도록 했어요.

④ 호포제는 군포를 호 단위로 징수하여 양반들도 군포를 납부하게 한 제도예요. 흥선 대원군이 실시했죠.

⑤ 조선 성종 때는 관수관급제를 실시해 관리들을 대신해 관청에서 조세를 거두었답니다.

## 02 키워드 076 | 경시서   답 ①

자료에 제시된 화폐는 고려 숙종 때 발행되기 시작한 은병이에요. 은병은 우리나라 영토 모양을 본떠 은 1근으로 만든 병 모양의 고가 화폐로, 입구가 넓어 활구라고도 불렸어요. 고려의 경제 생활을 짚어볼게요. 고려에서도 역시 농업이 가장 중요합니다. 논농사에서는 시비법이 발달해 휴경지가 감소합니다. 밭농사에서는 2년 3작 윤작법이 점차 보급됩니다. 고려 말이 되면 문익점이 목화씨를 들여와 목화 재배가 시작돼요. 면으로 된 옷을 만들 수 있게 되었죠. 개경에는 시전을 감독하는 경시서를 두었습니다. 또 예성강 하구의 벽란도가 국제 무역항으로 성장하였습니다.

### 바로알기

② 덕대는 조선 후기 광산 개발이 활발해지면서 등장한 전문 경영인이에요. 169쪽 키워드를 참조하세요.

③ 조선 후기 대동법 실시 이후 국가에서 필요한 물품을 조달하기 위한 공인이 등장합니다. 대동법이 궁금하다면 166쪽으로!

④ 담배·면화 등의 상품 작물이 활발히 재배된 것은 조선 후기의 일이에요.

⑤ 세종 때의 쓰시마섬 정벌 이후 일본이 교역을 요구하자 3개 항구(부산포·제포·염포)를 개방하여 제한된 범위의 무역을 허락하였어요.

## 03 키워드 079 | 의창   답 ⑤

의창과 제위보라는 기구가 나왔네요. 모두 고려 시대에 농민의 생활을 안정시키기 위해 운영된 기구입니다. 의창은 먹을 것이 바닥나는 봄에 곡식을 빌려 주었다가 추수기인 가을에 갚게 하는 제도랍니다. 제위보는 기금을 마련해 거기서 나오는 이자로 가난한 사람들을 돕는 기관이고요. 이외에도 의료를 담당한 동서 대비원과 혜민국이 있었고, 재난이 발생할 때는 임시로 구제도감과 구급도감을 설치했답니다. 나라가 백성을 돌보는 일은 옛날이나 지금이나 중요한 과제죠.

### 바로알기

① 기금을 모아 이자로 빈민을 구제한 기구는 제위보랍니다.

② 환자를 치료하고 굶주린 사람들을 도운 기관은 동서 대비원이에요. 개경의 동쪽과 서쪽에 각각 있었지요.

③ 물가 조절 기구는 상평창이에요. 항상 평균 가격을 유지시키는 창고를 의미하지요.

④ 재해 발생 시 임시 기관으로 운영한 건 구제도감이나 구급도감이죠. 구제도감은 질병을 치료하는 의료 기관, 구급도감은 재난 구호 기구라고 생각하심 돼요.

## 04 키워드 081 | 향도   답 ⑤

사진에 보이는 게 바로 매향비예요. 매향 행사 때 세우는 비석이죠. 고려 시대에 향도라는 조직은 향나무를 바닷가나 마을 한 구석에 묻고 매향비를 세웠어요. 나라가 태평하고 백성이 편안하길, 즉 '국태민안'을 간절히 빌었죠. 비나이다, 비나이다! 향도는 원래 불교 신앙을 위한 종교 조직이었다고 해요. 그러다가 고려 후기에는 신앙적 색채가 희미해지고 점차 마을의 크고 작은 일을 함께 꾸려 나가는 공동체 조직으로 발전했답니다.

### 바로알기

① 상평창은 고려 시대와 조선 시대에 물가를 조절하는 기구였어요. 풍년에 곡물이 흔하면 높은 값에 사들이고, 흉년에 곡물이 귀하면 값을 내려 시중에 풀었죠.

② 『도선비기』는 통일 신라의 승려 도선이 지었다고 전하는 풍수서입니다. 풍수지리설과 관련 있겠네요.

③ 향교는 조선 시대 지방에 설치한 교육 기관이에요. 성현에 대한 제사와 유생 교육, 지방민의 교화를 위해 부·목·군·현에 각각 하나씩 설립했죠. 향도랑 헷갈리는 사람 은근히 많아요.

④ 도교의 제사 의식은 초제와 관련 있습니다. 고려 궁중에서는 초제를 빈번하게 거행했어요.

## 05 (가), (나) 역사서에 대한 설명으로 옳지 <u>않은</u> 것은? [2점]

(가) 삼국사기    (나) 삼국유사

① (가) – 김부식이 주도하여 편찬하였다.
② (가) – 유교적 합리주의 사관에 기초하였다.
③ (나) – 신라와 발해를 남북국이라 하였다.
④ (나) – 단군의 건국 이야기가 수록되어 있다.
⑤ (가), (나) – 고려 시대에 편찬되었다.

## 06 (가)에 대한 설명으로 옳은 것을 <보기>에서 고른 것은? [2점]

(가)

5천만 자 이상이 새겨진
총 8만여 장에 달하는 경판

┌─── 보기 ───
ㄱ. 경주 불국사에 보관되어 있다.
ㄴ. 의천이 교장도감에서 조판하였다.
ㄷ. 몽골의 침략을 물리치기 위해 제작하였다.
ㄹ. 유네스코 세계 기록유산으로 등재되었다.
└────────

① ㄱ, ㄴ    ② ㄱ, ㄷ    ③ ㄴ, ㄷ
④ ㄴ, ㄹ    ⑤ ㄷ, ㄹ

## 07 다음 문화유산에 대한 설명으로 옳은 것은? [2점]

**외국에 있는 우리 문화유산**

• 간행 시기: 1377년(우왕 3)
• 소개: 불교 교리의 주요 내용을 정리한 것으로, '직지심체'는 사람의 마음을 직관하여 부처의 깨달음에 도달한다는 의미이다.
• 소장처: 프랑스 국립 도서관
• 특징: 2001년에 유네스코 세계 기록유산으로 등재되었다.

직지심체요절

① 주자소에서 인쇄되었다.
② 신미양요 때 약탈당하였다.
③ 대각 국사 의천에 의해 간행되었다.
④ 현존하는 가장 오래된 금속 활자본이다.
⑤ 몽골의 침략을 물리치기 위해 제작되었다.

## 08 다음 자료에 해당하는 문화유산으로 옳은 것은? [2점]

이 건물은 국보 제18호로 경상북도 영주시에 있다. 지붕의 형태는 팔작 지붕이며, 처마를 받치기 위한 공포를 기둥 위에만 올린 주심포 양식이다. 기둥은 배흘림 기법으로 세워졌으며, 건물 내부에는 소조여래 좌상이 있다.

①
수덕사 대웅전

②
불국사 대웅전

③
쌍계사 대웅전

④
봉정사 극락전

⑤
부석사 무량수전

## 05 키워드 084 | 삼국사기   키워드 086 | 삼국유사   답 ③

유명한 역사책 두 권이 떡하니 나왔네요! 바로 고려 시대에 편찬된 『삼국사기』와 『삼국유사』예요. 무엇보다 이 두 역사책은 각각의 특징과 차이점을 잘 알아두어야 합니다. 먼저 『삼국사기』부터 살펴볼까요? 『삼국사기』는 1145년 유학자인 김부식이 국가적인 차원에서 편찬했어요. 유교적 합리주의 사관에 기초하고 있답니다. 보수적이고 신라 계승 의식이 강하다는 특징도 있고요. 김부식이 경주 진골 귀족 집안 출신에다가 문벌 집권기의 시대적 분위기상 신라 계승 의식이 강할 수밖에요. 시대적 환경이 김부식의 역사관에 영향을 준 건 어쩌면 당연한 결과였던 거죠. 『삼국유사』는 1281년 승려인 일연이 지었습니다. 원 간섭기에 쓰여져서 그런지 민족적·자주적이고 고구려 계승 의식이 나타납니다. 또 유명한 단군의 건국 이야기도 수록되어 있죠. 두 역사책, 달라도 너무 다르죠?

### 바로알기

③ 신라와 발해를 남북국이라고 처음으로 표현한 책은 조선 후기 유득공이 지은 『발해고』예요.

## 06 키워드 090 | 팔만대장경   답 ⑤

총 8만여 장에 달하는 경판이라고 한 것을 보아 (가)는 팔만대장경임을 알 수 있어요. 팔만대장경은 몽골의 침략을 부처의 힘으로 물리치기 위해 제작한 불교 경판이에요. 그 의미를 모른다면 팔만대장경도 빨래판 정도로 지나지 않겠죠? 팔만대장경은 글자가 5,200만 자가 될 정도로 엄청나게 많지만 잘못된 글자나 빠진 글자가 거의 없고 정밀성과 아름다움이 뛰어나 세계적으로 인정받고 있답니다. 그래서 유네스코 세계 기록유산으로 등재되어 있어요. 참 자랑스러울 만하죠!

### 바로알기

ㄱ. 팔만대장경은 합천 해인사에 보관되어 있어요.

ㄴ. 의천이 교장도감에서 조판한 대장경은 교장(속장경)이랍니다.

## 07 키워드 091 | 직지심체요절   답 ④

직지심체요절은 세계에서 가장 오래된 금속 활자로 인쇄된 책으로 여러 경전과 법문에 실린 내용 가운데 좋은 구절을 추려 편집한 서적이에요. '세계 최초'의 금속 활판 인쇄물은 상정고금예문인데요. 이것은 현재 틀도 없고 인쇄물도 남아 있지 않아 인정을 받지 못해요. 직지심체요절이 현존하는 금속 활자본 중 세계에서 가장 오래된 것으로 인정받고 있지요. 직지심체요절은 승려 백운화상이 저술한 내용을 제자들이 금속 활자로 인쇄한 것으로, 청주 흥덕사에서 발간되었어요. 하지만 지금은 프랑스 국립 도서관에 있어요. 직지심체요절은 독일 구텐베르크의 성서보다 78년이나 앞서 만들어진 것으로, 그 가치를 인정받아 유네스코 세계 기록유산으로 등재되었어요.

### 바로알기

① 주자소는 조선 태종 때 설치된 활자 주조 담당 관청이에요.

② 직지심체요절은 초대 주한 프랑스 공사를 지낸 플랑시라는 사람이 구매해 간 것입니다. 신미양요 때는 어재연의 수(帥)자기를 약탈당하였죠.

③ 의천은 각국의 불교 서적의 목록을 정리하여 『신편제종교장총록』을 편찬하였고, 이 목록에 따라 4,700여 권의 『교장』을 간행하였어요.

⑤ 몽골의 침입 당시 부처의 힘을 빌려 몽골을 물리치고자 강화도에서 팔만대장경(재조대장경)이 제작되었어요.

## 08 키워드 094 | 주심포   답 ⑤

자료에 '경북 영주', '팔작 지붕', '주심포 양식', '배흘림 기법'의 특징을 지닌 건축물이라고 했어요. 이 정보만 가지고 사진에서 해당 건물을 찾을 수 있지 않을까요? 우선 팔작 지붕이라고 했으니 수덕사 대웅전과 봉정사 극락전은 탈락입니다. 이 둘은 지붕면이 양면으로 경사를 짓는 맞배 지붕이거든요. 그리고 주심포 양식이라고 했어요. 주심포 양식은 공포가 기둥 위에만 짜여 있는 양식을 말해요. 공포가 기둥뿐 아니라 기둥과 기둥 사이에도 올려져 있으면 다포 양식이라고 하죠. 그러면 불국사 대웅전과 쌍계사 대웅전은 다포 양식이므로 아웃! 이제 남은 건 부석사 무량수전입니다. 부석사 무량수전의 기둥을 보면 기둥 가운데가 약간 볼록한 배흘림 양식으로 되어 있어요. 물론 부석사는 경북 영주에 있고요!

### 바로알기

① 충남 예산의 수덕사 대웅전은 고려 후기의 불교 사찰입니다. 국보 제49호로 지정되어 있네요.

② 경북 경주의 불국사 대웅전은 통일 신라 때 지어졌는데 임진왜란 때 불타 버렸습니다. 그러다가 조선 영조 때 다시 중건했지요.

③ 충남 논산의 쌍계사 대웅전은 장식성이 강한 게 특징이죠.

④ 경북 안동의 봉정사 극락전은 우리나라에서 가장 오래된 목조 건물로 알려져 있습니다. 이 건물도 주심포 양식이에요.

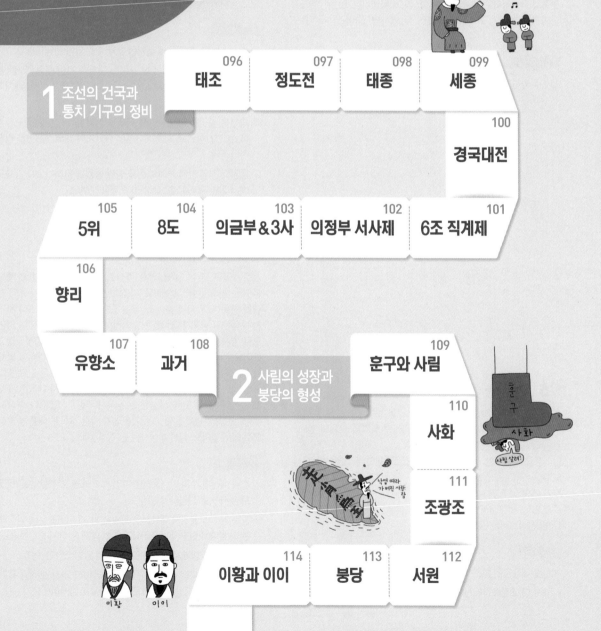

• 새로운 세상을 꿈꾼 조선 •

# 조선 전기

**1** 조선의 건국과 통치 기구의 정비

| 096 태조 | 097 정도전 | 098 태종 | 099 세종 |

100 경국대전

| 105 5위 | 104 8도 | 103 의금부 & 3사 | 102 의정부 서사제 | 101 6조 직계제 |

106 향리

| 107 유향소 | 108 과거 |

**2** 사림의 성장과 붕당의 형성

109 훈구와 사림

110 사화

111 조광조

| 114 이황과 이이 | 113 붕당 | 112 서원 |

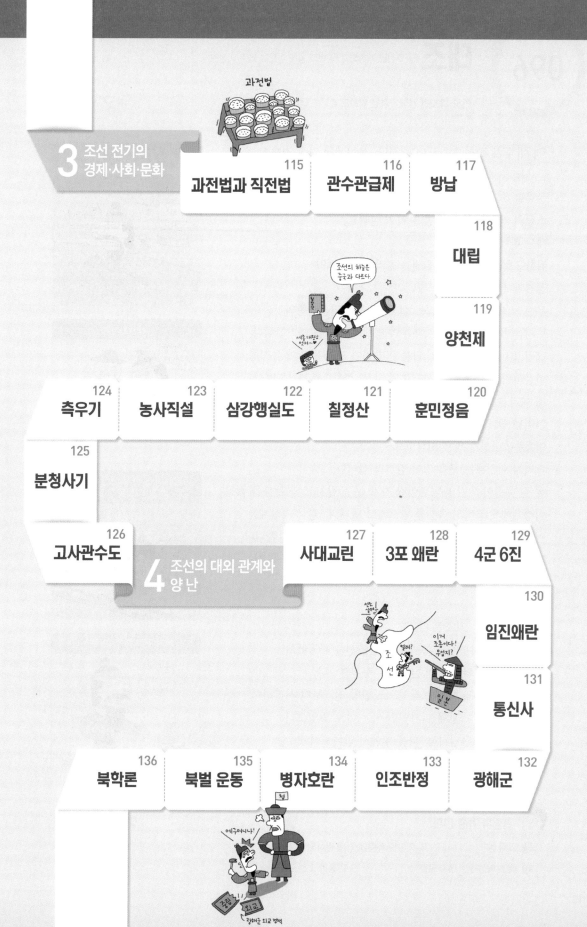

# 096 태조 ▶▶ 조선을 개창하고 첫 번째 왕에 이름을 올린 이성계

연도 1392년 건국    사건 위화도 회군    업적 과전법 실시    기본 ☑ 심화 ☑

이제 근세 조선으로 넘어 갑시다. 우리에게 가장 친숙한 조선.
근세는 중세와 근대의 중간 지점이라는 의미에서
글자를 하나씩 따와 '근세'라고 하는 겁니다.
조선의 건국 이야기 한번 들어 보실래요?
때는 바야흐로 1392년.
**위화도 회군**(1388)으로 실권을 장악한 **이성계**와
급진파 신진 사대부.
우선 토지 제도인 **과전법을 실시**(1391)해 권문세족의
토지를 몰수하고 신진 사대부의 경제적 기반을 마련합니다.
그리고 이성계의 다섯째 아들 이방원이 고려 왕조의 유지를
주장하던 온건파 신진 사대부의 수장, **정몽주를 제거**하면서
새 나라를 세울 준비를 마칩니다.
그러던 어느 날 이성계의 집 앞에 사람들이 몰려옵니다.
이유는? 이성계 왕 되시라고요~
그러자 이성계는 문을 걸어 잠그라 합니다.
해 질 무렵이 되자 배극렴이란 자가 문을 밀치고 와 무릎을 꿇고
이성계에게 고려의 옥새를 받으라고 합니다. 결국 이성계는
어쩔 수 없다는 듯이 고려의 옥새를 받고는 이렇게 말합니다.
"내가 건강하면 말 타고 도망갈 텐데 병이 나 도망을 못 가는구
나. 어쩔 수 없는 운명이다."

마치 짜고 치는 고스톱 같죠?
이렇게 해서 이성계가 옥새를 받아 조선을 건국했고,
도읍지를 지금의 서울인 **한양**으로 정했습니다.
그런데 이성계의 핵심 브레인으로 한양 천도부터 시작하여
조선의 모든 시스템을 디자인한 이는 따로 있었으니
바로 삼봉 **정도전**입니다. 다음 장에서 만나보시죠.

## 조선의 건국 과정

위화도 회군

과전법 시행

이방원이 온건파 신진 사대부의
수장인 정몽주 피살

이성계가 옥새를 받아 조선 건국

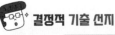 **결정적 기출 선지**

1 고려 말 [          ]가 이방원 세력에 의해 피살되었다.

2 태조 이성계는 새 수도를 [          ]으로 정하고 천도하였다.

**정답**

정몽주

한양

# 097 정도전 ▶▶ 성리학을 새로운 통치 이념으로 삼아 조선 왕조를 설계한 개국 공신

저술 『불씨잡변』·『조선경국전』   주장 재상 중심의 정치        기본 ☑ 심화 ☑

이성계의 킹 메이커 **정도전**.

게다가 팔방미남(?)

학문과 문장, 예술적 재능까지 두루 갖췄답니다.

조선이 개국된 후 정도전의 활약은 굉장합니다!

정도전은 새로운 수도 한양 건설을 총괄했고,

현재의 경복궁 및 도성의 자리와 명칭을 정했어요.

그것도 모자라서 『**조선경국전**』을 만들어 태조에게 올렸죠.

이 책은 조선의 통치 규범을 제시한 것으로 나중에

조선의 최고 법전인 『경국대전』이 나오게 되는 시발점이 됩니다.

또한 정도전은 성리학을 좋아했어요. 불교를 싫어했죠.

불교를 대놓고 저격한 『**불씨잡변**』을 저술하여 그동안 불교의

폐단을 비판했어요. 정말 몸이 10개라도 모자랐겠죠?

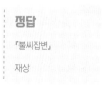

그런 정도전에게는 꿈이 있었어요.

**재상 중심의 정치**가 바로 그것인데요. 『조선경국전』에서도 나타나요.

훌륭한 신하들이 모여 안정적인 정치로 국가를 운영하는 거죠.

그렇다면 왕은? 능력과 상관없이 세습되는 왕은

상징적인 권력에 머물러야 한다고 생각했어요. 이상하죠? 조선이 정도전의 나라였던가?

과연 정도전의 꿈은 이루어질 수 있을까요?

정도전의 영원한 라이벌, 정몽주. 그의 최후에서 답을 찾을 수 있겠네요.

정도전이 역성혁명을 찬성하는 급진파 사대부를 이끌었다면, 정몽주는 그 반대 지점에 있는 온건
파 사대부의 수장이었습니다. 정몽주가 이성계의 아들 이방원의 철퇴를 맞고 선죽교에서 피 흘리
며 죽는 것으로 조선 건국 드라마가 마무리됐었죠.

정도전의 마지막도 아름답지만은 않았습니다. 왜? 이방원에 의해서요.

정도전이 꿈꿨던 조선은? '능력 있는 재상이 다스리는 나라'

그렇다면 이씨의 속마음은? '허수아비 왕으로 남을 순 없지.'

네. 정도전과 이방원의 충돌은 예견된 싸움이었습니다.

 **결정적 기출 선지**

**1** 정도전은 [          ]을 지어 불교를 비판하였다.

**2** 정도전은 『조선경국전』을 저술하여 [          ] 중심의 정치를 강조하였다.

정답

『불씨잡변』

재상

# 098 태종 ▶▶ 두 차례 왕자의 난으로 왕위에 올라 왕권을 강화한 조선의 제3대 왕

업적 6조 직계제·호패법 실시, 사병 혁파 　　　　기본 ☑ 심화 ☑

태종 이방원. 조선 건국의 걸림돌이었던 정몽주를 제거하고,
조선이 '이씨의 나라'라고 굳게 믿었던 인물이죠.
이방원은 제1차 왕자의 난 때 자신의 배다른 형제
방석과 방번을 죽이고 정도전을 제거하여 권력을
장악합니다. 그리고 제2차 왕자의 난으로 자신의
형 방간의 난을 진압하면서 왕위에 올랐어요.
우선 그는 왕 중심의 **6조 직계제**를 시행합니다.
6조 직계제 설명은 요 뒤에서 할게요. 참고!

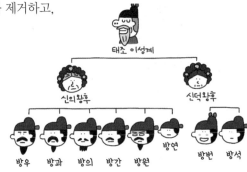

또 양전 사업과 호구 파악을 위해 꽤 노력했답니다. 당시의 주민등록증인 호패를 만들어
16세 이상의 남자는 신분에 관계없이 모두 가지고 다니게 하는 **호패법**을 실시했죠.
게다가 백성들의 억울한 일을 직접 해결하겠다며 대궐 밖에 **신문고**를 설치했죠.
그뿐만이 아닙니다. **사병을 혁파**하여 왕 이외에는 군사를 지휘하지 못하도록 만들었어요.
이 과정에서 태종 이방원은 손에 피를 철철 묻힙니다. 왕권 강화의 화신 이방원.
고려의 광종을 떠올리게 하네요.

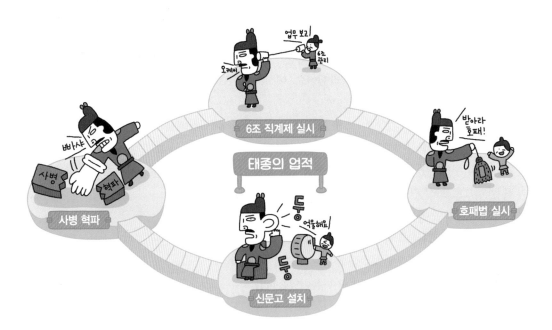

 **결정적 기출 선지**

1 태종은 왕 중심의 [ ]를 (처음) 실시하여 왕권을 강화하였다.

2 태종은 호구 파악을 위해 [ ]을 실시하였다.

정답
6조 직계제
호패법

# 099 세종 ▶▶ 유교 정치를 구현하고 문물을 꽃피운 조선의 제4대 왕

업적 집현전 설치, 훈민정음 창제, 『농사직설』 편찬   기본 ☑ 심화 ☑

아버지 태종이 피를 묻혀 정국을 안정시켰기에 세종의 시대가 열린 걸까요?
이 부분은 고민의 지점이 되겠네요. 어쨌든 세종은 아버지와는 전혀 다른 정책을 추진합니다.
먼저 왕권과 신권의 조화를 기치로 내겁니다.
그래서 6조 직계제 대신 **의정부 서사제**를 채택하죠.
의정부 3정승인 영의정·좌의정·우의정과 함께
조화로운 정치를 펼치겠다는 의지의 표현이랍니다.
세종의 귀는 무지 커요. 늘 듣고, 또 듣고….
그는 신하들의 이야기를 더 듣고 인재를 키우기 위해
**집현전**을 세워요. 바로 이곳에서 훈민정음이
탄생했다는 사실!(이건 조금 있다가 다룰게요.)

또한 토지에 대한 세금 제도인 공법을
**전분6등법·연분9등법**으로 마련합니다.
이전까지는 농민들이 제일 좋은 토지를 가지고 있는 경우
1결당 30두까지 내도록 되어 있었어요.
그러다 세종 때가 되면 토지를 비옥도에 따
라 6등급으로 나누고, 그 해의 풍흉에 따라
9등급으로 나누어 계산하도록 했죠.
제일 작황이 좋은 해는 1결당 20두를 내라고 하고,
아주 안 좋은 해는 1결당 4두를 내도록 했습니다.
이 공법을 정할 때 전국적인 여론 조사를 실시했답니다.

이뿐만이 아닙니다. 전국의 농부들을 찾아가 농사 노하우를 받아 적은 『농사직설』과
우리나라의 풍토와 체질에 맞는 처방이나 약재들을 소개한 『**향약집성방**』도 편찬했어요.
또 아버지 태종이 주자소를 설치하고 조선 최초로 구리 활자인 계미자를 주조했던 것을
이어받아 **갑인자**를 주조하기도 합니다. 식자판을 조립하는 방법을 개량하여 활자 인쇄술이 더
발전되었죠.
헉헉. 끝이 없네요. 역시 세종은 달라.

 **결정적 기출 선지**

① 세종은 _____ 을 설치하여 학문을 연구하고 인재를 육성하였다.

② 세종은 _____ 을 간행하여 우리 풍토에 맞는 농법을 정리하였다.

**정답**

집현전

『농사직설』

# 100 경국대전 ▶▶ 나라를 다스리는 조선의 기본 법전

편찬 세조~성종                                    기본 ✔ 심화 ✔

조선의 법전인 『경국대전』은 1894년 갑오개혁이 시행될 때까지 조선 법의 근간이 되었답니다.

그럼 누가 먼저 이 법전 사업을 시작했을까요? 바로 **세조**입니다.

세종의 아들이었던 세조는 장자가 아니었기 때문에 왕이 될 수 없었습니다.

하지만 조카였던 단종이 어린 나이에 왕위에 올라 왕권이 약화되는 것을 보고 있을 수만은 없었죠.

직접 왕이 되기 위해 조카를 죽이고, 친형제마저 죽여서 기어코 왕위에 오릅니다.

역사는 이를 **계유정난**으로 기록합니다. 세조에게서 할아버지 태종의 모습이 보이는 것 같네요.

이렇듯 세조는 비정상적인 방법으로 왕위에 올랐기 때문에 왕권 강화가 무엇보다 중요했어요.

그래서 **6조 직계제**를 실시하고, 집현전과 경연도 없애 버렸죠.

경연은 왕과 학식이 높은 신하들이 모여 학문과 정책을 토론하는 자리예요.

그리고 통치법을 정비하기 위해 『경국대전』 편찬을 시작했던 겁니다.

이 법전 편찬은 **성종** 때 마무리됩니다. 마무리가 의미하는 것은?

조선이 운영되는 데 꼭 필요한 기본적인 질서가 자리잡힌 것을 뜻하죠.

성종은 집현전을 계승한 **홍문관**도 설치합니다. 경연도 부활시켰고요.

또 성종 때에는 서거정이 왕명을 받아 고조선부터 고려 말까지의 역사를

**편년체**로 정리한 『동국통감』을 편찬하지요.

성현이 궁중 음악을 집대성한 『악학궤범』도 편찬합니다.

통치 체제부터 역사, 음악까지 …. 이제 조선의 기틀이 완성된 것 같네요.

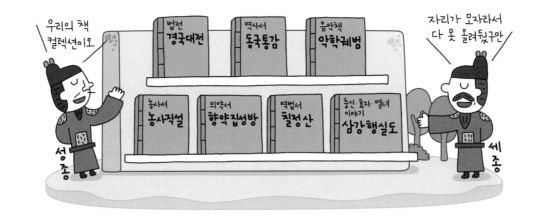

 **결정적 기출 선지**

① 세조는 [        ]으로 정권을 장악하였다.

② 성종은 법전인 [        ]을 완성하여 통치 체제를 정비하였다.

**정답**

계유정난

『경국대전』

## 101 6조 직계제 ▶▶ 6조의 판서가 나랏일을 왕에게 직접 보고하도록 한 제도

시행 태종, 세조    목적 왕권 강화

기본 ✓ 심화 ✓

자, 앞에서 계속 언급되었죠? **6조 직계제**.
이 제도는 **왕권 강화**를 상징하는 시스템입니다.
**6조**는 이(행정안전부)·호(기획재정부)·예(교육부, 외교부)·
병(국방부)·형(법무부)·공(국토교통부)조로 이루어집니다.
행정 실무를 담당하는 부서지요.
**태종과 세조**는 6조에 자신의 명을 바로 하달합니다.
그리고 6조는 왕에게 바로 결과물들을 보고했어요.
다이렉트 소통을 통해 왕의 힘을 보여줄 수 있는 방법이죠.
원래는 의정부가 국정을 총괄하고 6조를 관할하는 최고
정무 기구인데 의정부가 소외되는 시스템을 구축한 거죠.
이 과정에서 왕권은 당연히 강화될 수밖에 없겠죠.

## 102 의정부 서사제 ▶▶ 6조의 업무를 의정부를 거친 뒤 왕에게 올라가게 한 제도

시행 세종    목적 왕권과 신권의 조화

기본 ☐ 심화 ✓

**의정부 서사제**는 왕권과 신권의 조화를 추구할 때 딱입니다.
세종이 이 시스템을 활용하죠. 아마도 세종은 조화로운 정치를 펼
칠 자신감이 있었던 듯해요. 어쨌건 이 시스템은 **의정부** 3정승(영
의정·좌의정·우의정)의 서명이 있어야 한다는 의미입니다.
한번 어떤 과정인지 살펴볼까요? 우선 6조에서 업무를 의정부에
보고하면 의정부에서 3정승(영·좌·우)이 모여 보고서를 검토하죠.
그 후 왕에게 보고했어요. 그리고 왕이 답변을 내리면 의정부를
거쳐 6조로 돌려보낸 거죠. 이처럼 의정부 서사제는 왕 중심이
아닌 재상 중심의 정치를 펼칠 때 딱 좋은 시스템이랍니다.

 **결정적 기출 선지**

❶ 태종, 세조는 왕권 강화를 위해 [        ]를 실시하였다.

❷ [        ]의 재상들은 정책을 심의·결정하여 국정을 총괄하였다.

**정답**

6조 직계제

의정부

# 103 의금부&3사

▶▶ 의금부 : 국왕 직속의 사법 기관
▶▶ 3사 : 사헌부·사간원·홍문관, 왕과 신하 사이의 견제와 균형

비교 고려의 삼사(회계 담당) VS 조선의 3사(언론 기능 담당)    기본 ☑ 심화 ☑

지금부터는 조선의 중앙 행정 조직에 대해
살펴보겠습니다. 잠깐, 이때 하나 유의할 점이 있어요.
뭐냐? 바로 어떤 조직이 왕권 강화고,
어떤 조직이 왕권 견제냐는 거죠.

먼저 왕권 강화 조직에는 역모를 다루는 **의금부**와 지금의 대통령
비서실처럼 왕명의 출납을 담당하는 **승정원**이 있어요.
의금부는 조선 시대의 국왕 직속 사법 기관입니다.
부모에 대한 죄, 노비의 주인에 대한 죄 등 갖가지 죄를 지은 자에
게 형벌을 내리는 곳이었어요.
특히 반역죄는 아주 빡세게(?) 다루었죠.

다음으로 왕권 견제 기구입니다.
조선은 신하들의 나라라고 해도 과언이 아니랍니다.
왕을 자신들의 손안에 놓고 이리저리 움직이는 나라.

어쨌거나 이 신하들에게 날개를 달아 주는 기구가 있으니, 바로 3사입니다. **사간원·사헌부·홍문관**.
사간원은 왕의 과오나 잘못된 행동을 비판하거나, 동료를 지적하고, 당대의 정치 문제 등에 대해
비판하는 언론 기능을 담당하고 있었어요. 또 5품 이하의 관리를 임명할 때 가부를 승인하는 권리인
서경권을 행사했죠.
사헌부는 관리들의 비리나 풍속을 감찰하고 사간원과 마찬가지로 서경권을 행사했습니다.
이 두 기관의 관원들을 **대간**이라고 합니다.
홍문관은 집현전을 계승한 기구답게 왕과 신하들이 학문을 논하는 **경연**을 주관했답니다.
여기서 잠깐! 고려 시대에도 삼사가 있었는데 기억나시나요?
고려 시대의 삼사는 회계를 담당했다는 점, 꼭 알아두세요.
조선의 3사는 앞서 나온 의정부, 6조와는 대립하기도 하면서
견제와 균형을 이뤘습니다. 이것이 조선 정치의 핵심이랍니다.
이외에도 한성의 행정과 치안을 담당한 **한성부**와 역사서의
편찬과 보관을 담당한 **춘추관**도 있었답니다.

 **결정적 기출 선지**

① [          ]은 5품 이하 관리의 임명 과정에서 서경권을 행사하였다.

**정답**

대간

## 104

# 8도 ▶▶ 조선의 지방 행정 조직, 함경도·평안도·황해도·강원도·경기도·충청도·경상도·전라도

지방관 8도 - 관찰사, 부·목·군·현 - 수령

기본 ☐ 심화 ☑

자, 이제 조선의 지방으로 떠나 보죠.

고려가 5도 양계였다면 조선은 **8도** 체제로 운영되었답니다.

조선 8도 체제의 특징은 지방관이 전국에 모두 파견되었다는 것이지요.

또 고려 시대까지 특수 행정 구역이었던 향·부곡·소도 일반 군·현으로 승격시키거나 포함시켰어요.

8도에는 **관찰사**를 파견하고, 그 밑에 있는

부·목·군·현에는 **수령**을 파견했죠.

수령은 지방의 행정·사법·군사권을 담당했고, 현감(현령)으로 불렸어요.

관찰사는 수령을 감독했으며 감사, 도백으로 불렸죠.

드디어 중앙 집권 체제 완성!

중앙은 의정부와 6조, 지방은 8도. 그럼 군사 조직은? 아래를 보시죠.

## 105

# 5위 ▶▶ 조선의 군사 조직 중 중앙군

군인 중앙 - 5위, 지방 - 영진군

기본 ☐ 심화 ☑

조선의 군대는 기본적으로 양인 개병제와 농병 일치로 운영되었답니다.

이게 뭔 소리냐면 양인이라면 천민(노비 다수) 빼고는 모두 군대에 가야 한다는 겁니다.

근데 양반과 중인, 즉 나랏일 하는 관리들은 나랏일 자체를 군역으로 쳐 주죠.

그래서 실제로 군대에 안 가요. 그럼 남은 건 … 상놈들.

그들이 주로 뭐로 먹고살죠? 농사죠~ 뭐.

그러니 농부가 병사가 되는 농병 일치가 된다 이겁니다.

이들이 어디 배치되느냐?

중앙은 **5위**, 지방은 **영진군**에 배치된답니다.

또 유사시에 향토 방위를 맡는 예비군의 성격을 가진 **잡색군**도 있었습니다.

평상시에는 본업에 종사하다가 위급한 일이 생겼을 때만 동원된 거죠.

### 결정적 기출 선지

1️⃣ 각 도에 파견된 [          ]들은 관할 고을의 수령을 감독하였다.

정답

관찰사

# 106 향리 ▶▶ 지방 행정 실무를 담당하였던 관리

비교 고려의 향리
기본 ☐ 심화 ✔

잠깐, 조선 시대 지방의 모습을 조금 더 자세히 살펴보고 갈게요.
지방에 수령이 파견되기 이전부터 있었던 토착 세력이 있었으니 바로 **향리**입니다.

고려 향리

쳇!
무보수에
힘도 없고

조선 향리

대대로 직역을 세습했던 향리는 고려 시대 때부터 있었어요.
고려의 향리는 지방의 실질적 지배 세력이었어요.
국가로부터 외역전도 받았고요.
조선이 되면 상황이 달라져요. 향리는 그냥 수령 비서예요.
힘이 없어요. 게다가 무보수입니다. 그러니 어떻겠어요?
그나마 남아 있는 자신의 직권을 남용하여 백성들을
수탈하며 괴롭혔겠지요.
아무튼 조선의 향리는 고려의 향리와 비교하여 상대적으로
힘이 없었답니다.

# 107 유향소 ▶▶ 수령을 보좌하고 향리를 감찰하는 지역 양반 자치 기구

관직 좌수, 별감   감시 경재소
기본 ☐ 심화 ✔

그럼 이제 세상은 왕을 모시는 지방관 세상? 착각은 금물이죠.
중앙에서 견제와 균형의 원리가 작동되듯, 지방도 같아요.
지방에는 조선 건국에 동참하지 않고 낙향한 온건파
사대부들이 똬리를 틀고 자신의 세력을 강화하고 있었답니다.
이들의 입김을 담아내고 있는 곳이 바로 **유향소**예요.

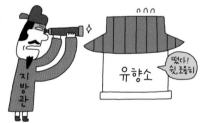

유향소

떴다!
쉿, 조용히

지
방
관

향촌에 있다 해서 유향소. 수령을 보좌하고 향리를 감찰했어요.
**좌수와 별감**이라는 향임직을 두었죠. 지방관은 유향소의 동태를 보고해서 중앙에 올려야 했어요.
이걸로는 부족했는지 아예 서울에 유향소 전담 연락·통제 기구인 **경재소**를 설치하기도 한답니다.
서울에 있다 해서 경재소. 감시 또 감시.
이렇게 경재소·지방관 vs 유향소. 요게 조선 지방 행정의 작동 원리였다우~

 **결정적 기출 선지**

① [          ]는 좌수와 별감이라는 향임직을 두어 운영하였다.

정답

유향소

# 108 과거 ▶▶ 조선 시대의 관리 등용 제도

종류 문과·무과·잡과    학교 성균관, 4부 학당, 향교    기본 ☑ 심화 ☑

조선은 **과거**의 나라죠. 과거제는 신분보다는 실력을 우선시하였답니다.
고려만 해도 음서가 과거보다 더 많이 활용되었지만, 조선에선 음서 출신은 고위 관직에 올라갈
수가 없었어요. 집안 덕으로 고위 관직에 오를 수 있는 기회를 줄인 대신 실력을 우선시한 거죠.
고려 때와 비교해 보았을 때 훨씬 나아졌죠? 사실 이게 당연한 것인데 말이에요.

과거에는 문관을 뽑는 **문과**와 무관을 뽑는 **무과**가 있었어요.
시험에 합격하면 문반과 무반이 되는데, 이 양측을 합쳐 양반이라고 불렀죠.
그리고 기술관을 뽑는 **잡과**도 있었어요. 잡과는 해당 관청에서 별도로 시행하였습니다.
유교의 나라이기 때문에 불교의 나라였던 고려 시대에 시행된 승과는 거의 시행되지 않았어요.

문과 시험은 3년에 한 번 치러지는
정기 시험인 식년시와 부정기 시험인
증광시·알성시가 있었어요.
문과는 또다시 소과와 대과로 나누어져요.
소과는 지금의 수능이라고 보면 돼요.

소과 출신들을 **진사·생원**이라 하죠. 소과를 통과한 진사·생원은 대학교인 **성균관**에 들어갈 자격이
생깁니다. 성균관은 일반적으로 관리의 등용문이었어요. 성균관 유생들은 열공해서 대과를 봤죠.
지금의 고시예요. 여기서 최종 합격자가 가려지는 겁니다.

최종 합격자는 33명.
이 중 1등. 즉, 전국 수석이 바로 장원 급제하는 겁니다.
이몽룡이 이걸 했다죠?

근데 대학교가 있으면 중학교도 있어야겠죠?
조선은 한양에 **4부 학당**을 두어 중등 교육을 담당하게 했어요.
또 지방 교육에도 소홀하지 않았죠.
부·목·군·현에 **향교**를 두고 중앙에서 **교수와 훈도**라는 선생님을 파견했답니다.

---

 **결정적 기출 선지**

❶ 소과를 통과한 진사·생원은 최고 교육 기관인 ⬚⬚⬚⬚⬚ 에 들어갈 자격이 생겼다.

정답

성균관

## 01 다음 인터넷 방송의 소재가 된 왕의 정책으로 옳은 것은? [2점]

① 대동법을 시행하였다.
② 훈민정음을 창제하였다.
③ 경국대전을 반포하였다.
④ 삼정이정청을 설치하였다.
⑤ 6조 직계제를 실시하였다.

## 02 밑줄 그은 '왕'이 실시한 정책으로 옳은 것은? [2점]

① 결작을 징수하여 재정 부족 문제에 대처하였다.
② 연분 9등법을 시행하여 수취 체제를 정비하였다.
③ 기유약조를 체결하여 일본과의 무역을 재개하였다.
④ 설점수세제를 시행하여 민간의 광산 개발을 허용하였다.
⑤ 직전법을 실시하여 현직 관리에게만 수조권을 지급하였다.

## 03 다음은 조선 시대 어느 관청의 가상 업무 일지이다. 이 관청에 대한 설명으로 옳은 것은? [2점]

> ○○월 ○○일 업무 일지
>
> 오전 10시 : 국왕에게 관리 감찰 업무 보고
> 오전 11시 : 왕명의 시행 논의, 봉박 여부 결정
> 오후 2시 : 국왕의 잘못된 언행에 대한 간쟁 내용 수합

① 서경권을 행사하였다.
② 실록 편찬을 담당하였다.
③ 화폐와 곡식의 출납을 담당하였다.
④ 국방에 관한 중요 정책을 결정하였다.
⑤ 수도 한양의 치안과 행정을 담당하였다.

## 04 (가)에 들어갈 용어에 대한 설명으로 옳은 것은? [2점]

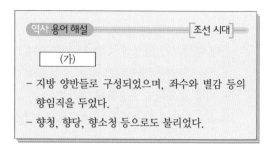

① 수령을 보좌하고 향리를 감찰하였다.
② 흥선 대원군에 의해 대부분 철폐되었다.
③ 6방으로 구성되어 지방 행정 실무를 담당하였다.
④ 지방 공립 교육 기관으로 군·현마다 설치되었다.
⑤ 지방에 대한 행정권, 사법권, 군사권을 행사하였다.

## 해설

## 01 키워드 098 | 태종  답 ⑤

두 차례 왕자의 난을 통해 왕위에 올라 사병을 혁파하고 신문고를 설치한 왕은 누구일까요? 정몽주와 정도전을 제거한 그 분! 바로 태종이에요. 태종은 정도전이 추구했던 재상 중심의 정치 체제를 무시하고 국왕 중심의 통치 체제를 정비해 나갔어요. 그중 하나가 6조에서 의정부를 거치지 않고 곧바로 왕에게 재가를 받게 하는 6조 직계제를 시행한 것이지요. '의정부, 너희 의견 따위는 듣지 않겠다'는 거죠! 또 양전 사업을 실시하고 호패법을 시행해 호구를 파악했답니다.

### 바로알기

① 광해군 때 공납을 특산물 대신 쌀·동전 등으로 납부하게 하는 대동법을 실시했어요. 166쪽에서 자세히 살펴볼게요.

② 훈민정음을 창제한 왕은 세종입니다. 그는 신하들과 의견을 나눌 수 있는 집현전을 세우고 여기서 훈민정음을 만들어요. 모르는 사람 없겠죠?

③ 『경국대전』은 통치 체제 확립을 위해 세조 때 편찬을 시작해 성종 때 완성한 법전이죠.

④ 조선 말 일어난 임술 농민 봉기 이후 조선 정부는 삼정의 문란을 해결하기 위해 삼정이정청을 설치했어요. 궁금하면 193쪽으로!

## 02 키워드 099 | 세종  답 ②

대화를 들어 봅시다. 왕의 명으로 우리 풍토에 맞는 농법을 보급하기 위한 서적을 편찬했대요. 조선 세종 때 전국의 수많은 농부들을 인터뷰하여 우리나라 풍토에 맞는 씨앗의 저장법, 토질의 개량법, 모내기법 등을 소개한 『농사직설』을 편찬했어요. 세종은 이외에도 정말 많은 일을 했어요. 아버지 태종과 달리 의정부 서사제를 실시해 왕의 권한을 의정부에 많이 넘겨주었지만 인사와 군사에 관한 일은 세종이 직접 맡아 왕권과 신권의 조화를 꾀했어요. 또 세종은 백성의 생활 안정을 위해 공법이라는 토지세를 정합니다. 즉 연분9등법과 전분6등법을 시행해 풍흉과 토지의 비옥도를 따져 좀 더 공평하게 세금을 부과했답니다. 우리나라에서 존경받는 인물 1위가 될 만하죠?

### 바로알기

① 영조 때 균역법 실시로 재정이 부족해지자 지주에게 토지 1결당 2두의 결작을 부과하였습니다.

③ 기유약조는 광해군 때 임진왜란으로 끊어졌던 일본과의 무역을 재개하기 위해 대마도주와 맺은 강화 조약입니다.

④ 조선 후기에는 광산 채굴이 활발해져서 민간의 광산 개발을 허용하고 세금을 거두는 설점수세제가 운영되었습니다.

⑤ 과전법은 경기 지방 토지만을 대상으로 했기에 나눠 줄 토지가 금방 부족해졌습니다. 그래서 세조 때 현직 관리에게만 수조권을 주는 직전법이 시행되었죠. 궁금하면 136쪽~

## 03 키워드 103 | 의금부 & 3사  답 ①

업무 일지에서 주목할 내용은 '관리 감찰', '봉박 여부', '간쟁 내용 수합'이에요. 이러한 일을 담당한 조선의 관청은 3사지요. 3사 즉 사헌부, 사간원, 홍문관은 정사를 비판하고 관리의 비리를 감찰하는 언론 기능을 수행했어요. 그러면서 사실상 왕권을 견제하는 역할을 했답니다. 왕이 함부로 말하거나 행동할 수 없었겠죠? "전하~ 아니되옵니다!" 또 3사의 말과 글은 고관은 물론 왕도 함부로 막을 수 없었다고 해요.
① 그리고 조선에서는 5품 이하의 하급 관리를 임명할 때 사헌부와 사간원에서 심사해 동의하는 절차인 서경을 거치도록 했답니다.

### 바로알기

② 실록 편찬을 담당한 관청은 춘추관이에요. 춘추는 역사를 뜻하죠? 『조선왕조실록』과 같은 역사서가 여기에서 나옵니다.

③ 화폐와 곡식의 출납을 담당한 곳은 고려의 삼사입니다. 헷갈리기 없기!

④ 국방에 관한 중요 정책을 결정한 기관은 고려의 도병마사예요.

⑤ 한성부는 수도 한양의 치안과 행정을 담당한 관청이랍니다. 서울 시청과 같은 곳이죠.

## 04 키워드 107 | 유향소  답 ①

왕이 지방에 수령을 파견하긴 했지만 지방에서는 이미 스스로 향촌 사회를 형성하고 있었어요. 그 중심에 있는 기관이 바로 유향소! 지방 양반들이 구성원이었고 좌수와 별감이라는 대표를 뽑기도 했죠. 그렇다면 수령과 유향소는 어떤 관계였느냐? 서로 싸우지는 않았고요. 유향소가 수령을 보좌하고 자문하는 역할을 했어요. 또 유향소는 향리를 감찰하고 향촌 사회의 풍속을 교화하는 일도 담당했답니다. 한편, 정부는 서울에 경재소를 두어서 현직 관료에게 고향의 유향소를 통제하게 했어요. 지방과 중앙 사이에 협력과 견제가 동시에 이루어지고 있는 모습이 보이나요?

### 바로알기

② 흥선 대원군이 철폐한 건 지방의 서원이에요. 왕권을 강화하기 위해 서원을 철폐하려 했는데 저항이 만만치 않았어요. 자세한 내용은 뒤에서 배울게요!

③ 지방의 각 관청에 조직된 6방은 행정 실무를 담당했어요. 중앙의 6조와 비슷한 개념이죠.

④ 군·현마다 설치된 지방 공립 교육 기관은 향교입니다.

⑤ 중앙에서 지방으로 파견된 수령들은 지방에 대해 행정·사법·군사권을 행사했어요. 왕의 대리인이었으니까 가능했죠.

# 109 훈구와 사림

▶▶ 훈구 : 세조의 왕위 찬탈 과정에서 공신 위주로 형성된 정치 집단
▶▶ 사림 : 지방에서 성리학을 통해 성장하여 중앙 정치에 등장한 세력

비교 중앙 VS 지방      기본 ☐ 심화 ☑

자, 이제 15세기에 정비된 조선의 제도사까지 공부했으니 정치사로 다시 돌아가 볼까요?
조선을 건국한 세력이 급진파 사대부라고 했죠?
건국 초기에는 이들이 중앙 정계에서 권력을 장악했어요.
이후 세조가 계유정난을 통해 왕위에 오르는데,
이때 도움을 준 한명회와 같은 세력이 하나의 정치
집단으로 공고화됩니다. 이들을 바로 **훈구파**라고 불러요.
일반적으로는 15세기를 이끈 역사 주도 세력을 말합니다.

새로운 세상을 꿈꾸며 개혁적 마인드로 시작한 급진파 사대부.
그러나 훈구파로 귀결되는 15세기 말이 되면
이제 역사의 소명을 다했나 봅니다.

고위 관직을 독점하며 대지주가 된 훈구파는 너무 많이 소유하게 되면서, 변화에 둔감하게 되죠.
그들이 비판했던 권문세족과 다를 바 없이 변해버렸습니다. 더 많은 것을 가지고 싶어 하고,
더 많은 것을 원하였죠. 이제, 이들은 어찌 될까요? 어찌 되긴요. 퇴출이죠.
첫 마음을 잃은 세력은 역사에서 늘 퇴출.
인생도 그렇답니다. 명심하시라.

퇴물 훈구의 비리를 공격하며 성장한 세력이 바로 **사림파**예요.
이들이 누구냐?
조선 건국에 동참하지 않았던 온건파 사대부들의 후예죠.
이들은 향촌에서 유향소 등을 통해 세력을 강화하면서
성종 때부터 서서히 중앙 정계로 올라옵니다.
특히 언론 기능을 담당하는 3사를 장악해 들어가죠.
여기서 훈구파의 비리를 하나씩 하나씩 까고 들어와
훈구파를 압박하게 됩니다.

정권 실세였던 훈구파의 위기! 이들은 과연 어떻게 방어했을까요? 다음 장에 그 답이 있습니다.

 **결정적 기출 선지**

**정답**

① 훈구파는 계유정난 때 공신으로 활약하며, 세조 집권 이후 실권을 장악하였다. ◯ ｜ ✕    ◯

② ▢▢▢▢▢ 는 주로 3사의 언관직에 임명되어 훈구파를 견제하였다.    사림파(사림)

# 110 사화 ▶▶ 조선 시대에 사림이 훈구파에게 몰려 화를 입은 사건

순서 무오사화(연산군) → 갑자사화(연산군) → 기묘사화(중종) → 을사사화(명종)    기본 ✔ 심화 ✔

**사화.** 사림이 화를 입다.

훈구가 가만히 앉아서 당할 수는 없잖아요. 사림과의 전면전을 벌입니다.

사화는 크게 네 차례 있었어요. 무갑기을. 순서를 기억하세요.

첫 번째로 **무오사화**는 연산군 때 사림파였던 김종직이 쓴 조의제문(항우가 죽인 초의 왕 의제를 추모하는 글) 때문에 발생하죠. '항우가 세조로, 왕 의제가 단종으로?'

이러면서 사림이 선왕(세조)을 공격했다 하여 훈구가 사림에게 사약 그릇을 쓩쓩~ 날리죠.

사림은 엄청 타격을 입습니다.

다음 **갑자사화**는 연산군이 "우리 엄마(폐비 윤씨) 죽인 놈들 다 나와. 내가 가만 안 둘 거여."라고 외치며 휘둘렀던 칼날에 사림이 푹푹 쓰러지게 되는 사건이랍니다.

사실 폐비 윤씨 사사 사건을 주도한 것은 훈구였는데,

연루된 사림들까지 많은 피해를 입었죠.

무오사화와 갑자사화 이후 무서울 것이 없어진 연산군.

백성들의 논밭을 사냥터로 만들고, 거의 날마다 화려한 연회를 즐깁니다.

혹시 흥청망청이라는 사자성어 아세요? 이게 바로 연산군 때문에 생겨난 말이에요.

흥청은 연산군이 뽑았던 특별 기녀들이에요. 연산군은 말 그대로 흥청들과 함께 흥청망청 방탕한 생활을 일삼았죠. 하지만 브레이크 없는 권력의 막장 드라마는 오래가지 못했답니다.

사화의 발생

무오사화

갑자사화

---

🎓 **결정적 기출 선지**

① 김종직의 조의제문이 빌미가 되어 [          ]가 일어났다.

② 폐비 윤씨 사사 사건의 전말이 알려져 관련자들이 화를 입은 것은 [          ]이다.

**정답**

무오사화

갑자사화

# 111 조광조 ▶▶ 중종반정 후 중앙 정치에 등단한 사림의 대표적 인물

개혁 위훈 삭제, 소격서 폐지, 현량과 실시 　좌절 기묘사화 　　　　기본 ☑ 심화 ☑

결국 신하들은 연산군을 몰아내고 중종을 왕위에 올립니다. 이것이 **중종반정**.
그런데 중종반정을 주도한 것은 훈구파예요. 당연히 훈구가 권력을 마음대로 휘두르겠죠?
이에 중종이 결단을 내립니다. 사림파 **조광조**를 구원 투수로 등판시키죠.

**조광조**, 정계에 들어서자마자 거세게 훈구파를 몰아붙이는 개혁을 단행합니다.
우선 중종반정 때 공도 세우지 않은 것들이 훈장을 타 간 사실을 밝히며
훈장을 박탈하라는 '**위훈 삭제**'를 주장합니다. 어디서 약을 팔아?
가만히 있다가 숟가락만 살짝 얹은 사람들을 모두 색출하죠.
거짓 훈장이 주로 훈구들에게 갔거든요. 정면으로 훈구를 조준한 겁니다.
또 도교 행사를 주관하던 **소격서 폐지**를 들고 나오죠.
유교의 나라에 웬 미신? 없애!
그리고 지방 사림들이 더 많이 중앙에 올라올 수 있도록 일종의 추천제인 **현량과**를 실시합니다.
이러니 훈구들이 가만있겠어요? 하는 일마다 눈엣가시잖아요.

낙엽 따라
가 버린 사랑
람

그즈음 궁궐에서 기묘한 일이 일어납니다.
주초위왕(走肖爲王)이라는 글자가 새겨진
나뭇잎이 궁궐에서 발견된 거죠.
'주초'를 합하니 조(趙)가 되네요. 조씨가 왕이 된다.
헉! 그 조씨가 바로 조광조? 설마 훈구의 음모?
네, 이건 사실 그동안 이를 갈고 있던 훈구파가 꾸며 낸 일이었어요.
나뭇잎에 꿀을 바르고 벌레가 파먹게 해 '주초위왕(走肖爲王)'이라는 글자를 만든 거죠.
훈구는 조광조가 왕이 되려고 역모를 꾸민다 모함하여
조광조를 비롯한 사림파들을 제거하는 데 성공합니다.
이것이 바로 기묘한 **기묘사화**.
'기묘'는 연도를 의미하지만 여기에서는 기묘한 일이 일어났다고 이해해도 굿!
이제 무갑기을 중 기묘사화까지 배웠네요.
아직 끝나지 않은 사림의 수난 시대. 다음 장에 계속됩니다.

 **결정적 기출 선지**

❶ 조광조는 도교 행사를 주관하던 [　　　　　]의 폐지를 주장하였다.

❷ [　　　　　]를 계기로 위훈 삭제를 주장한 조광조 등이 제거되었다.

**정답**

소격서

기묘사화

# 서원 ▶▶ 선현 제사와 교육 실시를 위해 설립된 교육 기관인 동시에 향촌 자치 운영 기구

최초 백운동 서원    의의 향약과 함께 사림의 기반 형성    기본 ☑ 심화 ☑

네 번의 사화 중 마지막 **을사사화**는 명종 때 일어납니다.

을사사화는 명종의 외척인 소윤 일파(윤원형)가 인종의 외척인 대윤 일파(윤임)를 제거하면서 벌어지는데요. 갑자사화처럼 훈구끼리의 싸움인데 이번에도 사림이 연루됩니다.

윤씨 형제 간의 권력 다툼 속에서 줄을 잘못 선 사림들이 피해를 본 거예요.

이렇게 네 번의 사화를 겪으면서 사림은 엄청 피해를 보죠.

그럼에도 불구하고 사림은 불사조처럼 다시 살아납니다.

결국 16세기의 주인공을 차지하죠.

왜일까요? 쪽수가 많아요. 인해 전술로 밀어붙이는 거죠.

인해 전술의 산실이? 바로 **서원**입니다.

중앙의 3사를 통해 훈구를 공격하다가 사망하면

그 자리에 또 사림을 올려 보내는 겁니다.

제자들이 중앙에 쫙 진출해 있으면 주도권을 잡기가 한결 수월하잖아요.

향촌에서 **교육과 제사를 담당**했던 인재 양성의 산실인

서원이 있었기에 가능했던 거죠.

또 나라의 지원을 받는 **사액 서원**은 왕이 편액(현판)을 내리고 땅과 노비, 여러 서적을 지원해 줬어요. 플러스 면세 특권까지. 작정하고 밀어 준 케이스죠.

우리나라 최초의 서원은 주세붕이 지은 백운동 서원이에요.

백운동 서원은 이후 소수 서원이라는 편액을 받아 우리나라 최초의 사액 서원이 되죠.

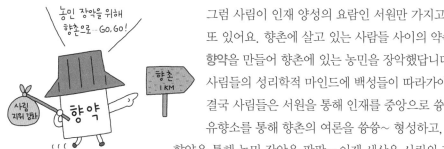

그럼 사림이 인재 양성의 요람인 서원만 가지고 있었느냐.

또 있어요. 향촌에 살고 있는 사람들 사이의 약속인

**향약**을 만들어 향촌에 있는 농민을 장악했답니다.

사림들의 성리학적 마인드에 백성들이 따라가야 하는 거죠.

결국 사림들은 서원을 통해 인재를 중앙으로 쑥쑥~ 보내고,

유향소를 통해 향촌의 여론을 쑥쑥~ 형성하고,

향약을 통해 농민 장악을 꽉꽉~ 이제 세상은 사림의 것이 됩니다.

## 결정적 기출 선지

1 대윤과 소윤의 권력 다툼으로 [          ]가 발생하였다.

2 [          ]은 국왕으로부터 편액과 함께 땅과 서적, 노비 등을 받기도 하였다.

정답

을사사화

사액 서원

# 113 붕당 ▶▶ 조선 중기 이후 같은 학문적·정치적 입장을 공유하는 양반들이 모여 구성한 정치 집단

분화 동인, 서인, 북인, 남인                    기본 ✔  심화 ✔

16세기. 드디어 사림이 정권을 장악합니다.
때는 선조 시기. 100년 만에 정권을 장악한 사림들.
근데 쪽수가 많다고 했죠? 그러니 중앙 자리를 놓고
치열하게 방석 뺏기 시합을 할 수밖에 없겠네요.
그 방석이 바로 **이조 전랑**이랍니다.
인사권을 쥐고 있는 탐나는 관직이었죠.
게다가 쫓아낸 훈구들을 어떻게 처리할 것인지에 대해서도
의견이 분분합니다. 확실히 제거해야 한다는 강경파와 그건 좀 너무하지 않느냐는 온건파.
결국 사림은 강경파 **동인**과 온건파 **서인**으로 분화됩니다.

처음에는 동인이 정권을 장악합니다. 그러다가 서인에서 동인으로 넘어온 정여립이란 인물이
동인들과 함께 모반을 준비한다는 상소가 올라오면서 서인이 권력을 장악합니다.
이를 주도한 인물이 정철이었죠.
그런데 서인이었던 정철이 선조에게 광해군을 세자로 책봉하라고 건의하였다가 선조가 노발대발
하면서 서인이 쫓겨나고 다시 동인이 권력을 장악합니다.

동인은 서인을 어떻게 벌줄 것인가를 두고 급진파인 **북인**과 온건파인 **남인**으로 분열하게 됩니다.
결과는? 철저한 보복을 주장한 북인의 승리!
이후 북인은 광해군의 중립 외교 노선을 따랐는데 서인이 주도한 인조반정으로 광해군이 쫓겨나면서
조선 후기는 서인과 남인이 이끌게 됩니다. 참고로 훗날 서인도 노론과 소론으로 나뉘게 된답니다.
헉헉. 정말 복잡하군요.

 **결정적 기출 선지**

1 사림이 [       ] 임명을 둘러싸고 동인과 서인으로 나뉘었다.
2 북인은 광해군의 중립 외교 노선을 지지하였다.   ○ ｜ ✕

**정답**

이조 전랑

○

# 114 이황과 이이 ▶▶ 조선 전기의 대표적인 성리학자

저서 『성학십도』(이황), 『성학집요』(이이)　　　　기본 ☑ 심화 ☑

16세기 사림은 성리학을 절대적 진리로 여기고,
그것을 실천하려고 노력합니다.
이 시대 대표적인 인물이 바로 이황과 이이인데요,
이황은 천 원권의 주인공이고, 이이는 오천 원권의 주인공이죠.
좀 친숙하시죠?
이황은 『성학십도』라는 책을 저술합니다.
그림 '도'가 들어갔으니 딱 느낌 오죠?
성리학적 원리를 그림으로 표현한 책이랍니다.
**이황은 '리(理)'를 강조한 인물이에요.**
'리'가 뭐냐고요? 눈에 보이지 않는 사물의 본질이라고 생각하시면
됩니다. 이황은 **일본 성리학**에도 엄청난 영향을 끼쳤답니다.

오만 원권의 주인공인 신사임당의 아들, 이이는 이황에 비해 '기(氣)'도 중시합니다. 보이는 기질.
오해는 마세요. '리'보다 '기'가 더 중요하다는 의미가 아니고요.
'기'도 중요하다고 본 거예요.
그런데 왜 이이는 '기'도 중요하다 했을까요?
그 이유는 당시 이이는 집권 여당에 속해 있었기 때문입니다.
이상만 추구할 수는 없었어요. 현실을 중시해야 했었죠.
16세기가 되면 방납이라고 해서 공납 제도가 제대로 썩어버려요.
이이는 이 문제를 해결하기 위해 공납을 쌀로 바치는 수미법을
제안하기도 했어요.

이이의 대표 저서로는 군주가 수양해야 할 덕목을 제시한 『성학집요』와
다양한 개혁 방안을 제시한 『동호문답』, 그리고 학문을 시작하는
사람을 가르치기 위한 『격몽요결』이 있습니다.
똑똑한 사람들은 책을 많이 쓰나 봐요.

---

 **결정적 기출 선제**

❶ [　　　　　]은 성리학을 도식으로 설명한 성학십도를 저술하였다.

❷ 이이는 [　　　　]를 저술하여 군주가 수양해야 할 덕목을 제시하였다.

정답

이황

『성학집요』

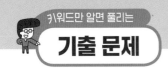

## 01 (가)에 대한 설명으로 옳은 것은? [3점]

> 이곳은 도동 서원으로 김굉필의 위패를 모시고 있습니다. 김굉필은 조의제문이 빌미가 되어 일어난 사건 때 김종직의 제자라는 이유로 유배에 처해졌습니다. 이후 연산군 10년에 일어난 [가] (으)로 인해 많은 사림들이 피해를 입었을 때 그도 참형을 당했습니다.

① 폐비 윤씨 사사 사건이 원인이 되었다.
② 윤임 일파가 제거되는 결과를 가져왔다.
③ 이조 전랑을 둘러싼 동인과 서인의 갈등이 배경이 되었다.
④ 대비의 복상 문제가 붕당의 대립으로 확대되어 일어났다.
⑤ 희빈 장씨 소생의 원자 명호(名號) 문제로 인해 발생하였다.

## 02 (가)에 들어갈 내용으로 옳은 것은? [3점]

> 우선, 현량과 실시를 축하합니다. 향후 추진하고자 하는 국정 과제에 대하여 말씀해 주십시오.

> 전하께 [가] 을/를 건의하려 합니다.

조광조

① 요동 정벌
② 시헌력 도입
③ 영정법 시행
④ 홍문관 설치
⑤ 공신의 위훈 삭제

## 03 다음 기관에 대한 설명으로 옳은 것은? [3점]

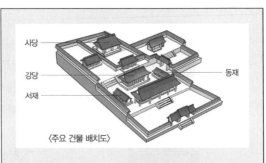

사당
강당
서재
동재

〈주요 건물 배치도〉

선현제향(先賢祭享)과 학문 연구를 위하여 설립된 조선 시대의 사설 교육 기관이다. 향촌 사림의 모임 장소로, 시정을 비판하고 공론을 형성하는 역할도 하였다.
주요 건물로는 선현의 위패를 봉안하고 제향하는 사당, 강연과 회의가 열리는 강당, 일종의 기숙사인 재(齋)가 있다.

① 좌수와 별감을 선발하여 운영되었다.
② 중앙에서 파견된 교수나 훈도가 지도하였다.
③ 국자학, 태학, 사문학으로 나누어 교육하였다.
④ 전국의 부·목·군·현에 하나씩 설립되었다.
⑤ 국왕으로부터 편액과 함께 서적 등을 받기도 하였다.

## 04 (가)에 들어갈 내용으로 옳은 것은? [3점]

역사 인물을 찾아서

강릉 오죽헌

○ 조선 전기의 학자이자 정치가이다.
○ 강릉 오죽헌에서 이원수와 신사임당의 셋째 아들로 태어났다.
○ 주요 활동 : [가]

① 거중기를 설계하였다.
② 성학집요를 저술하였다.
③ 동국지도를 제작하였다.
④ 호락 논쟁을 전개하였다.
⑤ 청의 문물 수용을 주장하였다.

# 해설

## 01 키워드 110 | 사화   답 ①

설명에서 등장한 김굉필은 김종직의 제자였어요. 김종직은 성종 때 중앙으로 진출했던 사림의 대표 주자였죠. 조선 건국 후 재야에 있던 온건파 사대부는 나중에 사림파를 형성했고 성종 때 중앙 정계에 진출하기 시작해요. 중앙에는 훈구파가 버티고 있었죠. 사림파와 훈구파의 대결은 숙명과도 같았습니다. 이들의 대립으로 나타난 사건이 바로 무오사화예요. 김종직의 조의제문이 문제가 되었죠. 그리고 연산군 10년에는 폐비 윤씨 사사 사건 문제로 갑자사화가 일어납니다. 두 사건 모두 사림들이 엄청나게 피해를 입었다는 공통점이 있지요.

### 바로알기

② 을사사화는 명종 때 외척 간의 권력 다툼으로 사림이 피해를 본 사건이에요.

③ 선조 때부터 사림이 집권하기 시작합니다. 그런데 그 안에서 이조 전랑직을 두고 대립하면서 붕당이 형성되었어요.

④ 현종 때 효종의 왕위 정통성을 두고 두 차례에 걸쳐 예송 논쟁이 전개되면서 서인과 남인이 대립하였어요. 궁금하면 160쪽!

⑤ 서인은 희빈 장씨 소생의 왕자를 세자로 책봉하는 것에 반대하다 정권에서 밀려나고 남인이 집권하게 되었어요. 기사환국이라고 합니다. 환국에 대해서 알고 싶다면 161쪽으로~

## 02 키워드 111 | 조광조   답 ⑤

연산군이 폐위되고 중종이 왕위에 오릅니다. 바로 중종반정이 일어난 거죠! 중종은 훈구 세력의 권력 독점을 견제하기 위해 사림파인 조광조와 그의 제자들을 등용해요. 이때다 싶은 조광조는 훈구파를 제거하기 위해 급진적인 개혁을 추진합니다. 우선 사람의 됨됨이를 보고 관리를 뽑는 현량과를 실시합니다. 현량과는 지방에 있는 현명한 선비를 중앙으로 데려오는 관리 등용 제도예요. 그리고 공신의 위훈 삭제를 주장합니다. 중종반정 때 공을 세우지 않은 신하들이 부당하게 훈장을 받았다는 거죠. 도로 뺏어야 한다는 겁니다! 또한 도교 행사를 주관하는 소격서도 폐지하고요. 이런 개혁으로 직접적으로 피해를 입는 훈구파 입장에서는 마른 하늘에 날벼락과 같은 소리였죠! 조광조 가만 두지 않으리! 결국 기묘사화가 일어나 조광조 등 사림파가 제거됩니다.

### 바로알기

① 요동 정벌을 주장한 인물은 고려 시대 최영입니다.

② 효종 때 김육 등의 노력으로 청에서 사용하던 시헌력이라는 역법이 도입됩니다.

③ 영정법은 인조 때 시행된 수취 제도예요. 전세를 풍흉에 관계없이 1결당 쌀 4~6두를 거둔다는 게 핵심! '영원히 정하는 법'이라는 뜻입니다. 영정법은 166쪽에서 배울 수 있어요.

④ 궁궐 안에 있는 '학문 기관'인 홍문관은 성종 때 설치됩니다. 왕권을 견제하는 조직이었는데, 세종 때 만들어진 집현전을 계승한 거예요.

## 03 키워드 112 | 서원   답 ⑤

자료에 건물 배치도가 나옵니다. 이곳은 선현 제사와 학문 연구를 하던 사설 교육 기관이었어요. 시정을 비판하고 공론을 형성하는 역할도 했다고 합니다. 네, 맞아요! 바로 서원이랍니다. 조선에서는 국가 차원에서 서원을 장려해 많은 서원이 세워집니다. 나라의 지원을 받는 서원을 사액 서원이라고 하는데, 백운동 서원이 이황의 건의로 소수 서원으로 사액되었죠. 사액 서원은 왕이 편액을 내리고 토지와 노비, 서적 등을 지원해 줬다고 했죠? 면세 특권도 덤으로. 정말 나라에서 빵빵하게 밀어 주었죠!

### 바로알기

① 좌수와 별감은 유향소의 간부예요. 유향소는 향촌에서 수령을 보좌하고 향리를 감찰하는 역할을 했답니다.

② 향교에는 중앙에서 교수와 훈도를 파견해 지도하기도 했어요.

③ 고려 시대의 최고 교육 기관인 국자감에 국자학, 태학, 사문학과 같은 유학부가 있었어요.

④ 조선의 향교는 성현에 대한 제사와 유생 교육, 지방민의 교화를 위해 부·목·군·현에 각각 하나씩 설립됐습니다.

## 04 키워드 114 | 이황과 이이   답 ②

사진을 보고 단번에 누구인지 알 수 있죠? 오천 원권에 등장하잖아요. 그래도 모르겠다면 '신사임당의 아들'이라는 힌트가 있어요. 맞습니다. 율곡 이이예요. 이이는 성리학의 대표적인 학자였는데요. 보이지 않는 사물의 본성인 '리'뿐 아니라 눈에 보이는 사물의 현상인 '기'의 역할도 강조했어요. 그래서 현실적이고 개혁적인 성향을 보였답니다. 또 『성학집요』를 저술해 현명한 신하가 왕의 수양을 도와주어야 한다고 주장하기도 했지요. 당시 선조 임금이 현명한 군주가 되길 바라는 이이의 간절한 마음이 느껴지나요?

### 바로알기

① 거중기를 설계해 수원 화성 건축에 활용한 인물은 실학자 정약용이에요. 다산 정약용은 실학을 집대성한 인물로 유명하죠.

③ 동국지도는 조선 후기에 정상기가 제작한 지도예요. 우리나라 최초로 축척이 표시된 지도랍니다.

④ 18세기 노론의 성리학자들 사이에서 호락 논쟁이 벌어져요. 인성과 물성이 같은 것인가 다른 것인가를 두고 설전을 벌인 거죠. 오랑캐는 '물'이에요. 동물이랑 똑같아요. '인'은 명과 조선을 뜻하죠. 이 시기 북벌 운동과 맥을 같이합니다.

⑤ 청의 발전된 문물을 받아들이자고 주장한 사람들은 박제가를 비롯한 북학파 실학자들이에요.

# 115 과전법과 직전법

▶▶ 과전법 : 관리의 등급에 따라 수조권을 부여한 법
▶▶ 직전법 : 현직 관리에게만 수조권을 부여한 법

비교 과전법(전·현직) VS 직전법(현직)                    기본 ☑ 심화 ☑

이제 경제에 대해 알아볼까요?

옛날 공무원들은 월급으로 수조권을 받았다고 했죠?

세금을 거둘 수 있는 권리를 수조권이라고 해요. 조선 시대도 마찬가지입니다.

위화도 회군으로 정치 권력을 장악한 급진파 사대부는 토지 개혁을 단행합니다.

그것이 바로 권문세족의 토지를 몰수해 신진 사대부에게

수조권을 나눠 주는 **과전법**이었죠.

말 그대로 과(직급)에 따라 전(토지)을 나눠 주는 제도입니다.

관직에 복무한 대가로 토지의 수조권을 지급한 거죠.

고려 말에 시행된 이 제도는 조선 시대까지 이어지며 경기도 땅에

한해서 전직과 현직 관리 모두에게 수조권을 나누어 주었답니다.

과전법

근데 시간이 지나면서 나눠 줄 수조권 토지가 점점 부족해지게 됩니다.

경기도 땅만 주는데, 전직과 현직 모두에게 지급하니 그럴 수밖에요.

그리고 과전은 원래 국가를 위해 일한 대가로 준 것이기 때문에 세습이 안 됩니다.

관리가 사망하면 국가에 반납해야 하는 거죠.

직전법

다 필요 없고
현직만 토지 받아!
끝

과전법

그런데 과전법에 **수신전**과 **휼양전** 항목이 들어가면서

은근슬쩍 일부 세습이 됩니다.

수신전은 과전을 받던 관리가 죽으면 과부가 된 그의 아내에게,

휼양전은 과전을 받던 부모가 모두 죽으면 고아가 된 어린 자녀

에게 지급되는 토지였어요.

이러다 보니 더욱 토지는 부족해집니다.

결국 **세조**가 결단을 내리죠.

현직만 받아. 퇴직하면 다시 내놔.

수신전과 휼양전은 없애. 이게 바로 **직전법**이랍니다.

강력한 공무원 연금 개혁의 칼날!

 **결정적 기출 선지**

❶ 고려 말부터 경기 지역에 한하여 관리에게 수조권을 지급하는 [          ]이 실시되었다.

❷ 세조는 과전 지급 대상을 현직 관리로 제한한 [          ]을 시행하였다.

**정답**

과전법

직전법

## 116 관수관급제 ▶▶ 국가가 수조권을 대행한 제도

실시 성종

기본 ☐ 심화 ☑

조선판 공무원 연금 개혁이라 할 수 있는 직전법을 시행하니 관리들이 현직에 있을 때
승부를 보려 하네요. 농민들에 대한 수탈이 심화되면서 심각한 문제 발생 ….
그러자 **성종**은 수조권을 받은 관리가 직접적으로 농민에게 조세를 거두지 못하도록 합니다.
국가가 대신 농민으로부터 조세를 받아 공무원에게 전달하는 **관수관급제**를 시행한 거죠.
그러나 이도 잠시. 결국 관리에게 주는 수조권 지급 제도는 명종 때 완전히 소멸됩니다.
대신 **녹봉**만 남게 되는 것이지요. 녹봉은 지금의 월급이라고 이해하시면 돼요.
이로써 관리들에게 수조권을 지급했던 직전법은 역사에서 사라지고 녹봉 제도만 남게 되었답니다.

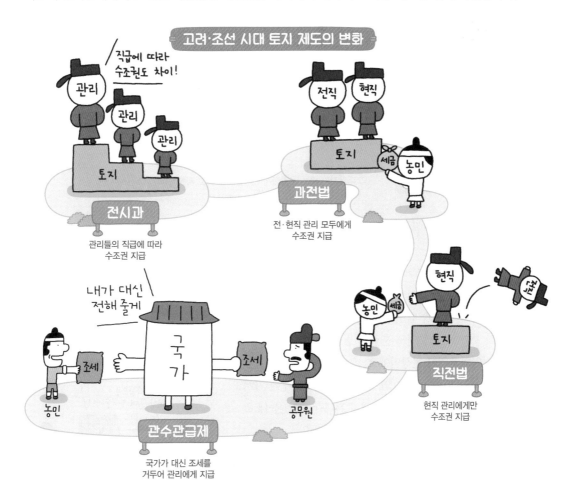

**고려·조선 시대 토지 제도의 변화**

**전시과**
관리들의 직급에 따라
수조권 지급

**과전법**
전·현직 관리 모두에게
수조권 지급

**직전법**
현직 관리에게만
수조권 지급

**관수관급제**
국가가 대신 조세를
거두어 관리에게 지급

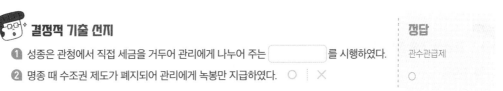

### 결정적 기출 선지

| | 정답 |
|---|---|
| ❶ 성종은 관청에서 직접 세금을 거두어 관리에게 나누어 주는 [        ]를 시행하였다. | 관수관급제 |
| ❷ 명종 때 수조권 제도가 폐지되어 관리에게 녹봉만 지급하였다.  ○ ✕ | ○ |

## 117 방납 ▶▶ 하급 관리와 상인이 결탁하여 공물을 대신 납부하고 농민에게 훨씬 높은 대가를 받아 내는 행위

대책 수미법                                            기본 ☐  심화 ☑

이번엔 세금 제도에 대해 살펴보고 가실게요~ 공법은 앞에서 미리 배웠어요. 조선 전기에는 토지 1결당 30두의 세금을 내야 했죠. 그러다 세종이 **전분6등법**과 **연분9등법**이라는 공법을 마련했던 것 기억나시죠? 다음으로 공납(공물)과 관련된 내용을 보죠. 공납은 특산물을 바치는 거예요.

그런데 16세기가 되면서 이 공납 제도가 아주 썩을 대로 썩어요. 왜냐? 사또와 방납업자의 결탁이 있었기 때문이죠. **방납**은 뭐냐면 정상적인 공납을 막는다는 의미입니다. 백성이 어렵게 특산물 구해서 내면 사또가 별의별 이유를 들어 안 받고 오직 방납업자의 물건만 받는 거죠. 방납업자의 물건은 또 아주 비싸요. 그래도 어째요. 울며 겨자 먹기로 방납업자의 물건을 사서 바칠 수밖에요. 방납의 폐단이 심해지자 이이·유성룡 등이 공납을 쌀로 바치자는 **수미법**을 주장하기도 했습니다. 또 명종 때 의로운 도적인 임꺽정이 고통받던 백성들의 편을 들어 주었어요.

## 118 대립 ▶▶ 군역 대상자가 다른 사람에게 대가를 지불하고 자신의 역을 대신하게 하는 것

암기 **방군수포제**                                        기본 ☐  심화 ☑

이번에는 역을 알아보죠. 역에는 군대에 가는 군역과 노동력을 제공하는 요역이 있어요. 조선 초기에는 16세 이상 60세 이하의 모든 양인 남자가 군역의 의무를 졌어요. 그런데 조선 건국과 임진왜란 사이는 큰 전쟁이 없는 평화로운 시기였거든요. 그러다 보니 군대에 가도 훈련을 받을 필요가 없고, 하는 일이 죄다 요역이 됩니다. 이게 **군역의 요역화** 현상이에요. 으악….
일반 백성들 입장에선, 요역에도 동원되고 군대에 가서도 또 요역을 하게 되는 거죠. 그래서 돈(포=옷감)을 내고 군대를 빠집니다. 이걸 **방군수포제**라고 해요.

다른 사람한테 돈을 주고 군역을 대신 지게 하는 대립도 있었어요. 이때 사또들이 또 무리하게 옷감을 요구하죠.

 **결정적 기출 선지**

① 심화된 [＿＿＿＿]의 폐단을 줄이고자 수미법이 주장되었다.

**정답**

방납

# 119 양천제 ▶▶ 신분을 양인과 천인으로 나눈 법제적 신분 제도

현실 반상제    비교 고려 백정(양인) VS 조선 백정(천민)      기본 ☑ 심화 ☑

이번에는 조선 사회를 알아볼까요?
조선은 신분제 사회죠.
성종 때 완성된 『경국대전』에 신분제
규정이 있어요.
어떻게? 양천제로.
양인과 천민으로 나누는 거죠.
양인은 권리도 있고 의무도 있습니다.

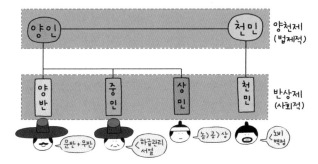

과거에 응시해서 고위 관직으로 나갈 수 있었어요. 물론! 현실적으로는 거의 불가능했죠.
그리고 국가에 조세·공납·역의 의무를 부담했어요.
그런데 이게 시간이 지나면서 양인이 양반·중인·상민으로 분화돼요. 요걸 우리는 반상제라고 합니다.
법적으로는 양천제지만 현실에선 반상제가 운영된 것이지요.

그럼 반상제의 계층들은 뭘 하는 사람들일까요?
양반은 문반과 무반을 합쳐서 이르는 말이죠. 고위 관리들입니다.
중인은 하급 관리예요. 잡과를 통해 선발된 의관과 같은 기술관, 통역을 담당한 역관, 지방 행정을
맡은 하급 관리인 향리, 양반 첩의 자식인 서얼 등이 중인에 속하죠.
상민은 일반 백성들이라고 보시면 됩니다. 대부분 농민들이겠죠. 조선은 농업 국가였으니까요.
천민 중 대다수는 노비입니다. 매매·상속·증여의 대상이었죠.
아! 그리고 고려 백정은 신분이 양인이라고 했죠? 조선 백정은 진짜 소 잡고, 돼지 잡는 일을 하는
천민이랍니다. 특히 노비들은 장례원이라는 기구를 통해 국가의 관리를 받았어요.

그런데 조선에는 조금 특이한 신분이 있어요. 신량역천. 신량역천은 신분은 양인인데 천한 일을 하
는 사람들입니다. 조선판 3D 업종 종사자라고 보시면 됩니다.

 결정적 기출 선지                          정답

① [          ]은 양인 신분으로 천역에 종사하였다.         신량역천

139

## 120 훈민정음 ▶▶ 백성을 가르치는 바른 소리, 조선 시대에 한글이 창제·반포되었을 당시의 공식 명칭

창제 세종                                           기본 ✓ 심화 ✓

**자,** 이제 조선 전기의 문화를 봅시다.

우리나라 국보 제1호는 뭐로 정하면 좋을까요?

솔직히 한글이 되어야 하지 않을까요? 동의 안 해요?

독창성을 인정 받아 유네스코 세계 기록유산으로도 등재되었는 걸요.

아무튼 **세종**은 한글을 창제하죠. 그런데 그거 아세요?

한글 반포에 대해 격렬한 저항이 있었던 거.

중국 한자와 다른 글자를 만드는 것은 있을 수 없는 일이라고 난리였죠.

물론, 중국을 하늘로 여기던 그 시대 상황에선 이해가 됩니다만 왠지 씁쓸….

15세기에는 이렇게 자주적이고 민족적인 문화가 많이 발달한답니다.

이 당시 문화가 집약된 대표적 성과물이 바로 **훈민정음**인 거죠.

세종대왕님! 15세기를 빛내주셔서 감사합니다요.

## 121 칠정산 ▶▶ 한양을 기준으로 만든 우리나라 최초의 역법서

편찬 세종                                           기본 ✓ 심화 ✓

15세기 자주적인 문화의 근거? 또 있어요. 바로 역법서인 『**칠정산**』.

역법은 지금으로 말한다면 달력이에요.

예전에는 이 역법서를 중국에서 받아 왔거든요. 그런데 이 역법서

역시 중국 기준으로 만든 것이니 우리랑 살짝 다르겠죠.

중국 봄의 시작과 우리 봄의 시작이 똑같지는 않으니까요.

그래서 **세종**은 한양을 중심으로 천체 운동을 계산한

역법서를 만들도록 하죠. 바로 『**칠정산**』.

이렇게 15세기는 우리의 경험과 기술을 토대로 한

많은 문화유산들이 나왔답니다.

조선의 하늘은
중국과 다르다.

세종 대왕님
멋져~♥

 **결정적 기출 선지**

❶ 세종이 독창적인 문자인 [        ]을 창제하여 반포하였다.

❷ 세종 때 한양을 기준으로 천체 운동을 계산한 [        ]이 편찬되었다.

**정답**

훈민정음

『칠정산』

## 122 삼강행실도 ▶▶ 모범이 될 만한 이야기들을 엮은 윤리서

편찬 세종

기본 ☑ 심화 ☑

그림책!

조선은 아무래도 성리학의 나라니까
성리학적 윤리를 백성들에게도 전파해야 했어요.
그래서 **세종**은 『**삼강행실도**』를 제작·반포토록 합니다.
세종대왕님의 업적이 정말 끝이 없죠?
책에 실린 내용으로는 충신 이야기, 효자 이야기, 열녀 이야기 등이 있어요.
여기에 상황을 묘사하는 그림을 곁들이고,
쉽게 읽으라고 한글로 내용을 설명합니다.

사실 한글은 어찌 보면 이런 지배층의 윤리를 피지배층에게 전파하기 위한 도구로 활용된 측면도
있답니다. 근데 『삼강행실도』에는 여성의 희생을 강요하는 내용이 많아요.
여성이 정조를 지키기 위해 죽음을 선택한 사례를 골라서 열녀 스티커를 붙여 주거든요.
정부 측에서 여성들에게 죽음을 장려한 걸까요? 성리학 사회에서 여성의 존재는…. 에구.

## 123 농사직설 ▶▶ 조선에서 직접 행해지는 농사 방법에 관해 설명한 책

편찬 세종

기본 ☑ 심화 ☑

세종의 편찬 사업은 계속됩니다.
세종은 늘 우리 자신의 경험을 중시했습니다.
고려 시대에 원에서 들여온 『농상집요』라는 농서가 있었는데
그건 중국의 경험이 녹아들어 간 책이었죠.
그래서 **세종**은 우리의 경험이 녹아들어 간 농서 제작을 지시합니다.
전국 농민들의 노하우를 기록한 농서가 탄생하니 그것이 바로 『**농사직설**』이랍니다.
15세기의 문화적 분위기 자체가 자주적이라고 제가 앞에서 계속 설명드렸죠?
『농사직설』역시 중국과 다른 우리 풍토에 적합한 농사 방법과 농부들의 경험을 정리한
우리식 농사책이랍니다.

농상집요 중국 것

농사직설 우리 것

 **결정적 기출 선지**

❶ 세종 때 충신, 효자, 열녀의 행적을 정리한 [          ]가 편찬되었다.

❷ 세종 때 [          ]을 간행하여 우리 풍토에 맞는 농법을 정리하였다.

정답

『삼강행실도』

『농사직설』

## 124 측우기 ▶▶ 비의 양을 측정하는 기구

왕 세종　　친구 앙부일구, 자격루, 혼천의　　　　　　　　기본 ☑　심화 ☑

세종의 업적은 아직 끝나지 않았습니다.

측우기 알죠? 가만히 보면 뭐 별로 대단한 것 같아 보이지 않죠.

하지만 그 통에 자를 대고 비가 온 양을 차곡차곡 기록한 데이터가 있기에 대단한 거랍니다.

그 데이터를 통해 가뭄이나 홍수를 예측할 수 있었던 거죠.

세종 때에는 **앙부일구**(해시계)·**자격루**(물시계)·**혼천의**·**간의**(천체 관측 기구) 등의 측정 기구도 발명됩니다.

이런 과학 기술의 발달에는 천민 출신 장영실도 한몫하죠.

천민 출신을 발탁해서라도 기술을 발전시키려 했던 세종.

세종 때에는 화약을 달아 쏘는 화살인 신기전도 제작되었고,

화포의 주조법과 화약 사용법을 기록한 『총통등록』도 편찬되었어요.

확실히 15세기는 조선사에서 한 획을 긋는 시대가 아닐까 생각되네요.

깡통으로 서양을 200년이나 앞서다니!

## 125 분청사기 ▶▶ 청자에 흰 흙가루를 바른 다음 문양을 그리고 투명한 유약을 씌운 자기

암기 분청사기(15세기) → 백자(16세기)　　　　　　　　기본 ☑　심화 ☑

15세기의 대표적인 자기인 **분청사기**에서도 그 시대의 분위기가 느껴진답니다.

이 분청사기, 자세히 보면 대박이에요. 그릇 표면에 하얀색 흙으로 분(粉)을 발랐어요.

그리고 그 위에 거칠고 투박한 그림을 그렸어요.

그려진 문양들을 보면 자유분방하고 뭔가 호방한 느낌. 그리고 시원함이 팍팍 느껴진답니다.

붓질도 휙 해 버리고, 하다가 말기도 하고….

자세히 보고 있으면 성리학에 그다지 얽매이지 않았던

15세기 사람들의 분위기가 느껴진다니까요.

그런데 16세기가 되면 성리학을 절대적 기준으로 삼는 사림들이

정권을 잡으면서 이런 분청사기보다는 **백자**가 유행하죠.

16세기 선비들의 고결한 정신을 투영한 듯 아주 깨끗하고

하얀 순백자. 미술은 이렇게 시대를 반영하나 봅니다.

이후에는 또 어떤 자기가 유행하게 될까요?

성리학

호방

하하하

자유분방

## 126 고사관수도 ▶▶ 물을 바라보는 고매한 선비의 모습을 그린 강희안의 산수인물화

암기 고사관수도·몽유도원도(15세기) → 사군자화(16세기)　　기본 ✅ 심화 ✅

15세기 선비의 모습을 보고 싶어요?
보여 드리죠. 바로 **고사관수도**랍니다.
물론 그림 속 선비는 우리나라 사람은 아닙니다.
하지만 15세기의 사회 분위기는 알 수 있어요.

금방이라도 떨어질 것 같은 절벽.
바위 위에 기대어 엎드린 자세로 양팔을 모아
턱을 괸 채 물을 바라보는 선비의 모습. 뭔가 여유로워 보이죠?
물 흐르듯이 살고 싶다는 선비의 마음이 느껴지지 않나요?

이번엔 15세기의 산수를 보겠습니다. 바로 안견이 그린 **몽유도원도**입니다.
몽유도원도란 꿈속에서 노닐던 도원을 그린 그림이라는 뜻이죠.

안견이 세종대왕의 셋째 아들 안평 대군의
꿈 이야기를 듣고 사흘 만에
완성한 그림이라고 합니다.
왼쪽은 현실 세계, 오른쪽은
신선이 사는 세계를 표현했어요.
이 그림에 나오는 산과 강의 모습은
실제의 모습이 아닌 상상의 모습입니다.
꿈에서 본 이상향을 그렸으니 그럴 수밖에요.

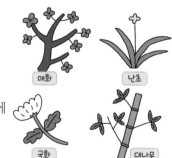

그런데 16세기에는 이런 그림보다는 **사군자화**가 더 유행해요.
16세기는 지조 있게 절개를 지키는 성리학 따봉의 시대이기 때문에
매난국죽(매화·난초·국화·대나무)을 많이 그린 거죠.

매화　　난초　　국화　　대나무

### 결정적 기출 선지

❶ 세종 때 강우량을 측정하기 위한 ☐☐☐ 가 제작되었다.

❷ 15세기에는 청자에 백토의 분을 칠한 ☐☐☐ 가 널리 유행하였다.

❸ 안견이 안평 대군의 꿈을 소재로 그린 그림은 ☐☐☐ 이다.

❹ 16세기에는 매·난·국·죽을 그린 사군자화가 유행하였다. ○ ｜ ✕

**정답**

측우기

분청사기

몽유도원도

○

143

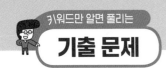

## 01 밑줄 그은 '이 법'에 대한 설명으로 옳은 것은? [2점]

> 신이 생각하기에 이 법은 국초의 법이 아닙니다. 수신전·휼양전을 폐지하고 이 법을 만드는 바람에 지아비에게 신의를 지키려고 하는 자는 의지할 바를 잃게 되었고, 어버이에게 효도하려는 자는 곤궁해져도 호소할 곳이 없게 되었습니다. 이는 선왕(先王)의 어진 법과 아름다운 뜻을 하루 아침에 없앤 것입니다. 원컨대 전하께서는 이 법을 혁파하고 수신전과 휼양전을 회복하도록 하옵소서.

① 생산량의 10분의 1을 조세로 거두었다.
② 풍흉에 관계없이 4두의 조세를 거두었다.
③ 관리가 퇴직하면 토지를 반납하게 하였다.
④ 현직 관리에게만 전지와 시지를 지급하였다.
⑤ 관리에게 녹봉을 지급하고 수조권을 폐지하였다.

## 02 (가) 신분에 해당하는 사람으로 옳은 것은? [1점]

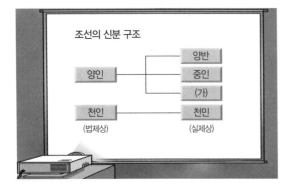

① 시전에서 비단을 파는 상인
② 혜민서에서 질병을 치료하는 의관
③ 과거 공부를 하는 호조 판서의 아들
④ 중국 사신을 맞이하는 조선의 통역관
⑤ 마당을 쓸다가 주인에게 불려가는 노비

## 03 밑줄 그은 '이 왕'의 재위 기간에 있었던 사실로 옳은 것은? [1점]

> 이 서사시는 조선의 건국 시조들을 찬양하고 왕조의 창업을 합리화한 것으로, 이 왕이 정인지, 권제 등에게 명하여 훈민정음으로 편찬하도록 하였습니다.

> 제1장
> 해동의 여섯 용이 나시어서
> 그 행동하신 일마다 모두 하늘이 내리신 복이시니
> 그러므로 옛날의 성인의 하신 일들과 부절을 합친 것처럼 꼭 맞으시니.
>
> 제2장
> 뿌리가 깊은 나무는 아무리 센 바람에도 움직이지 아니하므로, 꽃이 좋고 열매도 많으니
> ......

① 훈련 교범인 무예도보통지가 편찬되었다.
② 전통 한의학을 정리한 동의보감이 간행되었다.
③ 최초로 100리 척을 사용한 동국지도가 제작되었다.
④ 우리 풍토에 맞는 농법을 소개한 농사직설이 간행되었다.
⑤ 각 도의 지리, 풍속 등이 수록된 동국여지승람이 편찬되었다.

## 04 다음 전시회에 전시될 그림으로 적절한 것은? [1점]

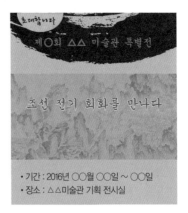

①   ②   ③

④   ⑤

## 01  키워드 115 | 과전법과 직전법  답 ③

자료에서 수신전과 휼양전을 폐지하고 '이 법'을 만들었다고 했어요. 또 선왕의 어진 법과 아름다운 뜻을 하루 아침에 없앤 것이라고 비판합니다. 이 법? 바로 직전법이에요. 조선은 건국 때부터 과전법을 실시하고 있었는데, 세조 때 와서 갑자기 직전법을 실시합니다. 둘의 차이는 무엇일까요? 과전법은 관리가 현직에서 은퇴해도 계속 토지의 수조권을 가지고 있었어요. 게다가 관리가 죽어도 부인이나 자녀들이 먹고 살 수 있도록 수신전과 휼양전의 명목으로 과전의 일부를 다시 지급해 주었죠. 그런데 땅뙈기는 한정되어 있잖아요. 지급할 토지가 부족해지자 퇴직한 관리의 땅은 국가에 반납하게 했죠. 이것이 직전법이랍니다. 수신전과 휼양전도 폐지하고요.

### 바로알기

① 고려의 태조 왕건은 건국 후 취민유도 정책의 일환으로 생산량의 10분의 1을 조세로 거둡니다. 이전까지 호족들이 지나치게 세금을 거두었던 걸 낮춘 거죠.

② 조선 인조 때 처음 시행된 영정법은 그 해의 풍년과 흉년에 관계없이 토지 1결당 쌀 4~6두씩 내게 한 법입니다. 전세를 줄여서 고정해 버린 거에요.

④ 고려의 토지 제도인 전시과 중 경정 전시과입니다. 전시과도 처음에는 전·현직 관리에게 전지와 시지를 지급하다가 토지가 부족해지자 대상을 현직 관리로 축소합니다.

⑤ 16세기 중엽 명종 때 직전법이 폐지되어 관리에게 수조권을 지급하지 않고 녹봉만 지급했답니다.

## 02  키워드 119 | 양천제  답 ①

조선은 고려와 달리 양천제라는 걸 법제화했어요. 모든 백성을 양인과 천인으로 나눈 거죠. 노비가 아닌 사람은 모두 양인이었고 법적으로는 평등했답니다. 그래서 양반, 상민 할 것 없이 모두 교육을 받고 관직에 나아갈 수 있었어요. 조선이 평등 사회였다니 믿기지 않죠? 하지만 실제로는 그렇지 않았어요! 16세기 이후에는 지배층인 양반과 피지배층인 상민을 구별하는 반상제가 일반화되었죠. 양반은 자신들이 상민과 같은 급이라 생각하지 않았어요. 양인은 경제력과 관직의 차이에 따라 양반·중인·상민으로 나뉘어 갔어요. 상민은 대부분 농민이었고, 수공업자와 상인도 있었어요.

### 바로알기

② 의관은 중인에 해당합니다. 과거에서 잡과 중 의과에 합격하면 관직에 진출할 수 있었어요. 요즘 의사랑 같다고 보시면 됩니다.

③ 국가의 재정을 관리하는 호조의 최고 책임자가 호조 판서예요. 아버지가 양반이므로 호조 판서의 아들도 양반에 해당하겠네요.

④ 통역관 역시 중인에 해당해요. 의관과 마찬가지로 기술 관청 소속입니다.

⑤ 노비는 천민에 속합니다. 개인이나 국가 소속으로 신분이 자유롭지 못했답니다.

## 03  키워드 120 | 훈민정음  답 ④

처음 보는 자료여서 당황하셨나요? 걱정 마세요. 문제에 힌트가 있거든요. 바로 훈민정음! 우리 세종대왕께서 창제하신 훈민정음, 즉 한글이죠. 세종은 집현전 학자들과 함께 훈민정음을 창제했어요. 참고로 제시된 자료는 조선의 건국 시조들을 찬양하는 노랫말을 담은 『용비어천가』라는 책입니다. 세종은 훈민정음 이외에도 백성들에게 필요한 책이나 기술을 개발하려고 많이 노력했어요. 대표적으로 우리 현실에 맞는 농사법을 소개한 『농사직설』이 있죠. 전국에 관리를 파견하여 농민들을 직접 만나, 그들의 노하우를 모아서 편찬한 책이랍니다.

### 바로알기

① 훈련 교범인 『무예도보통지』는 조선 정조 때 편찬되었어요.

② 허준은 선조의 명을 받아 『동의보감』을 저술하기 시작하였고, 광해군 때 완성하여 의학 발전에 큰 공헌을 합니다.

③ 영조 때 정상기가 최초로 100리 척 축척을 사용하여 동국지도를 제작하였어요.

⑤ 각 군현의 위치와 역사, 면적, 인구, 특산물 등 상세한 정보를 담은 『동국여지승람』은 조선 성종 때 편찬되었어요.

## 04  키워드 126 | 고사관수도  답 ①

미술관에서 특별전이 열렸어요. 주제는 '조선 전기 회화를 만나다' 조선 후기 회화는 많이 알려져 있지만, 조선 전기는 상대적으로 그렇지 않죠. 그래서 더 기대되는 전시회입니다. 어떤 그림이 전시될지 미리 알아보고 가는 것도 재미있겠죠? 조선 전기 작품들은 많이 남아 있진 않지만 주목할 작품들이 있어요. 대표적으로 안견의 몽유도원도와 강희안의 고사관수도 등이 유명합니다. 현실 세계와 이상 세계를 조화롭게 묘사한 몽유도원도에는 신선이 사는 이상 세계가 그려져 있어요. 몽환적인 느낌이 매력적이죠. ① 인물의 내면을 잘 묘사한 고사관수도에는 선비가 수면을 바라보며 무념무상에 잠긴 모습이 과감한 필치로 그려져 있습니다. 유유자적하고 자유분방한 선비의 모습이네요. 부러워라~!

### 바로알기

② 조선 후기에 정선이 그린 금강전도입니다. 자연을 직접 돌아보고 사실적으로 그린 진경 산수화죠.

③ 조선 후기 강세황의 영통동구도예요. 서양 수채화 기법을 동양화와 접목하고 원근법을 도입해 사물을 실감나게 표현했어요.

④ 조선 후기의 풍속화가인 신윤복이 그린 단오풍정이에요. 신윤복은 양반의 위선적인 행각과 남녀 사이의 애정 등을 감각적이고 해학적으로 묘사했어요.

⑤ 조선 후기 김정희가 그린 세한도라는 문인화입니다. 여백의 미가 돋보이는 작품이죠.

## 127 사대교린
▶▶ 세력이 강하고 큰 나라를 받들어 섬기고, 이웃 나라와
대등한 입장에서 사귀어 국가의 실리를 추구하는 외교

암기 쓰시마섬 정벌 　　　　　　　　　　　　　기본 ☐ 심화 ✓

**조선의** 외교 원칙은 한마디로 **사대교린!**
'명에는 사대하고, 주변국인 일본·여진과 교류하며
지낸다.'죠.
사대하면 많은 사람들이 부정적으로 생각하는데요.
조선이 실시한 사대는 "무조건 중국 최고!"라고
하는 건 아닙니다. 신생국 조선의 국내외적인 안정
을 위해서 강대국인 중국의 인정을 받으려 했던 거죠.
중국의 선진 문물을 받아들여 국가의 실리도 취하고요.
교린은 당근(온건책)과 채찍(강경책)을 동시에 구사하는 겁니다.
일본에 대한 채찍 정책으로 세종 때 **쓰시마섬을 정벌**하죠. 이종무를 시켜 왜구를 소탕하게 합니다.
그리고 교역도 중단시킵니다.
동시에 일본의 요구도 들어줍니다. 일본에게 준 당근은 뭐였는지 아래에서 확인하시죠.

섬길 **사**　　큰나라 **대**　　교류할 **교**　　이웃 **린**

## 128 3포 왜란
▶▶ 부산포·제포·염포 등 3포에서 거주하고 있던
왜인들이 대마도주의 지원을 받아 일으킨 난

연도 1510 　　　　　　　　　　　　　　　　기본 ☐ 심화 ✓

일본은 교역을 원합니다. 그래서 세종은 부산포(부산)·제포(창원)·염포
(울산) **3포**를 열어줍니다. 왜관도 설치하고요. 또 **계해약조**를 체결하여
제한된 범위 내에서 쓰시마섬과의 무역을 허가합니다.
15세기에는 일본과 교린 관계가 잘 이루어졌어요.
그런데 16세기가 되면서 "이것들이 미친 거 아냐?"라고 말할 정도의
상황이 나타납니다. 들고일어나는 거예요.
그러니까 일본은 3포에서 이루어지고 있는 무역량으로는 부족하다고 여긴 거죠.
더 원한다! 더 달라! 이겁니다.
이렇게 일본인들이 자꾸 폭동을 일으켜서 수차례 교역이 중단되기도 했어요.
특히 1510년 중종 때에는 대규모 폭동인 **3포 왜란**이 일어났답니다.
가까스로 해결은 되었지만 16세기 조선과 일본의 불행한 역사의 전주곡이
울렸다는 데서 심각성이 컸죠. 그런데 결국 더 큰 사단이 벌어집니다.
명종 때인 1555년 **을묘왜변**이 터졌습니다. 이건 거의 임진왜란의 전초전이라고 할 정도였어요.
일본의 심상치 않은 움직임…. 곧 그때가 됩니다.

무역량이
부족해!

더 줘!

3포 왜란

# 129 4군 6진 ▶▶ 세종 때 설치한 압록강 일대의 4군과 두만강 일대의 6진

인물 최윤덕(4군), 김종서(6진)                    기본 ☑ 심화 ☑

이번에는 여진과의 관계를 한번 살펴보죠. 역시 채찍과 당근.
우선 당근으로는 국경 지방인 경성과 경원에 무역소를 두고
교역을 가능하게 해 주었어요.

채찍으로는 세종 때의 **4군 6진** 개척이 있습니다.
여진이 계속 우리 영토에 침범해 약탈을 일삼았거든요.
4군은 압록강 일대를 말합니다. **최윤덕**이 4군.
6진은 두만강 일대로 **김종서**가!
여진을 내쫓고 이 지역을 개척한 결과 지금의 우리 한반도
지도와 거의 유사한 영토 경계선을 확보하게 되죠.

4군 6진을 개척했으니 지켜야겠죠?
4군 6진 지역을 지켜 내기 위해 남쪽 지역에 살고 있던
조선 백성들을 북방으로 이주시키는 **사민 정책**을 추진합니다.

이 험한 지역에 와서 살아야하니 얼마나 힘들었겠어요.
그래서 이 지역에서는 관리 선발에 있어 토착민을 임용토록
했습니다.
이게 바로 **토관제**입니다.
원래 조선은 어느 지역의 관리를 임명할 때, 그 지역 출신은
제외한다는 원칙을 가지고 있었거든요.
하지만 이 지역만큼은 예외.
이 지역을 잘 아는 사람이 민심을 수습하고 잘 다스리라는
의미에서 토관제를 시행한 것입니다.

## 결정적 기출 선지

| | 정답 |
|---|---|
| ① 세종 때 이종무가 왜구의 근거지인 [        ]을 정벌하였다. | 쓰시마섬 |
| ② 세종 때 [        ]가 체결되어 일본과의 제한된 무역이 허가되었다. | 계해약조 |
| ③ 중종 때 3포에 거주하는 왜인들이 무역량을 확대해 달라며 [        ]을 일으켰다. | 3포 왜란 |
| ④ 세종 때 여진을 몰아내고 [        ]을 설치하여 북방 영토를 개척하였다. | 4군 6진 |

# 130 임진왜란 ▶▶ 1592년부터 1598년까지 두 차례에 걸쳐 왜군이 조선을 침략한 전쟁

암기 평양성 탈환, 행주 대첩, 명량 대첩

기본 ✓ 심화 ✓

16세기 3포 왜란, 을묘왜변으로 불안 불안하더니
결국 터졌습니다. **임진왜란.**
일본을 통일한 도요토미 히데요시는 조총을 앞세워
파죽지세로 부산에서부터 밀고 올라오죠.
사실 조총 자체는 그리 대단하지 않았대요.
한 번 발사한 후에 장전하는 시간이 오래 걸렸죠.
이 문제를 해결한 사람이 바로 도요토미 히데요시입니다.
진영을 짜서 바로 공격할 수 있게 한 것이죠. 신립 장군이
충주 탄금대에 배수진을 치고 항전했으나 역부족이었어요.
선조와 양반들은 허둥지둥 의주로 도망갑니다.
늘 백성의 부모라 자처하던 양반네들의
이런 모습은 이제 조선 후기 사회를 변화시킬 것입니다.

**임진왜란의 전개**

**왜군의 침략과 선조의 의주 피난**

어쨌건 육지에서 조선군은 연전연패.
하지만 바다에서는 달랐습니다.
**이순신** 장군의 수군과 거북선이 딱 버티고 있었기 때문이죠.
그리고 육지에서도 구원군이 등장합니다.
바로 전국 각지에서 자발적으로 일어난 **의병**들이죠.
의병장들의 활약으로 일본의 기세를 꺾어 놓았죠.

**의병과 수군의 활약**

때마침 명의 지원군도 조선에 다다르니 함께 **평양성**을
**탈환**합니다. 거기다 **권율** 장군이 **행주 대첩**에서
크게 승리하면서 전쟁의 판도가 뒤집힙니다. 결국 휴전.
그러나 휴전 협상 결렬. 그리고 다시 전쟁.
이걸 **정유재란**이라고 하죠.
바로 이 정유재란 때 우리의 **이순신** 장군이
"신에게는 아직 12척의 배가 남아 있사옵니다."라며
일본 배 130여 척을 깨부순 **명량 대첩**이 벌어진답니다.

**정유재란 중 이순신의 명량 대첩**

### 결정적 기출 선지

❶ 임진왜란 당시 조·명 연합군이 [            ] 전투에서 승리하였다.

❷ [            ] 이 행주산성에서 왜군을 크게 물리쳤다.

정답

평양성

권율

# 131 통신사 ▶▶ 조선 시대에 일본에 보냈던 외교 사절단

국가 조선-일본          기본 ☑ 심화 ☑

임진왜란의 원흉 도요토미 히데요시가 죽고, 승기가 꺾인 일본은 결국 물러납니다.

사실 조선은 임진왜란 초기에만 패했고, 이후에는 계속 승리를 거두었어요.

하지만 일본이 물러간 후의 우리 국토는 전쟁의 여파로 꼴이 말이 아니었어요.

사람도 많이 죽고 경복궁·불국사·사고와 같은 소중한 문화재들도 소실돼버렸죠.

전쟁의 결과는 이렇게 참혹하답니다.

한편 새롭게 들어선 도쿠가와 이에야스의 에도 막부는 조선에게 우호 관계를 요청합니다.

임진왜란에 참여하지 않은 도쿠가와는 자신은 도요토미와는 다르다며 조선에 손을 내밀었죠.

에도 막부의 국교 재개 요청

조선은 다시 교린 정책으로 들어갑니다.

우선 **기유약조**를 체결해 국교를 재개해요. 부산에 왜관을 설치하고 제한된 범위 내에서 무역을 허용해 줍니다.

또 막부의 요청으로 **통신사**를 파견합니다.

통신사는 외교 사절의 역할뿐 아니라 중국과 조선의 선진 문물을 일본에 전달해 주는 역할을 했어요.

이게 일본에 상당한 영향을 끼쳤어요.

또 에도 막부는 자신들의 권위를 인정받기 위한 수단으로 통신사를 활용하기도 합니다.

통신사 파견

조선은 1607년부터 1811년까지 약 200년 동안 12번이나 통신사를 파견했어요.

막부는 통신사를 아주 극진하게 대접하였고, 그 인기도 어마어마했다고 해요. 대박!

그런데 그거 잊지 마세요.

개항 후 조선이 일본에 보낸 수신사는 통신사와는 전혀 다르다는 것을요.

수신사는 일본을 통해 서양의 문물을 조선에 전달하는 역할을 할 겁니다.

---

 **결정적 기출 선지**

❶ 임진왜란 이후 [　　　　　]의 체결로 일본과의 국교가 재개되었다.

❷ [　　　　　]는 일본 막부의 요청으로 파견되어 조선의 선진 문물을 일본에 전파하였다.

정답

기유약조

통신사

# 132 광해군 ▶▶임진왜란 이후 나라를 다시 일으키기 위해 노력한 왕

업적 『동의보감』 편찬, 중립 외교　　　　　　　　　　기본 ✔ 심화 ✔

그런데 조선과 일본이 임진왜란으로 박 터지게 싸우는 사이 여진이 무지하게 성장해 버립니다.
후금이라는 나라까지 세우며 북방에서 우리를 위협하죠.
그 큰 대륙에서 점점 대세가 되어 가고 있었어요.
명 역시 자리를 뺏기지 않기 위해선 후금을 무조건 막아야 하는 상황.
그래서 명이 임진왜란 때는 자기네들이 도와주었으니 이번엔 조선이 도우라고 합니다.

이때 조선의 왕이 **광해군**. 여기서 잠깐! 광해군에 대해서 먼저 좀 알아볼까요?
광해군은 선조의 서자였고, 심지어 첫째 아들도 아니었어요.
일종의 비정규직.
이 때문에 임진왜란 때 열심히 일했지요.
방계 왕족이라는 아킬레스건을 가지고 있던 선조는 자신의 아들만큼은
적장자로서 왕위를 잇게 하고 싶었어요. 이때 정규직이 등장하니 바로
영창 대군. 이후 선조는 광해군을 노골적으로 무시합니다.
이러한 선조의 괄시 속에서 광해군은 무려 17년을 버텼습니다.

그 놈의 정통,
정통... 정통.
정통성!

광해군

결국 선조가 죽고 왕위에 오른 광해군은 국정을 의욕적으로 운영합니다.
전란 후 나라를 다시 일으키기 위해 **대동법**을 실시하여 백성들의 세금 부담을 줄여 주고자 했고요,
왜란 중 선조의 명으로 편찬하기 시작한 허준의 『**동의보감**』도 광해군 때 완성됩니다.
그런데 이 와중에 명을 도와줬다가는 다시 전쟁이잖아요. 완전 고민 빵빵.
지는 해인 명에 줄을 서느냐, 뜨는 해인 후금에 줄을 서느냐, 이것이 문제로다.
"그래. 결정했어." 광해군은 조선군을 이끌고 후금을 치러 갈 강홍립을 불러 조용히 말하죠.
적당히 상황을 보고 재주껏 대처하라고.
둘 다 놓칠 수 없었던 광해군의 선택!
이게 진정한 실리 외교죠.
결국 강홍립은 후금의 기세가 엄청난 것을
확인하고 항복합니다.
이것이 바로 광해군의 **중립 외교**랍니다.

조선군이
무릎 꿇어
항복하는군.

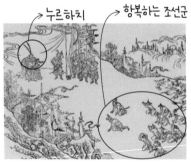

→ 누르하치　　→ 항복하는 조선군

 **결정적 기출 선지**

① 광해군 때 전통 한의학을 정리한 허준의 [　　　　　] 이 편찬되었다.

② 광해군은 명과 후금 사이에서 [　　　　　] 정책을 추진하였다.

**정답**

『동의보감』

중립 외교

# 인조반정 ▶▶ 서인 일파가 정변을 일으켜 광해군을 폐위하고 인조를 왕위에 앉힌 사건

연도 1623   암기 친명배금 정책

기본 ☐   심화 ✔

명을 저버린 광해군의 중립 외교.
성리학의 나라인 조선에서 당연히 엄청난 반발이 일어납니다.

무어라? 임진왜란 때 망한 것이나 마찬가지인 조선을 도와준 부모와도 같은 나라인 명을 배신하
고 짐승 같은 오랑캐 후금에게 항복해? 있을 수 없는 일이다. 광해는 우리의 왕이 아니다.
그러고 보니 광해는 자신의 이복동생인 영창 대군을 죽였으며, 자신의 어머니인 인목 대비를
폐위시키지 않았는가. 윤리와 의리라고는 눈곱만큼도 없는 인간이다. 폐위시키자!

**서인** 세력이 폐위를 계획하고 주도합니다.
서인은 이 반정을 성공시키면서 광해군의 자리에 인조를 앉히죠. 이것이 바로 **인조반정**입니다.
이후 정권은 서인의 손아귀에 떨어지고, 서인은 **친명배금 정책**을 펼칩니다. 인조와 함께요!
그런데 인조반정 당시, 이괄이라는 무신이 큰 공을 세웠어요.
반정이 성공했잖아요. 하지만 화살이 거꾸로 날아와요. 오히려 역모를 꾀했다는 오해를 받죠.
이런 상황에 가만히 있겠어요? 폭발한 이괄은 난을 일으켜요.
그런데 이 이괄의 난을 계기로 후금이 침략해 옵니다. 이걸 **정묘호란**이라고 해요.
왕은 또, 또, 또! 강화도로 도망을 갑니다. 다행히 정봉수(용골산성)와 이립(의주)의 활약으로 이번
엔 형제의 맹약을 맺는 정도로 후금이 물러납니다. 하지만 조선은 곧 참담한 사태를 맞이할 거예요.

인조반정으로
왕위에 오른 인조

친명배금 정책을 펼치는
인조와 서인 정권

정묘호란 발발

 **결정적 기출 선지**

❶ 인조는 [          ] 정책을 내세워 후금을 적대시하였다.

❷ [          ] 이 일어나자 정봉수가 용골산성에서 항전하였다.

**정답**

친명배금

정묘호란

# 134 병자호란 ▶▶ 병자년에 청의 침입으로 일어난 전쟁

연도 1636　결과 남한산성 피신 → 삼전도의 굴욕　　　기본 ☑　심화 ☑

점점 힘이 더 강해진 후금은 나라 이름을 **청**으로 바꾸고, 조선에 군신 관계를 요구합니다.
이 위기의 순간에 윗분들은 "오랑캐와의 군신 관계가 말이 되냐!"라며 청의 군신 관계를 거절하고
청과 싸우자는 주전파와 청과의 화친을 주장하는 주화파로 나뉘어 대립합니다.
점점 주전파로 분위기가 기울어지자 결국 청이 압록강을 넘어 한성까지 거침없이 내려옵니다.
이것이 **병자호란**. 압록강을 건넌 지 닷새 만에 도성이 함락됩니다. 아이고….
인조는 부랴부랴 **남한산성으로 피신**했지만 버틸 힘이 없었죠.

결국 최명길이 항복 문서를 써서 청에 바치고 인조는 청 태종에게 삼배구고두례(세 번 절하고
아홉 번 머리를 조아리는 항복 의식 행위)를 행하고 청과 군신 관계를 맺게 됩니다.
왕은 이마에 피가 날 정도로 쿵, 쿵, 쿵…. 땅에 이마를 찧었다고 합니다.
**삼전도의 굴욕**. 이보다 더 굴욕적인 일이 있을까요?
인조의 두 아들인 소현 세자와 봉림 대군도 청에 인질로 끌려갔죠.
무엇보다 의리와 명분만 지키려다 백성들만 줄초상 냈다는 사실을 기억하시라. 나쁘다.

후금이 나라 이름을 청으로
바꾸고 군신 관계 요구

조선이 군신 관계를
거부하자 병자호란 발발

남한산성으로
피신한 인조

청에 항복한 인조

청에 인질로 끌려간
소현 세자와 봉림 대군

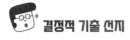 **결정적 기출 선지**

❶ 청이 쳐들어 오자 인조는 [　　　　　]으로 피신하여 청군과 항전을 벌였다.

 정답

남한산성

## 135 북벌 운동 ▶▶ 청을 쳐서 명에 대한 의리를 회복하자는 운동

인물 효종, 송시열, 이완　　　　　　　　　　기본 ☑ 심화 ☑

그런데 청에 인질로 잡혀간 **소현 세자**가 너무 적응을
잘합니다. 청에서 서양 기술에도 많은 관심을 가져
청에 원수를 갚자고 하기는커녕 서양 물건들을 들고
인조 앞에 짜잔 하고 나타나죠. 인조 완전 열 받죠.
그런데 소현 세자가 의문스럽게 죽어요.
그래서 둘째 아들인 봉림 대군이 뒤를 잇게 되는데
그가 **효종**입니다. 효(孝)를 다한 왕이지요.
아버지의 원수! 청을 치겠다는 **북벌 운동**을 했거든요.
북벌 운동을 지지하는 송시열, 이완과 함께 전쟁 준비를 하죠.
하지만 효종이 죽자 북벌 운동의 'ㅂ' 자도 유야무야 사라집니다.
군비 증강은 했는데 시도한 적은 없다는…. 오히려 청이 러시아를 치는 걸 도와줬다는(나선 정벌)….

## 136 북학론 ▶▶ 청의 선진 문물을 배우자는 주장

인물 소현 세자, 박지원, 박제가　　　　　　　기본 ☐ 심화 ☑

소현 세자는 선견지명이 있는 사람이었습니다.
사실 청의 발전상은 어마어마했거든요.
그러면서 일부 학자들 사이에서 청을 증오의 대상으로만
보지 말고 배움의 대상으로 보자는 분위기가 형성됩니다.
이걸 **북학론**이라고 합니다.
청에 다녀와 배울 건 배우자고 주장하는
북학파들이 18세기에 많이 활약하게 됩니다.
17세기가 북벌의 시대였다면 18세기는 북학의 시대.

아예 180° 바뀐 거죠. 이런 뿌리에서 실학자들이 나오기도 합니다.
북학파의 대표적인 인물로 **박지원, 박제가**가 있습니다. 뒤에서 자세히 배울 거예요.

---

 **결정적 기출 선지**

❶ 효종·송시열 등의 주도로 명의 은혜를 갚고 청을 정벌하자는 [        ]이 추진되었다.

**정답**

북벌 운동

153

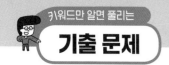

## 01 (가), (나) 사이의 시기에 있었던 사실로 옳은 것은?
[2점]

(가)
행주산성에서 패한 왜군이 명과 강화 교섭을 재개했다네.
우리 군사들이 전열을 정비할 수 있는 기회가 되겠군.

(나)
지난 달 왜군이 본국으로 철수하여 전쟁도 끝났다네.
전쟁 때 끌려간 사람들도 돌아올 수 있게 된다면 좋겠군.

① 조·명 연합군이 평양성을 탈환하였다.
② 이괄의 반란 세력이 도성을 점령하였다.
③ 신립이 탄금대에 배수진을 치고 항전하였다.
④ 이순신이 명량에서 왜의 수군을 대파하였다.
⑤ 정봉수와 이립이 의병을 이끌고 활약하였다.

## 02 다음 서술형 평가의 답안에 들어갈 내용으로 옳은 것은?
[1점]

**서술형 평가**    ○학년 ○○반 이름: ○○○

◎ 조선이 에도 막부의 요청을 받아들여 파견한 사절단에 대하여 서술하시오.

사절단의 행렬 모습과 이동 경로

답안

① 매년 정기적으로 파견되었다.
② 민영익이 전권대신으로 참여하였다.
③ 을사늑약의 부당성을 알리려고 하였다.
④ 농법을 집대성한 농상집요를 처음 들여왔다.
⑤ 조선과 일본 간 문화 교류의 역할을 하였다.

## 03 (가)~(다) 학생이 발표한 내용을 일어난 순서대로 옳게 나열한 것은?
[3점]

한국사 발표 대회
주제: 호란의 전개 과정

후금의 군대 3만 명이 쳐들어오자 국왕은 강화도로 피난하였습니다.

조선은 청의 침략에 맞서 남한산성에서 항전하였습니다.

청 태종이 황제를 칭하고 조선에 군신 관계를 요구하였습니다.

(가)        (나)        (다)

① (가) - (나) - (다)      ② (가) - (다) - (나)
③ (나) - (가) - (다)      ④ (나) - (다) - (가)
⑤ (다) - (나) - (가)

## 04 밑줄 그은 '이 전쟁' 이후에 일어난 사실로 옳지 않은 것은?
[3점]

사진은 이 전쟁 당시 순절한 김상용을 기려 세운 순의비입니다. 그는 청이 쳐들어오자 왕명을 받아 종묘의 신위를 모시고 강화도로 피난했으나, 강화성이 함락되자 남문루에서 화약을 쌓아놓고 불을 붙여 순절하였습니다.

① 조총 부대가 나선 정벌에 동원되었다.
② 청을 정벌하자는 북벌 운동이 추진되었다.
③ 4군 6진을 설치하여 북방 영토를 개척하였다.
④ 소현 세자와 봉림 대군 등이 청에 인질로 끌려갔다.
⑤ 청과의 교류를 통해 서양의 과학 기술이 전래되었다.

## 01 키워드 130 | 임진왜란  답 ④

임진왜란에 관한 문제가 나왔어요. 영화 '명량'을 통해 더 많은 사랑을 받았던 민족의 영웅인 이순신 장군이 생각나죠. 첫 번째 대화는 행주 대첩이 끝난 후 명과 일본이 휴전 협상을 전개했던 시기네요. 전쟁 초기에는 조선이 맥을 못 췄습니다. 그러나 이순신 장군과 의병의 활약으로 반격을 때리죠. 때마침 명의 지원군이 도착하여 평양성을 탈환하고 권율 장군이 활약한 행주 대첩의 승리로 일본의 기세를 꺾고 휴전에 들어갈 수 있었어요. 그러나 휴전 협상이 결렬되고 다시 전쟁이 일어났으니 바로 정유재란입니다. 여기서 다시 한 번 이순신 장군이 활약합니다. 단 12척의 배로 일본 배 130여 척을 깨부수었던 명량 대첩이 벌어지죠. 명량 대첩 전날 이순신 장군은 후대에 길이 남을 말을 남기지요. "죽고자 하면 살 것이요, 살고자 하면 죽을 것이다." 소름 돋아요. 결국 정유재란을 끝으로 일본을 물리칩니다. 두 번째 대화에서 왜군이 모두 철수하여 전쟁이 끝난 얘기를 하고 있네요.

### 바로알기

① 전쟁 초기 수세에 몰렸던 조선은 명의 도움으로 평양성을 탈환합니다. 행주 대첩 이전의 사실이에요.

② 이괄은 인조반정 때 군대를 이끌고 광해군을 축출하여 공신이 되었지만 공신 간의 갈등에 휘말려 모함을 받았죠. 그리하여 부하들을 이끌고 난을 일으켰습니다. 이를 계기로 후금이 침략했죠.

③ 신립의 탄금대 전투는 행주 대첩 이전, 임진왜란 초기에 일어난 사건입니다.

⑤ 정묘호란 당시 정봉수와 이립은 의병을 일으켜 후금에 맞서 싸웠습니다.

## 02 키워드 131 | 통신사  답 ⑤

조선의 한성에서 일본의 에도까지 왕복 4,000km의 거리를 오간 사신의 행렬이 있었으니, 바로 조선의 통신사였어요! 임진왜란이 끝난 후 도쿠가와 이에야스의 에도 막부는 조선에 우호 관계를 요청해요. 임진왜란을 일으킨 원흉 도요토미 히데요시는 그만 잊어버리라고 하죠. 그리고 선진 문화를 받아들이고 막부의 수장인 쇼군(장군)이 바뀔 때마다 정권의 권위를 인정받기 위해 통신사 파견을 요청합니다. 이에 조선은 1607년부터 1811년까지 약 200년 동안 12번이나 통신사를 파견했답니다. 일본은 이들을 국빈으로 예우했지요. 통신사는 외교 사절이었을 뿐 아니라 선진 문화의 전파자로서 일본의 문화 발전에 상당한 영향을 끼쳤답니다.

### 바로알기

① 통신사는 막부의 요청이 있을 때 비정기적으로 파견했어요.

② 민영익이 전권대신으로 파견된 것은 미국에 사절단으로 갔던 보빙사예요. 보빙사는 214쪽에서 만날 수 있어요.

③ 고종은 을사늑약의 부당함을 알리기 위해 네덜란드 헤이그에서 열린 만국 평화 회의에 특사를 파견했습니다. 헤이그 특사에 대해 더 알고 싶다면 240쪽으로!

④ 『농상집요』를 처음 들여온 것은 고려 말 이암이었어요.

## 03 키워드 134 | 병자호란  답 ②

호란의 전개 과정을 물어보는 문제예요. 자료 속에 답이 있죠. 학생들이 발표한 내용 중에서 국가의 명칭에 주목하여 문제를 해결해야 해요. 여진이 세운 금, 후금이 청으로 나라 이름을 바꾸었다는 사실을 떠올리시면 됩니다. 인조반정으로 광해군이 쫓겨나고 친명배금 정책이 추진되자, 후금은 이를 빌미로 조선을 침략합니다. 명과 친하고 금을 배척하겠다니 후금 입장에서는 침략의 명분이 만들어진 거죠. 결국 1627년 정묘호란이 발발합니다.

(가) 인조는 강화도로 피신하였고, 관군과 의병이 맞서 싸웠지만 한계가 있었어요. 다행히(?) 후금이 명과의 전투가 더 중요했기 때문에 조선 정부와 형제 관계를 맺는다는 조약을 체결하고 군대를 철수시킵니다.

(다) 이후 국력이 더욱 커진 후금이 청으로 국호를 바꾸고 조선에 군신 관계를 요구하였어요. 그러나 당시 조선의 조정은 청에 대해 주화론보다는 주전론의 입장이 강했죠. 결국 1636년 병자호란이 발발합니다.

(나) 조선은 청의 침략에 맞서 남한산성에서 항전하였지만, 결국 버티지 못해요. 군사력의 압도적인 열세는 어쩔 수가 없었던 거죠. 결국 인조가 삼전도에 나가 직접 항복합니다.

따라서 순서대로 배열하면 (가)-(다)-(나)네요.

## 04 키워드 135 | 북벌 운동  답 ③

김상용은 병자호란 당시 강화성에서 순국한 인물이에요. 잘 알려진 인물은 아니지만 그의 충절과 의리는 오래도록 기억에 남으면 좋겠네요. 어쨌든 병자호란은 삼전도에서의 굴욕적인 항복으로 막을 내립니다. 인조의 아들 효종(봉림 대군)은 8년간 인질 생활을 경험하죠. 그 기간 동안 얼마나 이를 바득바득 갈았겠어요! 조선에 돌아와 왕이 된 뒤로 각오를 다집니다. 아버지의 원수인 청, 네 이놈들을 모조리 부숴 버리겠어!! 그러고는 자기와 뜻이 맞는 송시열, 이완 등을 중용하고 전쟁 준비에 들어갔어요. 성곽을 쌓고 조총과 같은 무기를 만들기 시작했죠. 하지만 청은 날로 강성해져 갔고 효종마저 죽게 되면서 북벌 운동은 어느새 쏙 들어가 버립니다. 한편, 효종 때 청을 정벌하려고 만든 조총 부대가 청의 지원 요청으로 러시아군을 정벌하러 나섭니다. 이후 청과의 교류가 활발해지면서 서양의 과학 기술이 전래되기도 했고요. 이 또한 역사의 아이러니죠!

### 바로알기

③ 세종 때 김종서와 최윤덕을 보내 북방의 여진을 토벌하고 4군과 6진을 개척하게 합니다. 최윤덕이 4군, 김종서가 6진. 이로 인해 오늘날의 국경선이 확보되었어요.

# 조선 후기

• 새로운 패러다임의 시작 •

1. 통치 체제의 변화와 붕당 정치의 전개
2. 수취 체제의 변화와 상품 화폐 경제의 발달
3. 조선 후기 사회 변화와 문화의 발달
4. 사회 변혁의 움직임과 세도 정치

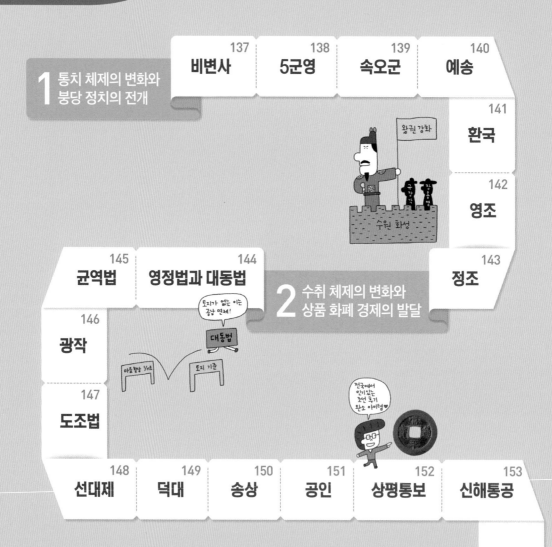

양반이
주인종 아냐?

정신 차려
서민이야!

한글 소설

참고로 난
몰라 양반이거든
그래서 눈에
뵈는 게 없어!

못 살겠다
갈아보자!

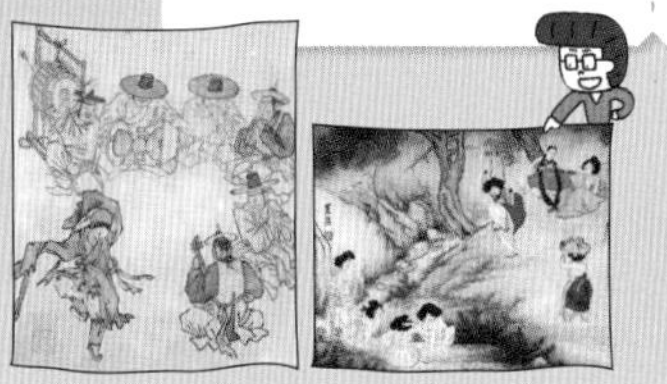

# 137 비변사 ▶▶ 조선 시대에 변방의 적들에 대비하기 위해 만든 관청

기능 임시 기구(3포 왜란) → 상설 기구(을묘왜변) → 국정 총괄 기구(임진왜란)  기본 ☐ 심화 ✓

**비변사의 기능 강화**

3포 왜란 때 임시 기구로 설치

을묘왜변을 계기로 상설 기구화

임진왜란을 거치며 국정 총괄 기구로 부상

세도 정치 시기 외척의 권력 기반

**자!** 이제 조선 후기 정치로 가 봅시다.

**비변사**는 **3포 왜란** 때 설치된 임시 회의 기구였어요. 잦은 변란이 벌어지다 보니 정부로서는 신속하게 이에 대처할 필요성을 느꼈죠.

그래서 '변방을 늘 대비하며 준비할 수 있는 기구'로 비변사를 만든 겁니다.

아, 왜 난리가 터져서 신속히 결정을 내려야 하는데 절차를 밟다 보면 때를 놓칠 수 있잖아요. 그래서 고위 관료들이 비변사에 모여 국방상 중요한 일을 한 큐에 신속하게! 결정하였죠.

이때까지 비변사는 **임시 기구**였습니다. 그러다 명종 때 **을묘왜변**이 터지면서 늘 설치되어 있는 **상설 기구**가 됩니다. 그리고 **임진왜란**을 거치면서 구성원, 조직, 기능이 확대되죠. **국정 총괄 기구**가 되어 중요성이 더욱 커지게 된 겁니다. 반면에 의정부와 6조의 기능은 약화되고 왕권도 위축됩니다.

조선 후기 외척들이 판을 치는 **세도 정치** 시기가 되면 비변사가 **외척 세력의 권력 기반**이 됩니다. 흥선 대원군 시기가 되어서야 그 힘이 약화된답니다. 물론 그 전까지는 건재하죠!

 **결정적 기출 선지**

❶ _____는 명종 대에 을묘왜변을 계기로 상설 기구가 되었다.

❷ 비변사는 _____을 거치면서 국정 총괄 기구로 부상하였다.

**정답**

비변사

임진왜란

## 138 5군영 ▶▶ 조선 후기 서울과 외곽 지역을 방어하기 위해 편제된 다섯 개 군영의 총칭

구성 훈련도감·어영청·총융청·수어청·금위영　　　　　　기본 ☐ 심화 ☑

임진왜란 중 휴전기가 있다고 했죠? 휴전기가 끝나면 다시 정유재란.
정유재란 때 이순신의 명량 대첩 기억나죠?
요 휴전기 때 조선은 군대를 정비합니다.
중앙에는 **훈련도감**을, 지방에는 속오군을 편성해요.
우선 훈련도감부터 볼게요.
이 부대가 특이한 게 대부분 **직업 군인**들이라는 겁니다.
국가가 백성들에게 걷은 포를 이들에게 월급으로 주는 거죠.
훈련도감은 왜군에 대항하기 위한 조총 부대인 포수, 창과 칼을 쓰는 살수,
활을 쓰는 사수를 합쳐서 **삼수병**으로 구성됩니다.
이렇게 해서 다섯 개 중 첫 번째 중앙군인 훈련도감이 만들어집니다.
이후 **어영청·총융청·수어청·금위영** 이렇게 네 개의 중앙군이 만들어지죠. 합이 **5군영**.
어영청·총융청·수어청은 인조 때, 금위영은 마지막으로 숙종 때 설치되었어요.

우리는 직업 군인! 5군영 훈련도감 중앙

## 139 속오군 ▶▶ 조선 후기 양인과 천민으로 구성된 지방군

구성 양반에서 노비까지 모든 신분　　　　　　기본 ☐ 심화 ☑

이번에는 조선 후기 지방군인 **속오군**을 보죠.
속오군은 **양반**에서 **노비**까지 다 아우르는 지방 예비군
시스템입니다. 특정한 시기에만 훈련을 받는 군대예요.
전쟁이 없을 때에는 생업에 종사하다가 전쟁이 터지면
나와서 싸우는 거죠.
16세기에 포를 내고 군대를 안 가는 사람들이 많아져 지방 방
어 체제가 무너졌고, 이 때문에 임진왜란 때 일본이 무시무시
한 속도로 북진할 수 있었어요. 그래서 만든 제도랍니다.
근데 양반이 군대를 가겠어요? 자기 대신 노비 보내죠.
결국 나중엔 속오군 체제 자체가 흐지부지된답니다.

---

### 결정적 기출 선지

❶ ⬚⬚⬚⬚⬚⬚은 포수, 살수, 사수의 삼수병으로 편제되었다.

❷ 속오군에는 양반부터 노비까지 모든 신분이 편제되었다. ○ ｜ ✕

정답

훈련도감

○

# 140 예송 ▶▶ 현종 때 자의 대비의 상복 착용 기간을 둘러싸고 벌어진 논쟁

연도 1차 - 1659, 2차 - 1674   결과 1차 - 서인, 2차 - 남인 주장 수용   기본 ✓ 심화 ✓

조선 후기에 정치는 어떤 양상으로 변화를 시도할까요?
강력한 성리학적 질서를 다잡는 방향으로 갑니다.
왜냐? 양 난을 거치면서 도망만 치던 지배층의 무능함이
탄로 났으니 떨어진 권위를 회복시켜야 했거든요.
그 정점을 찍은 것이 바로 현종 때의 **예송** 논쟁입니다.
효종은 둘째 아들이라고 했죠? 형이 소현 세자잖아요.
효종이 죽자 '그의 어머니(자의 대비)는 상복을 몇 년 입어야
하나'를 두고 서인과 남인 사이에 **1차 예송**(기해예송)이 벌어집니다.
'왕이든 사대부든 똑같이 주자가례를 따라야 한다'고
주장한 서인은 둘째니까 1년,
'왕과 사대부는 다르다'고 주장한 남인은
둘째지만 왕이니까 첫째 대우를
해 줘야 한다며 3년을 주장하죠.
서인 1년 VS 남인 3년.
여기에서 승자는 서인!

그런데 이번에는 효종의 아내가 죽습니다.
그러자 이번엔 '시어머니가 얼마나 상복을 입어야 할까?'로
**2차 예송**(갑인예송)이 벌어집니다.
이번엔 서인은 9개월 VS 남인은 1년.
예송 논쟁 때의 왕은 효종의 아들인 현종.
현종은 자꾸 왕과 사대부를 동격에 놓고 말하는
서인이 괘씸했겠죠. 1차 예송 때는 아직 왕위에 오른 지
얼마 안 되어서 집권당이었던 서인을 따를 수밖에 없었어요.
그런데 이제 세월이 흘러 어느 정도 왕권을 다졌으니 이번엔
남인 손을 들어 줍니다. 결국 이 예송 논쟁의 최종 승리자는 남인.

## 결정적 기출 선지

1 효종의 사망 이후 자의 대비의 복상 문제로 ☐☐☐☐이 전개되었다.

2 효종비의 사망 이후 전개된 예송의 결과 ☐☐이 정국을 주도하였다.

정답

예송

남인

# 환국 ▶▶ 정권을 잡은 붕당이 급격히 바뀌는 정치적 국면

왕 **숙종**   순서 **경신환국 → 기사환국 → 갑술환국**    기본 ☑ 심화 ☑

흠… 상복 입는 것 때문에 정권 교체까지?

당시 상복 몇 년은 성리학 이념을 어떻게 적용하느냐의 문제였으니 아주 중요했겠죠.

어쨌건 예송을 거치면서 이제 정치인들이 서로 권력을 주고받는 붕당 정치를 불안해합니다.

한번 정권을 잡았다가 놓치면 사약을 받을 수도 있겠다는 두려움이 서서히 엄습하죠.

그래서 본격적인 너 죽고 나 살기식의 정치 투쟁이 전개되는데, 이것이 바로 **환국**입니다.

이걸 즐긴 왕이 **숙종**이죠.

숙종은 판을 요리조리 싹싹 뒤집으면서 왕권을 강화하려 했습니다.

**경신환국**은 서인이 남인의 일부가 역모를 꾸미고 있다며 모함한

거예요. 크게 노하신 숙종. "뭐야? 남인 사라져. 서인 올라와!"

이때 서인이 남인에 대한 처벌 문제로 강경파인 **노론**과 온건파인 **소론**으로

분화됩니다. 그러다가 송시열을 비롯한 서인이 숙종의 후궁인 장희빈이 낳은 왕자(경종)를

원자로 책봉하는 데 반대하면서 휘청하게 되었어요. 이것이 바로 **기사환국!** 그 결과 남인이

판을 잡았고 숙종의 계비였던 인현 왕후는 폐위되었죠. 하지만 이것도 얼마 못 가요.

서인의 인현 왕후 복위 운동을 남인이 방해하니까 숙종이 또 화가 나요. "남인 나가!"

**갑술환국**이에요. 이렇게 세 번의 환국이 일어났고 결국 최종 승자는 서인이 되었답니다.

남인은 BYE.

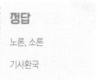

**결정적 기출 선지**

❶ 경신환국 이후 서인이 [ ]과 [ ]으로 분화하였다.

❷ [ ]으로 인현 왕후가 폐위되고 남인이 권력을 장악하였다.

**정답**

노론, 소론

기사환국

# 142 영조 ▶▶ 탕평파를 육성해 붕당을 없애려는 탕평 정치를 행한 왕

업적 탕평비 건립, 균역법 실시　편찬 『속대전』, 『동국문헌비고』　기본 ☑ 심화 ☑

환국 정쟁을 거치며 피폐해질 대로 피폐해진 정치.
숙종의 아들 경종이 일찍 죽자 뒤를 이은 **영조**는 **탕평 정치**를 내세웁니다.
일당 전제의 환국 정쟁은 이제 그만!

탕평? 많이 들어본 것 같은데…. 혹시 탕평채 아세요?
미나리(동인)·하얀 묵(서인)·고기(남인)·김(북인)을 섞어 만든 묵 비무림.
탕평채가 바로 영조의 탕평 정치에서 유래한 것이랍니다.
영조는 "섞어. 섞어. 모든 걸 다 섞어!" 이런 정치를 지향한 거죠.
무려 200년을 넘게 이어 오던 붕당 정치를 끝내려고 한 영조.
그 카리스마가 장난이 아니었지요.

영조는 먼저 탕평의 뜻을 널리 알리고자 성균관 앞에 **탕평비**를 세웁니다.
그리고 붕당의 우두머리인 산림을 인정하지 않고,
붕당의 근거지인 서원도 팍팍 정리합니다.
인사권을 쥐고 있던 이조 전랑의 권한도 확! 축소해 버려요.
또 억울하게 구형받는 죄인들을 줄이기 위해
세 번까지 소송할 수 있도록 삼심제를 시행하기도 합니다.
정말 많은 일을 하셨죠?

농민의 군역 부담을 덜어주기 위해 **균역법**도 실시합니다.
균역법은 뒤에서 자세히 이야기해 줄게요.
우선 1년에 2필씩 내던 군포를 1필로 줄여줬다는
사실만 기억해요!

마지막으로 『경국대전』의 속편이라 할 수 있는 『속대전』과
우리나라의 역대 문물을 정리한 『동국문헌비고』를 편찬해
질서를 다잡으려는 노력도 하시지요.

 **결정적 기출 선지**

❶ 영조는 붕당 정치의 폐해를 극복하고자 [　　　　　]를 건립하였다.

❷ 영조는 법전인 [　　　　　]을 편찬하여 통치 체제를 정비하였다.

**정답**

탕평비

『속대전』

# 143 정조 ▶▶ 붕당과 신분을 가리지 않고 고르게 인재를 중용하는 탕평 정치를 행한 왕

업적 장용영 설치, 초계문신제 실시, 규장각 설치   편찬 『대전통편』   기본 ☑ 심화 ☑

그런데 영조는 자신의 아들 사도 세자를 뒤주에 가두어 죽입니다.
무서운 아버지죠. 영조의 뒤를 이어 왕위에 오른 세손 **정조**.
정조는 왕위에 오르자마자 "나는 사도 세자의 아들이다."라고
만천하에 공표합니다. 완전 드라마틱하지 않나요?

정조는 할아버지 영조의 **탕평 정치**를 계승합니다.
하지만 영조와는 약간 달라요.
영조가 자신을 지지하는 신하들 중심으로 탕평 정치를 했다면,
정조는 더욱 강력한 탕평 정치를 실시해요.
우선 노론의 입김을 죽이기 위해 왕권 강화를 시도합니다.
이를 위해 왕실 도서관인 **규장각**을 설치해 자기편이 되어 줄
신진 인사를 많이 등용하죠. 대표적으로 서얼 출신
**박제가·유득공·이덕무**를 규장각 검서관으로 등용합니다.

또 **초계문신제**라 하여 유능한 신입 관리들을 재교육해요.
그리고 자신을 지켜 줄 친위 부대인 **장용영**이란 군사 조직을 만듭
니다. 무엇보다 **수원 화성**을 건설해 자신의 새로운 정치 이상과
개혁 의지를 실현하려는 노력도 하죠.
정조는 『대전통편』을 통해 법도 재정비합니다.
그밖에도 정조는 신해통공을 발표해서 시전 상인의 특권을 축소
하고 자유로운 상업 활동을 허용해요. 그런데! 안타깝게도 정조가
50이 안 되는 나이에 어린 아들만 두고 갑자기 죽어버려요.
과연 정조 사후 어떤 일이 벌어질까요?

 **결정적 기출 선지**

① 정조는 군사적 기반을 강화하기 위해 국왕 친위 부대인 [      ]을 설치하였다.

② 정조는 문신 재교육과 유능한 인재 양성을 위해 [      ]를 시행하였다.

**정답**

장용영

초계문신제

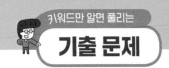
## 01 (가)에 들어갈 군사 조직에 대한 설명으로 옳은 것은? [2점]

### 역사 신문

제△△호                1594년 ○○월 ○○일

**[ (가) ], 왜군을 무찌를 첨병으로 기대감 높아**

조정은 유성룡의 건의에 따라 [ (가) ]을/를 편제하기로 하였다. 신분에 관계없이 병사를 모집하여 매월 쌀로 급료를 지급할 예정이다. 또한 우수한 병사에게는 양인의 경우 국왕의 친위군인 금군으로 발탁될 기회가, 천인의 경우 면천의 혜택이 주어진다고 한다. 한 관계자는 "모집에 응하는 자가 사방에서 모여들 것"이라고 기대감을 드러내었다.

① 동북 9성을 축조하였다.
② 대마도 정벌에 참여하였다.
③ 서울 진공 작전을 추진하였다.
④ 포수, 살수, 사수로 구성되었다.
⑤ 국경 지역인 동계와 북계에 배치되었다.

## 02 다음 사건 이후에 전개된 사실로 옳은 것은? [3점]

① 외척 간의 대립으로 을사사화가 발생하였다.
② 인현 왕후가 폐위되고 남인이 권력을 장악하였다.
③ 공신 책봉에 불만을 품고 이괄이 반란을 일으켰다.
④ 서인과 남인이 두 차례에 걸쳐 예송을 전개하였다.
⑤ 이조 전랑 임명을 둘러싸고 사림이 동인과 서인으로 나뉘었다.

## 03 밑줄 그은 '이 왕'의 업적으로 옳은 것을 <보기>에서 고른 것은? [2점]

이 책은 균역법을 처음으로 시행한 이 왕의 명에 의해 홍계희가 편찬한 것이다. 균역법의 제정 배경, 부족한 재정의 보충 방안을 확정하는 과정 등이 서술되어 있다. 특히 이 책에서는 양반 사대부들의 반대 여론에 대응하여, 균역법의 시행이 지극한 애민 정신을 바탕으로 하였음을 강조하고 있다.

균역사실

─── 보기 ───
ㄱ. 속대전을 편찬하여 통치 체제를 정비하였다.
ㄴ. 붕당의 폐해를 경계하고자 탕평비를 세웠다.
ㄷ. 왕실의 권위를 세우고자 경복궁을 중건하였다.
ㄹ. 신해통공으로 시전 상인의 특권을 축소하였다.

① ㄱ, ㄴ        ② ㄱ, ㄷ        ③ ㄴ, ㄷ
④ ㄴ, ㄹ        ⑤ ㄷ, ㄹ

## 04 (가) 왕이 실시한 정책으로 옳은 것은? [2점]

이 편지는 [ (가) ]이/가 노론 벽파의 영수인 심환지에게 비밀리에 보낸 어찰이다. 이 편지에서 그는 "최근 벽파가 떨어져 나간다는 소문이 성행한다고 한다. 지금처럼 벽파가 뒤죽박죽 되었을 때에는 종종 이처럼 근거 없는 소문이 있을 수 있다."라고 언급하기도 하였다. 이와 같이 그는 국정 운영에 필요한 경우 부친인 사도 세자의 추숭(追崇)을 반대한 노론 벽파의 영수와도 수차례 편지를 교환하였다.

① 양전 사업을 실시하고 지계를 발급하였다.
② 속대전을 편찬하여 통치 체제를 정비하였다.
③ 청과의 경계를 정한 백두산정계비를 세웠다.
④ 삼군부를 부활시켜 군국 기무를 전담하게 하였다.
⑤ 유능한 인재를 양성하기 위해 초계문신제를 시행하였다.

해설

**01** 키워드 138 | 5군영  답 ④

'1594년'이라는 시점과 '쌀로 급료를 지급하였다'는 것을 통해 (가)에 들어갈 군사 조직은 훈련도감이라는 것을 알 수 있어요. 임진왜란을 거치며 병력 부족으로 곤란을 겪은 조선은 정유재란 발발 전인 휴전기에 중앙군인 훈련도감을 만들었어요. 이 훈련도감은 급료를 받고 일하는 직업 군인으로 구성되었는데, 조총 부대인 포수, 창과 칼을 쓰는 살수, 그리고 활을 쓰는 사수로 편제됩니다. 임진왜란 때 왜의 조총 부대에 당하고 나서 이에 대비하기 위해 만들었죠. 그리고 지방군은 양반부터 노비까지 모두 묶어서 속오군 체제로 개편했고요.

**바로알기**

① 동북 9성은 고려 전기 윤관이 숙종에게 건의해 만든 특수 부대인 별무반과 함께 여진을 물리친 뒤 세운 9개의 성이에요.

② 세종 때 이종무가 쓰시마섬(대마도)을 정벌하였어요.

③ 정미의병 당시 의병 연합 부대인 13도 창의군이 서울 진공 작전을 추진합니다(1908). 정미의병에는 해산 군인들이 합류하면서 그 규모가 크게 확대되었어요.

⑤ 고려 조정은 양계 지역인 동계와 북계에 병마사를 파견해 적의 침입에 대비했어요.

**02** 키워드 141 | 환국  답 ②

대화에서 '희빈 장씨', '원자', '송시열의 관작 삭탈' 등이 나오는 걸로 보아 1689년의 기사환국과 관련 있다는 것을 알 수 있어요. 숙종 때 송시열 등 서인이 장희빈이 낳은 아들의 원자 책봉을 반대하다가 처형당했습니다. 서인이 몰락하고 인현 왕후도 폐위되면서 남인이 집권하게 되죠. 이처럼 숙종 때는 집권 붕당을 자주 교체하는 환국 정치를 전개합니다. 정치적 국면이 확확 바뀌었던 거예요. 당시 서인과 남인은 예송을 거쳐 오면서 서로 물고 뜯고 난리가 아니었어요. 이제는 상대 붕당을 아예 제거해서 권력을 독점하고자 했죠. 숙종은 바로 이런 상황을 이용해 당파의 힘을 약하게 만들고 왕권을 강화하려 했어요. 총 세 번의 환국이 일어났고 결국 최종 승자는 서인이 되었답니다.

**바로알기**

① 을사사화는 명종 때인 1545년 외척 간의 권력 다툼으로 사림이 희생되면서 발생한 사건입니다. 명종의 외척 세력인 윤원형 일파가 인종의 외척 세력인 윤임 일파를 대거 숙청하고 정권을 잡았죠.

③ 인조반정의 공신인 이괄이 2등 공신의 대우를 받자 불만을 품고 1624년에 반란을 일으켰어요.

④ 효종이 죽고 난 후 현종 때 효종의 어머니인 자의 대비의 복상 문제를 둘러싸고 서인과 남인 사이에서 두 차례의 예송이 발생했어요.

⑤ 선조 때 이조 전랑의 임명 문제를 둘러싸고 사림이 동인과 서인으로 나뉘었습니다. 붕당 정치의 신호탄이었죠.

**03** 키워드 142 | 영조  답 ①

자료로 제시된 책 이름에 '균역'이 들어가네요. 균역법을 처음 시행한 왕, 바로 영조죠. 영조는 민생을 위한 개선책으로 균역법을 실시했어요. 당시 백성들이 군역의 부담에 엄청 시달리고 있었거든요. 1년에 2필 내던 걸 1필로 줄여 줍니다. 또 영조는 붕당 정치의 폐해를 경계하기 위해 탕평비도 세웁니다. 탕평비에는 '서로 싸우지 말고 두루 친하게 지내라. 그래야 군자! 아니면 소인배나 다름없다.' 뭐, 이런 말이 적혀 있어요. 당시 양반들은 귓등으로 들었겠지만 영조는 탕평 정치를 펼치려 애를 씁니다. 탕평 정치에 동의하는 사람들을 등용하고, 붕당의 우두머리인 재야 산림들을 배제해 버리죠. 서원도 대폭 정리하고요. 그리고 영조 때가 되면 『경국대전』이 편찬된 지 수백 년이 지났기 때문에 법이 현실을 잘 반영하지 못합니다. 십 년이면 강산도 변한다는데 오죽하겠어요. 그래서 영조는 『속대전』, 『동국문헌비고』 등을 편찬해 시대 변화에 맞게 문물 제도도 정비했답니다.

**바로알기**

ㄷ. 고종의 아버지인 흥선 대원군은 왕실의 권위를 세우고자 임진 왜란 때 소실된 경복궁을 중건하였습니다.

ㄹ. 조선 시대의 시전 상인은 특정 상품에 대한 독점 판매권인 금난 전권을 행사할 수 있었어요. 그런데 이러한 시전 상인의 독점 판매에 대한 비판 여론이 높아지자 정조는 신해통공을 발표해 육의전을 제외한 시전의 금난전권을 폐지해 버립니다.

**04** 키워드 143 | 정조  답 ⑤

조금 생소한 자료라서 당황했나요? 하지만 자세히 살펴보면 힌트가 있어요. '부친인 사도 세자'라는 게 포인트네요. 추숭은 왕위에 오르지 못하고 죽은 이에게 임금의 칭호를 주는 것을 말해요. 사도 세자의 추숭을 반대한 노론 벽파의 영수와 편지를 교환하였다는 내용이 보이죠? (가) 왕은 사도 세자의 아들인 정조였군요. 정조는 국정 운영에 필요한 경우 노론 벽파와도 교류했고 노론, 소론, 남인을 고르게 등용하는 적극적인 탕평책을 펼쳤죠. ⑤ 정조는 유능한 인재를 양성하기 위해 초계문신제를 시행해 문신들을 재교육하기도 했답니다.

**바로알기**

① 대한 제국 시기 고종은 양전 사업을 실시하고, 토지 소유권을 보장하는 문서인 지계를 발급하였습니다.

② 영조는 『경국대전』 이후 공포된 법령 중에서 시행할 법령만 추려서 『속대전』을 편찬하였어요.

③ 숙종은 청과 국경 문제가 발생하자 간도 지역에 청과의 경계를 정한 백두산정계비를 세웠습니다. 궁금하면 260쪽으로~

④ 흥선 대원군은 삼군부를 부활시켜 군국 기무를 전담하게 하였지요. 200쪽에서 배운답니다.

# 144 영정법과 대동법

▶▶ 영정법 : 전세를 1결당 4~6두로 고정
▶▶ 대동법 : 공납을 쌀·포·동전 등으로 바치게 함

시행 영정법 – 인조, 대동법 – 광해군

기본 ☑ 심화 ☑

자, 이제 조선 후기 경제로 들어가 보죠.

임진왜란과 병자호란이 끝나고 지배층의 민낯이 드러났죠.

임진왜란 때는 임금이 먼저 도망가고, 병자호란 때는 안 해도 될 전쟁을 군이 해서

백성에게 어마어마한 피해를 주며 항복하고….

이러니 살 수가 있겠어요? 결국 양반 지배층이 많은 부분을 포기합니다.

먼저 세금부터요. 백성들에게 도움을 줄 수 있는 세금 감면.

즉, 감세 정책을 들고 나오는 게 조선 후기 경제의 핵심입니다.

먼저 **영정법**! 영정법은 **인조** 때부터 실시했어요.

'영원히 정하는 법이다' 해서 풍흉에 관계없이

전세를 1결당 쌀 **4~6두**만 내도록 합니다.

세종 때 공법에서는 1결당 최대 20두까지 냈는데,

이젠 1결당 4~6두로 확 낮춘 것이죠.

다음으로 뭐니 뭐니 해도 감세 정책의 백미 **대동법**!

대동법은 **광해군** 때 처음 시행되었습니다. **선혜청**에서 관련 업무를 담당했죠.

대동법은 방납의 폐단을 막기 위해 시행한 겁니다.

공납은 특산물을 내는 거였죠? 기준은? 집집마다!

그러니 부자건 가난한 자건 똑같이 마을에 할당된 공물을 1/n 해서 내야 했습니다.

그러나 대동법이 실시되면서 이제 그 기준이 바뀝니다. 집집마다에서 토지로.

가지고 있는 토지 결 수에 따라 쌀 12두나 포·동전 등을 내면 됐어요.

토지 없는 가난한 사람은 공납 면제를 받고, 땅 많이 가진 부자는 더 많이 내게 됐죠.

이러니 대동법을 양반들이 좋아했겠어요?

이거 경기도에서 처음 시행되어 숙종 때 전국에 시행되기까지 약 100년 걸립니다.

어쨌건 이렇게 대동법이 시행되면서 국가에서 필요로 하는 물건을

대신 사 줄 상인이 필요했죠. 그들을 **공인**이라고 합니다.

국가로부터 돈 받아서 어마어마한 물건을 진공 청소기처럼

빨아들이겠네요. 어떤 일이 벌어질까요? 상상해 보시라.

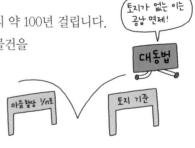

---

 **결정적 기출 선지**

① [      ]의 시행으로 전세를 풍흉에 관계없이 토지 1결당 쌀 4~6두로 확정하였다.

② [      ]의 시행으로 가호에 부과하던 공납을 토지의 결 수에 따라 내게 하였다.

**정답**

영정법

대동법

# 145 균역법 ▶▶ 1년에 2필 내던 군포를 1필로 줄여 준 법

시행 영조  암기 선무군관포, 결작

기본 ✓  심화 ✓

영조도 이런 감세 정책을 시행합니다. 바로 **균역법**.
균역법은 군역의 문란을 시정하기 위해 나온 법이에요.
군대 안 가려고 다른 사람 대신 보내거나, 포 내서 빠졌다고 했죠?
그런데 이 포 값이 하늘 높은 줄 모르고 올랐어요.
그래서 영조는 1년에 2필 내던 군포를 1필만 내도록 정합니다.
이걸 균역법이라고 해요.

그런데 이렇게 50%나 깎아 주면 국가 재정이 비겠죠.
이걸 보완하기 위해 어장세·염세(소금)·선박세를 신설합니다.
새로운 세원을 창출한 거죠. 그리고 **선무군관포**라 하여 양반은 아닌데 돈 좀 있는 사람들에게
명예 관리직을 주면서 대가를 받죠. 또 **결작**이라 하여 지주에게 토지 1결당 쌀 2두를 걷도록 합니다.
이 모든 게 기득권 세력으로부터 세금을 거두어 기층 백성들의 세금 부담을 줄여 주기 위한 것이
었죠. 영조 짱!
그러나 지주가 결작을 소작농에게 전가하면서 농민의 부담은 다시 증가하게 된답니다.
근데 가만히 보니 세금의 기준이 다 토지에 집중되고 있네요? 왜일까요? 정답은 다음 장에!

 **결정적 기출 선지**

정답

① 영조 때 군포를 1년에 1필로 줄여 주는 [        ]을 실시하였다.

균역법

② 균역법의 시행으로 부족한 재정을 충당하기 위해 일부 상류층에게 [        ]를 걷었다.

선무군관포

167

# 146 광작 ▶▶ 넓은 토지를 소유하여 농사를 지음

암기 이앙법(모내기법)

기본 □ 심화 ☑

영정법이 1결당 4~6두, 대동법이 1결당 12두, 결작이 1결당 2두.
이렇게 세금이 토지에 집중된 이유는 조선 후기 **이앙법(모내기법)**이 전국적으로 확산되었기 때문이
랍니다. 이앙법의 확산은 조선 후기 사회에 엄청난 변화를 가져옵니다.
우선 생산력을 증가시키죠. 1년에 작물을 두 번 재배할 수 있게 되었어요. 벼와 보리의 이모작 가능!
그리고 노동력을 감소시킵니다. 줄 맞춰 심는 모내기를 하면
그냥 땅에 씨앗을 휙 뿌리는 방법보다 잡초 제거가
수월해서 다섯 명이 할 일을 한 명이 할 수 있다네요.
그러니 한 사람이 넓은 토지를 경작하는 **광작**이
유행할 수밖에 없겠죠. 부농층이 형성됩니다.
근데 나머지 네 명은요? 비정규직이 되겠군요.
아, 참. 조선 후기에는 담배와 면화 같은 **상품 작물**과 감자,
고구마와 같은 구황 작물도 재배되었어요.

# 147 도조법 ▶▶ 수확의 일정액을 소작료로 내는 지대 방식

비교 타조법

기본 □ 심화 ☑

모내기법에 자신 있는 농부들은 이제 베팅을 합니다.
이제까진 땅을 빌려 경작할 경우 수확량의 반을
지주와 나누었어요. 이를 **병작반수(타조법)**라고 해요.
그런데 농부가 제안을 합니다.
풍년이건 흉년이건 당신에게 매년 60가마를 주겠다.
나머지는 내가 다 갖는다. 농부는 120가마까지 생산할 자신이
있었던 겁니다. 이게 **도조법**이에요. 도박의 '도' 자를 쓰는 이유죠.
이건 사회적으로도 큰 변화를 불러와요.
그 전까진 양반 지주가 신분제를 이용해 상민 농부를 압박했는데
이제 순전히 계약 관계로 가는 겁니다. 지금하고 많이 비슷하죠.

 **결정적 기출 선지**

❶ 조선 후기에 [          ]이 전국적으로 확산되어 농업 생산력이 증대되었다.

**정답**

이앙법(모내기법)

## 148 선대제 ▸▸ 상인들이 수공업자들에게 먼저 돈을 주고 물건을 만들게 하는 생산 방식

관계 상인↔수공업자  기본 ☐ 심화 ☑

자, 이렇게 모내기법의 전국적 확산과 도조법으로의 변화로 생산력이 비약적으로 증대하는 조선 후기.
그러다 보니 남는 생산물이 생겨요. 남으면 어쩔까?
자기가 필요로 하는 다른 물건과 교환하겠죠?
즉, 생산력의 발전은 상업의 발전을 가져옵니다.
상인들이 쑥쑥 성장하죠. 상인들은 수공업자에게 미리
돈을 주고 물건을 대량으로 만들 것을 부탁합니다.
이것을 **선대제**라고 해요.
선대제의 가격 결정권은 상인에게 있었어요.
지금 마트업자가 생산업자에게 미리 돈을 엄청 주고 물건을
싸게 떼 오는 방식이 이때 이미 시행되고 있었던 거죠.
오우, 조선 후기에 자본주의 모습이 보이는데요.

미리 돈 엄청 주고
물건 싸게 떼 오는…

선대제

## 149 덕대 ▸▸ 광산의 소유자로부터 채굴권과 운영권을 얻어 광산을 경영하던 청부업자

역할 광산 경영  기본 ☐ 심화 ☑

상업이 발달하니 물건 만드는 데 필요한 연료 채취도 활발해지겠죠.
그래서 조선 후기에는 **광산 운영**이 활성화된답니다.
조선 전기만 해도 국가에서 운영했는데 이젠 요역 동원이 힘들어지니
민간에 넘기고 세금만 받는 거죠. 이걸 설점수세제라고 해요.
그런데 말이죠. 이 과정에서 돈 많은 상인의 자본을 끌어온 후,
광작 경영 과정에서 떨어져 나온 네 명의 비정규직 노동자를
고용해서 광산을 경영하는 전문 경영인이 등장합니다.
이들을 뭐라 부르냐? 바로 **덕대**라고 불렀답니다.
이 덕대는 광산 주인에게 채굴권과 운영권을 얻은 대신,
광산 주인에게 임대료나 채굴한 광물의 일부를 줬어요.

이름이
덕대라고 했던가?
그래… 열심히
해 봐!

광산주인  채굴권  네  덕대

 **결정적 기출 선지**

❶ 조선 후기에는 [        ]가 광산을 전문적으로 경영하였다.

정답

덕대

169

# 150 송상 ▶▶ 송도(지금의 개성)의 상인

암기 인삼, 송방　사상 만상, 내상, 경강상인, 객주, 여각　　기본 ✓ 심화 ✓

상업의 발달은 전국적으로 활동하는 상인의 성장으로 이어져요.
조선 후기에는 **사상**이라 불리는 민간 상인들이 전국에서 활동합니다.
의주 만상, 개성 송상, 한양 경강상인, 동래 내상, 평양 유상이 아주 유명하죠.

**만상**은 청과의 무역을 통해, 내상은 일본과의 무역을 통해 성장합니다.
하지만 사상 중 제일은 개성 **송상**. 완전 짱이에요.

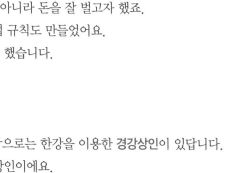

이들은 주로 **인삼**을 가지고 돈을 버는데요.
청과 일본을 잇는 중계 무역을 담당하기도 합니다.
참고로 인삼은 중국에서 알아주는 최고 히트 상품이었어요.
"개성 인삼 왕따봉이다해"
인삼을 통해 어마어마한 돈을 벌어들입니다.
이들은 전국에 **송방**이라는 지점도 내요.
전국에 있는 일종의 체인점이었어요.
하지만! 개성 송상은 돈만 많이 번 것은 아니라는 사실!
송상은 도덕적인 상인이었어요. 돈을 많이 버는 것이 아니라 돈을 잘 벌고자 했죠.
그들은 상거래 도덕과 철학을 명시하였고 공정한 상업 규칙도 만들었어요.
또한 '사개치부법'이라는 독특한 회계법을 고안하기도 했습니다.
그래서 당시 송상은 존경받는 상인이었다고 해요.

많은 물건을 운반하는 데 있어서는 배가 최고죠.
배를 이용하는 상인을 **선상**이라 하는데 대표적인 선상으로는 한강을 이용한 **경강상인**이 있답니다.
한강을 오가며 대동미를 운반하거나 상행위를 하는 상인이에요.
포구에 배가 들어오면 이걸 중개해 주는 **객주**도 있어요. 객주는 물건을 교환할 때 흥정을 붙이는
중개업자였죠. 숙박 시설을 제공해 주는 **여각**도 있었답니다.
상업이 활발하게 전개되는 조선 후기의 모습이 그려지시나요?

 **결정적 기출 선지**

① [　　　　　]은 전국 여러 곳에 송방을 설치하였다.

② 객주와 [　　　　　]은 포구에 자리 잡고 중개·금융·숙박 등의 영업을 하였다.

**정답**

송상

여각

## 151 공인 ▸▸ 대동법 실시 이후 국가에 필요한 물품을 사서 납부하던 상인

동료 보부상, 시전 상인                                     기본 ☑ 심화 ☑

조선 후기에 민간 상인인 사상만 있었던 건 아니에요.
국가에 허락을 받고 상행위를 하는 상인들도 있었죠.
대표적으로 **장시**(시장)를 중심으로 전국을 돌아다니면서 장사를 하는 **보부상**이 있어요.
장시는 15세기에 처음 생겨 조선 후기가 되면 전국에 무려 1,000여 개가 생겨요.
대표적인 장시로 광주 송파장, 은진 강경장, 덕원 원산장 등이 있죠.
보부상은 이런 장시들을 하나의 유통망으로 연계해 주는 역할을 했어요.

그리고 대동법이 시행되면서 국가가 필요로 하는 물건을
대량으로 구매해 주는 **공인**도 등장했답니다.
대동법 기억하시죠? 원래 공납은 특산물을 내는 거였는데
대동법이 실시되면서 쌀로 내게 됐잖아요.
국가는 이렇게 받은 쌀을 공인에게 주고
공인이 국가에 필요한 물건을 사서 납부하게 했어요.
이들은 국가에 필요한 물건을 싹쓸이하다시피 사들였죠.
이러니 **상품 화폐 경제**가 발달할 수밖에 없었고요.

또 종로 가게에서 물건을 파는 **시전 상인**도 있었어요.
이런 공인과 시전 상인은 엄청난 자본이 있었겠죠. 그래서 공인과 개성 송상과 같은 사상들은
독점적 도매 상인의 역할도 해요. 이를 **도고**라고 합니다.
엄청난 물건을 도매로 사들인 후에 이윤을 남겨서 되파는 역할. 이게 바로 도고의 모습이랍니다.

이렇게 많은 상인들의 활동은 엄청난 상업의 발달을 가져왔어요.
상업이 발달하면서 국경 지대에는 청, 일본과의 공무역인 개시와 사무역인 후시도 성행했답니다.
옆에서 배웠던 의주의 만상이 책문이라는 곳에서 후시를 통해 청과의 무역을 주도한 거였어요.
또 동래의 내상은 왜관을 통해 개시, 후시 무역을 했답니다.
뭐가 뭔지 정신이 없으시죠? 얼른 다음 키워드로 넘어가 봅시다.

 **결정적 기출 선지**                            정답

❶ [          ]은 여러 장시를 하나의 유통망으로 연계시켰다.        보부상

❷ 조선 후기에는 독점적 도매 상인인 [          ]가 활동하였다.     도고

171

# 152 상평통보 ▶▶ 조선 인조 때 주조되기 시작하여 숙종 때 활발히 유통된 조선 시대의 화폐

암기 전황    기본 ☑ 심화 ☑

그런데 말이죠. 이렇게 상업의 규모가 커지다 보니 문제가 하나 발생합니다.

그건 바로 물건을 교환하는 데 있어 화폐가 필요해졌다는 겁니다.

조선 전기까지만 해도 화폐가 거의 통용되지 않았거든요. 자급자족 농업 사회다 보니 일단 화폐가

필요하지 않았고, 만약 필요하다면 베, 쌀 등으로 대신했었죠.

그런데 이젠 교환 규모가 커지다 보니 베, 쌀로는 무리였던 거예요.

좀 더 간단한 교환 방법이 필요했죠.

그래서 이때부터 화폐가 통용되는데 그게 바로

그 유명한 **상평통보**라는 겁니다.

상평통보는 숙종 때부터 활발히 유통되기 시작해요.

이전에는 화폐를 보급하려 해도 잘 안 되었는데

이젠 사람들이 스스로 필요성을 느끼니까

정부가 나서지 않아도 자연스럽게 화폐가 유통되었죠.

고려 시대에도 화폐 있었잖아요. 기억하시죠?

철로 만든 건원중보, 삼한통보, 그리고 은병(활구)까지. 고려 때도 유통이 지지부진했죠.

조선 후기가 되어서야 비로소 화폐가 제 역할을 합니다.

처음엔 서울과 일부 지역에서만 사용되다가 18세기 말이 되면 전국적으로 유통되기 시작해요.

이게 얼마나 편리하냐면요. 쌀은 오래 보관할 수가 없잖아요. 하지만 화폐는 가능해요!

비가 와도 상하지 않고, 시간이 지나도 변질되지 않죠.

그냥 가지고 나가기만 하면 원하는 물건을 마음껏 살 수 있었죠. 진정한 화폐의 등장입니다.

잠깐! 화폐에 얽힌 에피소드 하나 말씀드릴게요.

초기엔 양반들이 화폐를 창고에 쌀 대신 쌓아 놓았대요.

그러니 화폐가 시중에 돌겠어요? 찍어 내면 사라지고, 찍어 내면 사라지고….

그래서 화폐가 마르는 현상이라는 뜻의 **전황**이 발생했답니다.

전황으로 화폐 가치가 올라가고 물가는 하락하는 문제가 생기기도 했어요.

 **결정적 기출 선지**

**1** 18세기 후반 상업의 발달로 화폐인 [        ]가 전국적으로 유통되었다.

**2** 유통되는 화폐가 부족해지는 현상을 [        ]이라고 한다.

**정답**

상평통보

전황

## 153 신해통공 ▶▶ 육의전을 제외한 시전 상인의 금난전권을 폐지한 정책

시행 정조  대상 시전 상인                                    기본 ☐  심화 ☑

그.러.나. 아무리 상업이 발달해도 조선은 성리학의 나라입니다.
여전히 나라의 근본은 농업이고 상업은 천시의 대상이었죠.
그래서 엄청 잘 나가는 사상들보다 국가의 공인(허락)을 받은 상인들이 기세등등합니다.
그럼 국가에서 허락받고 상행위를 하는 관허 상인은 누구? 보부상, 공인, 시전 상인.

특히, 시전 상인은 특권이 하나 있었어요.
그게 뭐냐? 바로 **금난전권**이라는 겁니다.
난전은 허가받지 않고 물건을 파는 행위나 가게를 뜻해요.
금난전권은 쉽게 말해 시전 상인말고 다른 상인이 어지러이 종로 길바닥에서 좌판 깔고
물건 팔면 두들겨 패서 쫓아낼 수 있는 권리라고 생각하시면 됩니다.
오로지 시전 상인만 상행위를 할 수 있게 해준 권리죠.

그런데 우리의 **정조** 임금님! 이거 문제 있다고 생각합니다.
실제로 소수의 상인만 물건 판매를 독차지하니 나머지 상인들에게 고스란히 피해가 전해졌죠.
아니, 상업이 이렇게 활성화되는데 왜 니들만 특권을 갖고 물건 파는데?
그런 특권 이제 그만.

그래서 신해년에 모든 사람들에게 똑같이 권리를 통하게
한다는 의미에서 금난전권을 폐지하는 **신해통공**을 내려요.
경시서로 하여금 시전 상인을 통제하기도 했고요.
신해통공의 시행으로 사상들의 활동이 더욱 자유로워졌답니다.

정조의 신해통공에는 시전 상인들이 지배층에게 정치 자금을
대는 상황에서 이를 막아 지배층의 힘을 약화하려는 의도도
숨어 있답니다. 정조와 지배층의 한판 승부!

 **결정적 기출 선지**

❶ 조선 후기에 시전 상인들은 [          ]이라는 특권을 행사하였다.

❷ 정조는 시전 상인의 특권을 축소하는 [          ]을 시행하였다.

정답

금난전권

신해통공

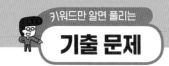
## 기출 문제

**01** 다음 건의에 따라 실시된 제도에 대한 설명으로 옳은 것을 <보기>에서 고른 것은? [2점]

> 영의정 이원익이 아뢰기를, "각 고을에서 바치는 공물이 각 관청의 방납인에게 막혀, 물건 하나의 가격이 몇 배 또는 몇 십 배, 몇 백 배로 징수되어 그 폐해가 이미 고질화 되었고 특히 경기도가 심합니다. 지금 별도의 담당 관청을 설치하여 매년 봄·가을에 백성들에게서 쌀을 거두는데, 토지 1결마다 두 번에 걸쳐 각각 8두씩 거두어들이게 하고 담당 관청은 수시로 물가 시세를 보아 쌀을 방납인에게 지급하여 물건을 조달하도록 해야겠습니다."라고 하였다.

┌─── 보기 ───┐
ㄱ. 공인이 등장하는 배경이 되었다.
ㄴ. 양반에게도 군포를 부과하였다.
ㄷ. 선혜청에서 관련 업무를 담당하였다.
ㄹ. 토지 소유자에게 결작을 부과하였다.
└──────────┘

① ㄱ, ㄴ  ② ㄱ, ㄷ  ③ ㄴ, ㄷ
④ ㄴ, ㄹ  ⑤ ㄷ, ㄹ

**02** 다음 폐단을 해결하기 위해 실시한 정책으로 옳은 것은? [2점]

> 50만 호가 져야 할 양역을 10여만 호가 감당해야 하니 한 집안에 남자가 4, 5명이 있어도 모두 군역에서 벗어나지 못합니다. 그리고 한 사람의 신포(身布) 값이 4, 5냥이니 한 집안의 4, 5명에 모두 소용되는 비용은 20여 냥이나 됩니다. …… 비록 날마다 매질을 하여도 그것을 마련할 수 없어 마침내 죽지 않으면 도망을 가게 됩니다.
>
> – 『영조실록』 –

① 개경과 서경에 상평창을 마련하였다.
② 토지 1결당 쌀 4두를 납부하게 하였다.
③ 흑창을 개편하여 의창으로 운영하였다.
④ 1년에 2필씩 걷던 군포를 1필로 줄였다.
⑤ 향촌에서 자치적으로 운영하는 사창을 설치하였다.

**03** (가), (나)에 대한 설명으로 가장 적절한 것은? [2점]

① (가) – 혜상공국을 통해 정부의 보호를 받았다.
② (가) – 전국 각지에 송방이라는 지점을 설치하였다.
③ (나) – 책문 후시를 통해 청과의 무역을 주도하였다.
④ (나) – 금난전권을 행사해 사상의 활동을 억압하였다.
⑤ (가), (나) – 근대적 상회사인 대동 상회를 설립하였다.

**04** 다음 자료의 상황이 나타난 시기의 경제 모습으로 옳지 않은 것은? [2점]

> 이른바 도고는 도성 백성이 견디기 어려운 폐단입니다. 근래에 물가가 뛰어오르는 것은 전적으로 부유한 도고가 돈을 많이 가지고서 높은 값으로 경향(京鄕)의 물건을 마구 사들여 저장해 두었다가, 때를 보아 이득을 노리기 때문입니다. 귀한 것, 천한 것 모두 그들이 장악하고 가격도 그들의 마음대로 하니 그 폐단으로 백성은 더욱 어렵습니다.
>
> – 『비변사등록』 –

① 모내기법이 널리 행해졌다.
② 장시가 전국적으로 확산되었다.
③ 건원중보가 주조되어 유통되었다.
④ 덕대가 광산을 전문적으로 경영하였다.
⑤ 송상, 만상이 대청 무역으로 부를 축적하였다.

## 01 키워드 144 | 영정법과 대동법    답 ②

영의정 이원익의 말에 귀 기울여 보세요! 방납의 폐단이 심각하다는 것을 알 수 있어요. 이를 막기 위한 제도가 시급했답니다. 바로 대동법이죠! 임진왜란과 병자호란이 끝나고 나서 민생은 바닥을 칩니다. 세금은 많이 거두려야 거둘 수도 없었고, 괜히 그랬다가는 멀쩡한 농민들을 노비로 전락시키거나 도망가게 하였죠. 그래서 세금을 줄이면서 지속해서 거둘 방안을 찾았어요. 그중 하나가 대동법입니다. 특산물이 아닌 쌀·포·동전으로 내도록 했고요. 집집마다 징수하던 걸 토지의 결 수에 따라 납부하게 했죠. 이 모든 업무는 선혜청에서 담당했어요. 선혜청은 공인이라 불리는 특허 상인에게 쌀·포·동전을 지급하고 그걸로 관청에 필요한 수요품을 조달하게 했어요. 공인의 등장은 상품 화폐 경제가 발달하는 요인이 되기도 하죠.

### 바로알기

ㄴ. 흥선 대원군은 상민에게만 징수하던 군포를 양반에게도 징수하는 호포제를 실시했어요. 물론 양반들이 가만있진 않았죠!

ㄹ. 영조 때 1년에 2필 내던 군포를 1필로 줄여 주는 균역법을 시행하면서 재정이 부족해지자 지주에게 결작을 부과합니다. 토지 1결당 쌀 2두였어요.

## 02 키워드 145 | 균역법    답 ④

자료에서 군역의 폐단이 매우 심각한 것을 지적하고 있고, 출전이 『영조실록』으로 나와 있어요. 그러니 영조 때 군역의 폐단을 해결하기 위하여 시행한 균역법에 관한 문제임을 파악할 수 있겠네요. 영조는 균역법을 시행하여 양인 1명당 군포 부담을 1년에 2필에서 1필로 줄여 주었어요. 그리고 부족한 재정은 지주에게 결작을 징수해서 채웠어요. 결작은 토지에 매기는 부가세예요. 양반도 별 수 없이 토지 소유자라면 낼 수밖에 없게 된 거죠. 또 일부 상류층에게 선무군관이라는 칭호를 주고 1년에 군포 1필을 거두기도 합니다. 이건 양반이 아니면서도 세금을 안 내는 사람들을 대상으로 한 세제입니다. 당시에는 부농층 중에서도 역을 회피하는 사람들이 많았나 봅니다.

### 바로알기

① 상평창은 고려와 조선 시대에 있었던 물가 조절 기구입니다.

② 토지 1결당 쌀 4두를 납부하게 한 제도는 영정법이에요. 세율을 주관적 판단에 따라 조정하지 않고 최저 세율을 아예 고정시킨 거죠. 영정법의 실시는 연분9등법의 폐지를 의미합니다.

③ 흑창은 곡식을 빌려 주었다가 추수기에 갚도록 한 기관으로, 고려 태조 때 빈민 구제를 위해 설치했어요. 고려 성종 때 의창으로 이름을 바꿔 개편하였죠.

⑤ 사창제는 조선 세종 때 처음 설치되었으나, 국가에서 대여하는 환곡제가 이미 시행되고 있어 제대로 운영되지 못했습니다. 후에 흥선 대원군 때 다시 부활하죠.

## 03 키워드 150 | 송상    답 ②

개성 상인은 누구? 인삼 팔아 부자가 된 송상! 한강을 무대로 활동한 상인은? 한강에서 배 타고 상행위를 한 경강상인이죠! 조선 후기에는 시전 상인, 보부상, 공인과 같이 국가의 허락을 받고 상행위를 하는 관허 상인 외에 사사로이 상업 활동을 하는 사상들도 등장하게 돼요. 송상, 경강상인말고도 의주 만상, 동래 내상, 객주와 여각도 있죠. ② 송상은 개성을 근거지로 인삼을 판매하면서 성장하였어요. 송상들이 경영하는 지점을 송방이라고 했는데, 전국에 설치하여 운영할 정도로 송상은 엄청난 거상이었답니다.

### 바로알기

① 혜상공국은 보부상들이 스스로의 권익을 보호하기 위해 설치한 기관으로, 개항 후인 1883년에 설치되었어요.

③ 사무역인 책문 후시를 통해 청과의 무역을 주도한 상인은? 의주 만상입니다.

④ 종로 쪽에서 가게를 차려놓고 물건을 팔던 시전 상인들은 금난전권이라는 특권을 가지고 난전을 억압하였어요.

⑤ 개항 이후 외국 상인들이 내지까지 들어와 상행위를 하자 조선 상인들이 이에 대응하고자 근대적인 상회사를 설립합니다. 대표적으로 평양의 대동 상회와 한성의 장통 상회가 있어요. 상회사에 대해 더 알고 싶다면 247쪽으로!

## 04 키워드 151 | 공인    답 ③

조선 후기에는 경제면에서 매우 큰 변화가 나타나요. 이 변화의 핵심은 생산력의 발달이죠. 생산력이 발달하면서 잉여물이 많아지자 그 잉여물을 바꾸는 교환 행위, 즉 상업도 활발해집니다. ① 농업에서는 모내기법이 널리 확산되면서 벼와 보리의 이모작이 가능해지고 광작이 확산되어 부농층이 형성되었어요. ② 장시는 조선 전기인 15세기에 남부 지방에 처음 등장했고, 16세기 중엽에는 전국적으로 확대되죠. 조선 후기에는 사상의 활동이 늘어나 장시의 개수가 크게 증가합니다. ④ 조선 후기에 광산 운영도 활성화되면서 '덕대'라는 전문 경영인이 등장하여 광산을 경영하였어요. ⑤ 사상인 송상은 개성의 상인으로 인삼을 가지고 장사를 해서 엄청난 수익을 거두었죠. 또 청과 일본을 연결하는 중계 무역으로 떼돈을 법니다. 송상과 같은 거상들이 다른 도시에도 등장했는데 의주의 만상, 동래의 내상, 평양의 유상 등이 아주 유명하죠. 의주의 만상은 주로 청과의 사무역을 통해 성장한 상인이에요.

### 바로알기

③ 건원중보는 고려 성종 때 만들어진 철전이에요. 고려 시대에는 이외에도 삼한통보·해동통보와 같은 화폐가 발행됐으나 유통은 부진했어요. 조선 후기에 유통이 활발했던 화폐는 상평통보입니다.

## 154 공명첩 ▶▶ 이름 적는 곳이 비어 있는 명목상의 관직 임명장

영향 양반 수 증가                    기본 ✔ 심화 ✔

그림, 사회 쪽은 어떨까요? 양 난 이후에 조선 정부는 급했죠.

전쟁하느라 돈이 엄청 부족해졌거든요. 이걸 어떻게 메꿔야 할까?

고민 고민하다가 돈 받고 양반직을 파는 정책을 시행합니다.

실제 관리로 근무하고 그런 건 아니고 명예직 정도의 양반이라고 보시면 됩니다.

에이, 근데 왜 그런 걸 해? 이유가 있죠. 바로 양반이 되면 군대를 안 갑니다.

즉, 군포를 안 내도 된다는 겁니다. 이러니 서로 원원.

이렇게 **공명첩**이 발급되기 시작한 것입니다.

공명첩은 이름 적는 곳이 비어 있는 관직 임명장이에요.

돈이 많아진 상민층이 공명첩을 사들입니다.

또 족보를 위조하거나 양반 족보를 사기도 하죠.

당연히 양반 수가 늘어날 수밖에 없겠네요.

즉석에서 이름만 쓰면 끝~

## 155 소청 운동 ▶▶ 하소연하여 바른 판결을 요청하는 것

시행 기술직 중인   결성 시사              기본 ☐ 심화 ✔

중인들은 또 어떨까요? 정조가 규장각을 막 키운다고 했죠?

이때 중인 중에서도 서얼 출신들을 많이 등용합니다. 규장각에서 책을 검사하는 검서관으로 말이죠.

대표적인 인물로는 **박제가·이덕무·유득공**이 있습니다.

이 모습을 본 기술직 중인들이 '우리도 저들처럼 대우해 달라'라고

하면서 집단으로 상소를 올리는 **소청 운동**을 전개합니다.

물론 받아들여지지는 않지만 조선의 신분제가 휘청대고

있는 건 분명해 보입니다. 중인들은 자신들끼리 글 짓고

그림 그리는 동호회도 만드는데 이걸 **시사**라고 해요.

이 중인들이 근대로 넘어가면 일낼 겁니다. 기다려 보시라.

우리도 저들처럼 대우해 달라!

규장각 검서관

같은 중인인데... 차별이 웬말이냐!

### 결정적 기출 선지

1 조선 후기에는 부유한 상민층이 [        ]을 이용하여 신분 상승을 꾀하였다.

2 기술직 중인들은 [        ]를 결성하여 문학 활동을 전개하였다.

정답
공명첩
시사

# 잔반 ▶▶ 몰락한 양반

암기 향전, 향청

기본 ☐  심화 ✓

공명첩과 함께 족보 위조, 족보 매입 등의 방법을 통해
조선 후기 짝퉁 양반 인구가 기하급수적으로 늘어납니다.
'전 인민의 양반화'라고나 할까요? 그럼 오리지널 양반들은 어땠을까요?
조선 후기에 환국이 있었다고 했죠?
권력 투쟁에서 지면 바로 끈 떨어지는 겁니다.
싸움에서 승리하여 권력을 가진 권반, 싸움에서 밀려나
향촌으로 간 향반.
향촌에서 겨우 양반 행세만 하면 다행인데 그마저도 못 하는
완전 몰락 양반도 등장한답니다. 이들을 **잔반**이라고 하죠.
일반 농민보다 못사는 잔반도 수두룩했답니다.

그럼 조선 후기의 향촌에는 향반, 그리고 잔반, 게다가 공명첩과 족보 위조를 통해 부농에서 양반이
된 짝퉁 양반까지 모두 있었겠네요.
이들이 공존하는 모습. 어땠을까요?
기존 양반(구향)과 신진 양반(신향)이 서로 으르렁대는 모습이 그려지지 않나요? 실제로 그랬답니다.

이걸 향촌에서 권력을 두고 벌어지는 전투라 하여
**'향전'**이라고 했어요.
기존 양반들은 "저 상것들이 … 쯧쯧쯧 … 망조야, 망조."
이랬을 테고, 신진 양반들은 "저 양반네들은 돈도 없는 주제에
어깨에 힘만 들어가 있어. 아, 어떤 세상인데. 웃겨…." 이랬겠죠.
게다가 짝퉁 양반들이 수령이랑 결탁하고 자꾸 향안에
이름을 올리려고 하는 거예요.
향안은 지방에 거주하는 양반들의 이름이 적힌 문서예요.
향안에 이름이 올라야 진짜 양반으로 인정받을 수 있었죠.
향반들은 어이가 없겠죠. 감히 향청(유향소)에? 지네가 뭔데?
향반과 짝퉁 양반들의 싸움이 점점 거세집니다.

## 결정적 기출 선지

**1** 조선 후기에는 양반층이 권반 · 향반 · [        ]으로 분화하였다.

**2** 조선 후기 향촌에서 신향과 구향 간의 대립인 [        ]이 발생하였다.

정답

잔반

향전

## 157 노비종모법 ▶▶ 노비 소생의 신분과 주인을 결정할 때 어머니의 신분을 따르는 법

**대상 노비** **암기** 공노비 해방(1801) 기본 ☐ 심화 ✔

근데 정부의 고민이 다시 깊어집니다.
국가 세금을 주로 담당하는 계층이 상민인데
이들이 양반이 되면서 세수에 구멍이 났죠.
돈(세금)을 거둬들여야 하는데
낼 사람이 없어진 거예요.
그래서 그걸 또 메꾸기 위해 노비들을
상민으로 이동시키는 정책을 취합니다.
원래 노비는 아버지와 어머니 중
한쪽이 천민이면 무조건 천민입니다.

그런데 어머니가 상민인 경우 자식도 상민이 되도록 허용한 겁니다. 이걸 **노비종모법**이라고 합니다.
순조 때에는 정부는 더 파격적으로 아예 **공노비들을** 해방시키기도 합니다.
조선 후기 신분제는 이렇게 요동치고 있었다우.

## 158 실학 ▶▶ 조선 후기에 성리학이 현실의 문제를 해결하지 못하자 제기된 실용적인 학문

**방향** 농업 중심 개혁론, 상공업 중심 개혁론 기본 ☐ 심화 ✔

성리학은 견고한 신분제를 지향하는 학문인데
조선 후기 신분제가 이렇게 무너지고 있네요.
이젠 성리학만으로는 조선 후기 사회를 설명할 수가
없게 된 것이죠. 그래서 그에 대한 대안이 나오는데
그중 하나가 **실학**입니다.

실학은 크게 **농업 중심 개혁론**과 **상공업 중심 개혁론**으로 나뉘는데요. 중농학파라고도 불리는
농업 중심 개혁론은 토지 분배를 통해 농민들에게 희망을 주어야 한다고 주장합니다.
이에 비해 중상학파라고도 불리는 상공업 중심 개혁론은 생산력 증대를 통해 상업을 활성화해야
한다고 주장해요. 성리학이 지배하는 조선에서 참 획기적인 생각이죠?

 **결정적 기출 선지**

**1** 조선 후기에 [_____]이 시행되면서 신분이 상승하는 노비들이 있었다.

**2** 실학은 크게 중농학파와 [_____]로 나뉜다.

**정답**
노비종모법
중상학파

# 유형원과 이익

▶▶ 유형원 : 토지를 고르게 분배하자는 균전론을 주장한 실학자
▶▶ 이익 : 토지 소유에 제한을 두자는 한전론을 주장한 실학자

주장 균전론(유형원), 한전론(이익)　저서 『반계수록』(유형원), 『성호사설』(이익)　기본 ☑ 심화 ☑

이제 실학에 대해 본격적으로 알아볼까요?

농업 중심 개혁론자들은 어떻게 하면 토지를 골고루 나누어 줄 수 있을지 고민했어요.

대표적인 주장이 **유형원**의 책 『반계수록』에 담긴 **균전론**입니다.

유형원은 『반계수록』에서 양반 중심의 문벌 제도와 과거·노비 제도를

신랄하게 비판했어요. 균전론은 말 그대로 모든 토지를 국유화하고

균등하게 토지를 나누자는 것이죠. 물론 신분제를 전제로 해서요.

사농공상 신분에 따라 토지를 다르게 나누어 주자는 겁니다.

분배를 생각한 점은 획기적이지만,

여전히 신분의 틀 안에 갇혀 있다는 것이 한계였습니다.

그런데 유형원의 균전론을 시행하려면 양반들의 토지를 몰수해야 하잖아요.

그건 사실상 거의 실현 불가능하죠.

그래서 그의 제자인 **이익**은 한전론을 주장합니다.

한전론에서는 우선 각 토지마다 일부의 **영업전**을 설정합니다.

이 영업전은 말 그대로 영원히 대를 이어 세습되는 토지입니다.

매매는 나머지 토지에 대해서만 허용했고요.

영업전은 절대로 사고 팔 수 없습니다.

그러니 혹시 몰락하더라도 최소 생계를 유지할 수는 있겠죠.

그러면 토지 분배는 어떻게 하느냐?

영업전 이외의 토지는 매매할 수 있도록 했으니 서서히 분배토록 하는 겁니다.

당시 상황에서는 실현되지 못했지만 농민들을 깊게 생각하는 대단한 발전이었죠.

그리고 유형원의 균전론보다는 좀 더 현실적이라고도 할 수 있고요.

또 이익은 『성호사설』과 『곽우록』이라는 책을 저술하기도 했습니다.

나라를 좀먹는 여섯 가지 폐단을 지적하기도 했죠.

헉. 여섯 가지나? 노비제·과거제·양반 문벌제·사치와 미신·승려·게으름이 그것이지요.

## 결정적 기출 선지

**1** [　　　　　]은 『반계수록』에서 신분에 따라 토지를 차등 분배하자고 주장하였다.

**2** 이익은 매매를 금지하는 [　　　　　]을 설정해 자영농을 육성하려 하였다.

정답

유형원

영업전

179

# 160 정약용 ▶▶ 마을 단위의 토지에서 공동 생산·공동 분배를 하자는 여전론을 주장한 실학자

주장 **여전론, 정전론**    저서 **『목민심서』**    발명 **거중기**                    기본 ✔  심화 ✔

**정약용**은 유형원과 이익보다 더 나아갑니다. **여전론**을 주장해요.
여전론은 공동 경작과 노동량에 따른 분배를 주장합니다.
이거 어찌 보면 사회주의 협동 농장 비슷한 느낌이 들죠.
토지는 공동으로 소유하고, 공동으로 경작한 후
노동량에 따라 일 많이 했으면 좀 더 많이,
아니면 그에 맞게 분배하는 거죠.

정약용이 주장한 또 다른 토지 개혁안은 **정전론**입니다.
정전론은 토지를 우물 '井(정)'자 모양으로 구획한 후 가운데 토지는
공동으로 경작해서 여기서 나온 생산량을 국가에 세금으로 내자는 주장입니다.
정전론은 급진적인 여전론보다 현실성이 있는 방안이었어요.
1개도 아닌 2개나! 많은 방법을 생각하셨죠?
또한 정약용은 자신의 실학 사상을 집대성한 **『목민심서』**, **『경세유표』**와 같은 책도 저술합니다.

정약용은 정조가 야심차게 진행한 도시 프로젝트인
수원 화성 건설에도 투입됩니다.
이때 정약용이 고안한 **거중기**를 활용해서 무거운 자재들을
쉽게 들어 올릴 수 있게 됩니다. 공사 기간을 크게 단축시켜
화성 축조에 결정적 공헌을 하였죠.
발명까지 척척! 정약용 대단하죠?
여기서 끝이 아닙니다. 의학에도 관심을 가지셔요.
**『마과회통』**이라는 의서를 저술하여 홍역에 대해서 연구하셨죠.
의서 얘기가 나온 김에 책 두 권만 더 소개할게요. 여러분 허준 알죠?
허준이 지은 의서가 **『동의보감』**입니다. 우리나라의 전통 한의학을 체계적으로 정리했죠.
그리고 이제마가 **『동의수세보원』**을 저술하여 사람의 체질을 연구하고 사상 의학을 확립했죠.
사상 의학은 사람의 체질을 태양인·태음인·소양인·소음인 네 가지로 나누고 그 특성에 따라 병을
치료하는 의학이에요. 여러분은 어떤 체질인가요?

---

 **결정적 기출 선지**

❶ 정약용은 마을 단위로 토지를 공동 경작하는 [        ]을 주장하였다.

❷ 정약용이 만든 [        ]는 수원 화성 축조에 이용되었다.

**정답**

여전론

거중기

# 161 소비론 ▶▶ 소비를 통해 생산력을 증대하자는 상공업 중심 개혁론자들의 주장

인물 유수원·박지원·박제가·홍대용　　　　　　기본 ☑ 심화 ☑

농업 중심 개혁론자들의 주장이 토지 분배를 통한 자영농 육성이었다면,
상공업 중심 개혁론자들의 주장은 생산력 증대를 통해 상업을 활성화하자는 겁니다.
즉, 피자를 크게 만들면 한 쪽씩 돌아가는 피자 크기도 커진다는 말씀!
상공업 중심 개혁론은 중상학파 혹은 청을 다녀온 사람들이 주를 이루어 북학파라고도 해요.
청의 문물을 받아들이고 이를 배워야 한다고 주장하죠.
대표적인 인물로는 **유수원·박지원·박제가·홍대용**을 들 수 있습니다.

유수원은 『**우서**』에서 사농공상의 직업적 평등과
전문화를 주장해요.
조선 사회에서 상인이 좋은 대접을 받지 못했기
때문에 이런 주장을 한 것이죠.
박지원은 연행사를 따라 청에 다녀온 후 『**열하일기**』를
저술해 수레와 선박, 화폐의 필요성을 강조했어요.
그리고 박제가. 박제가는 『**북학의**』에서 너무 절약만 하지는 말자고 주장해요.
적당히 소비해야 공장에서 물건도 만들고 그러지 않느냐는 거죠.
"돈을 써서 물건을 사야 거기서 발생한 이익으로 다시 물건을 많이 만들 수 있다. 그래야 일자리도
많아진다." 아니, 이보다 더 자본주의적 마인드가 가능합니까? 몇백 년을 앞서가신 거예요?
또 박제가는 청의 문물을 적극적으로 수용하고 수레와 선박도 많이 이용하자고 합니다.

소비는 공장도 돌게 만드니...
공장

마지막으로 홍대용. 홍대용은 상업을 중시했을 뿐만 아니라
천문학에도 관심을 가졌어요.
『**의산문답**』을 저술하여 지구가 회전한다는 **지전설**과
무한 우주론을 주장하며 중국 중심의 세계관을 비판했지요.
또 천문 관측 기구인 **혼천의**를 제작하기도 했어요.
혼천의는 천체의 운행과 그 위치를 측정하는 기구예요.
실학에 천문학까지 …. 홍대용 정말 대단하네요. 부럽다. 천재!

지구는 돈다.
홍대용

 **결정적 기출 선지**

❶ 유수원은 [　　　　　]에서 사농공상의 직업적 평등을 주장하였다.

❷ [　　　　　]는 『북학의』를 저술하여 상공업 육성, 청의 문물 수용을 강조하였다.

정답

『우서』

박제가

# 162 국학 ▶▶ 우리의 말·글·역사·문화가 중심이 되어 형성된 모든 학문

암기 『발해고』(유득공), 『금석과안록』(김정희), 동국지도(정상기)　　기본 ☐ 심화 ✔

실학은 우리 것에 대한 관심으로도 이어집니다.
중국 중심의 성리학을 비판한 학문이니까요.
그래서 **국학**을 발달시키죠. 먼저 역사서.
안정복은 고조선에서 고려까지의 역사를 담은 『동사강목』을
저술하였고요. 김정희는 『금석과안록』에서
황초령비, 북한산비가 진흥왕 순수비임을 고증하였어요.
이긍익은 조선의 정치와 문화를 실증적·객관적으로
정리한 『연려실기술』을 썼고요. 한치윤은 중국과 일본의
자료를 모아 『해동역사』를 썼어요.
이종휘의 『동사』는 고구려의 역사를,
유득공의 『발해고』는 발해의 역사를 기술하고 있는데
여기서 남북국이라는 용어가 처음 등장합니다.
어때요? 우리의 역사를 더 앞으로 당기고 지역적으로도 더 확대하는
역사서들이 등장하고 있죠?

이때 지도와 지리서도 많이 제작되지요.
최초로 100리 척을 사용한 정상기의 **동국지도**, 김정호의
**대동여지도**(높이가 무려 7m에 육박),
정약용의 『아방강역고』, 이중환의 『택리지』 등이 만들어지죠.
조선 초기에는 중앙 집권을 위해 지도를 만들었다면
후기에는 상업이 발달하면서 상인들이 길을 잘
찾아다닐 수 있도록 지도와 지리서가 필요했던 거죠.

우리의 자랑스런 훈민정음을 연구한 신경준의 『훈민정음운해』도 편찬됩니다.
이수광의 『지봉유설』과 이익의 『성호사설』 그리고 영조 때 만들어진 『동국문헌비고』와 같은
백과사전류도 편찬됩니다. 세계사에서도 18세기 계몽 사상이 발달하면서 디드로, 달랑베르와
같은 백과전서파가 등장하듯이 우리도 짜잔하고 이렇게 백과사전을 편찬한 인물들이 등장하네요.
역사 참 비슷해요.

## 결정적 기출 선지

**1** 김정희는 [            ]에서 북한산비가 진흥왕 순수비임을 밝혔다.

**2** 정상기는 최초로 100리 척을 사용하여 [            ]를 제작하였다.

**정답**

『금석과안록』

동국지도

## 163 곤여만국전도 ▶▶ 명 말 선교사 마테오 리치가 만든 세계 지도

비교 혼일강리역대국도지도                                     기본 ☐ 심화 ☑

조선 후기에 청에서 세계 지도인 **곤여만국전도**가
들어오면서 세계의 중심이 중국이라는 성리학적
세계관을 밑바닥에서부터 붕괴시킵니다.
조선 전기 세계 지도의 대표라고 할 수 있는
**혼일강리역대국도지도**를 보면 중국이 한가운데에
떡하니 무지 크게 그려져 있어요.
아프리카, 아라비아, 유럽 모두 중국 옆에 달랑달
랑 붙어 있는 껌딱지처럼 묘사돼 있죠.
하지만 이제 조선의 지식인들은 깨닫습니다.
"세계의 중심은 중국이 아니구나. 우리도 중심이 될 수 있다."
곤여만국전도는 조선 후기 지식인들에게 엄청난 문화 충격으로 다가왔겠네요.

## 164 한글 소설 ▶▶ 17~18세기에 서민들 사이에서 유행한 한글로 된 소설

종류 『홍길동전』, 『춘향전』                                  기본 ☑ 심화 ☑

문화는 그 시대를 반영한다고 했죠? 조선 후기 주인공은 누구일까요?
바로 이앙법을 통해 생산력을 증대시키면서 부를 창출하여 경제적 지위가
향상된 **서민**입니다. 이제 이들이 좋아하는 문화가 많이 나오지요.
그중 대표적인 것이 바로 **한글 소설**입니다.
『홍길동전』, 『춘향전』과 같은 한글 소설들이 인기를 끌죠.
한글 소설 이외에도 서민의 감정을 솔직하게 표현하는
**판소리**와 **탈춤**도 유행했습니다.
한글 소설·판소리·탈춤 모두 무언가 변화를 갈망하는
당시 서민들의 소망을 담고 있어요.

 **결정적 기출 선지**

❶ 조선 후기에 중국을 통해 세계 지도인 [          ]가 전해졌다.

❷ 조선 후기에는 홍길동전, 춘향전과 같은 [          ]이 유행하였다.

정답

곤여만국전도

한글 소설

## 165 양반전 ▶▶ 양반의 허위와 부패를 풍자한 한문 소설

저자 박지원 　　　　　　　　　　　　　　　기본 ☐ 심화 ☑

조선 후기에는 한문 소설도 유행했는데 이전과는 주제면에서 달라집니다.
한글 소설과 다르게 한문 소설은 양반층이 중심이었어요.
조선 후기에 한글이 많이 쓰이긴 했지만 여전히 양반들은
한문을 썼거든요. 대표적인 한문 소설이 바로
북학파의 **박지원**이 쓴 『**양반전**』, 『허생전』, 『호질』입니다.
『양반전』은 당시 양반이 증가하고, 상민과 노비가 감소하는
조선 후기 사회 모습을 잘 담아내고 있죠.
시대적 흐름이 굉장히 잘 반영된 작품이에요.
몰락하는 양반과 점점 뜨고 있는 평민을 등장시켜
양반의 위선과 무능을 해학적으로 비판했죠.
『허생전』에서는 주인공 허생이 독점적 도매 상인인 도고로 등장해요.
매점매석을 통해 큰 돈을 버는 허생의 모습에서 조선 후기 경제 상황을 엿볼 수 있겠네요.

## 166 법주사 팔상전 ▶▶ 충청북도 보은군에 있는 조선 후기의 다층 건축물

암기 금산사 미륵전, 청화 백자 　　　　　　　기본 ☐ 심화 ☑

이번엔 조선 후기의 건축물을 보겠습니다. 조선 후기에는 절이 많이 세워집니다.
17세기에는 **금산사 미륵전**, 화엄사 각황전, **법주사 팔상전** 등 규모가 큰 절이
주로 양반과 지주의 후원으로, 18세기에는 부안 개암사, 논산 쌍계사 같은 절이
주로 부농층과 상인 세력의 돈으로 만들어졌지요.
이들은 왜 사찰 건설에 돈을 바쳤을까요? 유교는 사후 세계를 인정하지 않죠.
돈이고 권력이고 아무리 많아 봤자 죽으면 다 소용없습니다.

그래서 살아생전 부처에게 재물을 바쳐
극락왕생을 보장받고자 한 거죠.
아, 참. 조선 후기에는 백자에 푸른 안료를 써서
그림과 무늬를 그려 넣은 도자기인 **청화 백자**도 유행한답니다.

 **결정적 기출 선지**

❶ 　　　　　　　 은 『양반전』에서 양반의 위선과 무능을 풍자적으로 비판하였다.

**정답**

박지원

# 조선 후기 회화 ▶▶ 조선 후기의 시대상을 반영한 다양한 종류의 그림

종류 진경 산수화, 풍속화, 민화    인물 정선, 김홍도, 신윤복    기본 ✔ 심화 ✔

이번엔 문화 중에서 그림을 살펴볼게요. 문화가 다양해진 조선 후기답게 그림도 참 다양해졌어요.
뭐니 뭐니 해도 조선 후기 그림에서 **진경 산수화**를 빼놓을 수 없죠. 조선 후기에는 중국의 주인이
더 이상 명이 아니라 청이죠. 이제 멸망한 명의 법통을 이은 나라는 우리 조선.
따라서 우리 자연과 인물을 그려 넣는 것이 바로 그 자존심을 지키는 것이 되겠죠.
그래서 등장한 것이 진경 산수화입니다. 대표적으로 **겸재 정선**의 **인왕제색도**.

조선 후기의 그림 하면 또 **김홍도**와 **신윤복**의 **풍속화**를 빼놓을 수 없죠.
김홍도는 굵은 선을 통해 당시 서민들의 삶을 아주 익살스럽게 담아내고 있지요.
반면에 신윤복의 그림은 가느다란 선을 통해 당시 양반들의 풍류를 섬세하게 묘사했죠.
또한 여인네들의 애절한 사랑을 잘 담아내고 있기도 합니다.
이렇게 조선 후기에 진경 산수화와 풍속화만 있느냐. **민화**를 또 빼놓으면 안 되죠.
용도 있고, 까치도 있고, 호랑이도 있고, 잉어도 있고, 글씨도 있고….
아주 다양한 주제들이 그려지는데 이건 대부분 복을 달라는 뜻을 담고 있답니다.

**🧩 결정적 기출 선지**

① 조선 후기에 등장한 [          ]는 우리나라의 산천을 사실적으로 묘사한 그림이다.

**정답**

진경 산수화

**01** (가)에 들어갈 내용으로 옳은 것은? [2점]

① 요역을 부과하기 위해 만들어졌다.
② 과거 합격을 증명하기 위해 제작되었다.
③ 재정 부족 문제를 해결하기 위해 발급되었다.
④ 토지의 소유권을 명확히 하기 위해 발행되었다.
⑤ 촌락의 인구, 토산물 등을 파악하기 위해 작성되었다.

**02** (가) 신분에 대한 설명으로 옳은 것은? [2점]

이 책은 (가) 출신인 유재건이 지은 인물 행적기로, 위항 문학 발달에 크게 기여하였다. (가) 은/는 자신들의 신분에 따른 사회적인 차별에 불만이 많았는데, 시사(詩社)를 조직하는 등의 문예 활동을 통해 스스로의 위상을 높이고자 하였다. 책의 서문에는 이항(里巷)*에 묻혀 있는 유능한 인사들의 행적을 기록하여 세상에 널리 알리고자 이 책을 썼다고 밝히고 있다.

이향견문록

\* 이항: 마을의 거리

① 매매, 증여, 상속의 대상이 되었다.
② 장례원을 통해 국가의 관리를 받았다.
③ 공장안에 등록되어 수공업 제품 생산을 담당하였다.
④ 양인이지만 천역을 담당하는 신량역천으로 분류되었다.
⑤ 관직 진출 제한을 없애달라는 소청 운동을 전개하였다.

**03** 다음 퀴즈의 정답으로 옳은 것은? [1점]

조선 후기 실학자인 이 인물은 농민 생활의 안정을 중시하여 자신의 저서인 반계수록에서 균전론을 주장하였습니다. 이 인물은 누구일까요?

① 이익
② 박제가
③ 박지원
④ 유형원
⑤ 홍대용

**04** 밑줄 그은 '그'에 대한 설명으로 옳은 것은? [2점]

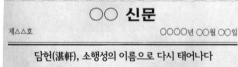

○○ 신문

제△△호 ○○○○년 ○○월 ○○일

**담헌(湛軒), 소행성의 이름으로 다시 태어나다**

담헌이 제작한 것으로 알려진 혼천의

한국천문연구원은 "국내 연구진이 발견한 새로운 소행성에 대해, 호가 담헌인 그의 인명을 헌정하여 국제천문연맹으로부터 최종 승인을 받았다."라고 밝혔다. 인명이 헌정된 이유는 그가 무한 우주론과 지전설 등을 주장한 조선 후기의 대표적인 과학자이자 실학자이기 때문이다.

① 기기도설을 참고하여 거중기를 설계하였다.
② 북학의에서 수레와 배의 이용을 강조하였다.
③ 양반전에서 양반의 위선과 무능을 지적하였다.
④ 의산문답에서 중국 중심의 세계관을 비판하였다.
⑤ 우서에서 사농공상의 직업적 평등과 전문화를 주장하였다.

## 01 키워드 154 | 공명첩  답 ③

문서 왼쪽에 관직명이 적혀 있고, 오른쪽에 이름 쓰는 곳이 비어 있네요. 이름이 공란으로 되어 있는 임명장, 즉 공명첩입니다. 여기에다 이름을 쓰면 관직을 얻고 양반이 되는 거예요. 참~ 쉽죠! 조선 후기에 이런 공명첩이 엄청 많이 발행되는데요. 왜 그랬을까요? 임진왜란과 병자호란으로 조선 사회는 황폐화되어 버렸습니다. 다시 정상으로 복구하려면 꽤 많은 돈이 필요했죠. 이때 돈을 많이 버는 사람들이 등장하기 시작해요. 부농이나 거상들이죠. 그래서 정부가 이런 사람들에게 돈을 받고 양반직을 파는 겁니다. 상민들은 신분이 상승해 좋고 군포를 내지 않아서 더 좋았죠. 나라도 재정 수입이 생겨서 좋고요. 누이 좋고 매부 좋고. 물론, 그래서 조선 후기에 양반이 무지막지하게 늘어나긴 합니다!

### 바로알기

① 요역을 부과하기 위한 기본 자료를 얻기 위해 호패법이 실시되는데요. 이건 태종 때입니다. 호패는 현재의 주민등록증과 비슷한 거 다 아시죠?

② 과거 시험 합격 증명서는 백패와 홍패입니다. 백패는 소과에 합격한 생원·진사에게, 홍패는 최종 합격자에게 발급하는 증서예요.

④ 토지의 소유권을 명확히 하려고 발급한 증서는 지계입니다. 대한 제국 때 해당하는 일이에요. 자세한 내용은 233쪽에서.

⑤ 촌락의 인구와 토산물을 파악하기 위해 작성한 문서는 신라의 민정 문서입니다.

## 02 키워드 155 | 소청 운동  답 ⑤

자료로 소개된 『이향견문록』은 조선 후기 서리, 즉 중인이었던 유재건이 지은 책으로 하층 계급 출신으로 뛰어난 업적을 남긴 인물의 행적을 모아 놓았어요. 수록 인물이 무려 308명이나 된다고 합니다. 그만큼 '중인 신분도 할 수 있다! 차별하지 마라!'라고 얘기하고 싶었던 거겠죠. 정조 때 박제가·이덕무·유득공 등 서얼 출신이 규장각 검서관으로 등용돼요. 이에 다른 중인들도 자극을 받습니다. 원래 서얼들은 '중서'라고 해서 중인과 같은 신분 대우를 받았거든요. 중인들은 '뭉치면 살고 흩어지면 죽는다'는 각오로 집단으로 신분 상승 소청을 올립니다. 중인들은 주로 실무를 담당했기 때문에 높은 관직까지는 오르기가 힘들었거든요. 한편, 자신들끼리 지금의 동아리와 비슷한 '시사'를 조직하여 문화 생활을 즐깁니다. 소청 운동은 결국 성공하진 못하지만 존재감은 확실히 드러낸 것 같죠?

### 바로알기

① 노비는 매매, 증여, 상속이 가능했습니다. 사람 취급을 못 받은 거죠.

② 조선 시대 장례원은 노비의 문서를 관리하고 노비의 소송 문제를 관장하던 관서예요.

③ 조선 시대 상인 계층에 속했던 수공업자들은 공장안에 등록된 후 관청에 소속되어 수공업 제품을 생산하였어요.

④ 조선 시대에 수군, 역졸, 봉수군 등은 신량역천으로 분류되어 신분은 상민이었지만 천한 대우를 받았어요. 직업엔 귀천이 없거늘!

## 03 키워드 159 | 유형원과 이익  답 ④

조선 후기의 실학자 중 토지 제도 개혁에 있어서 균전론을 주장한 학자는 유형원이에요. 유형원은 토지 소유의 불균형이 사회 문제의 근원이라고 생각하여 『반계수록』에서 균전론을 제시하였습니다. 이 '균'은 고를 균(均)자이지만 완전히 똑같이 나누자는 것이 아닙니다. 차등 분배예요. 토지를 셋으로 자르는 데 크기가 각각 달랐어요. 모든 토지를 국유화한 후에 관리, 선비, 농민 등에게 신분에 따라 차등 지급하자는 거죠. 유형원은 그밖에도 양반 문벌 제도, 과거 제도, 노비 제도의 모순을 비판하기도 하였습니다.

### 바로알기

① 유형원의 제자였던 이익은 토지 개혁 방안으로 한전론을 주장했어요. 토지를 둘로 쪼개서 한 쪽은 매매가 불가한 영업전으로 설정하고, 나머지 다른 쪽의 토지만 매매가 가능하게 했어요. 한전론의 취지는 농민이 먹고 살 수 있는 최소한의 토지를 보유하여 완전히 몰락하는 것을 막아보자는 것이었어요.

② 박제가는 상공업 중심의 개혁론자로 생산을 자극하기 위해서 소비를 해야 한다고 주장하였죠.

③ 박지원은 청에 다녀온 뒤 『열하일기』를 저술하였고, 『허생전』, 『양반전』과 같은 한문 소설을 통해 양반의 무능함을 비판하였어요.

⑤ 홍대용은 상공업 중심 개혁론자 중 한 명으로 지전설을 주장하였고, 혼천의를 제작하기도 하였습니다.

## 04 키워드 161 | 소비론  답 ④

그는 누구일까요? 무한 우주론과 지전설을 주장한 실학자, 홍대용입니다. 홍대용은 『의산문답』에서 지구가 우주의 중심이 아니라 무수한 별 가운데 하나라는 무한 우주론을 주장했어요. 또한 지구가 돈다는 지전설을 소개했습니다. 지금은 모든 사람이 지구가 자전한다는 것을 알고 있지만 당시에는 상상도 못 할 일이었죠. 지구가 아니라 해와 별이 돈다고 생각했으니까요. 그러니 당연히 세계의 중심인 중국은 떠받들어야 하는 신과 같은 존재였고요. 하지만 청에서 서양의 학문과 기술을 접한 사람들은 새로운 세계관에 눈을 떴죠. 이제 중국 중심의 세계관은 NO. 또한 홍대용의 지전설은 전통적인 중화 사상, 즉 중화와 오랑캐를 구분하는 이분법을 비판하는 근거가 되었죠. 그래, 우리는 오랑캐가 아니었어!

### 바로알기

① 정약용은 『기기도설』을 참고하여 거중기를 제작합니다. 거중기는 수원 화성 축조에 크게 기여하였어요.

② 박제가는 『북학의』에서 절약보다 소비를 권장하고 수레와 배의 이용을 강조했어요.

③ 『양반전』은 단골 선지예요~ 『양반전』하면 박지원. 바로 아시겠죠?

⑤ 유수원은 『우서』에서 사농공상의 직업적 평등과 전문화를 주장하였어요.

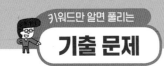

**05** (가)에 들어갈 내용으로 옳은 것을 <보기>에서 고른 것은? [2점]

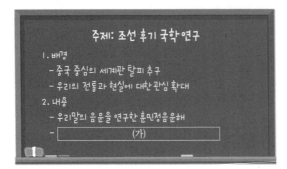

─ 보기 ─
ㄱ. 남북국 시대론을 제시한 발해고
ㄴ. 전국의 지리 정보를 정리한 팔도지리지
ㄷ. 우리나라의 역사 지리를 정리한 아방강역고
ㄹ. 고조선부터 고려까지의 역사를 정리한 동국통감

① ㄱ, ㄴ   ② ㄱ, ㄷ   ③ ㄴ, ㄷ
④ ㄴ, ㄹ   ⑤ ㄷ, ㄹ

**06** 다음 설명에 해당하는 문화유산으로 옳은 것은? [2점]

**문화 유산 카드**
- **종목** : 국보 제55호
- **소재지** : 충청북도 보은군
- **소개** : 상륜부를 갖춘 다층의 높은 건물로, 현존하는 우리나라 유일의 조선 시대 목조탑이다. 통층으로 구성된 건물 내부에는 석가모니의 생애를 여덟 장면으로 표현한 불화가 그려져 있다.

법주사 팔상전

금산사 미륵전

무량사 극락전

화엄사 각황전

마곡사 대웅보전

**07** 다음 특별전에 전시될 그림으로 가장 적절한 것은? [2점]

**특별전**
**조선 후기 회화전**
우리 미술관에서는 조선 후기에 나타난 새로운 경향을 보여 주는 그림들을 전시합니다. 많은 관람 바랍니다.
- 기간 : 2018년 ○○월 ○○일~○○월 ○○일
- 장소 : △△미술관 특별 전시실

고사관수도

수월관음도

천산대렵도

인왕제색도

몽유도원도

**08** 다음 그림이 그려진 시기에 볼 수 있는 모습으로 적절하지 않은 것은? [2점]

① 홍길동전을 읽는 여성
② 흥보가를 부르는 소리꾼
③ 청화 백자를 만드는 도공
④ 장시에서 탈춤을 공연하는 광대
⑤ 황룡사 구층 목탑 건립에 참여하는 목수

## 05 키워드 162 | 국학   답 ②

조선 후기엔 실학이 발달합니다. 실학은 말 그대로 실용적인 학문을 말해요. 우리가 처한 현실과 밀접하게 관련 있는 대상을 연구하죠. 그러면서 중국에서 넘어온 학문이 아닌 우리나라의 전통과 현실, 즉 국어, 역사, 지리 등에 관심을 갖게 됩니다. 그래서 다양한 분야에서 국학이 폭발적으로 발달해요. 국어 분야에서는 신경준의 『훈민정음운해』와 유희의 『언문지』에서 한글의 우수성에 대한 인식이 잘 드러납니다. 역사 분야에서는 유득공이 『발해고』를 편찬해 남북국 시대를 최초로 제시했죠. 안정복의 『동사강목』, 이긍익의 『연려실기술』이라는 역사서도 나옵니다. 지리 분야에서는 고대사의 강역을 새롭게 고증한 정약용의 『아방강역고』 등이 나왔습니다. 이중환의 인문 지리서인 『택리지』와 김정호의 대동여지도도 이 시기에 나옵니다.

### 바로알기

ㄴ. 조선 성종 때 양성지가 『팔도지리지』를 편찬했어요. 현재는 전해지지 않습니다.

ㄹ. 역시 조선 성종 때 서거정 등이 고조선부터 고려 말까지의 역사를 편년체로 정리한 『동국통감』을 편찬했어요.

## 06 키워드 166 | 법주사 팔상전   답 ①

건축 관련 문제가 나왔습니다. 충청북도 보은군에 위치해 있고요. 다층 건물이라고 합니다. 그리고 '석가모니의 생애를 여덟 장면으로 표현한 불화'가 그려져 있다고 해요. '팔상도'라고도 부르는데요. 이름에 '팔상'이 들어가는 건물이 뭐였죠? 바로 법주사 팔상전입니다. 거대한 5층 목조 건물인 팔상전은 우리나라에서 유일한 목조탑입니다. 우리는 석탑에 익숙해져 있어서 탑이라고 인식을 못 할 수도 있어요. 17세기에는 불교의 사회적 지위가 향상되어 사원 건축물이 많이 세워졌어요. 법주사 팔상전 외에도 김제 금산사 미륵전, 구례 화엄사 각황전 등 규모가 큰 다층 건물이 많이 지어졌답니다.

### 바로알기

② 전북 김제에 있는 금산사 미륵전은 17세기에 지어진 3층 법당입니다. 내부는 통층으로 되어 있고요.

③ 충남 부여에 있는 무량사 극락전은 조선 중기에 지어진 중층 불전입니다.

④ 전남 구례에 있는 화엄사 각황전입니다. 임진왜란 때 파괴되었던 장륙전을 18세기에 다시 짓고 각황전이라 이름 붙였습니다.

⑤ 충남 공주에 있는 마곡사 대웅보전입니다. 이 건물 역시 17세기에 지어졌어요.

## 07 키워드 167 | 조선 후기 회화   답 ④

조선 전기의 산수화는 대체로 중국의 화풍을 모방하거나 상상 속의 이상 세계를 표현하는 것이 주를 이루었어요. 그런데 18세기 무렵부터 정선의 인왕제색도 등 우리나라의 실제 모습을 표현한 진경 산수화가 많이 그려졌어요. 또한 서민들의 실제 생활 모습을 담은 풍속화도 크게 유행하였고요. 김홍도는 평민들의 일상 생활을 재치 있게 표현해 냈고, 신윤복은 주로 여성들의 생활 모습이나 이성 간의 사랑 등을 주제로 한 그림을 많이 그렸어요.

### 바로알기

① 조선 전기의 문인 화가 강희안의 고사관수도로, 15세기를 대표하는 회화 작품이에요.

② 수월관음도는 고려 시대의 불화로, 제시된 그림은 현재 프랑스 파리의 국립 동양 박물관에 소장되어 있어요. 고려가 불교의 나라잖아요. 고려 후기가 되면 불화가 대인기를 끌어요. 불화는 특히 외국에서 명성을 떨쳤어요. 원과 일본에서도요. 그래서인지 고려 불화는 우리나라에 거의 남아있지 않아요.

③ 천산대렵도는 공민왕이 그린 것으로 알려진 그림이에요. 원의 화풍을 담고 있죠.

⑤ 몽유도원도는 조선 전기의 화가 안견이 그린 것으로, 안평 대군이 꿈에서 본 도원을 표현하였어요. 화폭의 왼쪽에는 인간의 현실 세계를, 오른쪽에는 신선 세계를 묘사했어요.

## 08 키워드 167 | 조선 후기 회화   답 ⑤

자료에 나온 그림은 백성들의 일상 모습을 그린 김득신의 풍속화예요. 풍속화가 그려진 시기는 조선 후기로, 이 시기에는 상공업의 발달과 농업 생산력의 증대로 서민들의 경제적 지위가 향상되면서 서민 문화가 발전하였습니다.

① 백성들도 편하게 읽을 수 있는 『홍길동전』과 같은 한글 소설이 유행하였고요.

②, ④ 판소리나 탈춤이 서민들에게 큰 인기를 끌었어요. 판소리로는 춘향가, 적벽가, 심청가, 흥부가 등이 많이 불렸습니다.

③ 또 백자의 흰 바탕에 청색 안료로 꽃, 새, 산수 등 다양한 무늬를 그린 청화 백자도 유행합니다.

### 바로알기

⑤ 황룡사 9층 목탑은 신라 선덕 여왕 때 자장의 건의로 만들어졌어요. 앞에서 이미 배운 바 있죠. 기억나는 거 맞죠?

## 168 양명학 ▶▶ 명의 왕양명이 주창한 학문

인물 정제두  학파 강화 학파

기본 ☐  심화 ☑

**청**이라는 오랑캐에게 사대하고, 상품 화폐 경제는 발달하고, 신분제는 동요합니다.
정통과 명분을 따지는 성리학으로는 도저히 설명할 수 없는 현상들이
조선 후기 여기저기에서 발생하죠. 그런데 성리학계는 반성하기는커녕
오히려 교조화되고 관념화됩니다. 주자의 이론만 진실이고
나머지는 다 틀리다면서 다른 입장은 절대 받아들이지
않죠.
이렇게 딱딱하게 굳어져 버린 성리학을 대신할 대안 학문이
필요하게 된 것 같네요. 이것이 비현실적인 성리학을 비판하며
실천과 지행합일을 강조하는 **양명학**의 등장 배경입니다.
양명학은 명의 왕양명에 의해 성립되었는데 우리나라에서는
**정제두**가 체계화합니다. 정제두를 비롯한 양명학자들은
**강화 학파**를 형성하고요, 이후 실학에도 영향을 준답니다.

## 169 정감록 ▶▶ 조선 후기 백성들 사이에서 유포되었던 예언서

영향 서민들의 저항 의식

기본 ☐  심화 ☑

조선 후기에는 신분제라는 형식만 요동친 게 아니고요.
일반 백성들의 의식도 요동치고 있었습니다.
양 난 때 보여 준 양반 지배층의 무능함과 계속되는 백성에
대한 수탈이 조선 사회에 대한 불만으로 표출되는 거죠.
당시 백성들의 베스트셀러 중 하나였던 책이 바로
예언서인 『**정감록**』입니다.
이씨 세상이 망하고 정씨 세상이 열린다는….
백성들은 『정감록』처럼 세상이 바뀔 것이라는 책을 읽으며
저항 의식을 키워 간 것입니다.
조선 후기에는 미륵(미래의 부처)이 나타나 세상을 구원한다는 미륵 신앙도 확산된답니다.

 **결정적 기출 선지**

① ☐☐☐은 주자학의 교조화를 비판하며 지행합일의 실천성을 강조하였다.

**정답**

양명학

## 170 서학 ▶▶ 서양의 학문이란 뜻으로 조선 시대에 천주교를 이르던 말

탄압 신해박해(정조), 신유박해(순조)   기본 ☑ 심화 ☑

이젠 심지어 양반과 백성이 똑같다는 평등 의식이 담뿍 담긴 종교도 유행하게 됩니다.
그게 뭘까요? 바로 **천주교**입니다. 천주교는 맨 처음 청에서 들어올 때 학문의 형태로 들어옵니다.
서양의 학문이라 해서 **서학**이라고 했죠. 그런데 서서히 종교적 색채를 띠고 민중 속으로 파고듭니다.
숭배할 대상은 오직 천주님이고 조상에게 제사를 지내는
행위는 죽은 귀신을 숭배하는 거라 생각했죠.
천주님(하느님) 앞에선 모두가 평등하다는 믿음.
신분제 사회인 조선에 엄청난 충격을 주게 됩니다.
제사를 지내지 않는 건 유교를 신봉하는 지배층에겐
탄압의 빌미를 제공하는 아주 좋은 요소였죠.
결국 정조 때 **신해박해**, 순조 때 **신유박해**가 일어나
수많은 천주교인들이 처형되었어요.

## 171 동학 ▶▶ 최제우가 인내천을 기본 교리로 삼아 창시한 민족 종교

인물 최제우   사상 인내천   기본 ☑ 심화 ☑

인내천 사상

한울님(하느님)을 공경하려면
사람을 공경하라

평등 사상을 외치는 게 서학만 있었느냐? 아닙니다.
동쪽의 학문, **동학**도 이때 창시됩니다. 동학은 유교·불교·도교의
사상을 바탕으로 민간 신앙의 요소도 결합된 종교였어요.
경주 지방의 몰락 양반 **최제우**에 의해 1860년에 창시된 동학은
비록 서학을 비판하지만 인간 평등을 추구하는 본질은 같아요.
**인내천**을 주장하면서 사람이 곧 하늘이라고 하죠. 사람 한 명
한 명에게 한울님이 계시니 함부로 대하지 말라는 겁니다.
당연히 양반들이 동학도 싫어합니다. 정부는 최제우가 세상을
어지럽히고 백성을 속였다며 혹세무민의 죄로 처형하죠.
하지만 2대 교주인 최시형이 경전인 『동경대전』을 간행하면서
교단을 재정비하여, 그 세력이 꾸준히 확장됩니다.

 **결정적 기출 선지**

① 조선 순조 때 [          ]로 수많은 천주교인들이 처형되었다.

정답

신유박해

## 172 세도 정치 ▶▶ 19세기에 극소수의 권세가를 중심으로 국가가 운영되던 정치 형태

관청 비변사    암기 삼정의 문란                                    기본 ☐  심화 ☑

지금 조선은 경제·사회·문화 모든 면에서 엄청난 변화의 소용돌이가 몰아치고 있습니다.
그런데 19세기 정치. 완전 엉망이었죠. 조선의 최대 암흑기입니다.
정조가 죽고 11살의 어린 나이로 순조가 즉위한 뒤 나타난 **세도 정치**의 시기.
이때는 **안동 김씨**와 풍양 조씨로 대표되는 외척 등 세도 가문들이 **비변사**를
중심으로 권력을 틀어쥐고 온갖 부정과 비리가 횡행하게 되죠.
과거에서도 실력보다는 부정에 의해서 합격되는 일이 많았죠.
그리고 관리들은 앞장서서 파렴치한 짓을 마구 해 댔어요.

자~ 관직 사세요

대표적인 것이 매관매직입니다. 돈을 받고 관직을 사고파는 거예요.
생각해 보세요. 관직을 산 관리는 자신의 재임 기간 동안
백성들을 통해 본전 이상은 뽑아야겠죠. 세도 정치기에
백성들에 대한 탐관오리의 가렴주구는 절정에 이릅니다.
어쩔 도리가 없는 백성은 한없이 당하기만 했어요.

ㅋㅋ

전정
군정
환곡

특히 탐관오리들이 세금을 부정하게 거둡니다.
그래서 나타난 현상이 바로 **삼정의 문란**입니다.
전정·군정·환곡을 합쳐서 삼정이라고 해요. 전정은 토지에서 나오는 세금,
군정은 군대 가지 않는 대신 내던 포, 환곡은 일종의 빈민 구휼 제도
였어요. 그런데 여기서 총체적인 부정과 비리가 나타나게 됩니다.
대체 어느 정도냐고요? 한 집이 세금을 감당하지 못하고 도망가면
다른 네 집에서 세금을 내게 했어요.
가족과 친척에게 대신 세금을 물리기도 했죠.

더 대박인 것도 있어요.
갓난아기와 심지어 죽은 사람에게까지 세금을 매겼죠 ….
진짜 심하다, 심해. 과연 삼정의 문란에서 벗어나고 싶은
민중의 마음은 어찌 표출될까요?

 **결정적 기출 선지**

1 19세기 세도 가문은 [          ]를 중심으로 주요 관직을 독점하였다.

2 세도 정치기 [          ]이 심화되어 전국적인 농민 봉기가 빈발하였다.

정답

비변사

삼정의 문란

# 173 농민 봉기 ▶▶ 조선 후기 지배층의 수탈에 항거하여 일어난 사건

사건 홍경래의 난(1811), 임술 농민 봉기(1862)   관청 삼정이정청    기본 ✓ 심화 ✓

어떻게 표출되긴요. 난으로 표출되는 거지. '못 살겠다, 갈아 보자.' 이거죠.
19세기 초 서북 지역인 평안도에서 일어난 **홍경래의 난**은
당시 사회의 모순을 그대로 보여 줍니다.
홍경래는 몰락 양반이었고요. 광산 노동자와 농민들,
중소 상인들이 합세하죠. 이들이 난을 일으킨 이유는?
우선 서북 지역 출신은 고위 관직에 올라가지 못하게 하는 등
**지역 차별**이 있어 이 지역민들 기분이 안 좋았습니다.
지배층의 수탈과 세도 정치에 대한 불만은 말할 것도 없고요.
게다가 자연재해까지.
이런 것들이 복합적으로 합쳐지면서 정부에 대한
농민들의 저항으로 표출된 겁니다.
홍경래 세력은 정주성 등 청천강 이북 지역을 점령하면서
쭉쭉 내려가는 듯했지만…. 결국 관군의 연합 부대에 의해 진압됩니다.
아~ 아쉬워라.

하지만 여기서 끝이 아닙니다.
19세기 중반에는 **진주** 지방에서 전국으로 확산된
**임술 농민 봉기**가 일어났습니다.
삼정의 문란을 견딜 수 없었던 농민들이 중심이
되어 들고일어난 사건이지요. 시작은 진주였어요.
당시 경상 우병사였던 백낙신의 횡포가 극에 달하자
몰락 양반 유계춘을 중심으로 농민 봉기를 일으킵니다. 곧 전국적으로 확대되었죠.

이러한 농민들의 기세에 놀란 정부는 허둥지둥 삼정의 문란을 해소하기 위해 관청을 만드는데요.
그게 바로 **삼정이정청**입니다. 그리고 사건의 수습을 위해 안핵사 박규수를 파견하죠.
그런데 이런 일시적 대책으로는 어림없었죠.
망하거나, 아니면 혁명하거나!! 운명의 순간이 조금씩 조금씩 다가오고 있었습니다.

 **결정적 기출 선지**

❶ 세도 정치기 수탈과 지역 차별에 반발하여 [      ]가 평안도에서 봉기하였다.

❷ 삼정의 문란을 해결하고자 박규수의 건의로 [      ]을 설치하였다.

정답

홍경래

삼정이정청

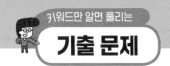
## 01 (가) 종교에 대한 설명으로 옳은 것은? [1점]

죽은 사람 앞에 술과 음식을 차려 놓는 것은 [ (가) ] 에서 금하는 바입니다. 살아 있을 동안에도 영혼이 술과 밥을 받아먹을 수 없거늘, 하물며 죽은 뒤의 영혼은 어떻게 하겠습니까? …… 사람의 자식이 되어 어찌 허위와 가식의 예로써 돌아가신 부모님을 섬기겠습니까?
– 「상재상서」 –

① 하늘에 제사 지내는 초제를 거행하였다.
② 왕조 교체를 예언하며 백성의 호응을 얻었다.
③ 인내천 사상을 내세워 인간 평등을 주장하였다.
④ 청을 다녀온 사신들에 의하여 서학으로 소개되었다.
⑤ 유·불·선을 바탕으로 민간 신앙의 요소까지 포함하였다.

## 02 다음 종교에 대한 설명으로 옳지 않은 것은? [1점]

서양 세력의 접근으로 위기 의식이 고조되고 지배층의 수탈로 인한 백성들의 고통이 심화되는 가운데 경주의 몰락 양반 최제우가 창시하였다.

① 인내천 사상을 중시하였다.
② 『동경대전』을 경전으로 삼았다.
③ 조상에 대한 제사를 거부하였다.
④ 혹세무민의 죄로 교조가 처형되었다.
⑤ 교리에 유·불·선과 민간 신앙의 요소가 포함되어 있다.

## 03 다음 다큐멘터리에서 볼 수 있는 장면으로 적절하지 않은 것은? [2점]

★ 다큐멘터리 기획안 ★

**19세기의 정치 혼란과 사회 불안**

1. 기획 의도: 안동 김씨와 풍양 조씨 등 일부 외척 가문이 집권한 시기의 사회 모습을 통해 지배층의 부정부패가 끼치는 영향을 살펴본다.
2. 장면
   #1. 관직을 파는 대가로 뇌물을 받는 고관
   ……

① 농민 봉기의 진상을 조사하는 안핵사
② 환곡의 부담으로 마을을 떠나는 농민
③ 왕조 교체를 예언한 정감록을 읽는 양반
④ 임꺽정이 이끄는 도적떼에 가담하는 백성
⑤ 삼정이정청에서 개혁 방안을 논의하는 관료

## 04 (가), (나) 사건에 대한 설명으로 옳은 것은? [3점]

(가)　　　　　　(나)

정주성을 끝까지 사수하자!

홍경래

경상 우병사 백낙신의 탐학을 벌하자!

유계춘

① (가) – 서북인에 대한 차별이 중요한 배경이 되었다.
② (가) – 인조반정 이후 논공행상에 대한 반발에서 비롯되었다.
③ (나) – 천주교에 대한 탄압이 원인이 되었다.
④ (나) – 한성을 점령하여 왕이 의주로 피신하였다.
⑤ (가), (나) – 집강소를 설치하는 계기가 되었다.

## 01 키워드 170 | 서학    답 ④

자료를 보세요. '죽은 사람 앞에 술과 음식을 차려 놓는 것을 금한다'는 내용이 있네요. 제사를 지내지 말아야 한다는 주장같아요. 성리학 질서가 뿌리 깊은 동방예의지국인 조선에서 무슨 일이 일어났던 걸까요? 당시 조선에는 서양으로부터 천주교라는 낯선 종교가 들어왔어요. 물론 직접 들어온 건 아니고 청을 다녀온 사신들을 통해 소개되었죠. 처음에는 일부 남인들이 학문적인 형태로 받아들였어요. 서양의 학문이라고 해서 '서학'이라 불렸답니다. 나중에는 종교로 받아들이는 사람들이 나타났고요. 이들은 숭배할 대상은 오로지 천주님이고 제사를 지내는 건 죽은 귀신을 숭배하는 거라 믿었어요. 자연히 천주교 신자라면 제사를 거부할 수밖에 없었겠죠? 참고로 자료의 출처인 『상재상서』는 정부의 천주교 탄압이 심해지자 정하상이라는 천주교인이 천주교를 옹호하는 내용을 책으로 낸 겁니다.

### 바로알기

① 조선 초기에 훈구파는 참성단에서 도교 행사인 초제를 거행했답니다.

② 왕조 교체를 예언한 『정감록』 기억나죠? 19세기 유행한 예언서입니다.

③ 인내천, '사람은 곧 하늘이다'를 주장한 종교는 동학이에요. 서학에 반대하는 동쪽의 학문!

⑤ 동학은 유·불·선(도교) 3교의 장점을 취하고 민간 신앙의 요소까지 포함한 포용적인 종교였어요.

## 02 키워드 171 | 동학    답 ③

경주의 몰락 양반 최제우가 창시한 종교라고 하네요. 동학! 맞습니다, 맞고요. 서학? 동학? 차이가 느껴지나요? 서학은 서쪽의 학문을 가리키는 것이니, 동학은 동쪽의 학문 정도 되겠네요! 이름에서 느낄 수 있듯이, 동학은 서학에 반대했고 서양 세력의 접근을 격렬히 비난했어요. 하지만 서학과 마찬가지로 인간 평등사상을 주장하기도 하죠. 동학은 사람을 곧 하늘로 보는 인내천 사상을 강조합니다. 그리고 『동경대전』이라는 책을 경전으로 삼았고요. 동학의 교리는 동양의 전통 종교인 유·불·선과 민간 신앙을 잘 버무린 거예요. 그런데 많은 사람들이 동학에 가담하자 조선 왕실은 위기를 느끼죠. 그래서 특단의 조치를 내립니다! 최제우가 사람들을 현혹한다고 해서 혹세무민의 죄로 처형해 버린 거죠!

### 바로알기

③ 조상에 대한 제사를 거부한 건 서학이에요. 이를 빌미로 조선 정부는 천주교를 무진장 탄압해 버린답니다.

## 03 키워드 172 | 세도 정치    답 ④

다큐멘터리 기획안을 잘 보세요! 19세기고요. 안동 김씨와 풍양 조씨 등 외척 가문이 집권한 시기라고 나와 있어요. 이 정도면 배경을 잘 알겠죠? 세도 정치 시기입니다. 이때는 외척이 막강한 권력을 휘두릅니다. 어린 왕들은 그냥 꼭두각시였고, 실권은 외척 세력에게 집중되었죠. 정치가 썩을 대로 썩었으니 민생은 말할 것도 없었겠죠. 너무 힘든 나머지 현실에서 벗어나 『정감록』과 같은 예언서에 빠지는 사람도 많았어요. 전정·군정·환곡의 문란으로 마을을 떠나 유랑하는 사람들도 속출합니다. 삼정의 문란으로 고통받던 농민들은 여기저기서 봉기를 일으켜요. 홍경래의 난과 임술 농민 봉기가 대표적이죠. 특히 임술 농민 봉기 때는 정부에서 안핵사를 파견해 실정을 조사하고 삼정이정청을 설치해 보지만 아무것도 해결되지 않았답니다.

### 바로알기

④ 16세기인 조선 명종 때도 외척 때문에 힘든 시기가 있었어요. 을사사화가 일어나 정치판은 혼란스럽고 관리들은 부패해 백성들을 괴롭혔습니다. 이때 임꺽정이 등장해요!

## 04 키워드 173 | 농민 봉기    답 ①

두 가지 사건이 나옵니다. (가)는 홍경래가 정주성을 끝까지 지키자고 한 걸로 보아 1811년에 일어난 '홍경래의 난'이에요. (나)는 유계춘이 경상 우병사 백낙신을 징벌하자고 한 걸로 보아 1862년에 일어난 '임술 농민 봉기'입니다. 19세기에 이렇게 농민 봉기가 자주 발생한 이유는 뭘까요? 봉기는 갑자기 일어나는 게 아니랍니다. 그동안 불만이 쌓이고, 쌓이고, 쌓여서 마침내 폭탄이 터지듯 폭발해 버린 거죠! 농민들은 그간 삼정의 문란과 세도 정권의 부패 때문에 고통에 몸부림치고 있었거든요. 특히, 홍경래의 난은 서북인에 대한 차별이 중요한 배경이 되었어요. 서북 지역은 변방 중의 변방이라 어떤 혜택도 받지 못하고 개, 돼지만도 못한 차별을 받았거든요.

### 바로알기

② 이괄은 인조반정에 큰 공을 세웠지만 늦게 참여했다는 이유로 2등 공신이 되었어요. 이에 불만을 품고 반란을 일으켰죠.

③ 임술 농민 봉기는 삼정의 문란과 탐관오리의 탐학이 직접적인 원인이 되었어요. 갈수록 심해지는 부정부패로 인해 도저히 견딜 수 없었던 농민들이 들고일어나게 된 겁니다.

④ 왕이 의주로 피신한 건 임진왜란 때입니다. 왜군의 침입을 피해 선조가 달아났었죠. 하지만 우리에겐 이순신 장군님이 계셨죠! 이순신과 의병의 활약으로 일본을 쫓아내고야 맙니다.

⑤ 집강소는 동학 농민 운동 당시에 설치된 농민 자치 기구랍니다. 여기서 농민층의 요구를 반영한 폐정 개혁안을 실시했어요.

• 변화의 갈림길에 선 조선 •

# 개항기

1. 흥선 대원군의 개혁 정치와 양요
2. 조선의 문호 개방과 근대적 개혁의 추진
3. 근대 국민 국가 수립을 위한 노력
4. 일본의 침략과 국권 수호 운동
5. 개항 이후의 사회·문화적 변화

호포법

각 호마다
포를 내도록!

양반
너도 내!

저도요?

**1** 흥선 대원군의
개혁 정치와 양요

| 174 | 175 | 176 |
|---|---|---|
| **흥선 대원군** | **경복궁 중건** | **호포제** |

| 177 |
|---|
| **사창제** |

| 178 |
|---|
| **병인박해** |

| 181 | 180 | 179 |
|---|---|---|
| **오페르트 도굴 미수 사건** | **병인양요** | **제너럴셔먼호 사건** |

| 182 |
|---|
| **신미양요** |

| 183 |
|---|
| **최익현** |

불평등

자 안수

강화도
조약

**2** 조선의 문호 개방과
근대적 개혁의 추진

| 184 | 185 | 186 |
|---|---|---|
| **강화도 조약** | **통리기무아문** | **수신사** |

14개조
개혁안 발표!

다시
창덕궁으로

창덕궁

조선에서
도움을 요청해서

텐진 조약에 의해
나도 그럼

청

협상
하자고

전주 화약

일본

러시아 공사관으로
GO.GO!

고종

독립문

청으로부터의
독립이었구나!

지금까지
일본인 줄
알고 있었네.

| 207 | 208 | 209 | 210 |
|---|---|---|---|
| 대한 제국 | 황국 협회 | 대한국 국제 | 광무개혁 |

| 224 | 223 | 222 | 221 |
|---|---|---|---|
| 이권 수호 운동 | 황국 중앙 총상회 | 상회사 | 화폐 정리 사업 |

| 225 |
|---|
| 방곡령 |

| 226 |
|---|
| 국채 보상 운동 |

**5** 개항 이후의 사회·문화적 변화

| 227 | 228 | 229 |
|---|---|---|
| 광혜원 | 원산학사 | 대한매일신보 |

저는 뭔가
우리와 달라!

국외에
독립 운동 기지를
만들어야지!

신민회

애국 계몽 단체들

희망

신체시

간도 협약

간도

낭만는 뭐도 쩝왕당

독도는
우리 땅!

## 174 흥선 대원군

▶▶ 고종의 아버지로, 19세기 말 나라 안팎의 위기를
극복하고자 개혁 정치를 실시한 인물

이름 이하응　　아들 고종　　정책 비변사 폐지, 서원 철폐　　기본 ☑ 심화 ☑

**19세기** 말 조선은 안으로는 세도 정치와 삼정의 문란으로 전국에서 농민 봉기가 이어지고,
밖으로는 계속된 서양 세력의 통상 요구로 절체절명의 위기를 맞고 있었습니다.
이 총체적 난국에 짜잔하고 등장한 인물이 바로 '조선의 마지막 불꽃'이라 불리는 흥선 대원군.
고종이 12살의 어린 나이에 왕이 되었기에 그의 아버지인 흥선 대원군이 실권을 잡게 되죠.
흥선 대원군은 개혁의 목표로 **왕권 강화**와 **민생 안정**이라는 슬로건을 들고 나옵니다.

왕권을 강화하려면 우선 세도 가문부터 타파해야겠죠? **비변사를 폐지**합니다.
세도 가문이 틀어쥐고 있는 권력이 비변사로부터 나왔거든요.
그리고는 의정부(행정)와 삼군부(군사)를 부활시켜 권력을 분산시킵니다.
흥선 대원군은 지방 권력에도 철퇴를 가합니다. 지방 권력 비리의 온상이었던 **서원을 철폐**하죠.
영조도 서원 철폐를 시도했지만 대원군은 더 독하게 합니다. 47개소만 남겨두고 싹 다 정리해요.
그리고 임진왜란 때 우리를 도와준 명의 황제 신종·의종을 모시고 있는 만동묘도 철폐하죠.
서원이 왜 문제냐고요? 여기서 제사를 수도 없이 지내는데 그 비용을 해당 지역민들이 대기 일쑤였
거든요. 백성들에겐 독, 유생들에겐 마음의 안식처였던 거죠. 게다가 서원은 세금도 면제받았고요.
유생들은 흥선 대원군의 서원 철폐 정책에 부글부글합니다.

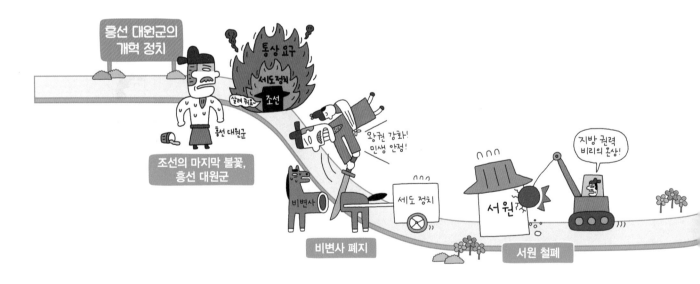

 **결정적 기출 선지**

❶ 흥선 대원군은 세도 정권의 핵심 기구인 [　　　　]를 폐지하였다.

❷ 흥선 대원군은 전국의 [　　　　]을 47개소만 남기고 모두 철폐하였다.

**정답**

비변사

서원

## 175 경복궁 중건 ▶▶ 흥선 대원군이 임진왜란 때 소실된 경복궁을 재건한 일

**실시** 흥선 대원군  **목적** 왕실의 위엄 회복  **화폐** 원납전, 당백전    기본 ✓ 심화 ✓

흥선 대원군은 법도 정비합니다. 왕권 강화를 위해 강력한 법이 필요했거든요.
『경국대전』과 영조의『속대전』을 하나로 합친 『**대전회통**』을 만들죠.
정조의『대전통편』을 보완한 것이에요. 헷갈리시면 안 됩니다.

그리고 왕실의 위엄을 보여 주기 위해 임진왜란 때 불에 타버린 조선의 정궁 **경복궁을 중건**합니다.
그런데 궁을 다시 지으려면 돈이 많이 들어가겠죠. 흥선 대원군은 막대한 공사 비용을
해결하기 위해 일종의 기부금 형태인 **원납전**을 강제로 거두어들입니다.
원래는 '원해서 납부하는 것'이었는데 '강제로 걷어서 백성의 원한을 산다'는 의미로 바뀌었다는···.
그리고 고액 화폐인 **당백전**도 발행합니다. 당시 상평통보보다 100배의 가치를 가진 당백전을 마구
찍어낸 거예요. 그러니 화폐 가치는 폭락하고 물가는 급등하는 인플레이션이 발생합니다.
게다가 흥선 대원군은 궁궐 토목 공사에 백성들을 동원하고, 도성문을 출입하는 사람에게 통행세를
거두는가 하면, 부족한 목재를 채우기 위해 양반의 묘지림까지 벌목했어요.
이 때문에 양반뿐 아니라 백성들까지도 흥선 대원군에 대한 원성이 높아지죠.
언젠가 흥선 대원군이 빈틈을 보일 때 이러한 개혁 정책은 독이 될 수도 있겠네요.

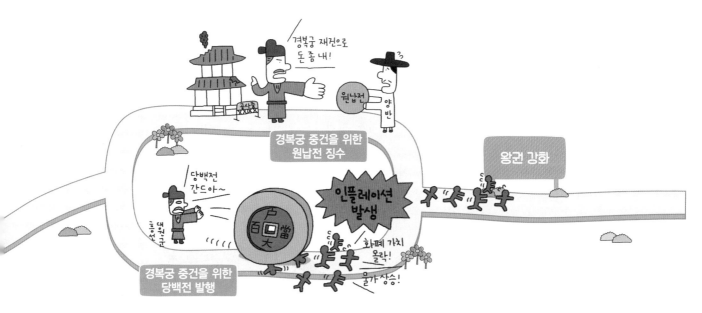

### 결정적 기출 선지

**1** 흥선 대원군은 [          ]을 편찬하여 통치 체제를 정비하였다.

**2** 흥선 대원군은 [          ]을 중건하여 왕실의 권위를 세우고자 하였다.

**정답**

『대전회통』

경복궁

## 176 호포제 ▶▶ 신분에 관계없이 가구마다 군포를 내게 한 제도

목적 민생 안정을 위한 수취 체제 개편    기본 ☐ 심화 ☑

흥선 대원군 개혁 2탄. 민생 안정!!
삼정의 문란으로 민생이 파탄 난 상태이니 반드시
수취 체제를 고쳐야 하겠지요.
우선 **전정의 개혁은 양전 사업**으로 합니다.
양전 사업이란 토지를 조사해서 세금을 내지 않고 있는
면세지를 색출하는 토지 조사 사업입니다.
다음은 군정의 개혁입니다. **호포제를 시행**하는데요.
호포법은 각 호마다 포를 내도록 하는 겁니다.
상민에게만 거두던 군포를 양반에게까지 거둔다는 거죠.
신분에 관계없이요. 양반은 군포를 안 내는 게 특권이었는데 이제 그런 거 없다는 겁니다.
양반들이 부글부글 하겠네요. 서원 철폐 때 부글부글… 호포법 때 부글부글….
언젠간 폭발할 겁니다.

## 177 사창제 ▶▶ 민간에서 곡식을 저장해 두었다가 대여해 주도록 한 제도

목적 환곡의 문란 시정    기본 ☐ 심화 ☑

그럼 **환곡의 문란**은 어찌 시정했을까요? 환곡은 원래 빈민 구휼 제도입니다. 봄에 곡식을 빌려 주고 가을에 이자를 조금 쳐서 갚도록 하는 거죠. 그런데 그 이자를 공무원들이 과도하게 설정해서 착취하면서 문제가 발생하는 겁니다. 심지어 빌리고 싶지 않다는
사람에게까지 강제로 빌리게 하죠. 이러면서 환곡은 세금이
아닌데 세금처럼 거의 준조세의 성격을 띠게 됩니다.
그래서 흥선 대원군은 공무원의 개입을 막으려 하죠.
마을 단위로 빈민 구휼 창고(사창)를 만들어서
마을에서 덕망이 높은 사람, 즉 민간인에게
이 창고 관리를 맡기는 겁니다.
이걸 바로 **사창제**라고 합니다.

 **결정적 기출 선지**

① 흥선 대원군은 양반에게도 군포를 징수하는 [         ]를 실시하였다.
② 흥선 대원군은 [         ]를 실시하여 환곡의 폐단을 시정하고자 하였다.

정답

호포제

사창제

# 병인박해

▶▶ 흥선 대원군이 프랑스와의 교섭 시도 실패 후
천주교도와 프랑스 선교사를 박해한 사건

연도 1866. 1.  결과 병인양요  기본 ☐ 심화 ☑

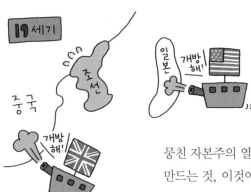

이번엔 국외로 시선을 돌려 보죠.
난리가 났네요.
19세기의 세계 정세는 서세동점의 시기라고
요약할 수 있습니다. 서양 제국주의 세력이
동쪽을 침탈하고 있는 시기였죠.
독점 자본주의와 침략적 민족주의로 똘똘
뭉친 자본주의 열강들이 군사를 동원해 약소 국가들을 식민지로
만드는 것, 이것이 바로 **제국주의**입니다.
중국이 아편 전쟁으로 인해 영국에 강제로 문을 열었고, 일본은
미국 페리 제독에게 함포 빵빵 맞으면서 강제로 문을 열었죠.

흥선 대원군은 아편 전쟁의 결과 북경이 서양인들에게 함락되었다는 소식을 접합니다.
충격과 공포!! 또 북경 함락을 중재한 러시아가 그 대가로 연해주를 차지하며
조선과 국경을 접하게 되면서 더욱이 위기의식을 느끼게 되죠.

이런 서세동점의 위기 상황에서 흥선 대원군의 선택은??
'이이제이(오랑캐는 오랑캐로 제압한다)' 정책을 취합니다.
당시 조선에 들어와 있는 프랑스 신부를 통해 비밀리에
프랑스 세력을 끌어들여 러시아를 견제하려고 하였죠.
그러나 뜻대로 되지 않았어요.
오히려 이 사실이 유생들에게 알려지며 '외세와 결탁하여
외세를 물리친다고? 말도 안 돼!'라는 항소가 빗발치게 됩니다.
흥선 대원군은 이들의 상소에 태도를 확 바꿉니다. 유생들을
달래기 위해 자기도 서양 세력을 증오한다는 것을 보여줘야 했죠.
그래서 내린 결정이 천주교 박해였고, 이 과정에서 많은 천주교도들과
프랑스 신부도 죽게 됩니다. 이를 **병인박해**(1866)라 하죠.
이 박해가 몰고 올 폭풍은 과연 무엇일까요? 어디서 프랑스 군대가 몰려오는 소리가…?

 **결정적 기출 선지**

정답

❶ 흥선 대원군은 프랑스를 끌어들여 러시아를 견제하고자 했다.  ○  ✕

○

❷ ☐☐☐☐ 는 조선 정부가 천주교도와 프랑스인 선교사들을 처형한 사건이다.

병인박해

## 179 제너럴셔먼호 사건 ▶▶ 평양에서 통상을 요구하던 미국 상선이 불에 타 침몰한 사건

연도 1866. 7.　결과 신미양요　　　　　　　기본 ☑ 심화 ☑

서양인들이 이번엔 **평양** 대동강변에 출몰합니다. 서세동점 맞긴 맞네요. 여기 불쑥, 저기 불쑥.
**제너럴셔먼호**는 **미국**인이 운영하는 상선이었지요.
맨 처음에는 길을 잃은 배인 줄 알고 평양 관민들이 극진히 대접해 주죠.
어려운 사람을 도와주는 것이 우리의 미풍양속이잖아요?
그런데 그들이 배에서 내려 마을로 들어와 난동을 부립니다.
민가를 약탈하고, 부녀자를 희롱하는 등의 엄청난 만행을 저지르죠.
당시 평양 감사였던 **박규수**는 결정을 내립니다.

저들을 살려서 돌려보내지 않기로요. 그리고 시작된 화공 작전.
결국 제너럴셔먼호는 불에 타 가라앉고, 그 배에 타고 있었던
선원도 전원 사망하게 되죠.
이 사건이 몰고 올 폭풍은 과연 또 무엇일까요?

## 180 병인양요 ▶▶ 병인박해를 구실로 프랑스 함대가 강화도를 침범한 사건

연도 1866. 9.　활약 문수산성의 한성근, 정족산성의 양헌수　　　　기본 ☑ 심화 ☑

병인박해로 프랑스 신부가 죽었다는 소식이
프랑스에 전해지자 난리가 났죠.
'미개한 것'들이 귀한 인종인 프랑스인을 죽였다면서
배를 보내 응징하려 합니다.
이것이 바로 1866년에 일어난 **병인양요**입니다.

**강화도**에 도착한 프랑스를 막아 내기에는 조선군은 너무 허약했습니다. 밀리고 또 밀리고….
또 프랑스군의 무기와 조선군의 무기는 비교할 수 없을 만큼 차이가 났거든요.
결국 프랑스는 강화도 상륙에 성공합니다. 하지만 이대로 물러설 수는 없죠.
우리도 반격합니다. **한성근 부대는 문수산성**에서, **양헌수 부대는 정족산성**에서 프랑스에 대한 공격
작전을 개시합니다. 계속된 조선군의 반격에 사상자가 생긴 프랑스군은 강화도에서 물러납니다.
그런데 프랑스군은 퇴각하면서 강화도의 주요 시설을 파괴하고, **외규장각**에 있는 서적과 보물들을
왕창 털어 가죠. 아니 그 와중에 그걸…. 물론 현재는 임대 형식으로 돌려받았지만,
문화의 나라라고 칭송받는 프랑스에서 이건 정말 아니죠!
원래 우리 것은 분명 완전히 돌려받아야 하는 겁니다. 잊지 마세요!

# 181 오페르트 도굴 미수 사건 ▶▶ 오페르트가 남연군 묘를 도굴하려 한 사건

연도 1868

기본 ☐  심화 ☑

병인양요를 계기로 흥선 대원군은 통상 수교 거부 정책과 천주교도에 대한 박해를 강화해 나갑니다.
그런데 이번에는 더 황당한 사건이 일어납니다.
바로 충청도 덕산에 있는 남연군의 묘가 서양인들에 의해 도굴될 뻔한 사건이죠.
남연군이 누구냐?
당시 나는 새도 떨어뜨린다는 흥선 대원군의 아버지입니다.
이 **남연군 묘**를 도굴해 유골을 탈취한 다음 흥선 대원군 정부에게 통상을 요구한다는
원대한(?) 계획을 세운 **독일 상인 오페르트**.
일단 이들은 서해를 통해 들어옵니다.
하지만 우리나라 서해는 밀물과 썰물의 차,
즉 조수간만의 차가 굉장히 심하잖아요.
배가 들어오고 나가는 시간도 정해져 있고요.
이 도굴 일당은 밀물에 맞춰 들어오는 데는
일단 성공합니다.

하지만 무덤에 삽을 내리 꽂는 순간! 띵~
최고 집권자 아버지의 묘인데, 대충 만들었을까요? 그럴리가요.
도굴을 방지하기 위해 석회를 몇 겹 두른 묘라 쉽게 파지지 않았죠.
석회는 시멘트보다 몇 배나 단단하기 때문에 말 그대로 허공에 삽질한 셈.
게다가 이를 알게 된 덕산 주민들의 저항도 만만치 않습니다.
썰물 때문에 배가 떠날 때가 됐는데 돌을 막 던져요.

결국 오페르트는 도굴에 성공하지 못하고 철수합니다.
이 사실이 조정에 알려졌을 때 어떤 반응이 나왔을까요?
'이런 짐승만도 못한 것들.' 이거겠죠. 서양에 대한 적개심이 고조되네요.
통상 수교 거부 정책이 더욱 크게 강화되는 분위기로 쏠립니다.

## 결정적 기출 선지

1. 평안 감사 ☐ 와 평양 군민들은 대동강에 침입한 제너럴셔먼호를 불태웠다.
2. 병인양요 당시 양헌수 부대가 ☐ 에서 프랑스군을 물리쳤다.
3. 독일인 ☐ 가 남연군 묘 도굴을 시도하였다.
4. 오페르트 도굴 (미수) 사건을 계기로 통상 수교 거부 정책이 강화되었다. ○ | ✕

**정답**

박규수

정족산성

오페르트

○

205

# 182 신미양요 ▶▶ 제너럴셔먼호 사건을 구실로 미국 함대가 강화도에 침입한 사건

연도 1871 활약 어재연 결과 척화비 건립     기본 ☑ 심화 ☑

이번엔 다시 미국 차례!! 제너럴셔먼호 전소 소식을 전해들은 미국 역시 **강화도**를 침략합니다.
이 사건이 바로 1871년에 일어난 **신미양요**입니다.
로저스 제독이 이끄는 미국의 함대가 초지진과 덕진진을 점령하고 광성보를 공격했죠.
흥선 대원군 정부는 병인양요 때와 마찬가지로 결사 항전합니다.
병인양요에서 양헌수와 한성근이 활약했듯이 신미양요에서는 **어재연** 장군 등이 이끄는 조선의
수비대가 광성보에서 격렬하게 항전합니다.
이름 없는 많은 병사들이 죽을힘을 다해 싸웠으나 광성보는 함락되고 말았어요.
하지만 조선군이 끝까지 항전하자 미군도 큰 소득 없이 물러납니다.
이때 어재연 장군의 장수를 상징하는 깃발인 **수(帥)자기**를 미군에게 빼앗기고 맙니다.
2007년 장기 임대 방식으로 돌려받긴 했지만요. 원래 우리 껀데 빌려준다는 게 좀 이상….

흥선 대원군은 신미양요가 끝난 직후 전국에 **척화비**를 세워 통상 수교 거부 의지를 널리 알립니다.
'서양 오랑캐들과 사이좋게 지내자는 것은 나라를 팔아먹는 것이다.'라는 내용이죠.
**하지만 영원히 문을 닫아 놓을 수 있었을까요?**

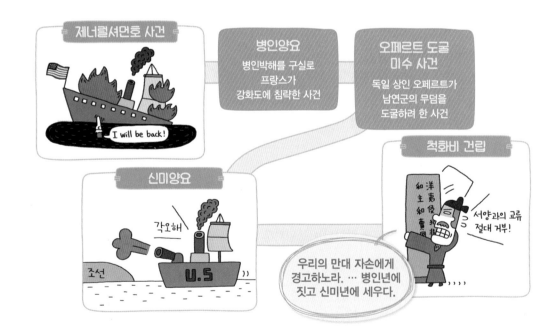

### 결정적 기출 선지

① 신미양요 당시 [ ]이 광성보에서 항전하였다.

② 흥선 대원군은 신미양요가 끝난 직후 전국 각지에 [ ]를 건립하였다.

정답
어재연
척화비

# 최익현 ▶▶ 흥선 대원군 하야 상소를 올린 위정척사파이자 의병장

호 면암    활동 을사의병                                    기본 ☑  심화 ☑

흥선 대원군은 국내적으로는 왕권 강화와 민생 안정을,
국외적으로는 통상 수교 거부 정책을 추진했습니다.
통상 수교 거부 정책이야 당시 유생들의 주장을 적극
받아들이는 것이었지만 국내 정책은 유생들을 들끓게 했죠.
대표적인 정책이 바로 서원 철폐와 호포제 실시입니다.
앞에서도 이야기했죠? 부글부글….
언젠간 폭발한다고 했는데 그게 바로 지금입니다!

결국 고종이 20대가 되자 유생의 끝판왕 최익현이
흥선 대원군 하야 상소(계유 상소)를 올립니다.
이제 고종이 직접 정치를 하라는 내용이었죠.
결국 흥선 대원군은 집권 10년 만에 모든 것을 내려놓고
물러나게 됩니다.

또 최익현은 1876년에 강화도 조약 체결을 결사 반대하며
'지부 상소'를 올립니다. 지부 상소란 도끼를 들고 상소를
올린 뒤 임금의 명령을 기다리는 것을 말해요.
임금이 죽으라고 명령하면 언제든 스스로 목숨을
끊겠다는 비장한 각오로 상소를 올린 거죠.

이 정도로는 끝판왕이라고 하기엔 부족하다고요?
그럼 뒤에 나올 이야기를 먼저 소개해드릴게요.
최익현은 1905년에 을사늑약이 체결되자 자신의 심경을 토로하는 포고문을 냈어요.
그리고 국민들에게 항일 투쟁을 호소하며 납세를 거부하고, 철도도 이용하지 않고,
일본 상품은 무조건 불매했죠.
또 을사의병도 전개합니다. 전북 태인에서 의병을 모집해 관군과 일본군에 대항했지요.
이 정도면 끝판왕 맞죠?

최익현의 상소

1873, 계유 상소

광화문
흥선 대원군 OUT!

1876, 지부 상소

강화도 조약을
맺으실려면
이 도끼로
제 목을 치십시오

## 결정적 기출 선지

① [          ]은 흥선 대원군 하야 상소를 올렸다.

② 최익현은 을사늑약 강제 체결에 반대하여 [          ]을 일으켰다.

정답

최익현

을사의병

207

## 01 (가)에 대한 설명으로 옳은 것을 <보기>에서 모두 고른 것은? [2점]

경복궁을 중수할 때 …… (가) 을/를 주조하자, 물가가 앙등하고 이를 위조하는 자가 많이 발생하여 처벌하였으나 금지할 수 없었다.

– 「매천야록」 –

─ 보기 ─

ㄱ. 전황을 발생시키는 원인이 되었다.
ㄴ. 화폐 정리 사업으로 발행이 중단되었다.
ㄷ. 명목 가치는 상평통보의 100전에 해당하였다.
ㄹ. 전국에서 구리와 쇠붙이를 징발하여 주조하였다.

① ㄱ, ㄴ        ② ㄱ, ㄷ        ③ ㄴ, ㄷ
④ ㄴ, ㄹ        ⑤ ㄷ, ㄹ

## 02 (가) 인물에 대한 설명으로 옳은 것은? [1점]

이곳 운현궁은 (가) 의 개인 저택으로 그의 아들인 고종이 태어나 12살까지 살았던 장저입니다. 원래 운현은 저택이 위치한 곳의 지명이었는데, 고종이 즉위하면서 궁의 칭호를 받아 운현궁이 되었습니다.

① 주자소를 설치하여 계미자를 주조하였다.
② 속대전을 편찬하여 통치 체제를 정비하였다.
③ 양반에게도 군포를 징수하는 호포제를 추진하였다.
④ 삼정의 문란을 개선하기 위해 삼정이정청을 설치하였다.
⑤ 육의전 이외 시전 상인의 특권을 폐지하는 신해통공을 실시하였다.

## 03 다음 신문에 나타난 사건의 결과로 옳은 것은? [2점]

### 역사신문

제 △△ 호                    1866년 ○○월 ○○일

**양헌수 부대, 프랑스군을 물리치다**

강화도를 점령한 프랑스군이 떼를 지어 다니며 집을 부수고 불을 질렀다. 양헌수 부대는 강화도를 되찾기 위해 밤을 틈타 정족산성에 들어가 진을 쳤다. 프랑스군이 정족산성을 공격해오자, 기다리고 있던 양헌수 부대가 적을 공격하여 승리를 거두었다.

① 훈련도감이 창설되었다.
② 화통도감이 설치되었다.
③ 최제우가 동학을 창시하였다.
④ 통신사가 일본에 파견되었다.
⑤ 외규장각 도서가 약탈당하였다.

## 04 교사의 질문에 대한 학생의 답변으로 옳은 것은? [2점]

이 자료들이 공통으로 보여주는 사건 이후 일어난 사실을 말해 볼까요?

〈어재연 장군 수자기〉        〈주요 격전지〉

① 종로와 전국 각지에 척화비가 세워졌습니다.
② 오페르트가 남연군 묘를 도굴하려 하였습니다.
③ 평양 관민들에 의해 제너럴셔먼호가 불탔습니다.
④ 외규장각 건물이 불타고 의궤가 약탈당하였습니다.
⑤ 프랑스 로즈 제독의 함대가 양화진을 침입하였습니다.

## 01 키워드 175 | 경복궁 중건 답 ⑤

경복궁을 중수할 때, 다시 말해 경복궁을 다시 고쳐 지을 때 (가)를 주조했다고 나옵니다. 이 때문에 물가가 뛰어올랐다고 하네요. 어떤 화폐인지 아시겠어요? 그렇습니다. 당백전이죠. 원납전은 기부금을 내게 한 것으로 물가 상승과는 크게 상관없으니 패스~! 당백전의 명목 가치는 상평통보의 100배입니다. 이름 그대로죠. 그리고 당백전을 많이 만들어야 해서 전국에 있는 쇠붙이를 긁어모았답니다. 그럼 왜 경복궁을 중건했을까요? 임진왜란으로 불타 버린 경복궁은 흉물스러운 모습으로 남아 있었어요. 백성들이 지나가면서 볼 때마다 무슨 생각을 했을까요? 쯧쯧쯧! 조선의 왕실도 저 경복궁처럼 처참히 무너져 있겠구나! 그렇게 생각하지 않았겠어요? 흥선 대원군은 하루라도 빨리 경복궁을 원상복구하고 싶었죠. 그래야 왕실의 권위도 회복된다고 믿었어요. 경복궁을 지으려고 화폐를 만들었을 뿐 아니라 백성들을 강제로 부역에 동원하고 필요한 목재를 구하기 위해 양반들의 묘지림을 베어 냈어요. 양반과 백성들의 불만이 이만저만이 아니었답니다.

### 바로알기

ㄱ. 전황은 시중에 화폐가 부족한 현상을 말해요. 경복궁을 중수할 때 전황이 발생하지는 않았어요.

ㄴ. 화폐 정리 사업으로 발행이 중단된 화폐는 백동화와 상평통보예요. 화폐 정리 사업은 246쪽에서 자세히 살펴볼 겁니다.

## 02 키워드 176 | 호포제 답 ③

고종의 아빠가 누구죠? 흥선 대원군이죠. 흥선 대원군은 세도 정치로 무너져 가던 왕실을 다시 바로 세우기 위해 대대적인 개혁 정책을 내놓습니다. 경복궁을 다시 세우고 서원을 철폐하고 호포제를 시행하죠. 거의 양반과의 전쟁 선포였어요. 경복궁을 중건하면서 나무가 부족하다고 양반 조상님 무덤의 나무를 벌목해 가고, 귀한 양반님들이 모여 있는 서원을 향해 '도둑의 소굴'이라며 다 없애 버리고 …. 게다가 호포제 시행으로 양반 상민 할 것 없이 집집마다 세금을 부과하니 지난 몇백 년간 군역 면제를 특권이라 생각하고 살아온 양반들은 말 그대로 멘붕에 빠져 버립니다.

### 바로알기

① 조선 시대에 활자 주조를 담당했던 관청이 주자소예요. 태종 때 설치되어 계미자를 주조했죠.

② 『속대전』을 편찬해 시대 변화에 맞게 통치 체제를 정비한 왕은 영조입니다. 영조 때가 되면 『경국대전』이 편찬된 지 너무 오래됐잖아요.

④ 삼정이정청은 임술 농민 봉기 때 삼정의 문란을 해소하고자 설치한 임시 기구였어요. 큰 성과를 거두진 못했습니다.

⑤ 정조는 신해통공을 발표해 육의전을 제외한 시전의 금난전권을 폐지해 버립니다.

## 03 키워드 180 | 병인양요 답 ⑤

프랑스군이 침입했다는 것과 '양헌수', '정족산성' 등을 통해 병인양요에 대한 신문 기사임을 알 수 있어요. 원래 흥선 대원군은 러시아를 견제하기 위해 프랑스 세력을 이용하고자 했어요. 그래서 국내에 들어와 있는 프랑스 선교사와 접촉하죠. 그런데 프랑스 선교사와 접촉한 사실을 알게 된 보수적인 유생들로부터 상소가 빗발칩니다. 결국 흥선 대원군은 굴복합니다. 입장을 바꾼 흥선 대원군은 오히려 천주교 탄압에 들어갑니다. 프랑스 신부를 죽이고, 조선인 천주교 신자들을 처형하였죠. 바로 병인박해입니다. 이 사실이 알려지면서 프랑스 로즈 제독이 병력을 이끌고 강화도를 공격하게 됩니다. 그러나 한성근, 양헌수 등의 분전으로 프랑스 군대를 격퇴시킬 수 있었죠. 하지만 프랑스군은 퇴각하면서 강화도에 있던 외규장각 도서를 약탈해갔답니다.

### 바로알기

① 포수·사수·살수의 삼수병으로 구성된 훈련도감이 처음 창설된 시기는 임진왜란과 정유재란 사이의 휴전기 때입니다.

② 화통도감은 고려 말 최무선의 건의에 따라 설치된 화약 및 화기의 제조를 담당한 관청이에요.

③ 1860년 경주 지역의 몰락한 양반 최제우가 동학을 창시하였어요.

④ 통신사는 임진왜란이 끝난 후에도 막부의 요청으로 조선이 일본에 파견한 사절단의 이름이에요.

## 04 키워드 182 | 신미양요 답 ①

사진에 깃발이 보이는데, 한자가 쓰여 있네요. 읽을 수 있나요? 수(帥)입니다. 1871년 신미양요 당시 어재연 장군의 깃발이었죠. 미군이 전리품으로 가져갔다가 2007년에 반환했다고 하네요. 신미양요는 1871년, 그러니까 신미년에 서양인들이 난동을 일으킨 거죠! 미국의 로저스 제독은 5척의 군함을 이끌고 강화도를 침략합니다. 미군은 조선 수비대를 뚫고 초지진에 상륙하고 덕진진까지 점령했어요. 이때 광성보에서 어재연 장군이 미군과 맞서 싸우죠. 조선군이 결사 항전한 덕분에 미군은 더는 머물지 못하고 물러갑니다. 신미양요 이후 조선 정부는 서양과의 통상 수교를 반대하는 정책을 백성에게 널리 알리기 위해 한성 종로 거리와 전국 각지에 척화비를 세웁니다.

### 바로알기

② 오페르트 도굴 미수 사건은 1868년에 일어났어요. 이 사건 때문에 통상 수교 거부 정책이 더 강화되었죠.

③ 제너럴셔먼호 사건도 1866년이므로 신미양요 이전입니다. 신미양요가 제너럴셔먼호 사건 때문에 일어났죠.

④ 의궤가 약탈된 사건? 1866년 병인양요죠.

⑤ 프랑스군의 함대가 침입한 사건? 역시 병인양요입니다. 신미양요 이전이고요. '병인박해·제너럴셔먼호 사건·병인양요(1866)-오페르트 도굴 미수 사건(1868)-신미양요(1871)' 이렇게 정리해서 흐름과 연도로 외워 두면 훨씬 쉽겠죠?

# 184 강화도 조약 ▶▶ 조선이 일본과 체결한 최초의 근대적·불평등 조약

연도 1876  배경 운요호 사건  내용 해안 측량권, 치외 법권  기본 ☑ 심화 ☑

흥선 대원군이 물러났으나 고종이 아니라 명성 황후를 중심으로 한 민씨 정권이 권력을 잡습니다. 영향력을 행사하는 인물이 아버지에서 아내로 바뀌었을 뿐 아직 고종은 아무런 힘이 없어요. 민씨 정권은 흥선 대원군과 달리 통상 수교에 적극적인 모습을 보여요.
당시 조선에서는 문호를 개방하고 서양과 통상해야 한다는 통상 개화론이 대두되었는데요. 대표적인 인물이 박규수·오경석·유홍기 등입니다.
'잉? 박규수는 제너럴셔먼호 침몰에 앞장섰던 인물 아녔나?!'하며 의아할 거예요. 원래 박규수는 개화 사상을 이끌었던 자인데, 제너럴셔먼호 사건 당시엔 통상에 대한 찬반 여부를 떠나 외적이 침입했으니 당연히 맞서 싸워야 한다는 입장이었던 겁니다.

이러한 상황 속에서 1875년 운요호 사건이 일어납니다. 일본이 배를 끌고 와 강화도 인근에서 통상을 요구하죠. 고민 끝에 고종과 민씨 정권은 나라의 문을 열기로 결단을 내립니다. 그래서 1876년 조일 수호 조규, 일명 강화도 조약이 체결돼요.

제4관
조선은 부산 이외에 두 곳의 항구를 개항하고 일본인이 와서 통상하도록 허가한다.

강화도 조약에서 일본은 조선이 자주국이라고 한껏 치켜세우죠. 그러나 이는 청과 조선의 관계를 끊어 자신의 침략 행위에 제한을 없애기 위한 것이었습니다.
또 부산 외 두 곳(원산과 인천)을 개항할 것을 요구해요. 무엇보다 중요한 건 해안 측량권과 치외 법권(영사 재판권)이 들어가 있다는 겁니다. 특히 치외 법권은 일본인이 조선에서 죄를 지어도 우리 법에 의해 처벌할 수 없다는 건데요. 결국 강화도 조약은 국가 VS 국가라는 대등한 관계에서 체결된 최초의 근대적 조약이기는 하지만, 실상을 들여다보면 명백한 불평등 조약이었던 겁니다.

제7관
조선국 해안을 일본국의 항해자가 자유롭게 측량하도록 허가한다.

 **결정적 기출 선지**

1 강화도 조약은 [     ]이 원인이 되어 체결되었다.
2 강화도 조약은 부산 외 두 곳의 항구가 개항되는 결과를 가져왔다.  ○ | ✕

정답
운요호 사건

○

# 185 통리기무아문 ▶▶ 개항 이후 개화 정책을 총괄하던 기구

설치 1880  정책 수신사·영선사 파견, 별기군 설치     기본 ✓ 심화 ✓

강화도 조약은 우리가 전근대 모습에서 완전히 벗어나 자본주의란 바다에 발을 담근 출발점이기
도 합니다. 하지만 스스로 제대로 된 준비를 하지 못한 출발이었기 때문인지 자꾸 틈이 생깁니다.
그 틈을 비집고 외국 문물이 쏟아져 들어왔고, 틈은
점점 벌어져 결국 식민지로 가는 빌미를 내어주고 말아요.
아무튼 강화도 조약으로 개항을 하게 되자 조선의
정치 세력은 **개화파**와 **위정척사파**로 나뉩니다.
먼저 개화파부터 볼게요.
옆에서 배웠던 통상 개화론 기억하시죠?
통상 개화론자들은 김옥균·박영효·김윤식 등 젊은 양반 자제들에게 개화의 필요성을 강조했어요.
그 결과 개화파가 탄생하였고, 이들은 민씨 정권의 개화 정책에 적극적으로 참여했죠.

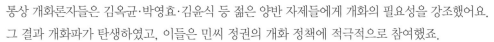

그럼 어떤 개화 정책들이 추진되었는지 알아볼까요?
강화도 조약 이후 정부는 일본에 수신사라는 사절단을 파견해요. 그리고 개화 정책을 총괄할
기구의 필요성을 느껴 **통리기무아문**을 설치합니다. 그 아래에는 실무를 담당하는 12사를 두었죠.
개화 정책을 위해 신설된 기구인 만큼 할 일이 굉장히 많았겠죠?
통리기무아문에서 제일 먼저 해야 할 일이 무엇일까요?

외국에 인재들을 파견해 외국 문물을 보고 배워
오게 하는 것이겠죠. 그래서 일본에 조사 시찰단,
청에 **영선사**를 파견하게 됩니다. 또 국내적으로
강력한 군대 양성이 필요했기에 신식 군대인
**별기군**(교련병대)을 설치합니다.
'별난 기계를 갖고 있는 군대'라는 의미로 별기군!
이제 조선 후기 중앙군인 5군영은 구식 군대가 되는
셈이네요.
5군영에 대한 구조 조정도 들어갑니다. 무위영·장어영의 2영으로 축소시켜 버리거든요.
이렇게 구식 군대 2영과 신식 군대 별기군이 공존하게 되는데 차별이 좀 심했어요.
나중에 큰 문제가 되겠군요.

### 결정적 기출 선지

**1** 개화 정책을 추진하기 위해 [          ]이 설치되었다.

**2** 조선 정부는 개화 정책을 추진하면서 신식 군대인 [          ]을 창설하였다.

정답

통리기무아문

별기군

211

## 186 수신사 ▶▶ 일본의 근대 문물 시찰을 위해 파견한 사절단

1차 1876, 단장 김기수   2차 1880, 단장 김홍집                    기본 ☐ 심화 ☑

다양한 서양 문물을 배우러…

통리기무아문이 설치된 이후 일본에 **조사 시찰단**이 파견됩니다.
예전에는 신사 유람단이라고도 불리었으나, 이들이 한가하게
유람이나 하려고 간 게 아니기에 그 표현은 가급적 자제해주세요~
이들은 박정양을 중심으로 암행어사 형태로 비밀리에 파견됩니다.
당시 유생들이 서양과 수교하는 것에 대해 강력하게 반발하는
상황이었기에 정부가 공개적으로 보낼 수는 없었거든요.
근데 조사 시찰단 전에도 일본에 파견된 사절단이 있었어요.
바로 강화도 조약 체결 이후 파견된 **수신사**!
김기수 등 1차 수신사는 일본의 관청·군사 학교 등 근대 문물을 시찰하고 돌아왔어요.
이후 2차 수신사로 파견됐던 **김홍집**은 『**조선책략**』을 가지고 들어옵니다. 이 한 권의 책이 조선 사
회에 엄청난 파문을 일으키지요. 요건 나중에 설명해드릴게요.

## 187 박문국 ▶▶ 조선 후기에 세워진 인쇄·출판을 담당하던 기관

설립 1883   발행 한성순보                                       기본 ☐ 심화 ☑

중국에도 사절단을 보냅니다. **영선사**를 보내 외국의
선진 무기 기술을 보고 배워 오도록 해요.
비용 부족으로 중도에 귀국하지만요.
그래도 이분들이 일본과 청에서 보고 배워 온 덕분에
많은 것이 생기게 됩니다. 드디어 근대적 기관들이
만들어지기 시작해요. 1883년에 집중적으로 세워지죠.
근대적 인쇄 기술을 도입한 **박문국**에서는 우리나라

자~ 빨리 인쇄 돌려

박문국

박문국에서 발행한 한성순보!

최초의 신문인 **한성순보**가 발간돼요. 또 근대적 화폐를 찍어 내기 위해 설립된 **전환국**,
근대적 무기 제조를 위해 만들어진 **기기창**, 1884년에 세워진 근대적 우편 업무 기관 **우정총국**까지.
우리도 준비만 잘한다면 좋은 결과를 낼 수 있겠죠? 우리의 운명은 어떻게 흘러갈까요?

### 결정적 기출 선지

❶ [          ]은 개화 반대 여론으로 (암행어사 형태로) 비밀리에 파견되었다.

❷ [          ]은 우리나라 최초의 신문인 한성순보를 발행(간)하였다.

**정답**

조사 시찰단

박문국

## 188 위정척사 운동 ▸▸ 바른 것을 지키고 사악한 것을 물리치자는 유교적 운동

전개 척화 주전론 → 왜양일체론 → 영남 만인소 → 항일 의병      기본 ✓ 심화 ✓

**통상 반대(척화 주전론)**

**개항 반대(왜양일체론)**

**개화 및 미국과의 수교 반대(영남 만인소)**

**항일 의병 운동**

강화도 조약으로 드디어 문이 열렸습니다.
그러나 이에 찬성하는 개화파가 있는 반면, 이를 반대하는
위정척사파도 있었습니다. 이들은 서양과 일본을 오랑캐로
생각하고 **위정척사 운동**으로 맞섰습니다.

1860년대 천주교가 퍼지고 서구 열강이 무력을 앞세워
통상을 요구하자 유생들은 통상에 반대하였어요.
이항로와 기정진 등은 '서양과의 화친을 배척하고 침략에 맞서
싸우자!'라는 **척화 주전론**을 내세우며 흥선 대원군의 통상 수교
거부 정책을 지지합니다.

1870년대에는 개항 반대를 하면서 **왜양일체론**을 외칩니다.
'왜나 양놈이나 둘 다 똑같다!'는 거죠. 민씨 정권이 일본은
서양과 다르다며 조약을 체결하겠다고 했거든요.
이 조약이 강화도 조약이죠. 왜양일체론을 외친 대표적인
인물이 흥선 대원군 하야에 앞장섰던 최익현입니다.

1880년대에는 개화 반대를 합니다.
당시 2차 수신사로 일본에 갔던 김홍집이 미국과 수교하자는
내용이 담긴 『조선책략』을 가지고 들어오자 난리가 났었죠.
위정척사파들은 이만손을 중심으로 **영남 만인소**를 올립니다.
영남 지역 유생 만여 명이 상소를 올렸다는 거죠.

1890년대부터는 **항일 의병** 운동이 본격화된답니다.
지금까지 통상 반대 → 개항 반대 → 개화 반대를 주장했지만
먹히지 않아요. 그러니 직접 나설 수밖에요.
결국 의병 운동을 전개하게 된 거죠.
너무 복잡하다고요?
자, 쌤이 그럴 줄 알고 옆에 깔끔하게 정리해 놨답니다.

---

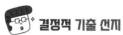 **결정적 기출 선지**

❶ 이항로, 기정진은 [        ]을 내세워 흥선 대원군의 통상 수교 거부 정책을 지지하였다.

❷ [        ]은 왜양일체론을 주장하며 개항에 반대하였다.

**정답**

척화 주전론

최익현

# 189 조선책략 ▶▶ 러시아의 남진에 대비하기 위해 조선이 펼쳐야 할 외교 정책을 다룬 책

저자 황준헌　영향 조미 수호 통상 조약 체결　　　기본 ☐ 심화 ☑

1880년대 초반을 뒤흔든 책, 『조선책략』은 2차 수신사로
파견되었던 김홍집이 황준헌으로부터 받아온 책인데요.
『조선책략』에는 오늘날 조선에게는 러시아를 막는 일보다
더 급한 것이 없으며, 러시아를 막기 위해 조선이
'친중국·결일본·연미국'해야 한다는 내용이 담겨 있었죠.
결국 미국과 수교하라는 거지요.
이 때문에 전국의 유생들이 반대 상소를 올립니다.
대표적인 사례가 이만손이 주도한 영남 만인소예요.
하지만 조선 정부는 1882년에 미국과 조미 수호 통상 조약을 체결합니다.
일본과의 강화도 조약으로 개항을 하게 되자 미국이 "어? 그럼 나도!" 하면서 서둘러 체결했죠.

조미 수호 통상 조약은 크게 세 가지 내용을 담고 있어요.
우리가 어려울 때 도와주겠다는 거중 조정. 그리고 관세 부과. 사실 강화도 조약 때 부속 조약으로
체결한 조일 무역 규칙엔 무관세 조항이 있었어요.
뭐, 나름대로 미국이 일본보다 나았다는 거죠;;
근데 마지막이 최악!! 다른 나라랑 조약을 맺을 때 좋은 조건을 주면 미국에도 자동으로
업그레이드시켜 준다는 최혜국 대우 조항이 최초로 들어갑니다.
이렇듯 조미 수호 통상 조약은 우리나라가 서양과 맺은 최초의 근대적 조약이자 불평등 조약이었어요.

이 조약 체결 후 민영익·홍영식·서광범·유길준 등으로 구성된 보빙사라는 이름의 사절단이
답방 형식으로 미국을 방문하게 됩니다. 이들은 미국의 여러 근대 시설 등을 시찰하고 돌아와요.
그런데 유길준은 귀국하지 않고 미국에 남아 유학을
했었는데요. 이때의 경험을 바탕으로 『서유견문』을
집필하여 서양의 근대 문명을 소개하였습니다.
이후 조프 수호 통상 조약이 체결되면서 프랑스는
천주교 포교의 자유를 얻게 됐죠.
성리학의 나라 조선에서 많은 박해를 받았던 천주교가
드디어 자유를 얻는 순간이네요.

 **결정적 기출 선지**

① ☐☐☐☐☐☐☐☐ 으로 외국에 대한 최혜국 대우를 처음으로 규정하였다.

② 조미 수호 통상 조약 체결 이후 미국에 사절단인 ☐☐☐☐☐ 를 파견하였다.

**정답**

조미 수호 통상 조약

보빙사

## 190 임오군란 ▶▶ 구식 군인에 대한 차별 대우로 일어난 군란

연도 1882　결과 제물포 조약·조청 상민 수륙 무역 장정 체결　　기본 ☑ 심화 ☑

개화파의 개화 정책에 대한 불만은 위정척사파만 가지고 있는 게 아니었어요.
별기군 설치와 5군영의 축소로 구식 직업 군인들 다수가 졸지에 실업자가 되었거든요.
그러던 중 구식 군인에게 13개월 만에 급료로 지급된 쌀에 겨와 모래가 섞여 있자,
이에 분노한 구식 군인들과 도시 빈민들이 합세해서 일으킨 사건이 **임오군란**(1882)이에요.
분노에 찬 이들이 제일 먼저 달려간 곳이 **선혜청**이었어요.
선혜청은 '대동미'를 관리하던 곳이었는데, 당시 민씨 정권의 실력자인 민겸호가 담당하고 있었죠.
민겸호는 임오군란이 일어나자 이들을 강압적으로 진압하려 했고,
군중은 창덕궁으로 도망간 민겸호를 살해하게 됩니다.
명성 황후는 이들이 궁궐로 쳐들어오자 충주까지 도망을 갑니다.

이 사태를 수습하기 위해 흥선 대원군이 다시 정계에 복귀하죠.
도망 갔던 명성 황후와 개화파 관료들은 청에게 도움을 요청하면서 기회를 모색해요.
결국 청이 임오군란을 무력으로 진압하고 흥선 대원군을 군란의 책임자로 지목하여 청으로 압송
합니다. 흥선 대원군은 무려 3년이나 청에 억류돼요.
근데 청이 단순히 조선을 도와주고자 하는 착한 마음만으로 군란을 진압해줬을까요?
세상에 공짜는 존재하지 않아요. 조선은 외세의 힘을 빌린 대가를 혹독히 치르게 될 겁니다.

**임오군란의 전개 과정**

❶ 구식 군인들의 불만 폭발
❷ 선혜청 습격
❸ 피신하는 명성 황후
❹ 흥선 대원군의 재집권
❺ 청의 군란 진압

### 결정적 기출 선지

❶ [　　　　　]은 구식 군인에 대한 차별 대우가 발단이 되어 일어났다.

❷ 임오군란으로 인해 [　　　　]이 청으로 압송되었다.

**정답**

임오군란

흥선 대원군

215

# 191 제물포 조약 ▶▶ 임오군란으로 인한 일본 측의 피해 보상 문제로 체결된 조약

연도 1882    국가 조선-일본                                              기본 ☐    심화 ☑

임오군란을 빌미로 청과 일본은 조선에서 영향력을
확대해 나갑니다. 일본은 임오군란 당시 별기군이
일본 교관을 죽이고 일본 공사관을 습격했던 일을
구실로 조선에 **제물포 조약** 체결을 강요해요.
이에 따라 일본은 일본 공사관에 경비병을 주둔시킬 수
있는 권리를 얻어냅니다. 배상금도 받아가고요.

청 역시 엄청난 걸 얻어갑니다. 세상에 공짜는 없다고 했었죠?
임오군란을 진압해주었다는 명분을 앞세워 청은 계속 조선에 군대를 주둔시킵니다.
임오군란을 계기로 조선에 청과 일본 양국 군대가 주둔하게 되네요. 휴우….
게다가 청은 조선을 청의 속국으로 규정한 **조청 상민 수륙 무역 장정** 체결을 강요하죠.
이 또한 어마어마한 변화를 몰고 올 조약인데요.
조선과 청의 상인들이 바다와 육지에서 무역할 때 맺은 조약이란 뜻의 조청 상민 수륙 무역 장정
은 청 상인들이 개항장뿐 아니라 내지까지 깊숙하게 들어와 상행위를 할 수 있는 길을 터줍니다.
또 청은 마건상과 독일인 묄렌도르프를 고문으로 파견해 조선의 내정과 외교를 간섭합니다.
청이 사사건건 간섭하니 김옥균을 필두로 하는 급진 개화파는 이에 불만을 가지게 되죠.

임오군란 이후의 상황

임오군란 이후
청의 내정 간섭 심화

청의 간섭에 불만을 품은
급진 개화파

 **결정적 기출 선지**

❶ 임오군란 이후 일본 공사관 경비병의 주둔을 인정한 [        ]이 체결되었다.

❷ 임오군란은 청의 내정 간섭이 본격화되는 결과를 가져왔다.    ○ | ✕

**정답**

제물포 조약

○

## 192 개화파 ▶▶ 조선 말 개항 무렵 개화를 주장하던 정치 세력

분화 온건 개화파 VS 급진 개화파                          기본 ☐ 심화 ☑

청의 간섭과 예산 부족 등으로 개화 정책이 제대로 추진되지 못하는 가운데, 청의 간섭에 대한 입장 차이와 개화를 추진하는 방식 등을 둘러싸고 개화파는 **온건 개화파**와 **급진 개화파**로 나뉘게 됩니다.

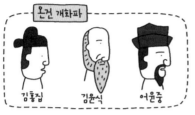

김홍집·김윤식·어윤중 등 온건 개화파는 청과 전통적인 우호 관계를 유지하여 열강의 침략으로부터 조선의 독립을 보존하려 했어요.

반면 급진 개화파는 일본의 메이지 유신을 본받아 문명개화론에 입각한 화끈한 개화를 표방했어요. 김옥균·박영효·홍영식 등이 대표적이죠.

김옥균의 차관 도입 실패로 위기에 몰린 급진 개화파

근데 개화를 하려면 돈이 필요합니다.
급진 개화파는 기대를 걸었던 서구 열강의 지원을 얻지 못하여 개화 정책의 추진에 어려움을 겪었어요.
이때 청에서 파견된 외교 고문인 묄렌도르프가 개화 정책에 필요한 돈을 화폐 발행으로 해결하려고 하자 김옥균은 이를 정면으로 반대하죠.
흥선 대원군 때 당백전 발행이 가져온 폐해를 똑똑히 알고 있는 김옥균으로서는 인플레이션을 걱정하지 않을 수 없거든요. 김옥균은 일본에서 차관을 빌려 오는 게 해결책이라고 주장합니다.

그러나 일본에서 차관을 도입하려던 계획마저 실패하면서 급진 개화파는 개혁의 주도권을 잃고 입지가 더욱 좁아졌어요.
정치적 위기에 몰리게 된 급진 개화파의 선택은?

### 결정적 기출 선지

❶ 김옥균은 박영효, 홍영식 등과 함께 [          ]를 형성하였다.

❷ 급진 개화파는 일본의 [          ]을 본받아 근본적인 개혁을 추진하고자 하였다.

정답

급진 개화파

메이지 유신

217

## 193 갑신정변 ▶▶ 급진 개화파가 근대적 정부를 세우고자 일으킨 정치적 변란

연도 1884    주도 급진 개화파    기본 ☑ 심화 ☑

위기에 몰린 급진 개화파가 일으킨 사건이 1884년의 **갑신정변**입니다.
때마침 임오군란 이후 조선에 주둔하고 있던 청 군대 절반이
베트남에서 프랑스와 싸우기 위해 떠나게 되자,
이 기회를 놓치지 않고 **우정총국** 개국 축하연에서
김옥균, 박영효, 홍영식, 서재필 등이
정변을 일으킵니다.
이들은 민씨 정권의 실세들을 제거한 후
고종과 명성 황후를 경우궁으로 옮기고
개화당 정부를 구성합니다.

그런데 무언가 이상한 낌새를 챈 고종과 명성 황후가 다시 창덕궁으로 옮길 것을 요구합니다.
어쩔 수 없이 고종과 함께 다시 창덕궁으로 온 개화당 정부는 부랴부랴 14개조 개혁안을 발표하죠.

14개조 개혁안에는 어떤 내용이 담겨 있었을까요?
먼저 정치면에서는 청과의 사대 관계를 끊고, 청으로 끌려갔던 흥선 대원군의 송환을 요구합니다.
또 왕은 존재하되 법에 의해 제어되는 내각 중심의 **입헌 군주제**를 지향하죠.
경제적으로는 투명한 경제를 위해 특권을 버릴 것을 요구합니다. 세도 가문의 관직 통로로
활용되던 규장각 혁파도 주장하고, 보부상을 관리하는 혜상공국 폐지도 주장해요.
국가 재정을 투명하게 하기 위해 재정을 호조로 일원화할 것도 강조합니다.
예전에는 여러 관청이 재정을 담당해서 세금이 이중삼중으로 걷히기도 했거든요.
토지 세금을 조정하기 위해 지조법 개혁도 들고 나옵니다.
토지를 분배하자는 토지 개혁은 아니었고요,
공정한 세금 부과를 위한 정책이었어요.
사회면에서는 문벌을 폐지하고 모두가
평등한 세상을 만들고자 신분제 폐지를 내세웠답니다.

민중이 아닌 고위급 자제들에게서 이런 외침이 나오다니 ….
**변화의 방아쇠가 당겨지는 순간**입니다.
그러나 개화당 정부의 개혁은 청에 의해 진압되어 3일 만에 3일 천하로 끝나고 만답니다.

 **결정적 기출 선지**

① 김옥균 등 급진 개화파는 우정총국 개국 축하연을 계기로 [    ]을 일으켰다.

② [    ]에는 혜상공국 폐지, 호조로 재정 일원화 등의 내용이 포함되었다.

**정답**
갑신정변
14개조 개혁안

## 194 톈진 조약 ▸▸ 갑신정변 이후 청과 일본 사이에 맺어진 조약

연도 1885   국가 청 - 일본

기본 ☑  심화 ☑

원래 급진 개화파는 일본에게 지원을 약속 받고 정변을 일으킨 거였어요.
그러나 창덕궁에서 청과 일본의 소규모 전투가 벌어지자 일본군 깨깽~ 하더니 지원 약속을 어기고 바로 철수합니다. 정변이 진압되자 일본은 공사관이 공격을 받아 불에 탔다며 배상금과 공사관 신축 비용을 요구하는 **한성 조약**을 체결토록 합니다. 청 역시 일본과의 소규모 전투를 통해 일촉즉발의 위험이 있음을 감지하고 일본과 **톈진 조약**을 체결하죠.
이 조약을 통해 청과 일본은 조선에 주둔하고 있던 군대를 동시에 철병하고, 향후 군대 개입 시 상호 통보하기로 약속합니다.

가만 보니 임오군란도 청이 진압, 갑신정변도 청이 진압. 청의 간섭이 얼마나 심해질지 짐작 가죠?
본인들이 자초한 일이었지만 청을 불러들인 민씨 정권도 부담을 느끼게 됩니다.
그래서 청을 견제할 또 다른 세력을 찾죠. 그게 바로 러시아입니다.
그런데 러시아와 밀약을 체결하려 하자 러시아의 남하 정책을 견제하려는 영국이 끼어듭니다.
그러면서 영국은 1885년 **거문도를 불법적으로 점령**해 버립니다. 영국은 청의 중재로 2년 만에 거문도에서 물러나지만 스스로는 아무것도 할 수 없는 조선의 민낯이 드러나고 말았습니다.
이렇게 한반도를 둘러싼 열강의 대립이 격화되자 유길준, 독일 영사 부들러를 중심으로 조선 중립화론이 제기됩니다. 조선을 중립국으로 하자는 거죠. 그치만 정부가 거절하네요.

**갑신정변 이후의 상황**
청의 진압으로 3일 만에 실패한 갑신정변

청과 일본의 톈진 조약 체결

러시아의 남하를 견제하는 영국

 **결정적 기출 선지**

**정답**

❶ 갑신정변 이후 조선과 일본 사이에 _____ 이 체결되었다.

한성 조약

❷ 영국이 러시아를 견제하기 위해 _____ 를 불법으로 점령하였다.

거문도

219

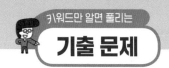
## 01 다음 대화가 가능하였던 시기를 연표에서 고른 것은? [1점]

갑 : 세상에! 일본인들의 요구로 항구를 개방했다고 하네.
을 : 게다가 일본 사람이 조선에서 죄를 지어도 우리 관원이 아닌 일본 영사가 재판하도록 한다는 구먼. 말세야 말세.
갑 : 참 내! 이러다간 우리 조선 팔도가 일본인들로 가득 차겠구만. 허허!
을 : 그러게 말이야! 이러다가 다른 나라와도 이러한 통상 조약을 체결할 것 같아 걱정이구먼 ······.

| 1863 | 1866 | 1875 | 1882 | 1884 | 1885 |
|------|------|------|------|------|------|
| | (가) | (나) | (다) | (라) | (마) |
| 고종 즉위 | 제너럴셔먼호 사건 | 운요호 사건 | 임오군란 | 갑신정변 | 거문도 사건 |

① (가)  ② (나)  ③ (다)  ④ (라)  ⑤ (마)

## 02 다음 상소가 올려진 직접적 계기로 옳은 것은? [2점]

미국으로 말하면 우리가 원래 잘 모르던 나라입니다. ······ 만일 그들이 우리나라의 허점을 알고서 우리가 힘이 약한 것을 업신여겨 따르기 어려운 요구를 강요하고 비용을 떠맡긴다면 장차 어떻게 응대하겠습니까? ······ 하물며 러시아와 미국과 일본은 모두 같은 오랑캐들이니 그 사이에 누가 더하고 덜하다는 차이를 두기 어렵습니다.

① 개항장에서 일본 화폐가 유통되었다.
② 조·미 수호 통상 조약이 체결되었다.
③ 제너럴셔먼호가 평양 군민과 충돌하였다.
④ 영종도에 일본군이 상륙하여 약탈을 저질렀다.
⑤ 김홍집이 가지고 온 『조선책략』이 국내에 유포되었다.

## 03 밑줄 그은 '이 사건'의 결과로 옳은 것은? [2점]

이곳은 조선 시대 훈련도감의 분영인 하도감 터입니다. 신식 군대인 별기군이 훈련했던 곳으로 구식 군인이 개화 정책에 불만을 품고 이 사건을 일으켰을 때 이곳을 습격하였습니다.

① 일본에 통신사가 파견되었다.
② 청의 내정 간섭이 심화되었다.
③ 집강소가 설치되어 폐정 개혁이 추진되었다.
④ 정부와 농민군 사이에 전주 화약이 이루어졌다.
⑤ 개화 정책을 추진하기 위해 통리기무아문이 설치되었다.

## 04 밑줄 그은 '사변'의 결과로 옳은 것은? [2점]

이번 경성에서의 사변은 작은 문제가 아니므로 대일본 대황제는 이노우에 가오루를 대조선국에 파견하고 ······ 대조선국 대군주는 김홍집에게 전권을 위임하여 토의·처리하도록 임명하여 ······

제2조 이번에 피해를 입은 일본인의 유가족과 부상자를 돌보아 주고, 아울러 상인들의 화물이 훼손·약탈된 것을 보상하기 위해 조선국은 11만 원을 지불한다.

제4조 일본 공관을 신축해야 하므로 조선국은 땅과 건물을 내주어 공관 및 영사관으로 사용할 수 있도록 한다. 그것을 수축이나 증축할 경우 조선국이 다시 2만 원을 지불하여 공사비로 충당하게 한다.

① 신식 군대인 별기군이 창설되었다.
② 김기수가 수신사로 일본에 파견되었다.
③ 이만손 등의 영남 유생들이 만인소를 올렸다.
④ 개화 정책을 담당하는 통리기무아문이 설치되었다.
⑤ 3일 만에 실패로 끝나 주동자들이 해외로 망명하였다.

**01** 키워드 184 | 강화도 조약    답 ③

조선 팔도에 묘한 소문이 돌고 있었어요. 일본인들의 요구로 항구를 개방했다고 하네요. 열강들이 조선을 넘보는 상황에서 문을 꼭꼭 닫아걸고 있었는데 항구를 개방했다니! 그야말로 믿을 수 없는 사건이었죠. 게다가 일본 사람이 들어와 행패를 부려도 우리가 벌을 줄 수도 없었어요. 이 모든 건 강화도 조약이 체결되었기 때문에 가능했던 거랍니다. 강화도 조약(1876)은 일본과 운요호 사건(1875)을 구실로 맺은 조약이었어요. 부산을 비롯한 3개의 항구를 개항하고 일본의 해안 측량권, 치외 법권을 인정하는 조약이었죠. 헉, 누구를 위한 조약이란 말인가? 최초의 근대적 조약이 이렇게 불평등하기 짝이 없었죠!
따라서 강화도 조약이 체결된 시기는 운요호 사건 이후인 (다)입니다.

**02** 키워드 189 | 조선책략    답 ⑤

자료는 미국과의 수교를 반대하는 영남 만인소입니다. 1881년 이만손을 비롯한 위정척사파들이 『조선책략』의 유포에 반발하는 내용의 상소문을 올렸죠. 대체 『조선책략』이 어떤 내용이기에 이렇게 발끈한 걸까요? 19세기 후반 러시아가 점점 세력을 확장하려 했어요. 아무래도 추운 나라이기 때문에 따뜻한 남쪽으로 내려오고 싶어 했죠. 러시아가 내려온다는 건 중국, 조선, 일본을 차례차례 먹겠다는 거예요. 청의 외교관 황준헌은 조선이 중국, 일본과 손잡고 미국의 지원을 받아서 저 북쪽의 러시아 놈들이 내려오지 못하게 막아야 한다고 주장했어요. 2차 수신사로 일본에 갔던 김홍집은 '그래, 이거야!'라며 황준헌의 책 『조선책략』을 조선에 가져왔죠.

**바로알기**

① 강화도 조약의 후속 조치인 조일 수호 조규 부록(1876)으로 개항장에서 일본 화폐가 유통되었어요.

② 영남 만인소 사건에도 불구하고 1882년에 조미 수호 통상 조약이 체결되었습니다. 서양과 맺은 최초의 통상 조약이에요.

③ 1866년 제너럴셔먼호 사건을 계기로 1871년 신미양요가 발생했어요.

④ 일본은 의도적으로 운요호를 영종도에 상륙시켜 조선 수비군의 발포를 유도합니다. 이를 구실 삼아 강화도 조약을 체결하죠.

**03** 키워드 190 | 임오군란    답 ②

신식 군대인 별기군 이야기가 나오고요. 구식 군인이 개화 정책에 불만을 품고 사건을 일으켰다고 하네요. 무슨 사건이었을까요? 1882년 임오년에 일어난 군란 즉, 임오군란입니다! 조선 정부는 1881년 개화 정책의 일환으로 별기군을 설치하고 특별 대우를 해 주죠. 반면, 기존 구식 군인들은 차별 대우를 받았고 월급마저 몇 달 동안 받지 못합니다. 마침내 월급을 받긴 하는데 겨가 섞인 쌀을 줍니다. 결국 구식 군인들의 분노가 폭발하고 말아요. 구식 군인들은 너나 할 것 없이 무기를 들고 선혜청과 일본 공사관을 습격해 고위 관료들과 일본 교관을 죽여 버립니다. 이를 진압하기 위해 명성 황후는 청에게 도움을 청합니다. 그런데 이게 웬일? 청은 임오군란을 진압한 뒤에도 군대를 철수하지 않고 오히려 내정 간섭을 심하게 하지요. 혹 떼려다 혹 붙인 꼴이죠!

**바로알기**

① 통신사는 임진왜란 이후 일본에 파견된 사절단입니다. 하지만 1811년 이후로는 파견되지 않았어요.

③ 1894년 동학 농민 운동 당시에 농민군이 정부와 전주 화약을 맺은 뒤 자치 기구인 집강소를 설치합니다.

④ 정부와 농민군 사이에 전주 화약이 이루어진 건 동학 농민 운동 때예요.

⑤ 1880년 조선 정부는 개화 정책을 총괄할 기구로 통리기무아문을 설치했어요. 그 밑에는 실무를 담당하는 12사를 두었죠.

**04** 키워드 194 | 톈진 조약    답 ⑤

제2조, 제4조가 있는 것을 보니 조약에 관한 자료 같아요. 제2조에서는 배상금 지불, 제4조에서는 공사관 수리 비용을 요구하고 있네요. 이 조약의 이름은? 네, 한성 조약입니다. 급진 개화파 세력이 야심차게 준비한 갑신정변이 청군의 개입으로 3일 만에 허무하게 끝나고 말죠. 개화당과 일본은 정변을 사전에 모의했지만 상황이 악화되자 일본군은 끝내 철수해 버리고 맙니다. 그것도 모자라서 일본인이 죽고, 공사관도 다 타 버렸으니까 우리에게 돈 내놓으라고 한 게 바로 한성 조약입니다. 갑신정변의 주동자였던 김옥균, 박영효 등은 일본으로 망명해 버려요. 갑신정변을 계기로 체결된 조약이 하나 더 있는데요. 바로 톈진 조약입니다. 청과 일본은 양국 군대를 동시에 철수하고 군대를 투입하는 경우에는 서로 알리기로 약속하죠.

**바로알기**

① 1881년 개화 정책의 일환으로 신식 군대인 별기군이 창설되었어요.

② 김기수는 강화도 조약 직후 1차 수신사로 일본에 다녀왔어요.

③ 황준헌의 『조선책략』이 유포되고 정부가 미국과 조약을 체결하려고 하자 영남 지역 유생들이 이에 반대하는 상소를 올렸어요.

④ 강화도 조약 이후 일본에 파견됐던 수신사의 의견에 따라 개화 정책을 총괄하는 통리기무아문을 설치했어요.

## 195 교조 신원 운동
▶▶ 최제우가 처형당한 뒤, 동학교도들이 그의 죄명을 벗기고 교조의 원을 풀어 주기 위해 벌인 운동

연도 1892~1893    집회 삼례 집회, 보은 집회    기본 ☐  심화 ☑

청의 내정 간섭으로 헉헉대는 조선 정부를 바라보고 있는 민중들. 또 개화에 필요한 세금을 부담하면서, 곡물 가격은 폭등하고 있는 현실에 내몰린 민중들. 가만히 있지 않겠죠.
여기에 동학이라는 종교가 결합이 되면서 그 폭발력은 더욱 커져만 갑니다.
초기의 동학 농민 운동은 동학 창시자 최제우의 명예를 회복시키기 위함이었어요.
흥선 대원군 때 최제우가 '혹세무민', 즉 민중을 미혹시켜서 세상을 어지럽게 한다는 죄명으로 처형당했거든요. 이 때문에 **교조 신원 운동**이 출발합니다.
1892년 삼례 집회와 1893년 보은 집회가 열렸어요.
그런데 이 집회에서는 교조 신원 주장뿐 아니라 탐관오리를 숙청하고 일본과 서양을 몰아내자는 정치적 구호도 등장합니다. 종교 집회에서 정치적 구호라니 뭔가 이상하지 않나요? 서서히 물이 끓어오르고 있는 거죠.

## 196 고부 농민 봉기
▶▶ 고부 지역 탐관오리인 조병갑의 횡포에 저항하기 위해 농민들이 벌인 운동

연도 1894. 1.    인물 전봉준    기본 ☑  심화 ☑

부글부글 끓던 물은 1894년 전라도 고부에서 드디어 터집니다. 고부 군수 조병갑은 세금을 더 걷기 위해 만석보라는 저수지를 축조해요. 원래 저수지가 있는데도요.
농민들은 애써 노동력 제공해, 완성되면 세금 더 내야 해. 완전 열 받는 거죠!!
결국 '조병갑 잡아라!!'하면서 녹두 장군 **전봉준**을 중심으로 들고일어납니다.
이때 그 유명한 **사발통문**이 등장합니다.
밥그릇을 딱 뒤집어놓고 동그랗게 이름을 썼어요.
이렇게 하면 주동자를 알 방법이 없으니 다 같이 책임을
지겠다는 뜻이죠. 결국 조병갑은 도망가고 농민들은
관아의 창고를 열어 곡물을 나눕니다. 정부에서는 이
사태를 해결하기 위해 이용태를 안핵사로 내려 보냅니다.
그런데 안핵사 이용태가 꺼져 가고 있던 불을 다시 지피네요?

 **결정적 기출 선지**

❶ ⬚⬚⬚⬚⬚ 은 사발통문을 돌려 농민들을 이끌고 고부 관아를 습격하였다.

정답

전봉준

## 197 황토현·황룡촌 전투 ▶▶ 동학 농민군이 관군과 싸워 크게 이긴 두 전투

연도 1894. 4. 구호 보국안민·제폭구민

기본 ☐ 심화 ✓

안핵사 이용태는 민심을 달래기는커녕
고부 봉기의 주동자들을 잡아들이기 시작합니다.
이러면서 농민들이 다시 들고일어나게 돼요.
이때를 제1차 봉기라고 하죠. 무장에서 봉기한 동
학 농민군은 백산에서 집결하여 **보국안민·제폭구민**
의 기치를 담은 4대 강령과 격문을 발표하고 관군
을 차례로 쓰러뜨립니다. **황토현 전투**에서 승리한
농민군은 이후 기세를 몰아 **황룡촌 전투**에서도 승리합니다. 승승장구! 드디어 **전주성**까지 함락시킵
니다. 전라도 곡창 지대가 기층 민중들에 의해 장악된 경우는 우리 역사에 한 번도 없었죠. 정부는
이 사실을 알고 크게 당황해요. 놀란 가슴 진정시키기 위해 정부는 또 청에 도움을 요청합니다.
또?! 그 버릇 어디 가겠습니까… 청에 SOS를 보내요.

## 198 전주 화약 ▶▶ 동학 농민 운동 당시 농민군이 전주를 점령하고 정부와 맺은 조약

연도 1894. 5. 기구 집강소

기본 ✓ 심화 ✓

청이 군대를 파견하자 갑신정변 때 체결한 톈진 조약이 발효됩니다. 일본에도 이 사실이 통보되죠.
그러자 일본도 역시 군대를 보냅니다. 정부는 청과 일본 군대가 함께 들어오자 위기를 느껴요.
자칫하다 한반도에서 청과 일본이 전쟁을 벌일 태세 감지! 놀란 조정은 부랴부랴 농민군과
협상을 합니다. 그래서 체결한 것이 전주 화약.

전주 화약 이후 농민들은 집강소라는 자치적
개혁 기구를 통해 폐정 개혁안을 실천해요.
경제적으로는 토지 분배를, 사회적으로는 탐관오리
처단과 신분제 폐지, 과부 재가 허용을 주장하죠.
신분제 폐지는 갑신정변에서도 내걸었던 주장이잖아요.
그 시대의 과제를 주장하고, 그 일에 앞장선 사람들이 바로
역사 발전의 주인공이지요.

 **결정적 기출 선지**

❶ 농민들은 폐정 개혁안 실천을 위해 자치 조직인 [        ]를 설치하였다.

**정답**

집강소

223

# 199 우금치 전투 ▶▶ 동학 농민군이 공주의 우금치에서 관군 및 일본군과 치른 전투

패배 1894. 11.                     기본 ☐ 심화 ✅

농민들과 전주 화약을 체결한 이후 정부도 가만히 있지만은 않습니다.

여러 개혁 요구를 수용하기 위해 **교정청**을 설치하죠.

그리고 청과 일본에게 우리가 알아서 해결할 테니 군사들 데리고 너네 나라로 돌아가라 합니다.

"우리 이제 안 싸울 거야~ 그만 가도 돼~"

무언가 잘 풀릴 것 같은 분위기가 조성되는 것 같지 않나요?

그러나 좋은 분위기도 잠시. 일본이 사고를 칩니다.

조선 정부의 철병 요구를 거부하고는 **경복궁을 점령**해버린 거에요.

애초에 일본은 동학 농민군에는 관심이 없었어요.

동학 농민 운동과 상관이 없는 인천으로 들어왔거든요.

'청으로부터 조선에 대한 영향력을 빼앗아 조선을 장악하려는' 시커먼 속셈이 있었던 겁니다.

그리고 결국 **청일 전쟁**이 이 땅 한반도에서 벌어지게 됩니다. 전쟁의 승기를 잡은 일본은 교정청을 폐지하고, 자신들의 요구대로 움직일 개혁 기구로 군국기무처를 세우게 해요.

이렇게 우리 정부가 일본의 포로가 되어 버리는 상황을 목격한 농민들은 가만 있을 수 없었겠죠.

**제2차 봉기**를 일으킵니다. 이때는 제1차 봉기 때 참여하지 않았던 북접도 참여하면서

전봉준의 남접과 손병희의 북접이 연합을 이루게 됩니다.

남접은 전라도에 있던 동학 조직이고, 북접은 충청도에 있던 동학 조직이에요.

이렇게 하나가 된 농민군은 일본군과 맞서기 위해 **공주**로 향합니다.

공주는 지리적으로 굉장히 중요한 곳이에요.

한양까지 치고 올라갈 수 있는 지름길이었으니까요.

일본군 역시 지리적 요충지인 공주를 선택합니다.

그리고 그들이 서로 만난 곳이 공주 **우금치**입니다.

10만이나 되는 농민군들. 그러나 그들을 기다리고 있는 건

고개에 총을 걸고 있는 일본군과 군국기무처의 관군.

그 강력한 화력 앞에 우금치 전투는 농민군의 패배로 끝나게 됩니다.

녹두 장군 전봉준은 결국 순창에서 체포되어 한양으로 끌려갑니다.

민중의 손에 의한 개혁 노력이 꺾이게 되는 순간이네요.

 **결정적 기출 선지**

1 동학 농민군의 제2차 봉기는 남접과 북접이 연합하여 조직적으로 전개되었다.  ○  ✕

2 제2차 봉기 때 농민들은 공주 [        ]에서 관군, 일본군과 맞서 싸웠다.

**정답**

○

우금치

# 군국기무처

▶▶ 일본의 강요로 설치된 정치·군사 관장 기구로
제1차 갑오개혁 때 중추적 역할 담당

설치 1894. 6.  개혁 탁지아문으로 재정 일원화, 공사 노비법 혁파    기본 ☑ 심화 ☑

앞에서 경복궁을 점령한 일본이 **군국기무처**를 설치한다고 했지요?
이 군국기무처에 의해 **제1차 갑오개혁**(1894. 7.)이 추진돼요.
군국기무처의 총재에 임명되어 제1차 갑오개혁을
주도한 건 온건 개화파의 대표 인물인 김홍집으로,
제1차 김홍집 내각이 구성됩니다.
그런데 사실 당시 일본은 청일 전쟁 중이었어서
제1차 갑오개혁에 큰 관심이 없었어요. 그래서 나름 자주적으로 개혁이 추진됩니다.
갑신정변과 동학 농민 운동 때 요구된 것들도 많이 반영되죠.

먼저 정치면에서는 청의 종주권을 부인하고자 중국 연호를 버리고 개국 기년(1392년 조선 건국 기점)을 씁니다. 또 의정부 6조 체제를 의정부 8아문으로 바꿔요. 과거제도 폐지합니다.
그리고 궁내부를 설치해서 왕실 사무를 관리하도록 하죠. 왕실과 정부의 업무를 분리시키는 겁니다.
경제에서는 재정을 **탁지아문**으로 일원화하고, 조세를 돈으로 내는 금납화를 시행하죠.
이와 함께 화폐를 찍어 낼 때 은을 보유한 만큼 찍어 내는 은 본위 화폐 제도도 시행합니다.
도량형도 통일하구요.

가장 큰 변화는 사회면이에요.
**공사 노비법을 혁파**하면서 신분제가 법적으로 폐지돼죠.
갑신정변과 동학 농민 운동에서는 못다 이룬 꿈,
'신분제 폐지'를 실현시키기 위해 목숨을 내걸었던
그들이 있었기에 제1차 갑오개혁에서 비로소 그 꿈이
실현될 수 있었던 거죠.
저 솔직히 양반 집안 아닌 것 같은데.
이렇게 책도 쓰고 강의도 하다니.
다 제1차 갑오개혁 덕분. 감사합니다.

이 외에도 연좌제 폐지, 조혼 금지, 과부의 재가 허용과 같은 많은 변화가 있었답니다.

### 결정적 기출 선지

❶ [        ]를 중심으로 제1차 갑오개혁이 추진되었다.

❷ 제1차 갑오개혁 때 [        ]의 혁파로 신분제가 폐지되었다.

정답

군국기무처

공사 노비법

# 201 홍범 14조 ▶▶ 제2차 갑오개혁 때 발표된 14개 조목의 강령

반포 1894. 12.　개혁 교육입국 조서 반포　　　　　　　기본 ☐　심화 ☑

일본이 제1차 갑오개혁에 별로 신경을 쓰지 못했다고 했죠?
청일 전쟁으로 청과 싸우느라 바빠서요.
헌데 이제 청일 전쟁에서 승기를 잡았다고 판단한 일본이
본격적인 내정 간섭을 시작합니다. 조선 정부가 나름
자주적으로 운영했던 군국기무처를 폐지하고,
갑신정변 때 활약했던 급진 개화파 박영효를 데려와
내각에 포함시킵니다. 제2차 박영효·김홍집 연립 내각이
구성된 거죠. 일본의 입김 팍팍!!!
그러고는 고종을 압박해 종묘에 가서 독립 서고문과
국정 개혁의 기본 강령인 **홍범 14조**를 반포토록 합니다.
이제 청과는 그만 연을 끊고 조선의 독립과 개혁 의지를
표명하라는 겁니다.
이 시기가 바로 **제2차 갑오개혁**이 진행되는 시점입니다.

청일 전쟁에서 승기를 잡은 일본

제2차 갑오개혁은 정치면에서는 의정부 8아문 체제를
내각 7부로 바꾸고요. 재판소를 설치해 지방관이 가지고
있던 사법권을 박탈합니다.
또 지방을 전국 8도 체제에서 전국 23부 체제로 바꿔요.
전반적으로 지방 권력을 약화시키는 방향으로 갑니다.
사회면에서는 **교육입국 조서**를 반포(1895)해 근대적 교육 제도를 마련합니다.
많은 근대적 학교들이 세워지게 되죠.
지금의 초등학교에 해당하는 소학교,
교사 양성 기관인 **한성 사범 학교**, 외국어 교육을
담당할 외국어 학교 등이 세워져요.
지금 우리가 받고 있는 초등학교–중학교–고등학교
학제의 틀이 바로 이 교육입국 조서부터
출발한다고 보시면 됩니다.

제2차 갑오개혁 실시

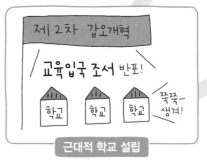

근대적 학교 설립

## 결정적 기출 선지

❶ 제2차 갑오개혁 때 국정 개혁의 방향성을 제시한 [        ]를 반포하였다.

❷ 제2차 갑오개혁 때 [        ] 반포를 계기로 한성 사범 학교가 설립되었다.

정답

홍범 14조

교육입국 조서

# 202  삼국 간섭 ▶▶ 러시아·프랑스·독일이 연합하여 일본을 압박한 사건

연도 1895   영향 을미사변            기본 ☐  심화 ✔

제2차 갑오개혁이 진행되던 중 1895년에 청일 전쟁이 일본의 승리로 끝납니다.

전쟁에서 승리한 일본은 청과 시모노세키 조약을 맺고, 중국의 랴오둥반도에 일장기를 꽂습니다.

그러나 일본의 지나친 세력 확대를 우려한 러시아가 랴오둥반도를 다시 청에 돌려주라고 협박하죠.

프랑스와 독일도 합세합니다. 일본은 결국 랴오둥반도를 토해내고 맙니다.

이게 바로 러시아·프랑스·독일의 **삼국 간섭**이라는 겁니다. 일본 깨갱;

청일 전쟁에선 승리했지만 아직 러시아와 겨룰 정도는 아니라고 판단한 거예요.

삼국 간섭을 지켜본 고종과 명성 황후는 러시아의 힘을 느꼈겠죠.

일본을 견제하기 위해 러시아 쪽에 줄을 서려 합니다.

그리고 친일 내각의 중심인 박영효를 날려버리고, 친러시아 색채의 제3차 김홍집 내각을 세워요.

위기를 느낀 일본의 분노. 결국 일본은 눈엣가시 명성 황후를 시해하는 **을미사변**(1895)을 일으킵니다. 경복궁에 침입해 한 나라의 국모를 무참히 시해하는 야만적 행위를 저지르죠. 나쁜 것들.

그리고는 김홍집, 유길준 등 친일 관료로 구성된 제4차 김홍집 내각을 수립하고 개혁에 착수합니다. 바로 제3차 개혁인 을미개혁이죠.

일본이 청일 전쟁에서 승리하여 중국의 랴오둥반도 획득

삼국 간섭으로 랴오둥반도를 뺏긴 일본

위기의식을 느낀 일본이 명성 황후 시해

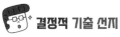 결정적 기출 선지

❶ 러시아가 주도한 [          ]의 영향으로 친러 내각이 수립되었다.

❷ [          ]은 일본이 명성 황후를 시해한 사건이다.

정답

삼국 간섭

을미사변

# 203 을미개혁 ▶▶ 을미사변 직후 갑오개혁에 이어 추진한 개혁

시행 1895. 8.    내용 태양력 도입, 단발령 실시    기본 ☑ 심화 ☑

을미사변 이후 제4차 내각이 추진한 제3차 개혁은
을미년(1895)에 일어나서 **을미개혁**이라고도 하죠.
개혁 내용을 살펴보면 개국 기년 대신 '건양'이라는
연호를 사용하고, 중앙에 친위대 그리고 지방에
진위대라는 군대를 설치합니다.
또 **태양력**을 도입해요. 우리가 지금 쓰는
양력 달력이 이때부터 시행된 겁니다.

무엇보다 을미개혁의 핵심은 **단발령**인데요. "머리카락을 자르라!"
여러분이 지금 교문에서 머리카락 조금만 가위로 잘렸다고 생각해보세요.
기분 어떠실까요? 당연히 안 좋죠.

지금은 그래도 단발이 유행이기라도 하죠.
당시는 '신체와 터럭(털) 하나도 다 부모님께서 주신 귀한 것'이라고 여기는 시대였어요.
그래서 우리나라에서 상투가 오랜 역사를 이어 온 전통인 거예요.
위만 조선이 고조선을 계승했다는 근거로
상투를 틀고 왔다는 점을 들기도 하잖아요.
머리카락을 자른다는 것은 상상도 하지 못할 엄청난 불효였죠.
이걸 강제로 뭉텅 잘렸다고 생각해 보세요.
목숨을 끊는 사람들도 있고, 상투 잘릴까 봐
사람들이 서울에 올라오지 않아 물가도 폭등해요.
완전 문화 아노미.

결국 을미사변과 단발령에 대한 반발로 전국에서 의병들이 들고일어나요.
이를 **을미의병**이라 합니다.
위정척사 사상을 가진 유인석·이소응 등의 유생들을 중심으로 의병 운동을 전개하죠.
하지만 이후 고종이 단발령을 취소하고 해산을 권고하자 의병은 자진 해산합니다.

 **결정적 기출 선지**

❶ 을미개혁 때 건양이라는 연호를 제정하고 [          ]을 도입하였다.

❷ 을미개혁으로 (김홍집 내각이) 강제로 머리카락을 자르는 [          ]을 실시하였다.

**정답**

태양력

단발령

## 204 아관 파천 ▶▶ 일본의 위협을 피해 고종이 러시아 공사관으로 거처를 옮긴 사건

연도 1896   영향 러시아와 일본의 세력 균형          기본 ☑ 심화 ☑

고종은 자신의 부인 명성 황후가 시해되는데도 아무것도 할 수가 없었습니다.
또 일본이 을미개혁을 통해 단발령을 시행하는 모습과 그에 따른 사회 혼란도 보았고요.
그래서 내린 고종의 결단.

일본의 뒤통수를 한 대 크게 때리며 단행한 병신년(1896) 사건. 바로 **아관 파천**입니다.
'아관'의 '아'는 러시아를, '관'은 공사관, '파천'은 옮긴다는 뜻이지요.
즉, 러시아 공사관으로 거처를 옮긴 사건입니다.


게다가 고종은 명합니다.
이제까지 일본 주도로 시행된 개혁은 무효다. 단발령을 강제하지 않는다.
갑오·을미개혁의 중심에 있던 김홍집도 처단하라!!
이러한 고종의 결정에 일본은 몹시 당황합니다.
러시아와의 전면전을 준비해야하는 와중에 생각하지도 못했던 일이었거든요.
일본에게 한 방 먹인 게 분명하긴 한데 좀 찝찝하긴 합니다.
한 나라의 왕이 자신마저 지키지 못하고 다른 나라의 공사관으로
도망가서 목숨을 부지한 것이기도 하니까요.
비록 외세에 기댄 결정이었지만 고종은 왕으로서의
홀로서기와 존재감을 드러냅니다.
아관 파천으로 러시아와 일본이 세력 균형을 이루며 힘의
공백이 생겼고, 이 팽팽한 균형 속에서 자신만의 개혁 공간을
창출해 냅니다. 그게 바로 대한 제국.
두 장만 넘기면 나올 거예요.

 **결정적 기출 선지**

**1** [          ] 이후 신변의 위협을 느낀 고종은 러시아 공사관으로 거처를 옮겼다.

**2** 아관 파천 이후 고종은 을미개혁으로 시행되었던 [          ]을 철회시켰다.

**정답**

을미사변

단발령

## 205 독립 협회 ▸▸ 서재필, 이상재 등이 우리나라의 자주독립을 위해 조직한 단체

**설립** 1896  **인물** 서재필  **활동** 독립문 건립, 만민 공동회, 관민 공동회       기본 ☑ 심화 ☑

'한 나라의 국왕이 공사관에 머무르는 상황은 말이 안 된다.'
'나라 꼴이 이래서야 되겠는가?'라며 고종의 환궁을 요구한 단체가 있어요.
미국에서 귀국한 **서재필**을 주축으로 **독립신문**을 창간한 사람들이 모여 만든 단체, **독립 협회**입니다.
어찌 보면 우리나라 최초의 시민 단체라고 할 수도 있겠네요.
독립신문은 우리나라 최초의 민간 신문으로 세 면은 한글로, 한 면은 영어로 만들었어요.
독립 협회는 갑신정변과 갑오개혁이 엘리트 중심의 개혁이었기에 민중이 따라올 수 없었던 거라고
판단하여 민중에 대한 계몽 활동도 활발하게 전개하죠.
독립 협회의 활동은 이후 애국 계몽 운동으로 흐름이 이어지게 될 겁니다.

어쨌건 이 독립 협회는 청으로부터 독립하겠다는 의지를 담아 영은문 자리에 **독립문**을 세우기도
합니다. 영은문은 청의 사신을 맞이하던 곳 앞에 세워져 있는 문이었거든요.
이후 독립 협회는 더 활발한 활동을 펼칩니다.
참정권 확대를 위해 의회 설치를 주장하고, 토론회와 강연회를 개최하는 등 계몽 활동으로 쭉쭉
성장해 나갔죠. 또 열강의 이권 침탈 반대, 민권 신장 등 정치를 논의하는 집회로 **만민 공동회**를
개최합니다. 내각의 대신들을 참여시켜 **관민 공동회**를 열기도 했죠.
이 두 집회는 독립 협회의 절정기를 상징적으로 보여 주는 예시랍니다. 잊지 말아요~

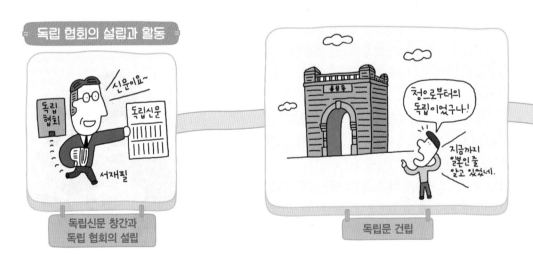

독립신문 창간과
독립 협회의 설립

독립문 건립

 **결정적 기출 선지**

① 우리나라 최초의 민간 신문인 [          ]은 서재필을 주축으로 창간되었다.

② 독립 협회는 [          ]를 열어 민권 신장을 추구하였다.

**정답**

독립신문

만민 공동회

# 206 만민 공동회 ▶▶ 독립 협회가 주도하여 열린 대규모 민중 집회

연도 1898

기본 ☑ 심화 ☑

독립 협회의 활동 가운데 **만민 공동회**를 주목할 필요가 있어요.
만백성이 함께하는 모임이란 뜻의 만민 공동회는 많은 사람들이 집회에 나와 연설을 듣고
이에 대해 논의하기 위해 만든 자리입니다. 민중이 그만큼 정치 의식이 성장했다는 반증이네요.
만민 공동회에서는 러시아에게 이권을 넘겨주는 것을 저지하려고 노력했어요.
러시아가 요구한 절영도(부산에 위치) 조차를 막아 냈고, 한러 은행도 폐쇄시켰죠.
오호! 이제껏 우리가 이렇게 큰소리 빵빵 치면서 제국주의를 몰아낸 적이 있었나요?
국운이 기울어 가는 상황을 다시 원위치로 돌릴 수 있는 사람들은 바로 '민(民)'이란 사실을
독립 협회의 만민 공동회가 보여 준 거지요.

게다가 박정양을 중심으로 한 진보 내각이 들어서면서 정부 관료도 만민 공동회에 참여합니다.
이걸 **관민 공동회**라고 해요. 여기서는 **헌의 6조**를 결의합니다.
그 내용을 살펴볼까요? 먼저 정치면입니다. 헌의 6조는 입헌 군주제를 지향합니다.
입헌 군주제는 왕이 있지만 절대 권력을 가지고 있지 않아요. 왕도 법에 의해 통제를 받는 거예요.
경제면에서는 재정을 탁지부로 일원화합니다. 또 피고의 인권도 존중할 것을 요구하죠.
인권이란 단어는 지금 우리에겐 익숙한 말이지만 전근대 사람들은 말 자체를 몰랐어요.
그런데 일반 사람도 아니고 죄를 논하고 있는 피고의 인권을 존중하라는 말이 나왔으니 굉장히
근대적이긴 하잖아요. 이런 움직임에 힘입어 의회 설립 운동도 전개되어 결국 정부는 개편된
중추원(지금의 국회) 관제를 반포하기에 이릅니다.
이렇게 민(民)이 중심이 되어 민주주의에 한 발 다가가는 모습!! 두둥~ 뭐야~ 변하는 거야?!

만민 공동회 개최

관민 공동회 개최

 **결정적 기출 선지**

❶ 독립 협회가 ☐☐☐☐☐를 개최하여 헌의 6조를 결의하였다.

❷ 헌의 6조에서는 ☐☐☐가 국가 재정을 전담할 것을 주장하였다.

정답

관민 공동회

탁지부

## 207 대한 제국 ▶▶ 조선 말기 고종이 국가의 자주독립을 지키고 왕권을 강화하기 위해 황제 국가를 선포하면서 수립된 나라

연도 1897~1910    암기 환구단                    기본 ✓  심화 ✓

나도 이제 황제야.

독립 협회를 비롯하여 고종의 환궁을 요구하는 여론이 고조되자 고종은 경운궁(덕수궁)으로 돌아옵니다. 그리고 1897년 황제의 나라, **대한 제국**을 선포하게 됩니다. 연호도 '**광무**'로 정하죠.
이걸 어디서 했냐고요? 바로 **환구단**(원구단)에서 합니다.
환구단은 하늘에 제사를 지내는 곳이죠. 하늘에 제사를 지낼 수 있는 사람은 황제가 유일하거든요. 그래서 조선 시대에는 환구단이 없었어요. 왕이 통치하는 나라였으니까요.
이제 대한 제국이 되었으니 고종 황제가 환구단에서 제사를 지내
하늘에 보고를 할 수 있게 됐어요. 국가의 주권은 이제 황제에게 있습니다.
그러자 수구파 관리들이 독립 협회가 세우려는 나라는 공화국이라고 유언비어를 퍼뜨렸어요.
공화국은 황제가 없는 건데 …. 고종, 열 받습니다.

## 208 황국 협회 ▶▶ 보부상과 연결되어 독립 협회를 견제한 단체

설립 1898    활동 독립 협회 공격                    기본 ☐  심화 ✓

'뭐? 왕정을 폐지한다고??'
열 받은 고종은 독립 협회 탄압에 들어갑니다.
우선 보부상으로 이루어진 보수 단체인 **황국 협회**를
앞세워서 독립 협회를 공격하게 하죠. 1898년에는 군대를
동원해 협회를 강제로 해산시켜 버립니다.
기층 민중과 함께 제국주의에 맞서며 개혁을 펼칠 수 있는

고종이 시켜서...

보부상 단체  황국 협회  독립 협회

그 마지막 기회가 무산되었습니다. 힘들고 어려운 시기일수록 민중과 함께 역동적으로 나아가야
하는데, 고종은 자신의 권력을 지키는 것이 더 중요했던 걸까요?! 위아래가 하나가 되어 민중의
힘을 보여 준 독립 협회의 개혁마저 실패했으니 이제 남은 건 황제뿐입니다.
황제 혼자의 힘으로 이 난국을 막아내야만 합니다. 막아냈으면 합니다!!

 **결정적 기출 선지**

❶ 고종이 [          ]에서 황제 즉위식을 거행하였다.

정답

환구단

## 209 대한국 국제 ▸▸ 대한 제국이 반포한 국제

반포 1899

기본 ☐ 심화 ✅

모든 권력은
황제로부터

원수부

고종은 독립 협회를 해산시키고 천상천하 유아독존의 최고 권력을
선포합니다. 그것이 1899년 반포된 **대한국 국제**입니다.

일종의 헌법인데요. 어떤 누구도, 어떤 세력도 자신의 권력을 약화시
킬 수 없도록 모든 권력을 황제에게 집중시킵니다.

이는 대한국 국제 제2조에 정확하게 명시되어 있습니다.

'대한 제국의 정치는 이전부터 이후까지 변하지 않을 전제 정치이다.'
라고요. 대한 제국 시기의 개혁을 우리는 **광무개혁**이라고 하는데요.

본격적인 광무개혁의 시작은 이렇게 독립 협회를 무너뜨린 다음 해
대한국 국제 반포 시점부터라고 보시면 됩니다.

광무개혁은 옛것을 근본으로 하여 새로운 것을 참조한다는 **구본신참** 정신을 바탕으로 이루어졌
어요. 광무개혁의 자세한 내용은 바로 아래에서 확인하시죠.

## 210 광무개혁 ▸▸ 광무 연간에 대한 제국 정부가 나라를 부강하게 만들기 위해 추진한 개혁

내용 원수부 설치, 지계 발급

기본 ☐ 심화 ✅

구본신참

옛 법을 근본으로 하고
새로운 제도를 참작한다

광무 개혁

구본에 해당하는 정책으로는 황제권 강화 정책을 들 수 있어요.
대표적인 정책이 **원수부**의 설치입니다.

모든 군사력을 황제에게 일원화시키는 곳이 바로 원수부였죠.

이렇듯 광무개혁은 황제권 강화라는 보수적인 모습을 보였으나,
경제적으론 상공업 진흥, 지계 발급과 같은 개혁 정책도 폈습니다.

특히, 양전 사업을 통한 **지계(토지 계약서) 발급**은 근대적 토지
소유권 확립을 시도했다는 측면에서 큰 의미가 있습니다.

유학생을 해외에 파견하거나 기술 학교를 세워 근대적 기술을
배우게도 했어요. 또 전화 가설, 전차와 철도 부설 등 교통·통신
산업에도 많은 노력을 기울였고요.

이때 경인선이 개통되었지요. 하지만 러일 전쟁이 터지면서 광무개혁은 전면 중단된답니다.

 **결정적 기출 선지**

❶ 고종은 ＿＿＿＿＿를 반포하여 전제 황권을 강화하고자 하였다.

**정답**

대한국 국제

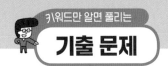

01 (가) 시기에 전개된 동학 농민군의 활동으로 옳지 않은 것은? [2점]

고부 농민 봉기 (가) 전봉준 압송

① 전주에서 정부와 화약을 맺었다.
② 우금치에서 일본군과 전투를 벌였다.
③ 황토현에서 관군에게 승리를 거두었다.
④ 농민 자치 기구인 집강소를 설치하였다.
⑤ 삼례에서 교조 신원을 위한 집회를 열었다.

03 밑줄 그은 '이 개혁'의 내용으로 옳은 것은? [2점]

이것은 고종이 종묘에 바친 독립 서고문으로 홍범 14조가 포함되어 있습니다. 홍범 14조는 김홍집과 박영효의 연립 내각이 주도한 이 개혁의 기본 방향이 되었습니다.

① 양전 사업을 실시하고 지계를 발급하였다.
② 상회사인 대동 상회, 장통 상회를 설립하였다.
③ 황제의 군사권을 강화하기 위하여 원수부를 설치하였다.
④ 근대식 무기 제조 기술 도입을 위하여 영선사를 파견하였다.
⑤ 교육입국 조서를 반포하고 한성 사범 학교 관제를 마련하였다.

02 밑줄 그은 '개혁'의 내용으로 옳은 것을<보기>에서 고른 것은? [3점]

군국기무처의 주도로 개혁을 한다는군.

사노비를 없애고 과거제도 폐지한다네.

─── 보기 ───
ㄱ. 박문국을 설치하여 한성순보를 발행하였다.
ㄴ. 조혼을 금지하고 과부의 재가를 허용하였다.
ㄷ. 청의 연호를 폐지하고 개국 기원을 사용하였다.
ㄹ. 전국의 서원을 47개만 남기고 모두 철폐하였다.

① ㄱ, ㄴ ② ㄱ, ㄷ ③ ㄴ, ㄷ
④ ㄴ, ㄹ ⑤ ㄷ, ㄹ

04 밑줄 그은 '사변' 이후 추진된 개혁의 내용으로 옳은 것은? [2점]

고등 재판소에서 심리한 피고 이희화를 교형에 처하도록 한 안건을 법부 대신이 상주하여 폐하께서 재가하셨다. 피고는 사변 때 대궐을 침범한 일본인들과 함께 아무런 직책도 없이 입궐하여 왕후 폐하가 시해당하시던 곤녕합에 들어갔다. 그리고 왕후 폐하가 시해당하신 뒤 얼마 안 되어 대군주 폐하 어전에 제멋대로 들어가서 대군주 폐하께서 결정하시지 않은 조칙문을 베껴 썼다. 위의 사실은 피고의 진술과 각 증거를 통해 명확히 밝혀졌다.

─「고종실록」─

① 미국에 보빙사를 파견하였다.
② 신식 군대인 별기군을 창설하였다.
③ 박문국을 설치하여 한성순보를 발간하였다.
④ 청과 조·청 상민 수륙 무역 장정을 체결하였다.
⑤ 태양력을 채택하고 건양이라는 연호를 제정하였다.

## 01 [키워드 195 | 교조 신원 운동] 답 ⑤

동학 농민 운동의 과정을 묻는 문제가 자주 출제돼요. 그림을 보면 고부 농민 봉기와 전봉준의 압송 사이에 발생한 사건을 묻고 있네요. 고부 농민 봉기가 일어나자 조선 정부는 조병갑을 파면하고 이에 대한 해결을 약속하였어요. 하지만 이를 수습하기 위해 파견된 안핵사 이용태가 고부 봉기의 주모자와 참가자를 가혹하게 처벌하면서 제1차 봉기가 전개됩니다. 전봉준이 이끄는 동학 농민군은 황토현·황룡촌 전투에서 승리하면서 전주성을 점령하였고, 조선 정부는 이를 막기 위해 청에 원군을 요청하였죠. 하지만 톈진 조약에 따라 일본군도 함께 조선에 들어오자 정부와 농민군은 전주 화약을 체결하게 됩니다. 이후 정부가 중앙에 교정청을, 농민들이 전라도 일대에 집강소를 설치하여 개혁을 추진해나갔죠. 그런데도 일본군은 철수하지 않고 경복궁을 점령합니다. 이에 제2차 봉기가 일어나게 됩니다. 하지만 농민군이 우금치 전투에서 일본군에 대패하면서 결국 동학 농민 운동은 실패로 끝나고 전봉준은 압송되어 처형됩니다.

### 바로알기

⑤ 동학교도들은 1892년 전라도 삼례에 모여 교조 최제우의 억울함을 풀어 달라는 교조 신원 운동을 벌였어요. 고부 농민 봉기 이전의 일입니다.

## 02 [키워드 200 | 군국기무처] 답 ③

김홍집 내각은 군국기무처에서 개혁을 추진했어요. 이제 조선 정부도 개혁의 필요성을 절감하기 시작했던 거죠. 동학 농민 운동이 일어나는 걸 보면서 상황이 심상치 않다는 걸 느꼈을지도 모릅니다. 군국기무처는 1894년에 제1차 갑오개혁을 추진합니다. 초정부적인 기구로서 정치·경제·사회 전반에 걸쳐 대대적인 개혁을 실시하죠. 조혼을 폐지하고 과부의 재가를 허용했고요. 청의 연호 사용을 폐지하고 개국 기원을 사용했답니다. 그밖에도 궁내부를 설치해 왕실과 정부의 사무를 분리했고요. 또 6조를 8아문으로 바꾸고, 재정 업무를 탁지아문으로 일원화합니다. 그리고 공사 노비법을 혁파하면서 신분제를 법적으로 폐지해버리죠. 어쩌면 이것이 가장 큰 변화가 아닐까 싶네요.

### 바로알기

ㄱ. 한성순보는 근대적 인쇄소인 박문국에서 1883년에 처음 발행되었어요. 급진 개화파가 주도했죠.

ㄹ. 전국의 서원을 47개만 남기고 모두 철폐한 인물은 흥선 대원군입니다.

## 03 [키워드 201 | 홍범 14조] 답 ⑤

홍범 14조는 제2차 갑오개혁의 기본 방향이 된 개혁 강령이에요. 고종은 자주독립의 뜻을 담은 독립 서고문을 낭독하고 아울러 홍범 14조를 반포했죠. 홍범 14조에는 자주독립의 기초를 세울 것, 왕실 사무와 국정 사무를 나눌 것 등의 내용이 실려 있습니다. 이러한 강령에 따라 조선 정부는 8아문을 7부로, 8도의 행정 구역을 23부로 개편하였으며, 사법권을 독립시켰어요. 또한 교육입국 조서를 반포하고 소학교, 한성 사범 학교, 외국어 학교 등을 세웁니다.

### 바로알기

① 대한 제국 수립 후 추진된 광무개혁에서 양전 사업과 지계 발급을 실시하였어요. 지계는 일종의 토지 소유권 증서라고 생각하시면 돼요.

② 조청 상민 수륙 무역 장정 체결 이후 외국 상인들이 내지까지 들어와 상행위를 하자 조선 상인들이 이에 대응하고자 근대적인 상회사를 설립합니다. 대표적으로 평양의 대동 상회와 한성의 장통 상회가 있어요.

③ 대한 제국은 황제권을 강화하기 위해 모든 군사력을 황제에게 집중시키는 원수부를 설치합니다.

④ 1880년대 정부는 개화 정책의 일환으로 청에 영선사를 파견합니다. 영선사는 근대식 무기 제조 기술을 배우고 돌아와 조선에 기기창을 세우는 데 큰 영향을 끼쳐요.

## 04 [키워드 203 | 을미개혁] 답 ⑤

일본인들이 입궐하여 왕후 폐하를 시해했다는 내용이 나오네요. 조선의 국모인 명성 황후가 일본인의 손에 죽임을 당한 사건은 바로 을미사변입니다. 조선은 어쩌다 이 지경까지 오게 되었을까요? 명성 황후를 비롯한 민씨 정권은 일본과 대립각을 세우며 이들을 경계하고자 러시아와 손을 잡아요. 사실상 적국을 적국으로 상대하는 꼴이었죠. 우리가 러시아와 친하게 지내자 일본은 위기감을 느낍니다. 결국 일본이 친러파의 중심인 명성 황후를 시해하는 만행을 저지르고 말죠. 을미사변 직후 구성된 제4차 김홍집 내각에서는 태양력 사용, 건양 연호 사용, 단발령 시행 등을 내용으로 하는 을미개혁을 추진하였습니다.

### 바로알기

① 1882년에 조선은 미국과 조미 수호 통상 조약을 체결하고, 미국에 보빙사라는 사절단을 파견하였습니다.

② 1880년대 초 추진된 개화 정책 중 하나로 일본인 장교를 초빙해 신식 군대인 별기군을 설치했어요.

③ 박문국 역시 1880년대 초 추진된 개화 정책 중 하나로 1883년에 세워져, 우리나라 최초의 신문인 한성순보를 발간합니다.

④ 임오군란 직후 조선은 청과 조청 상민 수륙 무역 장정을 체결하였어요. 이 조약으로 청 상인들의 내지 통상이 허용되었죠.

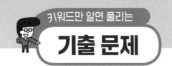

## 05 (가) 시기에 있었던 사실로 옳은 것은? [3점]

며칠 전 폐하께서 먼저 단발을 하셨으니 백성들도 이를 따라야 하지 않겠는가?

국호를 대한이라 하고 올해를 광무 원년으로 삼노라.

① 수어청이 설치되었다.
② 아관 파천이 단행되었다.
③ 운요호 사건이 발생하였다.
④ 영국이 거문도를 점령하였다.
⑤ 오페르트 도굴 사건이 일어났다.

## 06 다음 퀴즈의 정답으로 옳은 것은? [1점]

이 단체는 1896년 서재필, 이상재 등을 중심으로 설립되었습니다. 만민 공동회를 주관하였으며, 러시아의 절영도 조차 요구에 반대한 이 단체의 이름은 무엇일까요?

① 근우회　② 의열단　③ 독립 협회
④ 황국 협회　⑤ 국채 보상 기성회

## 07 (가) 시기에 있었던 사실로 옳지 않은 것은? [2점]

1897년 고종은 환구단에서 하늘에 제사를 지낸 후 황제에 즉위하였다. 그리고 국호를 [ (가) ](으)로 선포하였다.

환구단

① 양전이 실시되고 지계가 발급되었다.
② 조·미 수호 통상 조약이 체결되었다.
③ 황제권 강화를 위해 원수부가 설치되었다.
④ 상공업 진흥을 위해 상공 학교가 건립되었다.
⑤ 서울과 인천을 잇는 경인선 철도가 개통되었다.

## 08 (가)~(라)에 들어갈 내용으로 옳은 것을 <보기>에서 고른 것은? [2점]

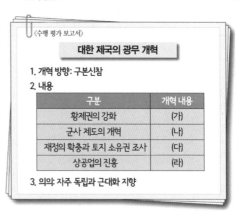

〈수행 평가 보고서〉

### 대한 제국의 광무 개혁

1. 개혁 방향: 구본신참
2. 내용

| 구분 | 개혁 내용 |
| --- | --- |
| 황제권의 강화 | (가) |
| 군사 제도의 개혁 | (나) |
| 재정의 확충과 토지 소유권 조사 | (다) |
| 상공업의 진흥 | (라) |

3. 의의: 자주 독립과 근대화 지향

┤ 보기 ├
ㄱ. (가) – 대한국 국제를 반포하였다.
ㄴ. (나) – 신식 군대인 별기군을 창설하였다.
ㄷ. (다) – 토지를 측량하고 지계를 발급하였다.
ㄹ. (라) – 대동 상회, 장통 회사 등의 상회사를 설립하였다.

① ㄱ, ㄴ　② ㄱ, ㄷ　③ ㄴ, ㄷ
④ ㄴ, ㄹ　⑤ ㄷ, ㄹ

## 05 키워드 204 | 아관 파천    답 ②

첫 장면은 을미개혁(1895) 당시 단발령이 내려지는 상황, 마지막 장면은 대한 제국 수립을 선언하는(1897) 장면이에요. 을미사변 후 신변의 위협을 느끼던 고종은 경복궁에서 러시아 공사관으로 거처를 옮기는 아관 파천을 단행하였습니다(1896). 아관 파천 이후 정부는 단발령의 실시를 중단하고 민심 수습에 노력하였으나, 열강의 이권 침탈이 더욱 심화되어 가면서 불만은 계속 터져 나왔죠. 계속된 환궁 요구에 1년여 만에 경운궁으로 환궁한 고종은 황제 즉위식을 거행하고 대한 제국의 수립을 선언합니다.

### 바로알기

① 수어청은 인조 때 후금과의 항쟁 과정에서 남한산성 부근을 방어하기 위해 만들어진 부대랍니다. 5군영 중 하나였죠.

③ 운요호 사건을 계기로 1876년에 최초의 근대적 조약이자 불평등 조약인 강화도 조약이 체결되었죠.

④ 러시아가 조선으로 세력 확장을 하자 이에 불안을 느낀 영국은 러시아의 남하 정책을 저지하고자 1885년 거문도를 불법으로 점령했어요. 을미개혁 이전의 일입니다.

⑤ 1868년 독일 상인 오페르트가 남연군 묘를 도굴하여 통상을 요구하고자 하였으나 실패하였어요.

## 06 키워드 205 | 독립 협회    답 ③

서재필, 이상재의 이름과 만민 공동회 등을 통해 독립 협회에 대한 퀴즈임을 알 수 있어요. 아관 파천 이후 서양 열강의 이권 침탈이 가속화되자 서재필은 정부의 지원을 받아 독립신문을 발간하고 독립문 건설을 위해 독립 협회를 창립하였어요. 독립 협회는 회보를 간행하고 토론회를 개최하는 등 민중 계몽을 위해 노력하죠. 고종의 환궁 이후에는 여러 차례 만민 공동회를 개최하고 정치·사회 문제에 대한 토론회를 벌여 의회 설립과 보수 관료의 퇴진을 주장하기도 합니다. 이후 새로 수립된 박정양 내각의 대신까지 참석한 관민 공동회에서는 헌의 6조를 채택하여 고종의 재가를 받았죠.

### 바로알기

① 1920년대 비타협적 민족주의자들과 일부 사회주의자들 사이에서 민족 유일당 운동이 전개되는데요. 운동의 결과 신간회와 근우회가 결성되었답니다. 근우회는 1927년 창립되어 1931년 해산된 여성 항일 구국 운동 및 여성 지위 향상 운동 단체예요.

② 의열단은 1919년 김원봉이 조직한 의열 투쟁 단체입니다.

④ 황국 협회는 1898년 정부가 독립 협회에 대항하기 위해 조직한 단체입니다. 황국 협회의 공격으로 독립 협회는 결국 해산되고 말죠.

⑤ 국채 보상 기성회는 1907년 국채 보상 운동을 위해 서울의 지식인들이 조직한 단체입니다.

## 07 키워드 207 | 대한 제국    답 ②

고종은 러시아 공사관에 있다가 1년 만에 경운궁(덕수궁)으로 돌아옵니다. 그리고 환구단에서 제사를 지낸 후 황제로 즉위하죠. 1897년의 일이에요. 이제는 조선이 아니라 황제의 나라 '대한 제국'입니다! 새로 태어난 나라답게 대한 제국은 개혁을 실시하는데요. 한번 봅시다. 먼저 양전 사업을 실시하고 근대적 토지 소유권 증서인 지계를 발급합니다. 그리고 황제권을 강화하기 위해 원수부를 설치하기도 해요. 이곳 원수부에서는 황제가 중앙과 지방의 육해군을 직접 통솔했죠. 또 상공업 진흥을 위해 식산흥업 정책을 시행합니다. 근대적인 공장과 회사 설립은 물론 인재 양성을 위해 상공 학교도 건립되고요. 이 시기에 서울과 인천을 잇는 경인선 철도도 개통됩니다. 최초의 철도죠. 짧은 기간이지만 참 많은 일들을 진행했네요!

### 바로알기

② 조미 수호 통상 조약은 1882년에 체결됩니다. 조선이 서양과 맺은 최초의 근대적 통상 조약이에요. 미국이 첫 번째 타자였네요! 이 조약에서 최혜국 대우 조항이 처음 등장한답니다.

## 08 키워드 210 | 광무개혁    답 ②

대한 제국은 새로 태어난 나라답게 이전과는 다른 새로운 미래를 꿈꾸며 개혁을 진행해 나갑니다. 그렇다고 서두르지는 않죠! 갑오개혁 때 너무 급진적으로 진행하다 보니 소화불량에 걸린 느낌이었다고나 할까요. 이제는 '옛것을 근본으로 삼고 새것을 참고한다.'는 뜻의 구본신참을 개혁의 기본 방향으로 잡았어요. 점진적인 개혁을 지향한 거죠! 우선 대한국 국제를 선포하고요. 황제권 강화를 위해 원수부를 설치해 모든 군사력을 황제에게 집중시켰어요. 또 근대적 토지 소유권을 확립하기 위해 토지를 측량하고 지계를 발급했고요. 상공업을 육성하고자 식산흥업 정책을 시행하여 다양한 분야에서 근대적인 공장과 회사를 설립하기도 했답니다.

### 바로알기

ㄴ. 1881년 조선 정부는 신식 군대인 별기군을 창설하고 일본인 장교를 초빙하여 신식 군사 훈련을 시행했어요. 그리고 구식 군대인 5군영을 무위영과 장어영의 2영으로 축소하기도 했지요.

ㄹ. 19세기 말 외국 상인들의 내륙 침투 때문에 조선 상인들이 큰 타격을 받았어요. 조선 상인들은 이에 대응하고자 자발적으로 근대적인 상회사를 설립했는데, 평양의 대동 상회와 한성의 장통 상회가 대표적입니다.

# 211 한일 의정서

▶▶ 일본이 한국의 군사적 요충지를 임의로 사용할 수 있다는 내용을 담은 의정서

체결 1904. 2.

기본 ☐ 심화 ✓

1904년 일본이 러시아를 기습 공격하면서 러일 전쟁이 발발해요.

10년 전 삼국 간섭으로 망신을 당했던 일본이 10년간 칼을 갈고 드디어 복수를 하네요.

그 누구도 일본이 이길 거라 생각치 못했지만 예상은 빗나가요. 일본이 승기를 잡죠.

그 과정에서 일본은 우리에게 두 가지 조약을 체결하도록 강요합니다. 그중 하나가 바로 한일 의정서예요.

전쟁의 시작과 함께 체결한 것인데, 여기에는 전쟁 중에 필요한 군사 전략상 요충지를 마음껏 쓸 수 있도록 허용하는 내용이 들어가 있었죠. 일본의 조선 식민지화 프로젝트가 본격적으로 시작되네요.;;

러일 전쟁도 일본의 승리로 굳어져 갑니다.

# 212 제1차 한일 협약

▶▶ 일본이 고문 정치를 실시하기 위해 한국과 맺은 조약

체결 1904. 8.    암기 고문 정치

기본 ☐ 심화 ✓

이제 일본은 본격적인 내정 간섭을 위해 또 다른 조약 체결을 요구합니다.

그것이 제1차 한일 협약이에요.

이 조약은 고문 파견에 대한 내용을 담고 있는데, 이걸 고문 정치라고 합니다.

경제 분야에서는 메가타가, 외교 분야에서는 스티븐스가 고문으로 파견됐죠.

이 메가타가 이제 화폐 정리 사업을 주도하게 될 것입니다.

서양 열강에게 일본이 조선을 식민지로 삼아야 하는 이유를 설파하고 다니던 스티븐스는 1908년 샌프란시스코에서 장인환과 전명운에 의해 사살된답니다.

 **결정적 기출 선지**

❶ 조선은 러일 전쟁 발발 직후 일본과 [          ]를 강제로 체결하였다.

❷ 제1차 한일 협약 이후 [          ]가 대한 제국의 재정 고문으로 부임하였다.

**정답**

한일 의정서

메가타

# 213 을사늑약 ▶▶ 일본이 우리나라의 외교권을 박탈하는 내용을 담은 조약(= 제2차 한일 협약)

체결 1905. 11.    암기 외교권 박탈, 통감부                          기본 ☑ 심화 ☑

1905년 결국 일본의 승리로 러일 전쟁이 끝납니다.
이제 한반도의 운명은 일본의 손에 달렸죠.
개항 후 계속 외세 의존적인 모습만 보이더니
결국 외세에게 몹쓸 꼴을 당하게 된 거예요.
이 사실만큼은 잊지 않으셨으면 합니다. 흑흑.

러일 전쟁이 마무리되는 시점에 일본은 미리 외국 열강에게
조선에 대한 식민지 지배를 확실하게 확인받고자 합니다.
그래서 1905년 미국과 **가쓰라·태프트 밀약**을 체결합니다.
미국의 필리핀 지배와, 일본의 조선 지배를 승인한 거죠.
그해 영국과는 **제2차 영일 동맹**을 체결해요. 영국은 인도를,
일본은 조선을 지배하려는 야욕을 담은 협약이죠.
마지막으로 포츠머스 강화 조약을 체결하여 러시아가
완전히 조선에서 철수할 것을 다짐받아 둡니다.

이렇게 모든 준비를 마친 일본은 1905년 이토 히로부미를
앞세워 고종을 겁박하여 **을사늑약** 체결을 강요합니다.
**제2차 한일 협약**이라고도 하죠.
고종은 조약에 서명하지 않았어요.
을사오적(이완용·이지용·이근택·권중현·박제순)이
일본의 요구에 도장을 내줍니다.
결국 우리는 **외교권**을 일본에 넘기게 돼요.
그 결과 **통감부**가 설치되고요.
그리고 일본에서 통감이 파견되죠.
일본의 내정 간섭이 고문 정치 때보다 심해지겠죠?
초대 통감이 이토 히로부미입니다.
이제 내정 간섭을 본격적으로 하게 될 통감 정치의
서막이 올라간 것입니다.

 **결정적 기출 선지**

❶ 을사늑약이 강제 체결되면서 대한 제국의 [　　　　]이 박탈되었다.

❷ 을사늑약 체결 이후 한국의 내정을 간섭하기 위해 [　　　　]가 설치되었다.

정답

외교권

통감부

# 214 헤이그 특사

▶▶ 을사늑약의 부당함을 알리기 위해 고종이 네덜란드
헤이그 만국 평화 회의에 파견한 특사

파견 1907. 6.　인물 이준·이위종·이상설　　　　기본 ☑ 심화 ☑

이 날에 목놓아 운다

을사늑약 체결

말도 안 되는 을사늑약 체결. **장지연**은 황성신문에 '이 날을 목 놓아
통곡하노라(**시일야방성대곡**)'를 싣습니다.
외교권 박탈은 대한 제국의 주권을 거의 다 내 준거나 마찬가지입니다.
외교권의 박탈로 1909년 청과 일본이 간도 협약을 맺을 때
우리는 협상 테이블에 들어가지조차 못합니다.
청과 일본이 마주 앉아 자기들끼리 쿵짝!
결국 간도는 청의 땅이 되는 엄청난 일이 벌어지고 말아요.
일본이 남만주 철도 부설권을 얻는 대신 간도를 청의 영토로 인정하거든요.

한편, 고종은 외교적 방법을 통해 을사늑약의 무효를
알리려고 합니다. 네덜란드 **헤이그**에서 열리는
만국 평화 회의에 **이준·이위종·이상설** 특사를 파견해요.
그러나 이 사실을 안 일본은 특사들을 회의장에
들어가지도 못하게 방해하죠. 결국 실패.
이준은 울분을 이기지 못하고 지병과 화병으로
그곳에서 순국하고 말아요.
일본은 을사늑약으로 외교 행위를 할 수 없음에도 이런 배신을 했다며 분노합니다.
그래서 고종을 강제로 퇴위시키고 그의 아들 순종을 왕위에 앉히죠.

헤이그 특사

을사늑약을 무효라 설파하라!

엿섯!

이준　이상설　이위종　고종

을사늑약이 체결되자 각계각층에서도 반대 투쟁이 일어납니다.
나철과 오기호는 오적 암살단을 조직해 을사오적들을 처단하려 하였죠.
고위 관료를 역임했던 민영환은 자결로써 을사늑약의 부당함을 알리고자 했습니다.
앞에서도 언급했듯이 장인환과 전명운은 미국 샌프란시스코에서
일본의 침략을 미화한 외교 고문 스티븐스를 저격하였고요.
의병들도 일어섭니다. 바로 을사년에 일어난 **을사의병**입니다.
그러나 대세는 기우나 봅니다.

장인환　전명운

 **결정적 기출 선지**

❶ ⬚⬚⬚ 이 황성신문에 시일야방성대곡을 게재하였다.

❷ 고종이 ⬚⬚⬚ 에서 열리는 만국 평화 회의에 특사를 파견하였다.

**정답**

장지연

헤이그

# 정미 7조약
▶▶ 일본이 헤이그 특사 파견을 계기로
고종을 강제로 퇴위시키고 맺은 조약

체결 1907. 7.  암기 차관 정치, 대한 제국 군대 해산

기본 ☐ 심화 ✓

1907년 고종 강제 퇴위 후 체결한 **정미 7조약(한일 신협약)**에 따라 일본의 **차관** 정치가 시작됩니다.

차관은 장관, 차관할 때 그 차관이에요. 통감이 일본인 차관을 임명할 수 있게 되면서 통감의 내정 간섭은 극에 달하게 되죠. 이제 우리 내각에 일본인들이 들어올 수 있는 길이 열린 거예요. 그것도 실세 고위급 관료로 말이죠. 차관은 실무 행정을 담당하는 자리거든요. 그 자리에 통감이 추천하는 일본인을 앉혀서

행정을 맘대로 주물럭거리겠단 거죠. 이걸 차관 정치라고 합니다.

게다가 이 조약의 비밀 각서에 따라 **대한 제국의 군대까지 해산**시켜 버립니다.

을사늑약으로 외교권 빼앗고, 한일 신협약으로 내각과 군사까지 장악한 일본은 1909년 **기유각서**를 체결해 **사법권**까지 빼앗아갑니다.

가진 것 다 털린 대한 제국…. 이제 마지막으로 남은 건 주권뿐….

# 한국 병합 조약
▶▶ 일본 제국주의가 대한 제국의 국권을 피탈한 조약

체결 1910. 8.

기본 ✓ 심화 ✓

1910년 8월 29일, 대한 제국의 국권이 피탈되는 **한국 병합 조약**이 체결됩니다. 이날부로 대한 제국은 일제의 식민지가 되어버리죠.

한국 병합 조약은 '경술년에 국권을 강탈당하는 치욕을 입었다'하여 경술국치라고도 합니다.

우리는 강화도 조약을 통해 그저 문을 조금 열었을 뿐입니다.

그런데 그 이후의 상황들이 어떻게 전개되었는지 보세요.

외세가 밀고 들어오는 상황 속에서 적절한 대응을 하지 못했고, 결국은 식민지까지 이어지게 되었죠. 그렇지만 우리는 끊임없이 저항했습니다. 절대 비겁하고 비굴한 역사로만 기록되지 않았어요.

---

 **결정적 기출 선지**

① 정미 7조약이 체결되면서 각 부서에 일본인 [          ]이 배치(임명)되었다.

② 대한 제국의 [          ]가 정미 7조약에 의해 강제로 해산되었다.

**정답**

차관

군대

## 217 항일 의병 ▶▶ 일본의 국권 침탈에 맞선 구국 항일 의병 운동

전개 1895, 을미의병 → 1905, 을사의병 → 1907, 정미의병　　기본 ☑ 심화 ☑

이제 저항의 역사에 대해 살펴볼 텐데요. 온몸을 바쳐 싸운 의병 투쟁, 실력을 먼저 키우자는 애국 계몽 운동, 그리고 경제적 자주권을 지키자는 경제적 구국 운동, 이렇게 크게 3가지로 나뉩니다. 먼저 의병 투쟁부터 살펴보죠.

의병 투쟁의 시작은 을미의병입니다.
앞에서 배웠었죠? 을미사변과 단발령 시행에 불끈하여 유생들을 중심으로 일어났죠.
두 번째 을사의병은 을사늑약 체결로 불끈!!!
최익현이 태인에서 봉기하였고 최초의 평민 의병장 신돌석도 이때 나와요.
하지만 일제는 한반도를 집어삼킬 의욕을 점점 더 키워나갔고, 고종을 강제 퇴위시킨 것도 모자라 대한 제국의 군대까지 해산시켰죠. 군대 해산은 정말 충격적이었어요.
해산 군인들은 의병에 합류합니다. 이걸 정미의병이라고 해요.
정미의병은 해산 군인들이 합류하였기에 그 규모가 크게 확대되어 의병 전쟁으로 변하는 모습을 보입니다. 전국에 13도 창의군을 결성하고 허위의 주도로 서울 진공 작전도 전개했고요.
자신들을 국제법상 교전 단체로 승인해 줄 것을 각국 영사관에 요청하기도 했습니다.
이들은 도적 무리들이 아니라 나라를 대표해 일본과 맞서 싸우는 단체라고 주장한 겁니다.
의병 투쟁이 지속되자 일본은 대대적인 군사 작전으로 의병을 진압했답니다.
1905년 을사늑약 체결로 나라가 일제에 거의 넘어가다시피 했음에도 일제가 국권을 완전히 강탈하기까지 5년이나 쩔쩔맨 것은 이러한 의병 투쟁이 있었기 때문이에요.

 **결정적 기출 선지**

1 정미의병은 〔　　　〕의 합류로 전투력(군사력)이 강화되었다.
2 정미의병은 13도 창의군을 결성하여 〔　　　〕을 전개하였다.

정답
해산 군인
서울 진공 작전

## 218 애국 계몽 운동

▶▶ 일본의 침략에 맞서 문화 활동과 산업 진흥을 통해 실력을 양성하여 국권을 회복하고자 한 운동

단체 보안회, 헌정 연구회, 대한 자강회

기본 ☐ 심화 ☑

이런 절박한 상황에서 의병 투쟁과는 다른 성격의 저항도 있었죠.
교육·언론·경제쪽에서 실력을 키우자는 **애국 계몽 운동**입니다.
이들은 사회 진화론의 영향을 받았습니다.
진화론에서 말하는 약육강식과 적자생존이 인간 사회에도
적용될 수 있다고 본 거죠.
따라서 우리가 실력을 키워 생존해야 한다는
주장이 밑바탕에 깔려 있었습니다.
경쟁에서 이겨야 한다는 거죠.

그 최초의 움직임은 1904년에 관료, 유생 등이 결성한 보안회의 활동입니다.
러일 전쟁이 시작되면서 일제는 노골적으로 식민지 기반을 다지려고 합니다.
토지를 확보하고 식민지 경제 시스템을 도입하려고 했죠.

첫 번째 목표가 황무지였어요.
우리의 황무지를 일본이 개발하겠다는 겁니다.
그러자 보안회는 종로에서 대중 집회를 열어
일본의 황무지 개간권 요구를 철회시키는 데
성공해요.
그러나 보안회는 일본의 압력으로
강제 해산됩니다.

1905년에 조직된 애국 계몽 운동 단체인 **헌정 연구회**도 의회 설립을 통한 입헌 정치를 목표로 활동하였으나 일제의 탄압으로 해산됩니다.
하지만 이 헌정 연구회의 회원들을 중심으로 1906년에 **대한 자강회**가 결성됩니다.
대한 자강회는 교육과 산업의 발달을 이루고 입헌 군주제를 수립해야 한다고 주장해요.
또 전국에 지회를 설치하고 월보를 발행합니다.
민중 계몽을 위해 일제가 황무지 개척을 요구하는 저의, 토지 개량의 필요성과 종자 개량에 대한
구체적인 연구도 했어요.
그러나 고종의 강제 퇴위에 반대하는 시위를 주도하다가 통감부의 탄압을 받아 강제로 해산됩니다.

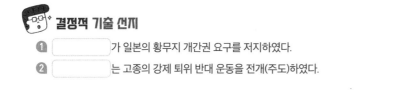

### 결정적 기출 선지

| | 정답 |
|---|---|
| ❶ _____가 일본의 황무지 개간권 요구를 저지하였다. | 보안회 |
| ❷ _____는 고종의 강제 퇴위 반대 운동을 전개(주도)하였다. | 대한 자강회 |

243

# 219 신민회

▶▶ 안창호, 양기탁 등이 국권 회복을 목적으로
결성한 항일 비밀 결사 단체

설립 1907  목표 공화 정체  암기 대성 학교, 오산 학교, 태극 서관    기본 ☑ 심화 ☑

1907년 애국 계몽 운동을 대표하는 결정적 단체가 등장합니다.
바로 **신민회**(新民會). 신민회는 실력 양성을 위해 국민이 새롭게 거듭나야 한다는 의미예요.
**안창호, 양기탁** 등이 중심이 되어 조직한 비밀 결사 단체죠.
이들은 최초로 **공화 정체**의 근대 국가 건설을 목표로 합니다.
이전까진 주로 입헌 군주제를 지향했던 거 기억하죠?
갑신정변, 독립 협회, 헌정 연구회, 대한 자강회까지
모두 입헌 군주제를 주장했어요.
신민회는 1907년 고종이 강제 퇴위당하고
순종이 즉위했지만 왕권이 미약해 왕이 없는거나
마찬가지인 상황에서 공화정이 돼야 한다고 주장했죠.
또 민족 교육 실시를 위해 안창호가 평양에 **대성 학교**를, 이승훈이 정주에 **오산 학교**를 설립했고,
당시 가장 유력한 언론인 대한매일신보와도 힘을 모았습니다.
또 민족 산업 육성을 위해 **자기 회사**와 **태극 서관**도 설립하였죠.

그런데 1909년 무렵부터 일제의 탄압이 심해지고 한국 강제 병합이 본격적으로 전개되자,
신민회는 실력 양성 운동만으로는 국권을 회복하기 어렵다고 판단합니다.
이에 신민회 회원들이 압록강을 건너 만주 삼원보에 터전을 잡아 군사 교육을 하게 되죠.
바로 여기서 그 유명한 신흥 강습소(훗날 신흥 무관 학교)가 나오게 됩니다.
이 점이 이전까지의 애국 계몽 운동 단체들과 크게 다른 점이에요.

그러나 신민회는 일제가 날조한 **105인 사건**(1911)으로
와해됩니다. 105인 사건은 일제 강점기 때 총독이었던
데라우치 암살 사건을 계기로 일제가 신민회와
기독교 신자들을 대거 탄압한 사건이에요.
그러나 신민회에 참여하였던 애국지사들은 이후에도
나라 안팎에서 활발하게 독립운동을 전개해요.
이러한 애국 계몽 운동은 일제 강점기에 가서는
실력 양성 운동으로 그 흐름이 이어진답니다.

 **결정적 기출 선지**

① [        ]는 공화 정체의 근대 국민 국가 수립을 목표로 하였다.

② 신민회는 [        ]와 오산 학교를 설립하여 민족 교육을 실시하였다.

**정답**

신민회

대성 학교

## 220 거류지 무역

>> 어떤 나라가 자기 나라의 개항장에 머물러 있는
상인을 통하여 다른 나라와 거래하는 형태

핵심 청·일 간의 상권 경쟁    조약 조청 상민 수륙 무역 장정    기본 ☐ 심화 ☑

이번엔 세 번째 저항인 경제적 구국 운동에 대해 살펴보기 전에 조약을 통해 어떤 경제 침탈이 있
었는지부터 먼저 봅시다. 1876년에 체결된 강화도 조약에는 2개의 부속 조약이 있었어요.
조일 무역 규칙과 조일 수호 조규 부록이죠. 조일 무역 규칙은 무(無) 조약이라고도 해요.
무관세, 무제한 곡물 유출. 이는 일본에 유리한 일방적 조항이었죠.
관세가 없다는 게 말이나 됩니까!!!
이렇게 곡물이 유출되니 곡물 가격이 폭등하고
임오군란과 동학 농민 운동이 일어나는 원인이 된 거죠.
조일 수호 조규 부록에는 개항장에서 일본 화폐를 사용토록
하는 내용을 담았어요. 다만 일본 상인들은 개항장에서
10리 밖을 벗어날 수 없었죠.
이걸 **거류지 무역**이라고 합니다.
보부상이나 객주·여각과 같은 전통 상인들이 일본 상인으로부터
물건을 받아 소비자에게 전달하는 중계 무역이 이루어졌죠.

그런데 임오군란 이후 1882년에 체결된 **조청 상민 수륙 무역 장정**으로 거류지 무역이 깨지게 됩니다.
이제 청 상인들이 내지까지 들어와 무역을 할 수 있게 되면서 한성에 점포를 설치할 수 있게 되었어요.
그러자 일본은 자신들도 개항장 밖으로 나갈 수 있도록 해 달라고 요구해요. 결국 정부는 1882년
제물포 조약을 체결할 때 조일 수호 조규 속약을 맺어 거류지 범위를 10리에서 50리로 넓혀 줍니다.

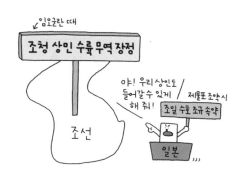

1883년에는 조일 통상 장정을 체결해 무관세 조정을
수정했으나, 최혜국 대우가 포함되면서 일본 역시 내
륙으로 상권을 확대할 수 있게 돼요.
또 최혜국 대우 조항에 따라 이제 열강들에게까지도
내지 무역의 길이 열립니다.
조선에서 활동하는 서양 상인의 수가 청이나 일본
상인에 비해 적었기에, 조선은 주로 청과 일본 상인
의 경쟁 무대가 되었는데요. 이것이 청일 전쟁 발발
의 원인이 된답니다.

 **결정적 기출 선지**

❶ ☐☐☐☐☐으로 일본 상품에 대한 무관세가 허용되었다.

❷ 청은 ☐☐☐☐☐으로 내지 통상권을 얻어냈다.

**정답**

조일 무역 규칙

조청 상민 수륙 무역 장정

# 221 화폐 정리 사업

▶▶ 재정 고문 메가타의 주도로 우리나라의 금융을 지배하고자 추진한 사업

단행 1905   주도 메가타

기본 ☐   심화 ☑

이번에는 일본의 식민지 경제 시스템 구축을 볼 거예요.
일본은 전환국에서 발행하고 있는 우리 화폐인 백동화를
없애려고 합니다. 대신 자신들의 은행인 제일 은행에서
발행한 화폐로 교체하려고 하죠.
이 교환 작업 과정에서 일제는 상평통보와 백동화의
가치를 제대로 쳐주질 않아요. 조선 화폐 만 원을 가지고
은행에 갔더니 5천 원 제일 은행권으로 바꿔주는 격이죠.
화폐의 가치가 반토막난 것도 억울한데 더욱 가관인 것은
갑·을·병으로 백동화의 상태를 구분해 병은 아예 바꿔
주지도 않았다는 거예요. 결국 당시 상평통보와 백동화를
많이 가지고 있었던 상인과 은행들은 큰 타격을 입게 됩니다.
반면 일본 제일 은행과 일본 상인은 엄청난 이익을
축적하게 돼요.
대한 제국의 재정과 금융이 일본에 예속되어 버렸죠.
이 **화폐 정리 사업**을 주도한 인물이 누구냐면,
제1차 한일 협약에 따라 재정 고문으로 파견된 **메가타**예요.

이러한 식민지 경제 시스템은 수탈을 목적으로 하는 겁니다.
자원과 물자 수탈을 위해서는 철도가 필수였기에,
1899년 **경인선**이 처음으로 개통됩니다.
원래 미국이 놓기로 했는데 일본이 부설권을 사들여서
자기네들이 놓죠. 또 1904년 러일 전쟁이 본격화되면서
전쟁 물자를 수송할 수단이 필요해지자
경부선과 경의선을 각각 1905년과 1906년에 개통합니다.
경의선 부설권은 프랑스가 갖고 있었는데 일본으로 넘어갔죠.
쳇. 아무튼 개통 순서는 경인선 → 경부선 → 경의선이랍니다.

**식민지 경제 시스템 구축**

재정 고문 파견

화폐 정리 사업 실시

철도 부설

 **결정적 기출 선지**

① 메가타는 구 백동화를 제일 은행권으로 교환하는 [　　　　]을 주도하였다.

② 일본에 의해 서울과 인천을 연결하는 철도인 [　　　　]이 개통되었다.

**정답**

화폐 정리 사업

경인선

## 222 상회사 ▶▶ 개항 이후 외국 상인의 상권 침탈에 대항하여 설립된 동업자 조합 성격의 회사

대표 대동 상회, 장통 상회　　　　　　　　　　　기본 ☐ 심화 ☑

이제 드디어 저항의 역사 세 번째, 경제적 구국 운동에 대해 얘기해보겠습니다.

외국 상인의 내지 진출이 활발해지면서 조선의 시전 상인들은 치열한 상권 경쟁에 휘말리고, 거류지 무역으로 덕을 봤던 객주나 여각 등 중간 상인들 또한 타격이 만만치 않았죠. 값싼 면제품이 치고 들어오는 바람에 국내의 가내 수공업도 크게 위축되었고요.

위기입니다. 위기. 이렇게 외국 상인들이 종횡무진하고 있는데 우리는 어쩌죠?

자본력이 부족한 객주 등의 전통 상인들은 대응책으로 지금의 주식회사와 같은 **상회사**를 세웁니다. 대표적인 상회사로는 **대동 상회, 장통 상회**를 들 수 있습니다. 거대 외국 상인에 맞서 싸우려면 우리끼리 뭉쳐야 한다고 판단한 거죠. 함께 자본을 모아 규모를 크게 키워서 대항하려 했던 겁니다.

## 223 황국 중앙 총상회 ▶▶ 외국 상인의 불법적인 상업 활동을 막고 상권을 수호하려 했던 시전 상인들의 단체

조직 1898　　　　　　　　　　　　　　　　기본 ☐ 심화 ☑

**시전 상인**들도 뭉칩니다. 시전이 어디죠? 서울 종로에 있는 상가잖아요.

여기 서울 한복판까지 일본, 청 상인들이 들어오니 완전 긴장할 수밖에 없죠.

이게 다 조청 상민 수륙 무역 장정이 가져온 변화랍니다. 그래서 똘똘 뭉칩니다.

이들은 특히 1890년대 독립 협회가 활동할 때 함께 하죠.

**황국 중앙 총상회**를 조직하여 철시 투쟁도 전개합니다.

철시 투쟁은 가게 문 닫는 거예요.

요즘 파업하는 모습과 비슷했을까요?

아! 이 황국 중앙 총상회는 앞에서 독립 협회를 탄압한 보부상 조직인 황국 협회와는 전혀 다른 조직이니 꼭 구분하셔야 합니다.

 **결정적 기출 선지**

❶ 열강의 경제적 침탈에 대항하여 객주 및 일반 상인들은 [　　　　　]를 설립하였다.

❷ 시전 상인들은 상권 수호를 위해 [　　　　　]를 조직하였다.

정답

상회사

황국 중앙 총상회

# 224 이권 수호 운동 ▶▶ 아관 파천 이후 제국주의 열강의 이권 침탈이 본격화되면서 독립 협회가 전개한 운동

주도 독립 협회  성과 절영도 조차 요구 저지  기본 ☐ 심화 ✔

황국 중앙 총상회가 상권 수호 운동을 전개했다면 짝꿍인 독립 협회는 **이권 수호 운동**을 전개하죠.
**절영도 조차 반대 운동**이 대표적인데요.
러시아는 러시아 배가 중간에 원료를 공급받을 수 있는
얼지 않는 항구가 필요했어요. 이름하여 부동항!
우리나라가 딱이죠. 부산에 있는 절영도를 조차해서
석탄을 공급받고자 했어요.
그런데 독립 협회가 만민 공동회를 통해 무산시킵니다.
우리의 이권을 왜 다른 나라에게 마구 주느냐며
강력히 저지한 거죠.

제국주의 열강의 이권 침탈은 이게 다가 아닙니다.
조미 수호 통상 조약 이후 열강들에게 내준 최혜국 대우가 빛을 발한 건 아관 파천 이후부터입니다.
아관 파천 당시 러시아가 공사관을 빌려주는 대신 각종 이권을 싹 챙겨가죠.
세상에 공짜는 없으니까요.
결국 러시아에 이권을 하나 줄 때마다 다른 나라에도 자동으로 최혜국 대우를 적용하여
또 다른 이권을 줘야 했답니다.
러시아는 나무가 필요하니 두만강·압록강·울릉도의 삼림 채벌권을 달라 합니다.
다른 나라들도 기회를 놓치지 않고 달려듭니다.
미국은 운산의 금광 채굴권을, 프랑스는 광산 채굴권을 요구하죠.
남은 게 없네요···.

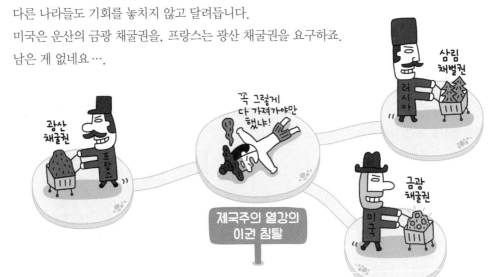

 **결정적 기출 선지**

① [          ]가 러시아의 절영도 조차 요구를 저지하였다.

정답

독립 협회

## 225 방곡령 ▶▶ 곡물의 수출을 금지하는 명령

선포 1889(함경도), 1890(황해도)　　　　　　　　　기본 ✓ 심화 ✓

참! 아까 개항 초기 맺은 조일 무역 규칙에 의해 곡물이 무제한으로 나간다고 했죠?

조선 정부는 조일 무역 규칙을 시정하기 위해 꾸준히 노력합니다.

그 결과, 1883년에 **조일 통상 장정**이 체결돼요.

여기에 **방곡령** 규정이 추가되었죠. 너무 문제가 심각하다 싶을 땐

지방관이 곡물 유출을 금지할 수 있도록 한 조항입니다.

그래서 1889년과 1890년에 함경도와 황해도에서 방곡령을 내리게 됩니다.

함경도에서는 관찰사 조병식이 방곡령을 선포하였죠.

그런데 방곡령을 내릴 땐 조건이 있어요. 한 달 전에 일본에 통보해야 합니다.

물론, 잘 통보했어요. 그런데 일본이 자신들에겐

한 달 전까지 통보가 안 됐다며 시비를 걸죠.

결국 방곡령을 철회하고 배상금까지 물었다는. 흑흑흑.

## 226 국채 보상 운동 ▶▶ 일본에 진 국채를 갚기 위하여 전개된 국권 회복 운동

시작 1907　지역 대구　인물 서상돈, 김광제　　　　기본 ✓ 심화 ✓

마지막 저항 보시겠습니다.

화폐 정리 사업 과정에서 일본이 엄청난 차관을 우리에게 제공합니다. 당시 많은 지식인들은 이 차관, 그러니까 나라의 빚이 우리의 주권을 갉아먹는다고 판단하죠.

그래서 나라 빚 갚기 운동이라 할 수 있는 **국채 보상 운동**이 **서상돈**과 **김광제**의 주도 아래 **대구**에서 전개됩니다.

서울로 확산되면서 국채 보상 기성회도 조직되죠.

**대한매일신보**와 황성신문 등 각종 언론 기관이 호응하면서 금연·금주, 패물 모으기 등으로 대대적인 모금 운동이 전개됩니다. 그러나 일제가 대한매일신보를 통해 성금을 모금하던 양기탁을 횡령 혐의로 엮어 구속하며 탄압을 가합니다. 이후 국채 보상 운동은 중단되고 만답니다.

 결정적 기출 선지

① ☐☐☐☐☐☐ 등 당시 언론이 국채 보상 운동을 적극 후원하였다.

**정답**

대한매일신보

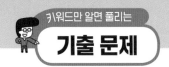

## 기출 문제

**01** 밑줄 그은 '조약'에 대한 설명으로 옳은 것은? [3점]

> 일본 공사에게
>
> 지금 귀국이 군대를 인솔하여 궁궐을 에워싸고서 참정을 붙잡아 가두었으며, 외상을 협박하여 격식을 갖추지 않은 채 강제로 <u>조약</u>을 체결하여 우리나라의 외교권을 강탈하고자 하니, 이는 스스로 공법(公法)을 위배하는 것이요, 전날 했던 말을 뒤집는 것이 아닌가? ……귀 공사는 지난 날의 잘못을 뉘우치고 일본 정부에 의견을 아뢰어 조약을 철회하도록 해야 할 것이다.

① 러·일 전쟁 중에 강제로 체결되었다.
② 대한 제국 군대의 해산을 규정하였다.
③ 최익현이 의병을 일으키는 계기가 되었다.
④ 재정 고문을 두도록 하는 조항을 포함하고 있다.
⑤ 외국 상인의 내지 통상이 허용되는 결과를 가져왔다.

**02** 다음 글이 작성된 배경으로 옳은 것은? [2점]

> 1905년 11월 17일, 이상설은 일본이 완전히 국제법을 무시하고 무력으로 우리나라와 여러분 나라와의 사이에 오늘날까지도 유지되는 우호적인 외교 관계를 강제적으로 단절하고자 했던 그 음모를 목격하였습니다.
> ……
> 1. 일본인들은 대한 제국 황제 폐하의 정식 허가 없이 행동하였다.
> ……
> 이상설
> 이준
> 이위종

① 을사늑약이 체결되었다.
② 간도 참변이 발생하였다.
③ 원산 총파업이 일어났다.
④ 산미 증식 계획이 추진되었다.
⑤ 대한 제국의 군대가 해산되었다.

**03** 다음 사건이 일어난 시기를 연표에서 옳게 고른 것은? [1점]

> 군사장(허위)은 미리 군비를 신속히 정돈하여 철통과 같이 함에 한 방울의 물도 샐 틈이 없는지라. 이에 전군에 명령을 전하여 일제히 진군을 재촉하여 동대문 밖으로 진군하였다. 대군은 긴 뱀의 형세로 천천히 전진하게 하고, 3백 명을 인솔하고 선두에 서서 동대문 밖 삼십 리 되는 곳에 나아가 전군이 모이기를 기다려 일거에 서울을 공격하여 들어가기로 계획하였다. 전군이 모여드는 시기가 어긋나고 일본군이 갑자기 진격하는지라. 여러 시간을 격렬히 사격하다가 후원군이 이르지 않으므로 그대로 퇴진하였더라.

| 1894 | 1899 | 1904 | 1905 | 1907 | 1910 |
|---|---|---|---|---|---|
| | (가) | (나) | (다) | (라) | (마) | |
| 갑오 개혁 | 대한국 국제 반포 | 한일 의정서 | 을사 늑약 | 정미 7조약 | 국권 피탈 |

① (가)  ② (나)  ③ (다)  ④ (라)  ⑤ (마)

**04** (가)에 들어갈 내용으로 옳지 <u>않은</u> 것은? [2점]

을사늑약을 전후하여 교육과 산업을 일으켜 나라의 힘을 기르고, 국권을 수호하자고 주장했던 단체의 활동에 대해 구체적으로 말씀해 주세요.

(가)

① 신민회가 평양에 자기 회사를 설립하였어요.
② 신간회가 광주 학생 항일 운동을 지원하였어요.
③ 헌정 연구회가 입헌 군주제 수립을 주장하였어요.
④ 보안회가 일제의 황무지 개간권 요구를 저지시켰어요.
⑤ 대한 자강회가 월보를 간행하여 계몽 운동을 펼쳤어요.

## 01 키워드 213 | 을사늑약  답 ③

자료에서 궁궐 포위, 참정 감금, 외교권 강탈과 같은 험악한 말들이 마구 쏟아져 나오네요. 이 글은 을사늑약을 강제로 체결한 일본의 부당성을 지적하고 있습니다. 일본은 한국을 식민지화하기 위해 철저하게 준비하고 계획합니다. 우선 미국·영국·러시아로부터 한국 지배를 인정받습니다. 서로 차지한 땅에 대해 간섭하지 않기로 딜을 한 거죠! 그리고 이토 히로부미는 군대를 동원해 황제와 대신들을 위협하는 가운데 1905년 11월 우리의 외교권을 박탈하는 을사늑약(제2차 한일 협약)을 체결합니다. 을사늑약이 체결되자 전국적으로 을사의병이 일어나요. 최익현은 전북 태인에서 의병을 이끌고 항전하다가 일본 대마도로 끌려가 순국합니다.

### 바로알기

① 일본은 러일 전쟁 중에 한국 영토를 마음대로 사용하기 위해 강제로 한일 의정서를 체결했어요.

② 1907년 한일 신협약(정미 7조약)을 체결해 일본인에 의한 차관 정치를 실시했을 뿐 아니라 대한 제국의 군대를 해산합니다.

④ 1904년 제1차 한일 협약에 따라 재정 고문에는 메가타, 외교 고문에는 스티븐스가 임명되었습니다.

⑤ 조청 상민 수륙 무역 장정이 체결된 후 청과 일본 상인들의 내지 통상이 허용됐어요. 이로 인해 국내 상인들의 피해가 극심했죠.

## 02 키워드 214 | 헤이그 특사  답 ①

1905년 일본이 국제법을 무시하고 대한 제국의 외교 관계를 단절시켰다는 것과 이상설·이준·이위종의 이름이 나오죠? 헤이그 특사 파견에 대한 내용이군요. 러일 전쟁 승리 후 일본은 이토 히로부미를 파견, 고종과 정부 대신을 위협하여 조약 체결을 강요합니다. 고종은 이에 반대하였으나 대한 제국의 외교권 박탈과 통감부 설치를 주요 내용으로 하는 을사늑약(제2차 한일 협약)을 일방적으로 공포해 버리죠. 고종은 1907년에 을사늑약의 부당성과 일제의 침략성을 널리 알리기 위해 만국 평화 회의가 열리고 있던 네덜란드의 헤이그에 특사를 파견했지만, 일본은 이미 한국을 차지하기 위해 강대국과 거래를 끝낸 상태였죠. 회의장에 들어가보지도 못한답니다.

### 바로알기

② 일제는 1920년 봉오동 전투와 청산리 대첩에서 연이어 패배하자 그 보복으로 간도의 한국인 마을을 초토화시켜 버립니다(간도 참변).

③ 1928년 한 석유 회사에서 일본인 감독관이 조선인 노동자를 구타한 사건을 계기로 1929년 원산 노동자들이 총파업에 돌입하게 됩니다. 일제 강점기에서 자세히 설명해 드릴게요~

④ 일제는 1920년대 산미 증식 계획을 실시합니다. 자국 내에 부족한 쌀을 우리나라에서 약탈하려고 했죠.

⑤ 1907년 한일 신협약(정미 7조약)의 부속 조약으로 대한 제국의 군대가 해산되었습니다.

## 03 키워드 217 | 항일 의병  답 ⑤

자료는 허위가 이끈 300명의 선발대가 서울 진공 작전을 수행하는 장면입니다. 1908년의 일이죠. 1907년 고종이 강제 퇴위당하고 정미 7조약이 체결되자 군대가 해산됩니다. 이에 정미의병이 일어납니다. 해산된 군인들까지 의병에 합류하면서 전투력은 더욱 강해졌죠. 이제 한번 맞붙어 싸워 볼 만합니다! 정미의병은 13도 창의군을 조직해요. 그리고 이른바 '서울 진공 작전'을 계획하죠. 서울로 진격해 올라가 통감부를 때려 부수자는 겁니다! 싸우자! 이에 앞서 각국 영사관에 국제법상의 합법적인 교전 단체로 승인해 달라고 요청도 합니다. 1908년 드디어 허위의 선발대가 서울 동대문 밖 30리 지점까지 진격합니다. 하지만 전력이 우세한 일본군에게 밀려 퇴각했어요. 비록 서울 진공 작전은 실패로 끝났지만 의병들은 끈질기게 유격전을 전개했습니다.

따라서 정미의병이 일어난 시기는 정미 7조약(1907) 체결 이후인 (마)입니다.

## 04 키워드 218 | 애국 계몽 운동  답 ②

교육과 산업을 일으켜 나라의 힘을 기르고, 국권을 수호하자고 주장했던 단체들은 애국 계몽 운동을 전개한 단체들이죠. 을사늑약을 전후하여 관료와 지식인들을 중심으로 실력 양성을 통해 국권을 수호하려는 애국 계몽 운동이 일어났습니다. 대표적인 단체로 보안회, 헌정 연구회, 대한 자강회, 신민회 등이 있죠.

① 신민회는 인재 양성을 위해 평양에 대성 학교, 정주에 오산 학교를 세웠고, 민족 산업 육성을 위해 평양에 자기 회사를 설립하기도 했습니다.

③ 헌정 연구회는 입헌 군주제 수립을 목표로 활동하였고요.

④ 1904년에 조직된 보안회는 일제의 황무지 개간권 요구 반대 운동을 전개하여 결국 저지하였습니다.

⑤ 헌정 연구회를 계승한 대한 자강회는 전국에 지회를 두고, 월보를 간행하여 계몽 운동을 펼쳤죠. 고종 퇴위 반대 운동도 전개했고요!

### 바로알기

② 신간회는 일제 강점기인 1927년에 비타협적 민족주의 세력과 사회주의 세력이 연대하여 민족 유일당 운동의 일환으로 조직한 단체예요.

# 기출 문제

**05** (가) 단체에 대한 설명으로 옳은 것은? [1점]

> (가) 은/는 안창호, 양기탁, 이승훈이 중심이 되어 조직한 비밀 결사 단체로, 국권을 회복한 뒤 공화 정체의 국가를 수립하고자 하였다. 이를 위해서는 실력 양성에 온 힘을 쏟아야 한다고 규정하고 무엇보다 국민을 새롭게 할 것을 주장하였다.

① 연통제를 통해 독립운동 자금을 모았다.
② 일제의 황무지 개간권 요구를 저지하였다.
③ 중추원 개편을 통해 의회 설립을 추진하였다.
④ 복벽주의를 내세우며 의병 전쟁을 준비하였다.
⑤ 남만주 삼원보에 독립운동 기지를 건설하였다.

**06** 다음 법령이 공포된 이후에 있었던 사실로 옳은 것은? [3점]

> **기한을 정하여 구화폐를 교환하는 것에 대한 건**
> ……
> 제3조 구 백동화의 교환과 환수는 광무 9년 7월 1일부터 시작한다.
> 제4조 구 백동화의 교환을 끝내는 기한은 만 1년 이상으로 탁지부 대신이 편의에 따라 정한다.
> 제5조 구 백동화의 교환 기간이 끝난 후에는 그 통용을 금지한다. 단, 통용을 금지한 후 6개월 동안에는 조세 납부에 쓸 수 있게 한다.
> ……

① 은본위제가 처음으로 실시되었다.
② 화폐 발행을 위한 전환국이 설치되었다.
③ 황국 중앙 총상회가 상권 수호 운동을 펼쳤다.
④ 함경도 관찰사 조병식이 방곡령을 선포하였다.
⑤ 김광제, 서상돈이 국채 보상 운동을 전개하였다.

**07** (가)~(마)에 들어갈 사실로 옳지 않은 것은? [3점]

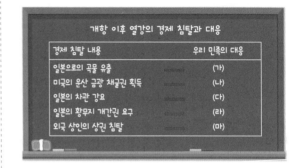

| 경제 침탈 내용 | 우리 민족의 대응 |
| --- | --- |
| 일본으로의 곡물 유출 | (가) |
| 미국의 운산 금광 채굴권 획득 | (나) |
| 일본의 차관 강요 | (다) |
| 일본의 황무지 개간권 요구 | (라) |
| 외국 상인의 상권 침탈 | (마) |

① (가) – 방곡령 선포
② (나) – 조선 광업령 제정
③ (다) – 국채 보상 운동 전개
④ (라) – 보안회의 저지 운동
⑤ (마) – 시전 상인들의 철시 투쟁

**08** (가) 운동에 대한 설명으로 옳은 것은? [2점]

> 이 글은 (가) 운동 당시 만들어진 단연상채광고가의 일부입니다. 담배를 끊어 나라 빚을 갚을 것을 독려하고 있습니다.

> 국채로만 알지 마소 사람마다 자기채라
> 토지산천 없사오면 살려한들 아이살리
> 보조금은 빠르고 늦음 없소 부디부디
> 단연하소 단연이 제일이요 보조금은
> 둘째로다

① 정부에 헌의 6조를 건의하였다.
② 중국의 5·4 운동에 영향을 주었다.
③ 황국 중앙 총상회를 중심으로 전개되었다.
④ 조선 사람 조선 것이라는 구호를 내세웠다.
⑤ 김광제, 서상돈 등의 제창으로 확산되었다.

## 05 키워드 219 | 신민회   답 ⑤

을사늑약이 강제로 체결되고 통감부의 탄압이 거세지자 안창호·양기탁·이승훈 등은 비밀 결사 형태의 독립운동 단체인 신민회를 결성합니다. 신민회는 공화 정체의 근대 국민 국가 건설을 지향했죠. 또 대성 학교·오산 학교를 설립해 민족 교육을 실시했고, 태극 서관·자기 회사를 통해 민족 자본 육성에도 힘을 기울였습니다. 그러다가 애국 계몽 운동의 한계를 느끼고 장기적인 무장 투쟁을 위해 남만주 삼원보에 독립운동 기지를 개척하고 신흥 강습소를 설립합니다. 신흥 강습소는 후에 신흥 무관 학교로 개편된답니다. 이것이 다른 애국 계몽 운동 단체와 차별되는 점이었어요!

### 바로알기

① 대한민국 임시 정부는 국내에 비밀 행정 조직인 연통제를 구축하고 교통국을 통해 정보와 자금을 조달했어요.

② 일제의 황무지 개간권 요구를 저지한 단체는 보안회입니다.

③ 독립 협회는 박정양 내각과 협상하여 새로운 중추원 관제를 발표하고 의회 설립을 추진했어요.

④ 복벽주의는 옛날 황제 체제로 돌아가자는 거예요. 1910년대에 고종의 밀지를 받아 조직된 독립 의군부는 복벽주의를 내세우며 의병 전쟁을 준비했죠.

## 06 키워드 221 | 화폐 정리 사업   답 ⑤

제시된 자료는 대한 제국 때 사용한 백동화를 일본이 발행한 제일 은행권으로 강제로 바꾸도록 한 법령이네요. 이 정책은 제1차 한일 협약을 통해 대한 제국에 파견된 재정 고문 메가타가 주도한 화폐 정리 사업입니다(1905). 대한 제국의 화폐 발행권을 빼앗고 일본 제일 은행권 화폐를 본위 화폐로 삼는다는 정책이었죠. 그렇다면 기존의 백동화를 일본 화폐로 바꿔야 하는데 제값을 쳐 주지도 않아 우리나라 상인과 은행이 막대한 피해를 입었습니다. 또 이 과정에서 막대한 차관 도입을 강요하였어요. 차관 도입으로 일본에 대한 경제적 예속이 심해졌고요. 서상돈, 김광제 등은 돈을 갚아야 주권을 회복하고 국권을 수호할 수 있다고 주장하며 국채 보상 운동을 주도합니다.

### 바로알기

① 은 본위제는 갑오개혁 때 이미 실시되었고, 화폐 정리 사업으로 금 본위제가 시행되었어요.

② 전환국은 1883년부터 1904년까지 있었던 화폐 제조 기관으로 주로 백동화를 발행하였어요.

③ 청과 일본 상인의 내지 침투가 심해지자 이에 반발하여 1898년 황국 중앙 총상회를 조직하여 상권 수호 운동을 전개하였어요.

④ 강화도 조약 이후 일본으로 곡물 유출이 심해져 국내 식량 사정이 악화되자 함경도 관찰사 조병식은 1889년 방곡령을 선포합니다.

## 07 키워드 223 | 황국 중앙 총상회   키워드 225 | 방곡령   답 ②

개항 이후 열강은 본격적으로 경제 침탈 작업에 들어갑니다. 이럴 줄 알았으면 개항하지 말았어야 하는데… 끝까지 버텼어야 하는데… 이미 엎질러진 물이죠. 뭐! 일본은 쌀을 대량으로 유출시킵니다. 지방관들은 자기 지역 경제가 파탄나게 생겼으니 서둘러 방곡령을 내리죠. 또 일본은 자기 나라에서 차관을 들여오게 해요. 왜요? 식민 지배를 위한 자금 마련을 하려고요. 그 비용을 고스란히 우리가 떠맡는 거죠. 하지만 우리 민족은 이걸 다 갚자고 합니다. 경제적으로 일본에 휘둘리지 말자고 합니다. 이렇게 국채 보상 운동들이 전개되지요. 러일 전쟁 시기에는 일본이 황무지를 개간해 자기들이 갖겠다고 해요. 보안회는 저지 운동을 벌여 요구를 철회시키죠. 또 외국 상인들이 상권을 창립하자 시전 상인들은 황국 중앙 총상회를 조직하고 철시 투쟁을 이어 갑니다.

### 바로알기

② 조선 광업령은 1915년 일제가 한국의 광산을 약탈하기 위해 공포한 법령이에요.

## 08 키워드 226 | 국채 보상 운동   답 ⑤

담배를 끊어 나라 빚을 갚을 것을 독려한다는 것을 통해 국채 보상 운동(1907)임을 알 수 있겠네요. 개화 추진 과정에서 발생한 비용과 통감부 설치 이후의 차관 도입 등으로 조선은 일본에 1,300만 원이라는 막대한 빚을 지게 됩니다. 한 순간에 나라가 빚쟁이가 되어 버린 거죠. 빚을 지고 있으니 늘 위축될 수밖에 없어요. 그래서 서상돈과 같은 지식인들은 돈을 갚아야 우리의 주권을 회복하고 국권을 수호할 수 있다고 주장합니다. 이에 서상돈과 김광제 등이 대구에서 금연·금주 등을 통해 나라 빚 갚자는 국채 보상 운동을 주도합니다. 국채 보상 운동은 대한매일신보와 황성신문 등 언론사들의 적극적인 홍보에 힘입어 전국으로 확산되었어요.

### 바로알기

① 독립 협회는 관민 공동회를 개최하고 각계각층의 의견을 모아 정부에 헌의 6조를 건의하였습니다.

② 3·1 운동은 중국의 5·4 운동과 인도의 민족 운동에 영향을 주었어요. 나중에 배워요~

③ 외국 상인의 침투가 심화되자 시전 상인들은 독립 협회와 연계하여 황국 중앙 총상회를 조직(1898)하고, 철시 투쟁을 전개하였어요.

④ 1920년대 초반 '조선 사람 조선 것'이라는 구호를 내세우며 토산물 애용을 강조하는 물산 장려 운동이 전개되었어요.

## 227 광혜원 ▶▶ 우리나라 최초의 근대식 병원

설립 1885    암기 덕수궁 석조전                    기본 ☑  심화 ☑

개항기에는 사회 모습도 정말 많이 바뀌어요.

광혜원은 우리나라 최초의 근대식 병원이에요. 서양의 기술을 받아들인 거죠.

1884년 갑신정변이 벌어질 때 민씨 세력들이 급진 개화파에 의해 칼 맞아 많이 죽어요.

이때 죽어 가는 민씨 사람을 서양 의사 알렌이 고쳐 줍니다. 명성 황후가 "너에게 상을 내리겠노라. 무엇을 줄꼬?" 그러자 알렌이 "저에게 병원 하나 주소서." 이래요.

그래서 세워진 병원이 바로 광혜원입니다. 나중에 광혜원은 이름을 제중원이라고 바꿔요.

이후에는 세브란스 병원이 되고요. 제중원의 전통을 이어받아 정부는 광제원을 설립합니다.

후에 중앙에는 대한 의원, 지방에는 자혜 의원이 설립됩니다.

대한 의원은 광제원과 연결돼 지금의 서울대학교 병원이 되는데요.

그럼 국립 병원으로 출발한 이 광혜원의 전통을 계승한 병원은

세브란스 병원일까요? 아님 서울대 병원일까요?

지금도 박 터지게 이 두 병원에서 광혜원의

역사 소유권을 주장하고 있답니다.

또 어떤 모습이 바뀔까요?

최초로 전차가 생깁니다. 서대문에서 청량리를 연결했죠.

그리고 한성 전기 회사가 설립되어 경복궁에 최초로 전등이 설치됩니다.

또 명동 성당과 덕수궁 석조전과 같이 서양 건축 양식의 영향을 받은 건물도 세워졌습니다.

덕수궁은 밤에 봐도 정말 예쁘답니다. 한번 방문해서 확인해보세요.

### 결정적 기출 선지

① 우리나라 최초의 근대식(서양식) 병원은 [          ]이다.

② 덕수궁에는 서양식 건물인 [          ]이 있다.

정답

광혜원

석조전

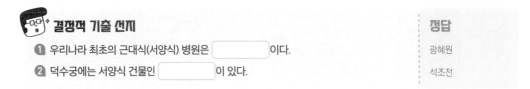

<table>
<tr><td>228</td><td>**원산 학사**  ▶▶ 민간에 의해 원산에 세워진<br>우리나라 최초의 근대적 교육 기관</td></tr>
</table>

설립 1883    비교 육영 공원(관립)                                    기본 ☑ 심화 ☑

최초 근대 학교<br>원산

원산 학사는 우리나라 최초의 근대적 학교지요. 사립입니다.

함경도 덕원 부사인 정현석 등이 덕원·원산 주민들과 함께 원산에 세웠죠. 그런데 왜 원산일까요?

강화도 조약으로 열린 개항장이 부산·원산·인천이잖아요.

개항장이다 보니 서구 문물을 빨리 접할 수 있었고, 이를 아이들에게 교육시키고자 합니다. 그래서 1883년 원산에서 최초의 근대적 학교가 세워지게 된 거예요.

1880년대 중반 이후에는 개신교 선교사들에 의해 **배재 학당**이나 **이화 학당**과 같은 사립 학교가 세워집니다. 애국 계몽 운동기에는 오산 학교와 대성 학교가 사립 학교의 명맥을 유지하죠.

그럼 최초의 근대적 관립 학교는 어디일까요?

바로 1886년 세워진 **육영 공원**입니다.

이화 학당<br>스크랜턴 부인

육영 공원<br>참 쉽죠?<br>헐버트

아~ 물론 1883년 동문학이라는 공립 학교가 세워지긴 했지만, 동문학은 학교라기보다는 영어 강습 기관, 그러니까 학원에 더 가까웠죠. 육영 공원에선 헐버트·길모어 등 미국인 교사가 초빙되어 고위 관료 자제들에게 근대적 학문을 가르쳤습니다.

앞에서 1895년 제2차 갑오개혁 때 교육입국 조서가 반포된다고 했죠?

반포 이후부터는 육영 공원의 뒤를 잇는 많은 근대적 학교들이 세워지게 됩니다.

우선 지금의 초등학교에 해당하는 소학교, 그리고 교사 양성 기관인 한성 사범 학교, 외국어 교육을 담당한 외국어 학교 등 많은 관립 학교가 설립되었죠.

대한 제국 시기로 들어와서는 1900년에 최초의 중등 교육을 담당할 한성 중학교도 세워지게 되고요.

지금 우리가 받고 있는 교육 시스템이 이 교육입국 조서부터 출발한다고 보시면 됩니다.

 **결정적 기출 선지**

❶ 덕원 관민에 의해 최초의 근대식 학교인 [          ]가 설립되었다.

❷ [          ] 반포를 계기로 각종 관립 학교가 설립되었다.

**정답**

원산 학사

교육입국 조서

# 229 대한매일신보 ▸▸ 양기탁이 영국인 베델과 함께 창간한 신문

창간 1904   후원 국채 보상 운동

기본 ☑  심화 ☑

개항기에 대한 제국을 상징하는 신문이라면 **황성신문**과 **제국신문**이 있죠. 앞 글자를 합치면 '황제'.
장지연의 '시일야방성대곡'을 실은 황성신문은 국한문을 혼용하여 유생들이 주로 봤고요.
제국신문은 서민과 부녀자층이 주로 봤어요. 그러니 한글로 쓰여 있겠죠.
뭐니 뭐니 해도 가장 많은 독자층을 확보한 신문은 러일 전쟁이 터지는
1904년부터 발간된 **대한매일신보**였습니다.

나, 한국 싸랑해요.

한글판과 국한문판, 영문판을 발행하였고요.
아주 호쾌하게 일제를 비판하고 의병 투쟁을 호의적으로 적습니다.
또 국채 보상 운동을 후원해주기도 하지요.
이게 가능했던 이유는? 바로 외국인이 경영했기 때문입니다.
베델과 양기탁이 함께 신문을 운영했는데 영국인 베델이 있기에
일본이 함부로 건드릴 수 없었던 거죠.
일본은 영국과 동맹 관계를 맺고 있었거든요.
나중에는 신문지법을 만들어 이런 외국인 경영 신문도 간섭할 수
있는 길을 터놓긴 합니다.

잠깐! 우리나라 최초의 신문은? **한성순보**. 잊으시면 아니 되오! 열흘마다 발행된 관보적 성격의 신
문으로 순한문이었다는 것 역시 기억하자고요.
그런데 한성순보가 갑신정변으로 발행이 중단되면서 한성순보를 계승한 한성주보가 발행(1886)됩
니다. 한성주보는 일주일마다 발행되었고, 우리나라 최초로 상업 광고를 게재한 신문이랍니다.
**독립신문**은 정부의 지원으로 만든 최초의 민간 신문이었죠. 한글·영문판 발행을 했고 자주독립 정
신과 민권 의식을 고취시키는 데 크게 기여했습니다.

 **결정적 기출 선지**

❶ [          ]는 국채 보상 운동을 적극적으로 후원하였다.

**정답**

대한매일신보

# 독사신론

▶▶ 신채호가 친일적 역사관을 맹렬히 비난하면서
대한매일신보에 연재한 미완성 논설

연재 1908    서술 신채호

기본 ✔    심화 ✔

1905년 을사늑약 체결로 외교권을 잃은 후부터 문화 쪽에서 좌절하지 않고 많은 결과물들이
나와요. 역사책으로는 위인전과 외국의 흥망사같은 역사책이 유행을 하죠.
특히 **신채호**가 이런 활동에 앞장서게 됩니다. 신채호는 『이순신전』,
『을지문덕전』 등을 저술해 나라가 망해가는 시점에 우리의 영웅들을
찾아 험난한 시기를 극복하려는 의지를 표출하죠.
또 앞으로 민족주의 역사학이 나아가야 할 방향을 제시한
논문 『독사신론』을 발표하기도 합니다. 이 외에도 『조선상고문화사』,
『조선상고사』, 『조선사연구초』를 집필하셨어요.
그 유명한 '역사는 아(我)와 비아(非我)의 투쟁'이 실려 있는 책이
『조선상고사』랍니다.
신채호는 일제 강점기에 들어가서도 맹활약을 할 겁니다. 지켜보세요.

# 신체시

▶▶ 우리나라 신문학 운동 초창기에 나타난
새로운 시 형식이자 현대시의 출발점

최초 최남선의 「해에게서 소년에게」

기본 ☐    심화 ✔

근대 문물이 들어오면서 문학과 예술에도 변화가 나타납니다. 문학에서는 청년들에게 희망을
주기 위한 **신체시**가 나옵니다. **최남선**의 「해에게서 소년에게」. 젊음과 청춘을 가진 소년이 세상을
향해 돌진하며 자신의 의지를 펼쳐 나갈 것이라는 희망을 담아내고 있죠.
소설에서는 1906년 『혈의 누』, 1908년 『은세계』와 『금수회의록』 등 신소설이 나와요.
『금수회의록』은 동물들이 모여서 회의를 한다는 내용으로
인간의 불효, 탐관오리의 부패 등 사회를 날카롭게 풍자했지요.
『은세계』는 당시 최초의 서양식 극장이라 할 수 있는 원각사에서
연극으로 올려지기도 합니다.
나라가 넘어갈 위기에 처한 시기에 원각사에 모인 많은 사람들이
연극을 보며 느낀 것은 무엇이었을까요?

 **결정적 기출 선지**

① 신채호는 [        ]을 통해 민족주의 사학의 연구 방향을 제시하였다.

정답

『독사신론』

## 232 대종교 ▶▶ 단군 숭배를 기본 교리로 하는 종교

창시 1909, 나철　단체 중광단, 북로 군정서　　　　기본 ☑ 심화 ☑

나라가 어려우니 종교계도 나라를 일으켜 세울 수 있는 방향을 고민합니다.

그래서 탄생한 것이 바로 **대종교**입니다. 나철이 주도하죠. 나철?

아! 앞에서 을사오적을 처단하기 위해 만든 오적 암살단 중 한 명이었어요. 기억하시죠?

대종교는 단군을 믿는 종교입니다. 당연히 나올 법한 종교지요.

일본에 의해 식민지가 될 수 있는 상황에서 유구한 역사를 자랑하고

우리의 뿌리가 되어 줄 수 있는 단군이란 존재는 많은 사람들에게 희망을 줬겠죠.

이 대종교는 일제 강점기로 넘어가서도 많은 활약을 합니다.

많은 항일 무장 투쟁의 주역들이 대종교를 믿었답니다.

살짝만 소개해드릴게요. 중광단, 북로 군정서, 대한 독립군단 모두 대종교에서 조직한 단체랍니다.

유교와 불교는 어땠을까요? **박은식**은 **유교 구신론**을 제기합니다.

성리학이라는 정체되고 발전 없는 유교에서 벗어나 쉽고 실천적인 유교 정신,

양명학을 강조하지요.

불교로 가보죠. **한용운**이 **불교 유신론**을 내놓습니다.

이 또한 불교의 자주성을 회복하고 개혁해야 한다는 내용이에요. 종교의 변화 경향이 좀 보이시나요?

나철이 창시한 단군을 믿는 종교

박은식의 유교 구신론

한용운의 불교 유신론

### 🎯 결정적 기출 선지

**1** 나철이 창시한 ☐☐☐ 는 중광단을 조직하여 항일 무장 투쟁을 주도하였다.

**2** 박은식은 ☐☐☐☐☐ 을 주장하며 실천적 유교 정신을 강조하였다.

정답

대종교

유교 구신론

## 233 천도교 ▶▶ 인내천 사상을 기본 교리로 하는 동학을 계승한 종교

교주 1대 최제우 → 2대 최시형 → 3대 손병희          기본 ☐ 심화 ✅

천도교는 동학이 이름을 바꾼 겁니다. 손병희가 주도하죠.

동학 농민 운동 이후 동학 교단에 자꾸 이상한 사람들이 들어오게 됩니다.

심지어는 일부 신도들이 1904년 일제를 찬양하고 지지하는 일진회를 조직하기도 하죠.

일진회. 일제보고 우리나라를 합방하라고 청원 운동까지 벌인 나쁜 조직이죠.

결국 손병희는 이런 사람들이 동학의 원래 정신을 망쳐 놓는다 하여 이들을 추방시키고,

1905년에 이름을 천도교로 바꾼 겁니다.

동학과 마찬가지로 인내천 사상을 바탕으로 평등사상을 주장했고요.

민중 계몽을 위해 <만세보>라는 기관지를 발행하기도 하죠.

1920년대에는 <개벽>, <어린이> 등 잡지도 간행해요.


1886년에 조프 수호 통상 조약 체결로 포교의 자유를 얻은 천주교는 어땠을까요?

천주교는 고아원과 양로원을 운영하고 민중 계몽을 위해 **경향신문**도 발행합니다.

또 일제 강점기가 되면 만주에서 **의민단**을 조직하여 항일 무장 투쟁에도 참여하죠.

종교계의 활약도 대단하네요!

손병희가 동학을 개칭한 종교

경향신문 발행, 의민단 조직

---

 **결정적 기출 선지**

| | | 정답 |
|---|---|---|
| ❶ | ⬜⬜⬜⬜는 만세보를 간행하여 민족 의식을 고취시켰다. | 천도교 |
| ❷ | ⬜⬜⬜⬜는 경향신문을 발행(간)하여 민중 계몽에 기여하였다. | 천주교 |

# 234 간도 협약 ▶▶ 간도의 영유권에 대해서 청과 일본이 맺은 약속

연도 1909. 9.　비석 백두산정계비　　　기본 ☐　심화 ☑

19세기. 자연재해와 삼정의 문란으로 살기 어려워진 조선 사람들은
압록강 건너 남만주 지역인 간도 지역으로 넘어갑니다.
생존을 위해서요.

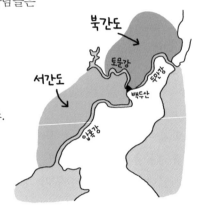

1903년 고종은 간도에 간도 관리사 **이범윤**을 파견해요.
간도가 우리 땅이니 관리를 파견해 세금을 징수하려 한 거죠.
그리고 우리의 외교권이 일본으로 넘어간 상황에서
1907년에 통감부가 간도에 파출소를 설치해요.
이때 청은 일본에게 간도가 자기네 땅이라고 주장해요.
일본은 또 간도가 자기네 땅이라며 맞섭니다.
그러더니 충격적인 **간도 협약**이 체결됩니다.

이 협약을 이해하기 위해 잠시 조선 후기로 돌아가 보죠.
때는 바야흐로 조선 숙종 때입니다. 청과의 국경선 문제를 해결하기 위해
백두산에 '서위압록, 동위토문', 즉 서쪽으로는 압록강을, 동쪽으로는 토문강을
경계로 한다는 내용의 비석인 **백두산정계비**를 세웠습니다(1712).
이 비석으로 조선과 청 사이의 국경을 정한 거죠.

그런데 백두산정계비에 있는 토문강의 실체를 청이 두만강이라고 주장하면서 문제가 생깁니다.
간도 협약을 통해 압록강 이북 지역의 영토를 우리 지도에서 지워버리려고 한 것이죠.
분명 영토 분쟁이라는 민감한 사안임에도 불구하고 우리는 이 협상 테이블에 나가지 못해요.
대신 일본이 나가죠.
일본은 그저 철도 부설권에만 눈이 멀었기에 남만주 철도 부설권을
받는 대가로 청에게 간도 땅을 내어 주게 됩니다.
우리가 나갈 수 없었던 이유, 앞에서 배웠어요.
네, 1905년 체결한 을사늑약에서 외교권을
빼앗겼기 때문이랍니다.

 **결정적 기출 선지**

① 고종은 [　　　　　]을 간도 관리사로 파견하였다.

② 조선 숙종 때 청과의 국경선(경계)을 정하여 [　　　　　]를 세웠다.

**정답**

이범윤

백두산정계비

## 235 독도

▶▶ 경상북도 울릉군 울릉읍 독도리에 위치한
우리나라 동쪽 제일 끝에 위치한 섬

♥ 우리 땅　인물 안용복

기본 ☑ 심화 ☑

임진왜란 이후 일본과 큰 충돌 없이 시간이 흘러가는 듯
했지만 일본의 보이지 않는 도발은 계속됐습니다.
일본은 독도는 당연하고 울릉도마저도 꿀꺽하려고
했답니다.
아, 이거 분명 우리 땅인데 일본 너무하네.
정말 너무해.
독도는 울릉도에서 보이는 곳에 있습니다.
『세종실록지리지』를 보면 우산(독도)과 무릉(울릉도) 두 섬은 거리가 멀지 않아 날이 맑으면 서로
잘 보인다고 적혀 있어요. 보인다는 것은 굉장히 중요한 것입니다.
바다에서 독도를 기점으로 어로 작업을 할 수 있는 기준이 되니까요.
독도는 일본 어부들이 울릉도로 가기 위한 관문 역할을 했어요.
또 독도에 강치(바다표범)들도 많았는데 이 강치를 잡아 소득을 올리기도 했지요.

어쨌건 이렇게 울릉도와 독도에 일본인들이 넘나들자
17세기 말 우리의 **안용복** 어부 선생님께서
조선 관리 복장을 하시고 일본에 건너가
독도는 일본 영토가 아니라는 문서를 남기십니다.
그런데도 일본은 여기가 주인 없는 땅이라고 계속 우기죠.
그러더니 러일 전쟁 수행 과정에서 아예 독도를 자신의
영토로 편입시켜 버립니다.

아니, 그 옛날 신라 지증왕이 이사부를 보내 우산국을 복속했었는데요?
삼국 시대 이전부터 울릉도와 독도는 우산국이라 불렀거든요.
게다가 1900년에 **대한 제국 칙령 제41호**로 독도가 우리의 영토라고 밝혔음에도 불구하고
주인 없는 땅이기 때문에 자기들 거라고 소유해 버린 거예요.
하지만 일본은 이미 1877년에 작성된 일본 **태정관**(일본 최고 행정 기관) 지령에서 울릉도와 독도는
조선의 영토이며 일본과는 관계가 없다고 밝힌 바 있어요.
여러분 독도는 외로운 섬인가요? 우리 독도를 외롭게 놔두지 맙시다.

### 결정적 기출 선지

**①** [　　　　　] 은 숙종 때 일본으로 건너가 울릉도·독도가 조선의 영토임을 주장하였다.

**②** 일본이 [　　　　　] 중에 독도를 불법적으로 편입하였다.

**정답**

안용복

러일 전쟁

# 기출 문제

**01** (가)에 들어갈 내용으로 옳은 것은? [2점]

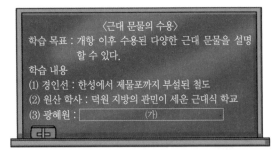

〈근대 문물의 수용〉
학습 목표 : 개항 이후 수용된 다양한 근대 문물을 설명
할 수 있다.
학습 내용
(1) 경인선 : 한성에서 제물포까지 부설된 철도
(2) 원산 학사 : 덕원 지방의 관민이 세운 근대식 학교
(3) 광혜원 : (가)

① 한성순보를 발행한 기관
② 신식 무기를 제조하는 공장
③ 은세계 등 신극을 공연하는 극장
④ 근대적 우편 업무를 총괄하는 기구
⑤ 알렌의 건의로 세워진 최초의 서양식 병원

**02** (가) 인물에 대한 설명으로 옳은 것은? [3점]

< 주제 : (가) 의 저술 활동과 사상 >

조선상고사에서 역사를 '아(我)와 비아(非我)의 투쟁으로 정의하였습니다.

이순신전과 을지문덕전 등을 집필하여 애국심을 고취하고자 하였습니다.

① 여유당전서를 간행하고 조선학 운동을 전개하였다.
② 서유견문을 집필하여 서양 근대 문명을 소개하였다.
③ 한국독립운동지혈사에서 독립 투쟁 과정을 서술하였다.
④ 독사신론을 발표하여 민족을 역사 서술의 중심에 두었다.
⑤ 조선사회경제사에서 식민 사학의 정체성 이론을 반박하
였다.

**03** 다음 잡지를 발행한 종교의 활동으로 옳은 것은? [1점]

① 만세보를 발간하여 민중 계몽에 힘썼다.
② 단군 숭배 사상을 통해 민족 의식을 높였다.
③ 무장 항일 투쟁을 위해 의민단을 조직하였다.
④ 박중빈을 중심으로 새생활 운동을 전개하였다.
⑤ 사찰령에 맞서 민족 불교의 자주성을 지키고자 하였다.

**04** (가)에 대한 탐구 활동으로 적절하지 <u>않은</u> 것은? [2점]

이 동상은 안용복을 기리기 위해 부산광역시 수영사적공원에 세워진 것이다. 안용복은 조선 숙종 때 동래 출신의 어부로, 일본에 두 차례 건너가 울릉도와 (가) 이/가 우리 영토임을 확인하였다.

① 세종실록에서 지리지 부분을 살펴본다.
② 일본의 공식 기록인 태정관 지령을 찾아본다.
③ 양헌수 부대가 프랑스군을 격퇴한 장소를 조사한다.
④ 대한 제국이 반포한 칙령 제41호의 내용을 분석한다.
⑤ 러·일 전쟁 때 일본이 불법으로 편입한 지역을 알아본다.

## 01 　키워드 227 | 광혜원　답 ⑤

개항 이후 서양의 근대 문물 수용이 본격화하면서 통신, 교통, 전기, 의료 등 각 분야에서 근대 시설이 갖추어졌습니다. 1884년 부산과 일본 사이에 전신 시설이 개통되었고, 1887년 경복궁에 처음 전등이 설치되었죠. 근대 문물의 상징인 철도는 1899년에 경인선이 개통된 이후 러일 전쟁 중 경부선과 경의선이 부설되었어요. 교육 분야에서는 1883년 최초의 근대 학교인 원산 학사가 설립되었고, 미국인 교사를 초빙하여 양반 자제들에게 영어를 비롯한 근대 학문을 교육하는 육영 공원도 설립되었죠. 또 알렌의 건의로 최초의 서양식 병원인 광혜원을 세웠어요. 광혜원은 나중에 제중원으로 이름을 고쳐 일반 백성들까지 서양 의료 기술로 치료를 받았답니다.

### 바로알기

① 한성순보는 우리나라 최초의 신문이에요. 최초의 근대 인쇄소인 박문국에서 열흘에 한 번씩 간행되는 일종의 관보였답니다.

② 청에 파견된 영선사가 근대 무기 제조 기술을 배우고 돌아와 기기창을 설립하여 신식 무기를 제조하였죠.

③ 최초의 서양식 극장인 원각사는 1908년에 세워집니다. 『은세계』 『치악산』 등의 신소설 작품이 여기에서 공연되었어요.

④ 1884년 우정총국이 설치되어 우편 업무를 시작하려 하였으나 갑신정변으로 중단됩니다. 1890년대에 정부가 우체사를 설치하면서 재개되죠.

## 02 　키워드 230 | 독사신론　답 ④

『조선상고사』, 『이순신전』, 『을지문덕전』의 저자이자 역사를 '아와 비아의 투쟁'으로 본 인물은 누구일까요? 네, 여러분이 잘 아는 신채호입니다. 민족주의 역사학의 대표적인 인물이죠. 신채호는 『독사신론』을 발표해 역사 서술의 주체를 민족으로 설정하고, 중국 중심의 역사 인식과 일본에 의한 한국 고대사 왜곡을 비판합니다. 또 『을지문덕전』 『이순신전』 등 외적의 침략을 물리친 영웅들의 전기를 발간하여 애국심을 고취했답니다. 신채호의 활동은 일제 강점기에 더 부각됩니다. 뒤에서 더 살펴보죠!

### 바로알기

① 정인보와 안재홍 등은 다산 정약용 서거 100주년 기념 사업의 일환으로 1934년에 조선학 운동을 전개하며 정약용의 저술을 정리한 『여유당전서』를 간행하였습니다. 아, 여유당은 정약용의 또다른 호랍니다.

② 보빙사의 일원이었던 유길준은 귀국하지 않고 미국에 남아 유학하였는데, 『서유견문』은 이때의 경험을 바탕으로 지은 책입니다.

③ 박은식은 『한국독립운동지혈사』를 통해 독립 투쟁 과정을 구체적으로 밝혔습니다.

⑤ 백남운은 일제의 식민 사학인 정체성론에 맞서 『조선사회경제사』를 집필하였죠.

## 03 　키워드 233 | 천도교　답 ①

<개벽>, <어린이>, <신여성>과 같은 잡지를 펴낸 종교는 바로 동학의 후신인 천도교입니다. 동학의 제3대 교주인 손병희는 1905년에 동학을 천도교로 이름을 바꾸고 민족 종교로 체제를 정비합니다. 1921년에는 소파 방정환을 비롯한 천도교 청년들이 천도교 소년회를 창립하고 5월 1일을 어린이날로 정했어요. <어린이>라는 잡지도 발간하였구요. 천도교는 과거 동학이 강조했던 '사람이 곧 하늘'이라고 주장한 인내천 사상을 이어받아요. 또 앞에서 말한 <개벽>, <신여성>과 같은 잡지뿐 아니라 <만세보>라는 일간지를 발행하면서 민족 계몽에 앞장섰답니다.

### 바로알기

② 대종교는 단군 숭배 사상을 전파해 민족 의식을 고취하였을 뿐 아니라 독립군을 양성해 무장 항일 투쟁을 전개하였어요.

③ 일부 천주교도들은 만주에서 의민단을 조직해 항일 무장 투쟁을 전개하기도 했답니다.

④ 박중빈이 창시한 종교는 원불교로, 개간 사업과 저축 운동, 허례허식 배격 등 새 생활 운동을 전개했어요.

⑤ 조선 총독부는 사찰령에 따라 불교 교단을 불열시키기도 하고 불교계의 친일화를 유도하기도 했습니다. 하지만 한용운은 3·1 운동 때 불교계를 대표해 독립 선언서에 서명했고, 사찰령 폐지 운동을 벌였지요.

## 04 　키워드 235 | 독도　답 ③

안용복이 일본에 두 차례 건너가 울릉도와 더불어 우리 영토임을 밝힌 곳, 네 맞아요. 우리 땅 독도예요. 오래 전부터 일본은 이 섬이 자기 땅인 것처럼 행세했어요. 하지만 역사적으로나 지리적으로나 독도는 우리 땅이죠. 독도는 울릉도에 부속된 섬으로 삼국 시대 이래 우리나라의 고유 영토였어요. 『세종실록지리지』에도 "우산(독도)과 무릉(울릉도)은 거리가 멀지 않아 날씨가 청명하면 바라볼 수 있다."라는 기록이 남아 있어서 일찍부터 독도를 인지하고 있었음을 알 수 있죠. 19세기 후반 일본 태정관 지령에도 "울릉도와 독도는 일본과 관계없다."라고 기록되어 있는 것을 볼 때 일본도 독도를 조선의 영토로 인정하고 있었던 것으로 볼 수 있죠. 한편 개항기에 일본인의 조선 근해 조업이 활발해지자 대한 제국은 1900년 칙령 제41호를 반포하여 울릉도를 울도군으로 승격하고 독도를 울도군 안에 포함시켰어요. 이렇게 독도가 우리나라의 영토로 인식되고 행정 구역에까지 편성되었지만 일본은 러일 전쟁 중에 독도를 무인도로 규정하고, 시마네 현에 다케시마라는 이름으로 불법 편입합니다. 하지만 아무런 법적 효력이 없는 문구에 불과해요. 그냥 우기는 겁니다.

### 바로알기

③ 양헌수 부대가 프랑스군을 격퇴한 장소는 강화도 정족산성이죠. 병인양요 때입니다.

# 일제 강점기

지금의 위기를 극복하려면 전쟁 밖에 없으무니다. 당장 중국부터 공격해야 하무니다.

## 1 일제의 식민 통치

| 236 | 237 | 238 |
|---|---|---|
| 무단 통치 | 토지 조사 사업 | 문화 통치 |

| 242 | 241 | 240 | 239 |
|---|---|---|---|
| 국가 총동원법 | 남면북양 정책 | 민족 말살 통치 | 산미 증식 계획 |

## 2 3·1 운동과 대한민국 임시 정부

| 243 | 244 | 245 |
|---|---|---|
| 독립 의군부 | 대한 광복회 | 국외 독립운동 |

### 246
### 3 · 1 운동

분위기 전환

대한민국 임시 정부

김구

| 249 | 248 | 247 |
|---|---|---|
| 한인 애국단 | 국민대표 회의 | 대한민국 임시 정부 |

국경선에서 무장 투쟁 할게! 대한 국민의회 연해주

무치자!

한성 정부

외교 활동으로 독립 주장할게! 한성

대한민국 임시 정부 상하이

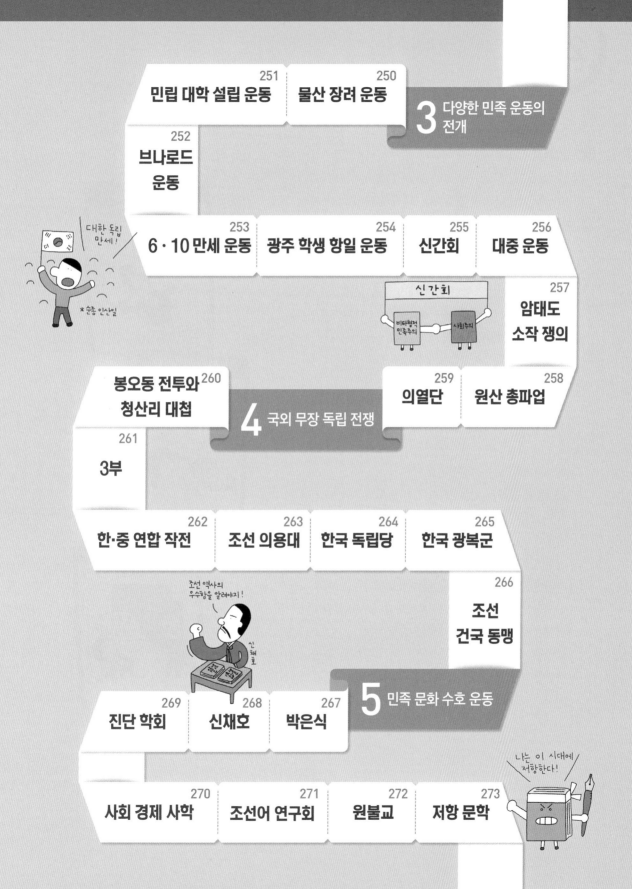

대한 독립 만세!
*순종 인산일

신간회
비타협적 민족주의
사회주의

조선 역사의 우수함을 알려야지!
신채호

나는 이 시대에 저항한다!

## 236 무단 통치 ▶▶ 일본이 우리나라를 무력으로 다스린 통치 체제

**시기** 1910년대  **경찰** 헌병 경찰 제도  **법령** 조선 태형령, 제1차 조선 교육령  기본 ☑ 심화 ☑

아~ 이제 그만 쓰고 싶다. 식민지. 휴우~ 정말 쓰기 싫은 부분! 우짤꼬.
(그러자 최태성 한능검 에디터가) 선생님!!! (최태성이 한숨 뱉으며) 네, 쓸게요.

무단 통치 카드

**공격력** ★★★  **공격 대상** 조선인

반항하지마!

조선 태형령

1910년. 경술국치의 해입니다. 나라의 명이 다한 거죠.
일제는 1910년대 **무단 통치**를 단행합니다.
무력으로 공포 분위기를 조성하는 1910년대가 연출되죠.
이제 통감이 아닌 총독이 부임합니다. 그것도 군인 출신으로.
**헌병이 경찰** 역할도 합니다. 원래 헌병은 군대 소속이에요.
군인 경찰이다 보니 실탄도 항상 가지고 다니고요.
그리고 **조선 태형령**이 있어서 때리기까지 합니다.
태형령은 오직 조선인들에게만 적용됐죠.
일본인에게는 해당하지 않아요.
게다가 법을 어기는 사람에게 일정한 재판이나 법 절차 없이
바로 벌을 주는 **즉결 처분권**까지 ….

무단 통치 카드

**공격력** ★★★  **공격 대상** 조선인

감히 혀다 봐? 끓어!

즉결 처분권

학교는 어떤 모습이었을까요?
교사들은 제복을 입고, 심지어 칼을 차고 학생들 앞에 섭니다.
또한 지금의 초등학교인 보통학교 교육 연한에도 차별을 두죠.
일본이 6년, 조선은 4년으로요.
이것이 바로 **제1차 조선 교육령**입니다. 살벌한 분위기.
거리에선 헌병이, 교실에선 칼 찬 교사가.
심지어 어린 학생들이 있는 보통학교에서도 말입니다.
구한말의 3대 악법도 그대로 유지합니다.
출판법, 신문지법, 보안법을 존속시키며 언론·출판·집회·결사의
자유를 허용치 않겠다는 의지를 보여 주죠.
에고. 공포의 1910년대가 이렇게 시작됩니다. 정말 너무해.

무단 통치 카드

**공격력** ★★★  **공격 대상** 조선인 학생

2+3= 못 풀면 각오하도록!

칼을 찬 교사

### 결정적 기출 선지

1 일제는 1910년대 강압적 통치를 목적으로 [          ] 경찰 제도를 실시하였다.

2 일제는 무단 통치 시기에 조선인에게만 적용되는 [          ]을 제정하였다.

**정답**

헌병

조선 태형령

# 토지 조사 사업

▶▶ 일제가 우리나라에서 식민지적 토지 제도를 확립할 목적으로 실시한 대규모의 토지 조사 사업

연도 1910~1918  설립 동양 척식 주식회사   기본 ☑ 심화 ☑

제일 먼저 빼앗을 건 역시 땅이겠죠. 얼마나 빼앗고 싶었겠어요.
식민지로 만들기 전부터 우리 땅을 눈독 들이고 있었어요.
조선 총독부는 본격적으로 **토지 조사 사업**을 단행합니다.
근대적 토지 소유 관계를 확립한다는 명분하에 사업을
시행했지만 실제로는 일본인들이 토지를 쉽게 소유할 수
있도록 하고 세금을 확실히, 더 많이 걷고 싶었던 거였어요.
이를 위해 임시 토지 조사국을 설치하고, 1912년에 토지 조사령을
공포하죠. 아주 짧은 기간 내에 어려운 한자 투성이 신고서로 신고하지
않으면 토지를 빼앗기게 되는 구조였어요.

빼앗은 토지의 상당 부분은 **동양 척식 주식회사**를 통해 일본인에게 싼값에 넘겼어요.
동양 척식 주식회사는 1908년, 일제가 본격적인 땅 뺏기 작업을 시행하기 위해 설립한 회사예요.

그리고 무엇보다 이 과정에서 일반 소작 농민들의
**경작권**이 부정됩니다.
조선 시대만 해도 땅을 빌려 농사를 짓지만
'그만두라 말라'하진 않았거든요.
근데 이젠 철저히 계약제로 운영토록 합니다.
비정규직 소작농으로 전락. 휴우~

일제는 민족 자본의 성장도 철저하게 통제합니다.
조선인이 회사를 세운다?
총독의 허가를 받아야만 하도록 **회사령**을 제정합니다.
허가를 잘 내줄까요? 당연히 잘 안 내 주겠죠.
이런 무식한 환경에서 민족 자본이 성장할 수가 없겠죠.
그리고 법령이란 법령은 이때 거의 다 만들어요.
어업령, 삼림령, 광업령, 임야 조사령 등 주요 산업을
모두 허가제로 전환하고 조선의 자원을 독점하려 합니다.
령령의 시대. 1910년대.

 **결정적 기출 선지**

❶ 1910년대 ☐☐☐☐☐☐으로 동양 척식 주식회사 소유의 농지가 증가하였다.

❷ 일제는 회사 설립 시 총독의 허가를 받도록 하는 ☐☐☐을 공포하였다.

정답

토지 조사 사업

회사령

# 238 문화 통치 ▶▶ 3·1 운동 이후 일제가 시행한 민족 분열 통치 체제

**시기** 1920년대 　**경찰** 보통 경찰 제도 　**법령** 치안 유지법, 제2차 조선 교육령 　기본 ☐ 심화 ☑

이렇게 때리고 패고 통제하면 말 잘 들을 줄 알았죠.

그런데 1919년 3·1 운동이 빵 터집니다.

일본은 기겁을 하죠. 그래서 더 교묘한 통치술로 1920년대를 장식합니다. 이른바 '**문화 통치**'.

한마디로 심리적 교화를 노린 거죠. 자유를 좀 주는 듯 했어요.

그런데 그게 다 기만이랍니다.

1910년대까지가 조선인과 일본인의
대립기였다면, 일본은 이제 이른바
'문화 통치'를 이용해 조선인과
조선인이 대립하게 만들죠.

총독은 문관도 가능?

그러나 한 번도 문관이 총독이 된 적은 없습니다.

헌병 경찰 제도를 이제 **보통 경찰 제도**로?

실제로는 오히려 경찰 비용과 경찰 수는 더 증가했죠. 태형은 없어졌지만 1925년에 **치안 유지법**
을 제정하여 사회주의자뿐만 아니라 독립운동가들까지 마구 잡아들입니다.

한국인이 경영하는 신문사 허용?

조선일보와 동아일보가 탄생했지만 오히려 검열과 감시는 심해집니다.

기사를 삭제하는 경우도 많았고, 심지어 압수하거나 일시적으로 발행을 못하게도 했어요.

또 보통학교(지금의 초등학교) 수업 연한 4년을 일본과 같이 6년으로 연장하고,

대학교도 설립 가능하게 한 **제2차 조선 교육령**을 제정합니다.

**근데 원래 그랬어야 하는 거 아닌가요?**

게다가 초등 교육과 실업 기술 교육에만 치중하여 고등·전문 교육은 제한하는 게 실체였죠.

'무단 통치'에서 '문화 통치'로 무늬만 바뀌었고, 실제로 일제의 탄압과 억압은 계속된 겁니다.

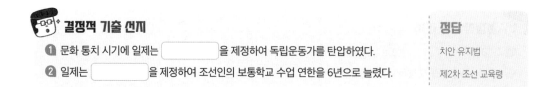

### 결정적 기출 선지

❶ 문화 통치 시기에 일제는 [          ]을 제정하여 독립운동가를 탄압하였다.

❷ 일제는 [          ]을 제정하여 조선인의 보통학교 수업 연한을 6년으로 늘렸다.

**정답**

치안 유지법

제2차 조선 교육령

# 산미 증식 계획 ▶▶ 일제가 쌀 생산을 늘리기 위해 실시한 계획

연도 1920~1934　목적 일본 내 쌀 부족 문제 해결　　기본 ☑ 심화 ☑

1910년대에는 땅을 빼앗았으니 이제 그 땅에서 나오는
쌀을 빼앗으면 되겠네요.
이 당시 일본은 공업화가 진전되어 농촌 인구가 줄면서
쌀이 부족해지고 쌀값이 폭등했었어요.
그래서 시행한 게 쌀 빼앗기 계획인 산미 증식 계획입니다.
우선 토지 비옥화를 위해 수리 시설과 비료 개발,
종자 개량 등을 추진하죠. 물론 그 비용은 농민들이 다 댔고요.
그 결과 쌀 증산에는 성공합니다.

그런데 문제는 증산량이 일본의 목표량에는 미치지 못했다는 거죠.
그럼에도 불구하고, 일본은 자신들의 목표량만큼 계획대로 쌀을 가져갑니다.
농민들은 열심히 증산했으나 오히려 예전보다 더 심한 식량난에 시달리게 된 거죠.
농사를 더 열심히 짓는데도 배는 더 고파지는 이상하고 가혹한 현실….
일본이 대책을 세워 줍니다. 만주에서 값싼 잡곡을 수입해서 먹으라네요.
이걸로도 모자라 일본은 아예 쌀을 상품화시킵니다. 그러면서 쌀의 단작화 현상이 일어나죠.
오로지 쌀만 심어라! 이러니 농촌은 더욱 피폐해지게 됩니다.
수리 조합 반대 운동도 일어났고 만주나 일본 등으로 이주를 가는 농민들도 많아지게 되었죠.
**아주 농민들을 쭉쭉 빨아먹네요. 에휴. 오늘날의 우리에게 시사해 주는 바가 참 크죠.**

또 1920년대에는 일본 자본이 본격적으로 한반도에 상륙하게 됩니다.
장애물 다 제거해 주어야겠네요. 우선 걸리적거리는 회사령을
폐지(1920)시켜 줍니다.
이제 신고만 하면 회사를 설립할 수 있게 해주죠.
1883년 조일 통상 장정에서 관세권을 설정했던 것도 바꾸죠.
관세를 철폐해 버립니다.
일본 상품에 대한 관세를 철폐하니 일본 상품의 수입이
증가하겠지요? 이제 일본의 거대 자본이 마구 들어와도
그걸 견제할 방법이 없어지게 되는 겁니다. 이런 상황에서 우린 어떻게 대처해야 할까요?

 **결정적 기출 선지**

❶ [　　　　　] 결과 쌀 중심의 단작형 농업 구조가 심화되었다.

❷ 1920년에 회사령이 철폐되었다.　○　✕

**정답**

산미 증식 계획

○

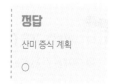

## 240 민족 말살 통치 ▶▶ 침략 전쟁에 필요한 인적·물적 자원을 동원하기 위해 우리 민족의 역사와 얼을 완전히 없애려 한 통치 체제

시기 1930년대 이후    정책 황국 신민 서사 암송, 일본식 성명 강요    기본 ✓ 심화 ✓

일본은 미국에 의해 강제로 개항된 이후부터 1920년대까지 승승장구합니다.
그러다 1929년 세계 대공황이라는 직격탄을 맞게 되죠. 그러자 미국은 뉴딜 정책으로,
유럽은 확보한 식민지 블록을 통해 이 문제를 해결하려 합니다. 일본은 아무 것도 없어요.
결국 수요보다 공급이 많아 남게된 제품들을 전쟁을 통해 강제로 떨구려 합니다.
1931년 만주 사변, 1937년 중일 전쟁, 1941년 태평양 전쟁이 그래서 터지는 겁니다.

그런데 중국과 미국을 상대로 싸우는 게 쉽지 않겠죠.
한반도 사람들에게 총을 주겠다네요. 총알받이로 나가라는 거죠.
이전까지 일제는 자신들과 우리를 철저히 구분했어요. 그런데 자기 나라 전쟁에 나가서 싸우라고
해야 하니 한국인도 일본 왕의 충실한 신하(황국 신민)로 만들어야겠대요.
그러면서 시행한 것이 1930년대 이후의 **민족 말살 통치**랍니다.
조선과 일본은 같다며 내선일체를 내세워 **일본식 성명(창씨개명)**을 강요하고, **황국 신민 서사**를 암
송토록 합니다. **신사**를 세워 **참배**를 강요하기도 했죠. 또 소학교의 명칭을 황국 신민 학교의 줄임
말인 **국민학교**로 바꾸고 조선어는 사용하지 못하도록 합니다. 설마 이렇게 일본인이 되는 건가요?

 **결정적 기출 선지**

❶ 일제는 천황에게 충성을 맹세하는 [      ]를 암송하게 하였다.

정답

황국 신민 서사

## 241 남면북양 정책

▶▶ 남쪽에는 면화를 키우고, 북쪽에서는 양을 키우도록 해
한반도를 일제의 공업 기지로 활용하는 정책

시기 1930년대　목적 일본의 공업 원료 확보　　　　기본 ☐ 심화 ☑

공황에 대처하는 일본의 자세.
경제적으로는 **남면북양 정책**을 한반도에서 실시합니다.
남쪽에는 면화를 생산하고, 북쪽에는 양을 키우도록 해서
양털을 확보하겠다는 거죠. 값싼 원료 공급지를 한반도에
구축해 일본의 방직 자본가들을 구해 주려 한 겁니다.
그뿐만 아니라 군수 공장을 북쪽 지방에 집중 설치합니다.
왜? 전쟁에 필요한 군수 물자를 척척 제공해야 하니까요.

이걸 **병참 기지화 정책**이라고 합니다. 한반도의 상황은 고려하지 않고 철저히 일본에 유리하게
한반도를 재단한 것이죠. 또 토지 수탈과 산미 증식 계획으로 피폐해진 농촌에서 생존권 사수를
위한 소작 쟁의가 확산되자 농민 경제 안정화를 명분으로 저항을 무마하고, 효율적으로
농촌을 회유·통제하고자 **농촌 진흥 운동**도 실시합니다.

## 242 국가 총동원법

▶▶ 일제가 인적·물적 자원의 총동원을 위해
공포한 전시 통제의 기본법

제정 1938　법령 국민 징용령, 여자 정신 근로령　　　　기본 ☑ 심화 ☑

그리고 이 모든 정책의 중심에는 **국가 총동원법**이 있습니다.
인적·물적 자원을 탈탈 털어 자신들의 전쟁에 활용하겠다는 거죠.
먼저 **국민 징용령**을 제정해 강제로 남자들을 끌고 가 노동력 수탈.
그리고 징병제를 실시해서 남자들을 군대에 끌고 가고,
**여자 정신 근로령**을 제정하였으며, 여자들을 일본군 '위안부'라는
이름 아래 일본 군대의 성 노예로 삼았습니다.
또 전쟁 물자(농기구·식기 등 금속)와 쌀을 빼앗아 가는 **공출제**,
그리고 그것을 나누어 주는 **배급제**도 실시하죠.
이런 극악무도한 일들이 국가 총동원법 제정 이후 남발됩니다.
빼앗긴 들에도 봄은 오는가.

 **결정적 기출 선지**

❶ 일제는 [　　　　]를 실시하여 금속 및 미곡을 강제로 거두었다.

정답
공출제

271

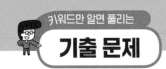

**01** 밑줄 그은 '법령'이 시행되었던 시기에 있었던 사실로
옳은 것은? [1점]

> 여보게, 들었는가.
> 과일 장사하는 이씨가
> 익지 않은 감을 판매하였다는
> 이유로 순사에게 적발되어
> 15대의 태형에
> 처해졌다고 하네.

> 정말인가? 어처구니가 없군.
> 우리 조선인에게만 태형을
> 적용하는 법령이 있다니!

① 헌병 경찰제가 시행되었다.
② 미곡 공출제가 추진되었다.
③ 경성 제국 대학이 설립되었다.
④ 암태도 소작 쟁의가 일어났다.
⑤ 여자 정신 근로령이 제정되었다.

**02** 다음 문서가 작성된 당시에 실시된 일제의 정책으로
옳은 것은? [2점]

> 안으로는 세계적 불안의 여파를 받아서 우리 조선 내부의 민
> 심도 안정되지 못하였다. …… 다른 한편으로는 지방 자치를
> 실시하여 민의 창달을 강구하고, 교육 제도를 개정하여 교화
> 보급의 신기원을 이루었고, 게다가 위생적 시설의 개선을 촉
> 진하였다. …… 일본인과 조선인 사이의 차별 대우를 철폐하고
> 동시에 조선인 소장층 중 유력자를 발탁하는 방법을 강구하여,
> 군수·학교장 등에 발탁된 자가 적지 않다.
> – 사이토 마코토, 「조선 통치에 대하여」 –

① 노동력 동원을 위해 국민 징용령을 시행하였다.
② 한국인에 한해 적용되는 조선 태형령을 공포하였다.
③ 쌀 수탈을 목적으로 하는 산미 증식 계획을 실시하였다.
④ 독립운동 탄압을 위한 조선 사상범 보호 관찰령을 공포
하였다.
⑤ 회사 설립 시 총독의 허가를 받도록 하는 회사령을 제정
하였다.

**03** 다음 자료가 발표된 이후 시행된 일제의 식민 통치
정책으로 옳은 것은? [2점]

> 이미 육군 특별 지원병령이 공포되고 이제 조선 교육령이 다
> 시 개정되었으니 관민에게 그 깊은 뜻을 알리고자 한다.
> 대체로 조선 통치의 목표는 조선인들이 참된 황국 신민으로
> 서의 본질에 철저하게 하여, 내선일체를 이루어 …… 동아(東
> 亞)의 일에 대처하도록 하는 것이다.
> – 총독 미나미 지로 유고(諭告) –

① 미쓰야 협정을 체결하였다.
② 치안 유지법을 제정하였다.
③ 조선 태형령을 시행하였다.
④ 경성 제국 대학을 설립하였다.
⑤ 소학교를 국민학교로 개칭하였다.

**04** 다음 자료가 발표된 이후에 볼 수 있는 모습으로 옳은
것은? [2점]

> 첫째는 제국의 대륙 병참 기지로서 조선의 사명을 명확히 파
> 악해야 하겠다. 이번 전쟁에서 조선은 대 중국 작전군에게 식
> 량, 잡화 등 상당량의 군수 물자를 공출하여 어느 정도의 효과
> 를 올렸다. 그러나 이 정도로는 아직 불충분하다. …… 대륙의
> 일본군에게 일본 내지로부터 해상 수송이 차단 당하는 경우가
> 있더라도 조선의 힘만으로 이것을 보충할 수 있을 정도로 조선
> 산업 분야를 다각화해야 한다. 특히 군수 공업 육성에 역점을
> 두어 모든 준비를 해야 할 필요가 있다.
> –미나미 총독 연설–

① 헌병 경찰에게 벌금형을 부과받는 농민
② 신간회 창립 대회를 취재하고 있는 기자
③ 국채 보상 운동의 모금에 참여하고 있는 상인
④ 조선 민립 대학 기성 준비회 발족에 참석하는 교사
⑤ 국민 징용령에 의해 강제 노동에 끌려가는 청년

## 01 키워드 236 | 무단 통치   답 ①

헉!! 조선인에게만 태형을 적용하는 법령이라니…. 바로 조선 태형령입니다. 1910년 한국 병합 조약이 체결되고 한반도는 끔찍한 일제의 통치 아래로 들어가게 됩니다. 1910년대에 일제는 식민지 조선인들을 꽈~악 조입니다. 헌병 경찰들의 폭력이 난무하죠. 조선 태형령으로 말 안 듣는 조선인들은 언제든지 매로 다스리고요. 학교 교사들조차 군인처럼 제복을 입고 칼을 찼습니다. 공포 분위기 한번 제대로 조성한 거죠! 이때를 무단 통치 시기라고 부른답니다.

### 바로알기

② 일제는 중일 전쟁 이후 전시 체제로 들어가면서 미곡의 시장 유통을 금지하고, 식량 배급 제도와 미곡 공출 제도를 시행합니다.

③ 1920년대에 우리 손으로 대학을 설립하자는 민립 대학 설립 운동이 일어났어요. 그러자 일제는 한국인을 회유하려고 서둘러 경성 제국 대학을 세우죠.

④ 1923년 전남 신안에서 암태도 소작 쟁의가 일어났어요. 암태도의 소작인들은 지주와 일본 경찰에 맞서 1년이나 투쟁을 벌여 소작료를 낮추는 성과를 거두었답니다.

⑤ 일제는 1944년에 여자 정신 근로령을 제정하여, 여성들을 강제로 끌고 가 노동력을 착취하고, 일본군 '위안부'로 희생시켰어요.

## 02 키워드 238 | 문화 통치   키워드 239 | 산미 증식 계획   답 ③

자료는 일제가 3·1 운동 이후에 실시한 식민지 지배 정책, 이른바 문화 통치의 내용입니다. 제2차 조선 교육령을 제정하고, 친일파를 양성하기도 한 것이죠. 이렇듯 1920년대는 허울좋은 '문화 통치'에 가려진 사실상 민족 분열 통치 체제라 할 수 있어요. 이 시기 일제는 산미 증식 계획이라는 걸 세웁니다. 말 그대로 쌀을 많이 나오게 하겠다는 거예요. 그래서 시설비나 비료 값을 한국인이 다 내면서 쌀 생산량을 늘려 놓았어요. 하지만 늘어난 양보다 더 많은 양을 일본으로 가져갔답니다. 그러니 한국의 1인당 쌀 소비량은 오히려 감소했죠. 이게 뭐야! 일제는 무책임한 태도로 만주에서 생산되는 잡곡을 수입해서 먹으라고 합니다. 헐~

### 바로알기

① 국민 징용령은 1930년대 이후에 실시된 일제의 인력 수탈 정책이죠.

② 1910년대 무단 통치 시기에 일제는 태형령을 실시합니다. 그런데 태형령은 오직 조선인에게만 적용되고 일본인에게는 해당하지 않았지요.

④ 조선 사상범 보호 관찰령은 1936년에 공포되었어요. 독립운동가들을 감시하기 위한 법이죠.

⑤ 회사령은 1910년에 제정되었어요. 조선 총독부의 허가를 받아야만 회사를 설립할 수 있다는 법령이니까 우리의 민족 자본이 성장하는 것을 방해했겠죠.

## 03 키워드 240 | 민족 말살 통치   답 ⑤

조선 통치의 목표가 조선인들을 참된 황국 신민, 즉 일본 왕의 충실한 신하로 만드는 거래요. 일제는 왜 한국인들을 황국 신민으로 만들려고 했을까요? 1930년대 이후 일제는 중일 전쟁과 태평양 전쟁을 차례로 일으킵니다. 따라서 전쟁에 동원될 총알받이들이 필요했겠죠. 근데 누가 맨정신에 죽으러 가겠어요. 그러니 정신 무장을 시켜야죠. 나는 황국 신민이다! 일본 천황을 위해서는 이 한 목숨 아깝지 않다! 그러면서 민족 말살 통치를 실시합니다. 국가 총동원법과 징병제, 여자 정신 근로령 등 갖가지 인적·물적 수탈을 감행하고요. 또 소학교를 '국민학교'로 개칭해 황국 신민을 만드는 교육을 해요. 여기서 '국민'이 '황국 신민'의 줄임말이죠!

### 바로알기

① 일제는 독립군이 만주에서 3부를 결성한 것에 위협을 느끼고 중국 군벌과 미쓰야 협정(1925)을 맺어요. 미쓰야 협정에는 독립군을 잡아서 일본에 넘겨주면 돈을 주겠다는 내용이 있어요.

② 3·1 운동이 일어나면서 사회주의 사상이 확산되자 일제는 1925년에 치안 유지법을 만들어 탄압했답니다.

③ 조선 태형령은 무단 통치 시기인 1910년대에 실시됐어요.

④ 경성 제국 대학이 또 나왔네요. 경성 제국 대학은 일제가 민립 대학 설립 운동을 저지하려고 1924년에 설립한 대학이에요.

## 04 키워드 242 | 국가 총동원법   답 ⑤

자료는 일제 강점기 총독의 연설이에요. 연설에서 '대륙 병참 기지', '군수 물자 공출', '군수 공업 육성' 등의 표현이 눈에 띄네요. 어느 시기일까요? 바로 1938년 국가 총동원법이 제정된 시기예요. 이 시기엔 여러 인적·물적 자원의 수탈이 이루어지고 있었어요. 오로지 일본의 전쟁을 위해서 말이죠. 국민 징용령에 의해 끌려간 조선인 노동자들은 노역에 시달리다가 숱하게 죽었어요. 무기를 만들기 위해 집에 있는 놋그릇이란 놋그릇은 죄다 공출했고요. 학생들이 신사 참배에 강제로 동원되기도 했습니다. 또 이름을 일본식으로 바꿔야 했고 학생들이 강제로 전쟁터에 동원되어야 했죠.

### 바로알기

① 1910년대 무단 통치 시기에 헌병 경찰은 정식 법 절차나 재판을 거치지 않고도 조선인에게 벌금, 구류 등의 처벌을 내릴 수 있었어요.

② 1927년 비타협적 민족주의자들과 사회주의자들은 민족 협동 전선 단체인 신간회를 창립하고, 회장에는 이상재를 선출했어요.

③ 1907년 대구에서 시작된 국채 보상 운동은 민족 언론 기관의 적극적인 홍보에 힘입어 전국으로 확산되었어요. 남자들은 담배를 끊었고 부녀자들은 비녀와 반지를 내놓았죠.

④ 민립 대학 설립 운동은 1920년대에 일어납니다. 이상재, 이승훈 등이 '한민족 1천만이 한 사람이 1원씩'이라는 구호를 내걸고 모금 운동을 전개했죠.

## 243 독립 의군부
▶▶ 고종의 밀명을 받고 조직된 독립운동 단체

설립 1912  인물 임병찬  목표 복벽주의

기본 ☐  심화 ☑

자! 이제 수탈의 역사는 접고, 저항의 역사를 공부해 보도록 합시다.
일제 강점기에는 다 일본에 빌붙어 비굴한 역사만 살았냐?
그런 말 하는 사람들 혼 좀 내 주세요. 지금부터 다 그러지 않았다는 이야기를 시작하겠습니다.
1910년대는 일제의 무단 통치 시기. 그래서 이때는 주로 비밀 결사 활동을 합니다.
전라도 지역에선 **독립 의군부**가 활동했어요.
독립 의군부는 고종의 명을 받은 **임병찬**이 주도하여 조직했는데요.
**복벽주의**를 표방합니다. 복벽주의가 뭐냐고요?
바로 옛날 황제 체제로 돌아가자는 거죠. 아! 옛날이여어~
또 전국적인 **의병 전쟁**을 계획하죠. 그리고 일본 정부와
조선 총독부에 '국권 반환 요구서'를 수차례 보내려고 했어요.
그러나 조직이 발각되고 임병찬이 체포되면서 해체되고 맙니다.

## 244 대한 광복회
▶▶ 군자금 모금, 독립군 양성 등을 통하여
독립 전쟁을 수행하기 위해 설립된 단체

설립 1915  인물 박상진  목표 공화 정체

기본 ☑  심화 ☑

복벽주의를 표방한 독립 의군부만 있었느냐. 아닙니다.
경상도 대구 지역에서 활동했던 대한 광복회도 있었습니다.
대한 광복회와 독립 의군부는 같은 비밀 결사이지만
목표가 완전 달라요. 대한 광복회는 **박상진**(총사령관)과
김좌진(부사령)이 주도했는데요. 여기선 **공화 정체**를 표방합니다.
구한말 신민회와 같은 노선이지요.
대한 광복회는 일종의 무장 투쟁 조직이라고 생각하시면 됩니다.
친일 부호들을 처단하고 군자금을 확보해 만주에 독립군을 양성할 무관 학교를
세우려는 계획을 가지고 있었죠.

**결정적 기출 선지**

❶ 박상진의 주도로 조직된 _____는 공화 정체의 근대 국가 수립을 목표로 삼았다.

정답

대한 광복회

# 국외 독립운동

▶▶ 1910년대 국외 여러 지역에서 독립운동 기지를
건설하며 전개된 항일 민족 운동

**지역** 간도, 연해주, 미주　**단체** 신흥 무관 학교, 대한 광복군 정부, 대한인 국민회　기본 ✓ 심화 ✓

1910년대 많은 독립운동가들이 일제의 무단 통치를 피해 국외로 이동합니다.
첫 번째 장소는? 간도. 신민회 회원들이 서간도 삼원보에
**신흥 무관 학교**를 세웠다고 했죠? 이 무관 학교를 세우는 데 엄청난
공을 세운 집안이 신민회 회원이었던 **이회영, 이시영**의 집안이죠.
이들은 당시 갖고 있던 재산을 모두 처분하고 서간도로 건너갑니다.
이때 가져갔던 돈이 현재 시가로 무려 600억 원 정도….
몇 대가 떵떵거리면서 살 수 있는 돈을 나라의 독립을 위해
모두 쓴 것입니다. 정말 대단하죠? 그 돈으로 독립운동 후원 단체인
**경학사와 부민단**을 만들고 **서로 군정서**라는 군대도 만들었죠.
북간도 지역에서는 대종교도들이 중심이 된 무장 독립 단체인 **중광단**과 **북로 군정서**라는
군대가 만들어집니다. 북간도에는 학교 없냐고요? 있습니다. **서전서숙과 명동 학교.**

두 번째 장소는? 연해주. 연해주는 두만강 위쪽에
동해와 인접해 있는 지역으로 러시아에 있어요.
연해주에 한국인들이 모여 살던 곳을 **신한촌**이라고 했죠.
이곳에서도 독립운동 단체가 생겨납니다.
대표적으로 **이상설**이 주도한 **성명회와 권업회**가 있었어요.
권업회에서는 권업신문과 같은 신문을 발행했습니다.
그리고 권업회는 국외 각 지역에 흩어져 있던 무장 독립
단체들을 모아 **대한 광복군 정부**를 조직했어요.
3·1 운동 직후에는 연해주에서 **대한 국민 의회**라는 임시
정부도 세워진답니다.

마지막 미주 지역. 1903년 하와이로 노동 이민이 시작되면서 한국인 이민
자들이 늘어났죠.
이들은 타지에서 힘들게 생활하면서도 여러 독립운동 단체를 조직합니다.
그리고 안창호의 주도로 여러 독립운동 단체를 통합한 **대한인 국민회**가 결성돼요.
또 박용만은 하와이에 **대조선 국민군단**이라는 군사 교육 단체를 조직합니다.
그 먼 하와이에서 조국의 독립을 위해 군사 훈련을 받았을 모습. 감동입니다.

 **결정적 기출 선지**

❶ 신민회 회원들이 서간도에 [           ]를 설립해 독립군을 양성하였다.

**정답**

신흥 강습소(신흥 무관
학교)

## 246 3·1 운동 ▶▶ 1919년 3월 1일 전국 곳곳에서 모든 민족이 하나가 되어 '대한 독립 만세'를 외친 사건

연도 1919   배경 2·8 독립 선언   영향 중국의 5·4 운동   기본 ☑ 심화 ☑

"대한 독립 만세." 만세의 함성이 전국을 뒤흔듭니다.

제1차 세계 대전이 끝나면서 패전국의 식민지 처리를 두고 미국 대통령 윌슨은 **민족 자결주의**를 제창합니다. 각 민족의 문제는 민족 스스로 해결해야 한다는 것이었죠.

(패전국의 식민지에만 적용됐다는 것이 함정 ….)

여기에 1910년대 국내 비밀 결사의 활동도 진행되면서 우리 민족은 희망을 갖게 됩니다.

그래서 독립을 선언하게 되죠.

대표적인 것이 1919년 일본 도쿄에서 조선 청년 독립단이 발표한 **2·8 독립 선언.**

이러한 분위기를 타고 국내에서 민족 대표 33인도 3월 1일에 독립 선언서를 낭독합니다.

대한 독립 만세!

\* 고종 인산일

마침 이때 고종이 죽고 장례식을 준비하는 기간이라 어마어마한 민중들이 모였었어요. 여기에 독립 선언의 불씨가 당겨지면서 탑골 공원에서 시작된 만세 소리는 전국으로 확산되었지요. 비폭력에서 폭력으로, 도시에서 시골로 만세 소리는 퍼져나갑니다.

일본은 3·1 운동을 폭압적 방법으로 제압해요.

그 과정에서 **화성 제암리 주민 학살 사건**도 벌어집니다. 잔인무도한 진압.

3·1 운동은 전국적 규모의 항쟁이었음에도 불구하고 결국 실패하고 맙니다.

무엇이 문제였을까요? 바로 지도부가 없었다는 것이죠.

조직적인 시위가 아닌 산발적인 시위에 불과했어요.

사람들은 3·1 운동 이후, 지도부의 중요성을 느끼고 마침내 **대한민국 임시 정부**를 결성합니다.

그 내용은 바로 다음 장에! 계속됩니다!

또 3·1 운동으로 무단 통치가 이른바 '**문화 통치**'로 바뀌게 되었고, **중국 5·4 운동**과 인도의 민족 해방 운동에도 영향을 미쳤어요.

무엇보다 3·1 운동으로 우리 민족의 역량이 하나로 모일 수 있었고 전 세계에 우리 민족의 독립 의지를 알릴 수 있었답니다.

 **결정적 기출 선지**

① 도쿄에서 조선 청년 독립단이 [          ]을 발표하였다.

② 3·1 운동은 [          ]가 수립되는 계기가 되었다.

**정답**

2·8 독립 선언

대한민국 임시 정부

# 대한민국 임시 정부 ▶▶ 3·1 운동 직후 통합 지도부의 필요성을 느끼고 상하이에 수립된 임시 정부

설립 1919   활동 구미 위원부 설치, 연통제·교통국 조직          기본 ✓  심화 ✓

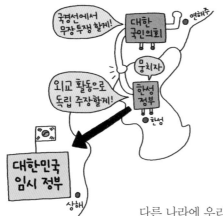

3·1 운동은 독립운동을 체계적으로 이끌 지도부가 필요하다는 것을 느끼게 해 줍니다.

그리하여 연해주에 대한 국민 의회가, 상하이에 임시 정부가, 국내 서울에는 한성 정부가 들어서게 됩니다.

흩어지면 안 되겠죠. 하나로 합쳐져야 합니다.

어디로 모일까요? 의견 분분.

연해주 쪽은 '무장 투쟁을 하기 위해 국경선과 가까운 간도나 연해주에 거점을 두어야 한다'고, 상하이 쪽은 '무장 투쟁은 현실적으로 한계가 많으니 다른 나라에 우리의 현실을 알려 독립을 얻어 내야 한다'고 주장합니다.

결국은 한성 정부의 법통을 이어받아 상하이에 우리 역사상 최초로 3권 분립에 입각한 민주 공화제 정부, **대한민국 임시 정부**를 세우기로 합니다.

초대 대통령은 이승만, 국무총리는 이동휘. 근데 3권 분립은 뭐냐구요?

입법부는 임시 의정원, 행정부는 국무원, 사법부는 법원으로 분립되어 있다는 의미입니다.

대한민국 임시 정부는 전략적 노선을 외교에 두게 됩니다. 외교 공사관들이 주로 상하이에 몰려 있었거든요. 대표적으로 워싱턴에 **구미 위원부**를 설치하여 국제 사회에 독립의 열망을 전달하죠. 또 김규식을 파리 강화 회의에 대표로 파견하여 독립 청원서를 제출하기도 합니다.

그리고 국내에 비밀 행정 조직으로 **연통제**를 두고, 독립운동가들이 서로 긴밀하게 연락을 주고받도록 했죠. 또 **교통국**을 통해 정보를 모으고 돈줄을 확장합니다. 독립운동 자금 마련을 위해 **독립 공채**도 발행하고요. 기관지로 독립신문을 간행하고 임시 사료 편찬 위원회를 설치해 『한·일 관계 사료집』도 발간했습니다. 그러나 일제가 그냥 놔둘 리 없죠? 국내 연통제와 교통국 조직은 일제에 발각되어 1920년대에 거의 붕괴된답니다.

 **결정적 기출 선지**

❶ 대한민국 임시 정부는 워싱턴에 [          ]를 설치하여 외교 활동을 전개하였다.

❷ 대한민국 임시 정부는 국내 비밀 행정 조직으로 [          ]를 두었다.

**정답**

구미 위원부

연통제

## 248 국민대표 회의 ▶▶ 1923년 1월부터 상하이에서 5개월 동안 계속되었던 대한민국 임시 정부의 변화를 논의한 회의

연도 1923    대립 창조파 VS 개조파                                기본 ☐  심화 ☑

대한민국 임시 정부의 주요 노선이 외교였죠. 그러나 식민지를 도와 줄 국가는 거의 없었습니다.
외교 노선에 입각한 임시 정부의 활동이 성과가 없자 이에 대한 비판이 제기됩니다.
게다가 대통령 이승만이 예전(1919)에 미국 대통령 윌슨에게 국제 연맹이 한국을 통치해 달라는
**위임 통치 청원**을 보낸 사건이 알려지면서 임시 정부가 발칵 뒤집힙니다.
결국 뒤숭숭한 임시 정부 분위기를 전환하고 독립운동의 새로운 방향을 모색하기 위해
상하이에서 **국민대표 회의**가 1923년에 열려요.

대통령 이승만을 강력하게 비판한 신채호를 중심으로 **창조파**가 결성되는데
이들은 임시 정부가 하는 외교가 비생산적이기 때문에 임시 정부를 해체하고 새로운 정부 조직을
만들 것을 주장합니다.
반면, 안창호를 중심으로 한 **개조파**는 임시 정부 조직은 놔두고 부분적인 개혁을 단행하자고
주장합니다. 비록 지금은 비생산적이지만 점진적으로 문제를 고쳐 나가면 된다는 뜻을 취하죠.
결국 창조파와 개조파는 합의를 보지 못하고 국민대표 회의는 결렬됩니다.

그 결과, 많은 독립운동가들이 임시 정부를 떠났고, 임시 정부는 침체기를 맞게 돼요.
이승만은 위임 통치 청원 문제로 탄핵(1925)당하고, 박은식이 제2대 대통령으로 선출됩니다.
임시 정부는 이 위기를 극복할 수 있을까요?

**결정적 기출 선지**

❶ [　　　　] 이 한국에 대한 국제 연맹의 위임 통치를 청원하였다.

❷ 독립운동의 방향을 논의하기 위해 상하이에서 [　　　　] 가 열렸다.

정답
이승만
국민대표 회의

278

# 한인 애국단

▶▶ 침체에 빠진 대한민국 임시 정부에 활기를
불어넣기 위해 김구가 조직한 의열 단체

설립 1931    단원 이봉창, 윤봉길

기본 ☑ 심화 ☑

임시 정부는 곧이어 개헌을 통해 대통령제가 아닌 국무령 중심의 내각 책임제를 도입합니다.
국무령 중심의 내각 책임제가 뭐냐면요. 대통령의 권력 남용을 막기 위해 국무령과 국무원을
선출하여 견제하도록 한 정치 체제예요. 쉽게 말해 의원 내각제 같은 거죠.
대통령에게 권력을 몰아주다 보니까 대통령의 전횡으로 임시 정부가 합치되지 못했다는 점을
문제 삼은 겁니다. 대통령제의 반성에서 국무령 제도가 나오게 된 것이지요.
뒤에 가서 배울 거지만 이 모습은 35년 뒤인 현대에도 다시 나와요.
그렇지만 계속 인사들이 빠져나가네요. 창조파와 개조파의 대립이 심해진 까닭이죠.
결국 남아 있는 사람 중심으로 국무위원을 맡아서 국무위원 중심의 집단 지도 체제로
다시 개헌을 합니다(1927). 이래저래 힘든 상황.

1931년, 이 위기를 극복하고자 **김구**는 상하이에서 **한인 애국단**이라는 비밀 조직을 만들죠.
그리고 폭탄을 던져 의열 투쟁으로 저항하기 시작합니다.
1932년, **이봉창**이 도쿄에서 일왕에게, 그리고 **윤봉길**이 상하이 훙커우 공원에서 열린
일본군 전승 기념식 단상에 폭탄을 던집니다. 이러한 윤봉길의 의거는 중국인들을 감동시키죠.
중국 국민당을 이끄는 장제스가 "오~ 중국인도 해내지 못한 일을 조선인이 해냈다, 대단하구나."
하죠. 이걸 계기로 중국 국민당 정부도 임시 정부를 지원하게 된답니다.
이후 한국 광복군이라는 군사 조직도 갖출 수 있게 되는데요.
이 부분은 조금 뒤에서 자세히 공부하기로 해요.

 **결정적 기출 선지**

❶ 김구는 상하이에서 [      ]을 조직하여 무장(의열) 투쟁을 전개하였다.

❷ [      ]은 도쿄에서 일왕의 마차 행렬에 폭탄을 투척하였다.

정답

한인 애국단

이봉창

## 01 (가) 단체에 대한 설명으로 옳은 것은? [3점]

이것은 총사령 박상진이 이끌었던 <u>(가)</u> 소속의 김한종 의사의 순국 기념비입니다. 김한종 의사는 이 단체의 충청도 지부장으로, 군자금 모금을 방해한 아산의 도고 박용하 처단을 주도하였습니다. 일제 경찰에 체포되어 박상진과 함께 대구 형무소에서 순국하였습니다. 1963년 건국 훈장 독립장이 추서되었습니다.

① 공화 정체의 국가 건설을 지향하였다.
② 대한민국 임시 정부의 주도로 결성되었다.
③ 봉오동에서 일본군을 상대로 승리를 거두었다.
④ 구미 위원부를 설치하여 외교 활동을 전개하였다.
⑤ 중국군과 함께 영릉가 전투에서 큰 전과를 올렸다.

## 02 (가)에 대한 설명으로 옳은 것은? [1점]

이 건물은 옛 중앙 학교 숙직실을 복원한 것입니다. 일본 도쿄 유학생 송계백은 중앙 학교 교사 현상윤을 찾아와 일본 유학생들의 거사 계획을 알리고 '2·8 독립 선언서'의 초안을 전달하였습니다. 현상윤은 이곳 숙직실에서 송진우 등과 향후 계획을 협의하였고, 이는 <u>(가)</u> 이/가 추진되는 계기 중 하나가 되었습니다.

① 신간회로부터 진상 조사단이 파견되었다.
② 대한민국 임시 정부 수립의 계기가 되었다.
③ 동아일보의 적극적인 지원을 받아 진행되었다.
④ 순종의 인산일을 기해 대규모 시위가 계획되었다.
⑤ 한국인 학생과 일본인 학생 간의 충돌에서 비롯되었다.

## 03 (가)에 대한 설명으로 옳은 것을 <보기>에서 고른 것은? [3점]

이곳은 3·1 운동을 계기로 상하이에서 수립된 <u>(가)</u> 이/가 청사로 사용한 건물입니다. 현재 건물 2층에는 당시 요인들의 집무실이 복원되어 있습니다.

┌─────── 보기 ───────┐
ㄱ. 연통제를 실시하였다.
ㄴ. 경학사를 조직하였다.
ㄷ. 독립 공채를 발행하였다.
ㄹ. 만민 공동회를 개최하였다.
└──────────────────┘

① ㄱ, ㄴ          ② ㄱ, ㄷ          ③ ㄴ, ㄷ
④ ㄴ, ㄹ          ⑤ ㄷ, ㄹ

## 04 다음 다큐멘터리의 주인공으로 옳은 것은? [1점]

일본 이름 '기노시타 쇼조'로 살았던 청년, 차별 없는 세상을 꿈꾸며 영웅으로 다시 태어났다!

### 한인 애국단의 첫 의거

1932년 1월 8일, 일왕을 향해 폭탄을 던진 날!
1932년 10월 10일, 순국한 날!

① 김상옥

② 김원봉

③ 김익상

④ 윤봉길

⑤ 이봉창

## 01  키워드 244 | 대한 광복회   답 ①

박상진이 총사령으로 이끌었던 단체는 대한 광복회예요. 1910년대 일제의 강압적인 무단 통치가 이루어지고, 이에 저항하는 조직이 많이 갖추어지지 않은 시기입니다. 그럼에도 국내에서 비밀 결사 운동이 일어나죠. 아직 우리 민족 죽지 않았습니다! 대한 광복회는 1910년대 국내에서 가장 활발하게 활동한 항일 단체였어요. 복벽주의를 표방한 독립 의군부와는 달리 공화 정체를 지향했고 군대식 조직을 갖추고 있었죠. 이들은 친일파를 처단하고 만주에 무관 학교를 설립하기 위해 군자금을 모았답니다. 하지만 일제의 감시를 피하기는 무척 힘들었을 거예요.

### 바로알기

② 대한민국 임시 정부가 주도하여 결성된 대표적인 단체로는 이봉창, 윤봉길 등이 활동한 한인 애국단이 있어요.

③ 홍범도의 대한 독립군을 비롯한 연합 부대가 봉오동 전투에서 일본군을 격파했어요. 292쪽에서 배울겁니다.

④ 대한민국 임시 정부는 미국 워싱턴에 구미 위원부를 설치해 적극적으로 외교 활동을 펼쳤습니다.

⑤ 1932년에 총사령관 양세봉이 지휘하는 조선 혁명군은 중국 의용군과 연합해 영릉가 전투에서 일본군을 크게 물리쳤어요. 궁금하면 294쪽을 보세요.

## 02  키워드 246 | 3·1 운동   답 ②

일본 도쿄에서 2·8 독립 선언서가 현상윤에게 전해졌고 이를 보고 가슴이 뜨거워진 현상윤은 송진우 등과 향후 만세 운동을 계획합니다. 그리고 1919년 3월 1일, 드디어 민족 대표 33인의 독립 선언을 시작으로 독립의 열망이 담긴 만세 소리가 온 하늘을 울렸어요! 전국의 학생, 상인, 노동자, 농민 모든 계층이 너 나 할 것 없이 만세를 외쳤습니다. 3·1 운동 이후 우리 민족은 독립운동의 필요성을 절실히 깨닫게 됩니다. 민족의 영향력과 잠재력을 몸소 경험했기 때문이죠. 이를 위해 독립운동을 체계적으로 이끌 지도부가 필요했어요. 그래서 탄생한 것이 대한민국 임시 정부랍니다.

### 바로알기

①, ⑤ 1929년에 일어난 광주 학생 항일 운동은 한국인 학생과 일본인 학생 사이의 충돌에서 시작되었어요. 이 충돌을 처리하는 과정에서 일본 경찰이 조선 학생들만 검거하는 등 편파적으로 조치하자 광주의 학생들이 시위를 벌입니다. 이 운동이 일어났을 때 신간회는 현지에 진상 조사단을 파견하고 진상 보고를 위한 민중 대회를 개최하려 했어요.

③ 동아일보는 1931년부터 브나로드 운동이라는 이름으로 농촌 계몽 운동을 펼칩니다.

④ 순종의 인산일인 1926년 6월 10일 학생들이 격문을 뿌리며 독립 만세 운동을 전개했어요. 6·10 만세 운동은 이후 국내에 민족 유일당 운동이 전개되는 계기가 되었습니다.

## 03  키워드 247 | 대한민국 임시 정부   답 ②

사진 속 건물은 어디일까요? 바로 중국 상하이에 있는 대한민국 임시 정부 청사입니다. 혹시 상하이에 가실 계획이 있으시다면 꼭 대한민국 임시 정부 청사를 방문해 보세요. 독립을 위해 투쟁했던 수많은 독립운동가들의 숨결을 직접 느끼실 수 있답니다. 다시 문제로 돌아오죠. 3·1 운동 이후 제기된 지도부의 필요성으로 여러 지역에 임시 정부가 생겨났는데, 지도부를 하나로 통합할 필요가 있었어요. 그래서 상하이의 대한민국 임시 정부가 한성 정부의 법통을 계승하면서 대한 국민 의회를 흡수해 통합된 대한민국 임시 정부로 수립됩니다.

ㄱ. 대한민국 임시 정부는 국내에 비밀 행정 조직인 연통제를 실시했어요. 연통제를 통해 국내 독립운동가들과 연락 업무를 취했죠. 또 통신 기관인 교통국을 설치해 정보를 수집하거나 교환했답니다. 그리고 이 조직망을 통해 임시 정부로 자금이 전달되기도 했어요.

ㄷ. 그럼 독립운동 자금은 어떻게 마련했을까요? 독립 공채를 발행하거나 기부금을 받았답니다.

### 바로알기

ㄴ. 경학사는 신민회가 서간도 지역에 세운 독립운동 후원 단체입니다.

ㄹ. 1896년에 설립된 독립 협회는 일종의 민중 집회인 만민 공동회를 개최했어요. 만민 공동회에는 학생, 여성, 노동자, 상인, 농민 등 여러 계층의 사람들이 참여해 토론도 하고 강연도 했어요.

## 04  키워드 249 | 한인 애국단   답 ⑤

한인 애국단은 김구가 상하이에서 조직한 의열 투쟁 단체입니다. 1923년 국민대표 회의가 결렬되면서 위기를 맞았던 대한민국 임시 정부는 1930년대에도 그 상태를 벗어나지 못해요. 그래서 김구가 이 위기를 타개하고 분위기를 바꾸고자 한인 애국단을 조직한 겁니다. 이 한인 애국단의 역사적인 첫 번째 의거를 다룬 다큐멘터리의 주인공은 바로 이봉창이죠. 이봉창은 일본 도쿄에서 일왕이 탄 마차를 향해 폭탄을 던졌어요. 비록 성공하지는 못했지만 그의 의거 소식만으로도 국내외에 엄청난 파문을 일으켰답니다.

### 바로알기

① 김상옥은 의열 투쟁 단체인 의열단 단원 중 한 명으로 종로 경찰서에 폭탄을 투척하였어요. 의열단은 신채호가 작성한 '조선 혁명 선언'을 활동 지침으로 삼아 일제 요인 암살과 식민 통치 기관 파괴에 주력했지요.

② 김상옥이 속했던 의열단을 조직한 인물이 바로 김원봉이죠.

③ 김익상 역시 의열단 단원으로 조선 총독부에 폭탄을 투척했어요.

④ 윤봉길은 이봉창과 마찬가지로 한인 애국단의 단원이었어요. 상하이 훙커우 공원에서 폭탄을 던져 일본인 고관들이 죽고 부상을 당했죠. 윤봉길과 이봉창 꼭 기억하세요! 우리가 기억해 주어야 합니다.

## 250 물산 장려 운동 ▶▶ 민족 경제를 살리고자 우리나라에서 생산되는 물건의 구입을 권한 운동

인물 조만식  단체 조선 물산 장려회                    기본 ☑ 심화 ☑

1920년대에는 정말 다양한 운동이 전개되는데요.
민족주의 진영에서는 일제의 지배에서 벗어나려면
먼저 민족의 실력을 키워야 한다고 생각했어요.
그래서 여러 실력 양성 운동을 전개합니다.
대표적 운동에는 물산 장려 운동, 민립 대학 설립 운동,
문맹 퇴치 운동이 있어요.

이 중 물산 장려 운동 먼저 살펴볼게요.
1920년대에 일제가 회사령을 폐지한 후 관세까지
폐지한다고 했죠? 이후 일본 자본이 마구 한국으로
들어오자 민족 자본가들은 위기 의식을 느낍니다.
이에 평양에서 조만식, 이상재 등이 중심이 되어
조선 물산 장려회를 설립하며 물산 장려 운동이 시작됩니다.
구한말 국채 보상 운동은 어디에서 시작되었죠?
대구였죠. 헌데 이건 평양입니다.
중요하니 분명히 구분해 두세요.

물산 장려 운동은 일본 상품 말고 우리 토산품을
쓰자고 호소합니다.
"내 살림 내 것으로!", "조선 사람 조선 것으로!"
완전 호응 최고! 전국으로 퍼져나갑니다.

그런데 일부 사회주의 진영에서 비판하기도 합니다.
이건 자본가들만 좋아하는 것이라면서.
노동자 계급은 오히려 더 비싸게 물건을 사게 되었다고요.
실제로 늘어난 수요를 뒷받침할 생산 시설이 부족하다보니
가격이 일시적으로 오르기도 했거든요.
결국 물산 장려 운동은 일제의 탄압과 소비자들의 외면으로 흐지부지되고 말았지요.

물산 장려 운동

위기 의식을 느낀 민족 자본가들

회사령 폐지
관세 폐지

일제

민족 자본가

조선 물산 장려회 설립

조선 사람 조선 것으로!

조선 물산 장려회

그려~ 조선인이 조선 것 써야지

일부 사회주의 진영의 비판

우리는 오히려 더 비싸게 물건을 사게 되었어

조선 물산 장려회

노동자

 결정적 기출 선지

① 물산 장려 운동은 [       ]에서 시작되어 전국으로 확산되었다.

정답

평양

# 민립 대학 설립 운동

▶▶ 고등 교육을 통해 민족의 역량을
키우고자 한 실력 양성 운동

인물 이상재  단체 조선 민립 대학 기성회

기본 ☐ 심화 ☑

일제가 이른바 '문화 통치'를 표방하면서 대학 설립을 가능하게 해 주죠.
1922년에 제정된 제2차 조선 교육령에 포함된 내용이었습니다.
그래서 한국인도 대학 교육을 받을 수 있는 길이 열리게 됩니다.
이런 분위기 속에 우리가 세운 대학에서 학생들을 가르치자는
민립 대학 설립 운동이 전개됩니다. 그 주축에는 이상재가
있었죠. 조선 민립 대학 기성회를 조직하고
'한민족 1천만이 한 사람이 1원씩'의 구호를
내걸고 모금 운동을 전개합니다.
그런데 열기가 뜨거워지자 일본이 또 태클 걸고
들어옵니다. 일제가 아예 대학을 세우고 통제하려 하죠.
그래서 세워진 대학이 바로 경성 제국 대학(1924)입니다.
결국 민립 대학 설립 운동은 실패로 돌아갑니다.

> 그건 안돼!
> 대신 …
>
> 민립 대학 설립 운동
>
> 우리가 세운
> 대학에서
> 우리 학생을
> 가르치자!
>
> 모금
>
> 경성 제국 대학

# 브나로드 운동

▶▶ 동아일보사가 일제의 식민 통치에
저항하기 위해 일으킨 문맹 퇴치 운동

연도 1931~1934  주최 동아일보

기본 ☐ 심화 ☑

> 민중 속으로 들어가
> 글자를 가르쳐
> 문맹을 깨우치자
>
> 농촌으로
> 가자

마지막으로 문맹 퇴치 운동에 대해 살펴볼게요.
이 운동은 주로 언론사를 중심으로 전개됩니다.
당시에는 문맹률이 꽤 높았거든요.
1929년부터 조선일보는 문자 보급 운동을 전개했고요.
동아일보는 1931년부터 브나로드 운동을 진행합니다.
브나로드의 뜻은 '민중 속으로'입니다. 지식인, 학생들이
민중 속으로 들어가 글자를 가르쳐 문맹을 깨우치자는 거죠.
이 운동의 구호는 "배우자, 가르치자, 다 함께 브나로드!"
이 운동도 일제가 가만히 보고 있을 리 없겠죠?
일제는 문맹 퇴치 운동도 1935년에 강제로 중지시킵니다.

## 결정적 기출 선지

1. 이상재 등이 조직한 _____는 민립 대학 설립 운동을 전개하였다.

2. 동아일보는 농촌 계몽을 위해 _____을 전개하였다.

### 정답

조선 민립 대학 기성회

브나로드 운동

## 253 6·10 만세 운동 ▶▶ 6월 10일 순종의 인산일을 기해 일어난 학생 중심의 독립운동

연도 1926  영향 민족 유일당 운동  기본 ✓ 심화 ✓

1920년대는 일제가 이른바 '문화 통치'를 전개한 시기입니다.
빈 공간이 분명 생긴 것이죠. 우리 민족, 이 틈을 십분 활용합니다.
그 결과가 바로 학생 운동으로 전개된 1926년 6·10 만세 운동이에요.
3·1 운동이 고종의 장례식을 활용했다면, 6·10 만세 운동은 순종의 장례식을 활용합니다.

그런데 3·1 운동 때 크게 당했던 일제가
이번엔 먼저 선빵을 날려요!
운동을 기획하던 사회주의자들이 사전에 발각되어 검거
되고 맙니다. 하지만 그 바통을 학생들이 이어받습니다.
이때 천도교에서도 도움을 줘요.
이렇게 사회주의 진영과 학생, 그리고 천도교를 중심으로
한 민족주의 진영이 손을 잡았다는 사실은 이후 전개될
**민족 유일당 운동**에 큰 영향을 미치게 됩니다.
자본가 타도를 외치는 '사회주의'와 자본가를 포함한 민족 전체가 하나라는 '민족주의'는
사실 손잡기가 쉽지 않거든요. 그러니까 정말 대단한 일이죠!

암튼 학생들은 천도교의 도움을 받아 계획대로 순종의 인산일에 만세 시위를 전개합니다.
학생들이 격문을 배포했고 여기에 시민들도 합세했죠.
그런데 일본이 3·1 운동을 진압했던 경험을 바탕으로 시위를 단숨에 진압해버립니다.

아쉽게도 일제의 철저한 탄압으로
6·10 만세 운동은 전국적으로 퍼지지 못하고 좌절되고 말죠.

하지만 6·10 만세 운동의 영향을 받아 독립운동 단체가
탄생하게 되는데 바로 신간회입니다.
신간회는 뒤에서 다시 보기로 하고,
먼저 신간회가 후원한 광주 학생 항일 운동을 살펴 보죠.

*순종 인산일

 **결정적 기출 선지**

1  [        ]은 순종의 인산일에 학생들의 주도로 전개되었다.

2  6·10 만세 운동은 국내에서 [        ]이 전개되는 계기가 되었다.

정답

6·10 만세 운동

민족 유일당 운동

## 254 광주 학생 항일 운동

▶▶ 광주 지역 학생들의 주도로 시작되어 전국에 확산된 항일 운동

연도 1929   후원 신간회

기본 ✓  심화 ✓

11월 3일은 학생 독립운동 기념일(일명 학생의 날)이랍니다.

이 날이 왜 기념일이 되었을까요?

바로 1929년 광주 학생 항일 운동이 일어난 날을 기념하기 위해서예요.

근현대사를 공부하다 보면 학생이 분명 역사의 거인이라는 것을 알 수 있습니다.

세상의 모순에 대해 아닌 건 아니라고 외칠 수 있었던 역사의 거인!

그 거인의 DNA가 바로 여러분에게도 있답니다.

광주 학생 항일 운동은 **한국과 일본 학생들의 충돌**에서 비롯되었습니다.

통학 기차에서 일본 남학생이 조선 여학생을 희롱해 일본 학생과 한국 학생들이 싸우게 돼요.

그런데 이 사건에 일본 경찰이 개입을 해버려요.

뭐 안 봐도 비디오죠. 우리 학생들 편을 들어줬겠어요?

편파적인 일본 수사에 맞서 광주의 학생들이 식민지 노예 교육 철폐, 조선인 본위의 교육 실시를

내걸고 시위를 벌이죠. 그리고 일제의 탄압에 맞서 전국적 동맹 휴학을 통해 저항하게 됩니다.

이때 **신간회**가 현지에 **진상 조사단을 파견**하고 진상 보고를 위한 민중 대회를 계획하기도 했죠.

민중 대회는 일제의 방해로 무산됐지만 광주 학생 항일 운동은 전국적으로 확산됐어요.

3·1 운동 이후 최대 민족 운동이었죠.

그 기세가 6·10 만세 운동과 비교할 수 없을 정도로 정말 엄청났답니다.

 **결정적 기출 선지**

① 광주 학생 항일 운동은 한·일 학생들 간의 충돌에서 비롯되었다.   O  ✕

② 광주 학생 항일 운동 당시 [        ]가 진상 조사단을 파견하였다.

정답

O

신간회

## 255 신간회 ▶▶ 일제 강점기 민족 유일당 운동의 결과로 창립된 단체

**결성** 1927 **구성** 비타협적 민족주의자 + 사회주의자    기본 ☑ 심화 ☑

앞서 살펴본 1920년대 민족주의 진영의 운동이 큰 성과가 없자, 진영 내부가 분열합니다.
'일본 식민지를 인정하는 범위에서 자치권을 확보하자'는 자치론자(타협적 민족주의자)와
'말도 안 된다'는 비타협적 민족주의자로요.
또 사회주의 진영도 치안 유지법으로 인해 합법적 운동 공간이 줄어들고 있었죠.
결국 위기를 타파하기 위해 비타협적 민족주의 세력과 사회주의 세력이 손을 잡습니다.
그 첫 단추가 '정우회 선언'입니다.
정우회라는 사회주의 단체가 비타협적 민족주의 진영과의 통합을 선언한 것이에요.

이러한 **민족 유일당 운동**의 결과물로 1927년 **신간회**가 탄생합니다.
신간회는 공개 단체로 전국에 143개의 지회를 두었어요.
회장에는 이상재를 선출합니다. 민족의 단결, 정치적·경제적 각성의 촉구, 친일 기회주의자 배격
을 강령으로 삼았어요.
또 광주 학생 항일 운동이 일어나자 **진상 조사단**을
파견하고 **민중 대회**를 개최해 후원하려 합니다.
앞에서 간단히 언급했었죠?
그러나 민중 대회가 사전에 발각되면서 많은 신간회
회원들이 구속되었고, 결국 동력을 상실합니다.
결국 사회주의 진영이 신간회를 해소하자는 주장을
하면서 1931년에 해소되고 맙니다.

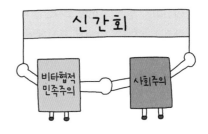

아! '해체'와 '해소'는 약간 다른 뜻이에요.
해체는 아예 없어지는 것이지만, 해소는 더 좋은 조직을 위해 잠깐 신간회를 없앤다는 뜻이지요.
새로운 집단으로 다시 이어나가겠다는 희망이 있는 거예요.
신간회는 비록 얼마 활동하지 못하고 짧은 시간에 해소되었지만 일제 강점기에 민중의 열렬한
지지를 받은 **최대 규모의 합법적 민족 운동 단체**였어요.
그리고 민족주의 세력과 사회주의 세력이 일제에 저항하며 함께 결성한 민족 운동 단체였다는
점에서 참 큰 의미를 지니죠.

 **결정적 기출 선지**

❶ 비타협적 민족주의 세력과 사회주의 세력이 연대하여 [        ]가 결성되었다.

❷ 신간회는 [        ] 진상 보고를 위한 민중 대회를 계획하였다.

**정답**

신간회

광주 학생 항일 운동

# 256 대중 운동 ▶▶ 일제 강점기에 사회적 차별을 철폐하고자 일어난 다양한 운동

종류 소년 운동, 여성 운동, 형평 운동　단체 천도교 소년회, 근우회, 조선 형평사　기본 ☑ 심화 ☑

1920년대에는 사회적으로도 의미 있는 다양한 운동들이
전개되었습니다. 대표적으로 천도교 중심의 소년 운동.
방정환과 김기전이 중심이 되어 천도교 소년회를 창립하고
어린이에게도 인권이 있음을 설파했어요.
어린이날도 이때 제정이 됩니다. 〈어린이〉라는 잡지를
만들기도 했고요. 천도교에서는 인내천을 강조하니 어린이에게도
한울님이 있겠네요. 그러니 존중해야겠죠.

다음으로 여성 운동도 활성화됩니다.
대표적인 단체가 근우회. 근우회는 신간회의 자매단체에요.
민족주의 세력과 사회주의 세력이 함께 설립하였죠.
근우회는 여성의 권익을 위해 활동하였고,
〈근우〉라는 기관지도 발행했어요.

마지막으로 백정 출신들도 움직입니다.
분명 제1차 갑오개혁 때 신분제가 법적으로 폐지됐었죠.
그런데 이게 법적으로만 폐지되었지 사회적으로 완전히
사라지진 않았답니다.
사람들 사이에선 여전히 차별 의식이 존재했어요.
이게 일제 강점기까지 이어지고 있었던 거죠.
소 잡고, 돼지 잡는 백정 출신이라 하여 그 자식들이
학교에서 놀림을 받고, 천시를 받는다면 어느 백정 출신
아버지가 열 받지 않겠습니까. 그래서 백정에 대한 사회적
차별을 폐지하라는 형평 운동이 전개됐습니다. 형평이란 백정들
이 고기 무게를 잴 때 사용하는 저울인데, 이걸 평평하게 만들자는
의미입니다. 백정들이 경남 진주에서 조선 형평사를 결성해 활동하
였어요.

 결정적 기출 선지

① ⬚⬚⬚⬚⬚는 신간회와 연계하여 여성의 권익을 옹호하였다.

② 진주에서 백정에 대한 차별 대우 철폐를 위해 ⬚⬚⬚⬚⬚가 창립되었다.

정답

근우회

조선 형평사

287

## 257 암태도 소작 쟁의 ▸▸ 암태도의 소작인들이 소작료 인하를 위해 벌인 쟁의

연도 1923　　　　　　　　　　　기본 ☐ 심화 ☑

이번에는 쟁의 투쟁에 대해 알아볼게요. 쟁의란 소작농과 노동자들의 파업.
이름에서도 느껴지듯이 사회주의 세력이 주도한 운동이죠.
소작농들은 소작료를 인하해 달라는 소작 쟁의를,
노동자들은 임금을 인상해 달라는 노동 쟁의를 전개합니다.
소작농들은 일제가 추진한 토지 조사 사업과 산미 증식 계획으로
점점 살기가 힘들어졌어요. 참다 못해 소작 쟁의를 전개한 거죠.
대표적인 쟁의가 전라남도 목포 쪽에 가까운 암태도에서 전개된
소작 쟁의입니다. 목포와 암태도를 오가며 지주의 착취에 맞선
소작농들의 쟁의가 이어지게 되죠.

1년여에 걸린 투쟁 끝에 결국 **암태도 소작 쟁의**는 소작료 인하에 성공한답니다.
이후 1924년에는 노동자와 농민의 공동 단체인 조선 노농 총동맹이 결성돼요. 그러다 1927년에
조선 노동 총동맹과 조선 농민 총동맹으로 분리되면서 쟁의 투쟁이 더욱 조직적으로 전개됩니다.

## 258 원산 총파업 ▸▸ 석유 회사의 일본인 감독이 한국인 노동자를 구타한 사건에서 비롯되어 총파업으로 확산

연도 1929　　　　　　　　　　　기본 ☑ 심화 ☑

1920년대에 일본 자본의 조선 진출이 확대되면서 많은
공장이 설립되었어요. 예상했다시피 한국인 노동자들은
일본인 노동자들에 비해 열악한 조건에서 일했죠.
결국 이들의 불만은 노동 쟁의로 나타날 수밖에요.
대표적인 노동 쟁의가 **원산 총파업**입니다. 함경남도
원산 인근에 있는 석유 회사의 일본인 감독이 조선인
노동자를 구타하자 열받은 우리 노동자들이 4개월에
걸친 총파업을 전개했죠.

일제 통치하에서 일어난 가장 큰 노동 쟁의였어요. 프랑스, 일본의 노동 단체로부터 격려 전문을
받기도 합니다. 국제적 연대까지 이루어냈네요. 대단하죠잉~
소작·노동 쟁의는 1930년대에는 일제에 반대하는 항일 운동의 양상으로 발전하게 된답니다.

 **결정적 기출 선지**　　　　　　　　　　　　　　　　　**정답**

❶ ☐☐☐☐ 당시 일본, 프랑스 등지의 노동 단체로부터 격려 전문을 받았다.　　　원산 총파업

# 의열단

▶▶ 일제 주요 인물 암살과 식민 통치 기관 파괴를 목표로 한
무정부주의 성격의 항일 무장 독립운동 단체

설립 1919  인물 김원봉  지침 신채호의 '조선 혁명 선언'  기본 ☑ 심화 ☑

정말 다양한 민족 운동이 전개되었죠? 여기서 끝이 아닙니다. 의열 투쟁이 남았거든요.
대표적인 의열 투쟁 단체가 1919년 만주 지린(길림)에서 **김원봉** 주도로 조직된 **의열단**.
**신채호**의 '**조선 혁명 선언**'(1923)을 바탕으로 폭력 투쟁에 의한 일제 타도를 목표로 내걸죠.
**나석주**의 동양 척식 주식회사 폭탄 투척, **김상옥**의 종로 경찰서 폭탄 투척,
**김익상**의 조선 총독부 폭탄 투척 모두 의열단원들의 활동입니다.

그런데 김원봉은 서서히 회의를 느낍니다. 개별적 폭력 투쟁으론 현실을 바꾸어 놓지 못한다는….
그래서 군대와 당을 조직하기로 합니다. 일단 중국 **황푸 군관 학교**에 의열단원들을 입교시키죠.
황푸 군관 학교는 지금으로 치면 일종의 육군 사관 학교 같은 거예요.
이후에는 이를 토대로 **조선 혁명 간부 학교**를 세우게 됩니다.
그리고 민족 유일당의 노선을 걷는 큰 조직을 하나 만드는데, 바로 민족 혁명당이에요.
마지막엔 화룡점정으로 조선 의용대까지 조직하죠.
조선 의용대는 중국 관내 최초의 조선인 군사 조직이라는 의의가 있어요. 다음에 배울건데,
요점은 의열단은 개별 투쟁에 한계를 느끼고 군사 조직으로 귀결된다는 거. 기억해 두세요.

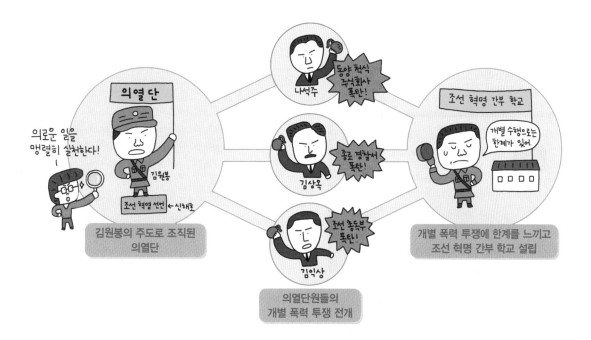

의로운 일을 맹렬히 실천한다!

**김원봉의 주도로 조직된 의열단**

**의열단원들의 개별 폭력 투쟁 전개**

**개별 폭력 투쟁에 한계를 느끼고 조선 혁명 간부 학교 설립**

 **결정적 기출 선지**

❶ 의열단은 신채호의 [          ]을 지침으로 활약하였다.

정답
'조선 혁명 선언'

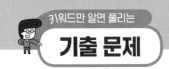
## 01 밑줄 그은 '이 운동'에 대한 설명으로 옳지 않은 것은? [2점]

사진은 이 운동을 홍보하기 위해 시가 행진을 하는 모습이다. 이 운동을 주도했던 단체는 창립 총회에서 다음의 활동 지침을 정하였다.
첫째, 조선인의 산업적 지능을 계발하여 산업을 장려한다.
둘째, 조선인의 산품(産品)을 애용하여 산업을 융성하게 한다.

① 일제의 회사령 폐지에 영향을 받았다.
② 김광제, 서상돈 등의 발의로 본격화되었다.
③ 평양에서 시작되어 전국적으로 확산되었다.
④ 산업 육성을 통한 민족의 실력 양성을 도모하였다.
⑤ 사회주의자들로부터 자본가의 이익만을 우선시한다고 비판받았다.

## 02 다음 가상 뉴스에서 보도하고 있는 사건에 대한 설명으로 옳은 것은? [2점]

순종 황제의 인산일인 오늘, 경성 각지에서 만세 시위가 일어났습니다. 학생들이 격문을 뿌리며 조선 독립 만세를 외치자 시민들이 합세하였습니다.

경성 곳곳에서 만세 시위 전개

① 신간회 결성의 배경이 되었다.
② 대한매일신보의 후원을 받았다.
③ 중국의 5·4 운동에 영향을 주었다.
④ 조선어 학회를 중심으로 추진되었다.
⑤ 이른바 문화 통치가 실시되는 계기가 되었다.

## 03 밑줄 그은 '단체'에 대한 설명으로 옳은 것은? [2점]

11월 3일은 학생 독립 운동 기념일이야. 1929년에 일어난 광주 학생 항일 운동을 기념하여 제정되었어.

당시 이 운동의 진상을 파악하기 위해 조사단을 파견하고, 민중 대회를 개최하려고 노력했던 단체가 있었지.

① 국채 보상 운동을 전개하였다.
② 자기 회사, 태극 서관 등을 설립하였다.
③ 일제의 황무지 개간권 요구를 철회시켰다.
④ 통감부의 방해와 탄압 등으로 해산되었다.
⑤ 비타협적 민족주의자들과 사회주의자들이 결성하였다.

## 04 (가) 단체에 대한 설명으로 옳은 것은? [1점]

S# 31. 1923년 5월, 경성 지방 법원 형사부 제7호 법정
(판사 앞에 여섯 명의 피고가 일본 경찰의 감시하에 서 있다. 피고의 양쪽으로 변호사와 검사가 앉아 있다.)

판 사: ☐(가)☐ 의 단장인 김원봉이 보낸 폭탄을 받아서 던질 사람에게 전달하라는 부탁을 받은 적이 있는가?
피고1: 작년 9월 중순에 김원봉으로부터 사람이 와서 승낙한 적이 있다.
판 사: 지난 2월 3일에 김상옥의 지시로 남대문에서 폭탄과 권총, 불온 문서가 들어있는 트렁크를 찾아 왔는가?
피고2: 그렇소.
판 사: 종로 경찰서에 폭탄이 터졌을 때 김상옥이 찾아 왔는가?
피고3: 그렇소. 내가 볼 일이 있어 남대문에 갔다가 여덟 시 쯤 집에 오니 그가 와 있었소.

① 조선 혁명 선언을 활동 지침으로 하였다.
② 비밀 행정 조직으로 연통제를 실시하였다.
③ 고종의 밀지를 받아 결성된 비밀 단체이다.
④ 일제가 꾸며낸 105인 사건으로 해체되었다.
⑤ 단원인 이봉창이 일왕의 행렬에 폭탄을 던졌다.

## 01 키워드 250 | 물산 장려 운동  답 ②

'이 운동'은 조선인의 산품을 애용해 조선의 산업을 장려하고 융성시키고자 전개한 운동이에요. 조선의 물산을 장려한 '물산 장려 운동'이죠. 1920년대에는 일본 자본이 국내로 마구 들어옵니다. 관세까지 폐지되면서 '메이드 인 재팬' 물건들이 싼값에 들어오죠. 회사령이 폐지되어 한국인도 쉽게 회사를 세울 수 있었지만 한국인들이 세운 기업은 대부분 영세한 소규모 공장이라 일본 기업과 게임이 안 되었어요. 이거 안 되겠다 싶었죠! 이에 조선 사람은 조선 사람이 만든 것을 쓰자는 운동이 일어났어요. 평양에서 시작해 전국으로 확산됐어요. 조선 물산 장려회의 주도로 전개되었죠. 안 그래도 일제에 반감을 가지고 있던 한국인들의 반응이 좋았습니다. 하지만 사회주의 진영에서는 곱지 않은 시선을 보냈죠. 일부 자본가와 상인들의 배만 불리는 것 아니냐는 비판을 제기했어요. 뭐, 완전히 틀린 말은 아니었죠. 실제로 공급이 수요를 따라가지 못해 가격이 오르기도 했거든요.

### 바로알기

② 김광제, 서상돈 등이 주도한 운동은 1907년에 시작된 국채 보상 운동입니다. 일본에서 빌린 돈을 갚아 국권을 회복하자는 운동이었어요.

## 02 키워드 253 | 6·10 만세 운동  답 ①

순종의 장례식 때 또 한 번의 만세 운동이 일어납니다. 1926년 6·10 만세 운동이에요. 3·1 운동은 고종의 장례식 때 일어났죠? 3·1 운동으로 호되게 당한 일제는 이번에는 사회주의 계열의 주도자들을 사전에 체포합니다. 다행히 학생 조직은 발각되지 않아 천도교 세력의 도움으로 계획한 대로 6월 10일 격문을 뿌리고 만세를 외쳤죠! 시민들도 가세하면서 시위가 점점 번져 나갔습니다. 하지만 일본군과 경찰이 강하게 진압하는 바람에 전국적으로 확산되지는 못합니다. 6·10 만세 운동에는 중요한 의미가 담겨 있어요. 당시 분열되어 있던 민족 내부의 민족주의 세력과 사회주의 세력이 손을 잡았거든요. 그래서 민족 유일당 운동을 촉진하는 계기가 됩니다. 그 결과 신간회가 탄생하게 되죠.

### 바로알기

② 대한매일신보는 1904년에 창간됩니다. 이후 국채 보상 운동을 후원하여 운동이 전국으로 확산되는 데 크게 기여하였어요. 하지만 1910년에 결국 총독부에 의해 폐간됩니다.

③ 3·1 운동이 일어난 것을 보고 중국은 자신감을 얻어 5·4 운동을 일으켰어요. 중국 역시 일제에 저항하는 분위기가 무르익고 있었던 거죠.

④ 조선어 연구회를 계승한 조선어 학회는 한글 맞춤법 통일안과 표준어를 제정했답니다.

⑤ 거국적인 3·1 운동이 불길처럼 일어나자 일제는 통치 방식을 변경합니다. 폭압적인 무단 통치에서 이른바 '문화 통치'로 바꾸는데, 실상은 우리 민족을 분열시키는 기만적인 식민 통치 체제에 불과했어요.

## 03 키워드 255 | 신간회  답 ⑤

광주 학생 항일 운동 당시 진상 조사단을 파견해 이 운동을 세상에 널리 알린 단체는 신간회지요. 사전에 일본 경찰에 발각되어 무산되긴 했지만 진상 보고를 위한 민중 대회도 개최하려 했고 광주 학생 항일 운동이 전국적인 운동으로 확산되는 데에 큰 역할을 했어요. 신간회는 비타협적인 민족주의 세력과 일부 사회주의 세력이 제휴해 창립된 단체예요. 사상적으로 서로 생각은 달랐지만 우선 적극적인 일제를 물리쳐야 하는 역사적 사명은 동일했죠. 그리하여 신간회가 탄생한 거예요. 이렇게 신간회처럼 민족주의와 사회주의 세력이 하나로 통합되어 전개된 운동이 바로 민족 유일당 운동이랍니다.

### 바로알기

① 일제는 식민 통치에 필요한 자금을 마련하기 위해 일본으로부터 차관을 들여오게 했어요. 자그마치 우리나라 1년 예산과 맞먹었죠. 1907년에 김광제, 서상돈 등은 이 차관을 갚아 국권을 회복하자는 국채 보상 운동을 전개했습니다.

② 애국 계몽 단체인 신민회는 자기 회사와 태극 서관을 운영해 경제적 실력 양성에도 힘썼답니다.

③ 일제의 황무지 개간권 요구를 저지한 단체는 보안회입니다.

④ 신간회는 일제의 탄압과 내부의 이념 대립, 사회주의 계열의 이탈 등으로 1931년에 해소를 결정하였어요. 통감부는 1906년에 설립되어 1910년까지 있었으니 시기적으로 맞지 않네요.

## 04 키워드 259 | 의열단  답 ①

(가) 단체는 김원봉이 단장이고, 활동 인물로 김상옥이 언급되었어요. 어떤 단체일까요? 네, 항일 의열 투쟁을 전개한 의열단입니다. 일제의 요인을 암살하고 주요 기관에 폭탄을 투척해 파괴하는 의거 활동을 했죠. 이들은 신채호에게 의뢰해 '조선 혁명 선언'이라는 글도 받습니다. '조선 혁명 선언'은 민중의 직접 혁명을 내세운 다소 과격한 글이었죠. 의열단은 이를 활동 지침으로 삼았어요.

### 바로알기

② 연통제를 실시한 조직은 대한민국 임시 정부입니다. 임시 정부는 비밀 행정 조직인 연통제를 통해 국내의 독립운동 세력과 긴밀하게 연락하였어요.

③ 고종의 밀지를 받아 조직된 비밀 결사는 임병찬이 이끌었던 독립 의군부입니다. 1910년대에 비밀 결사 활동을 전개하였죠.

④ 일제가 105인 사건을 날조하는 바람에 신민회는 해체됩니다. 신민회는 비밀 결사 형태로 실력 양성 운동을 전개하다가 만주로 넘어가 항일 무장 투쟁 운동을 준비하죠.

⑤ 이봉창은 김구가 조직한 한인 애국단의 단원이었어요. 한인 애국단 역시 의열 투쟁 단체였는데, 임시 정부의 침체를 극복하기 위한 대책 중 하나였죠.

# 260 봉오동 전투와 청산리 대첩

▶▶ 만주 봉오동, 청산리에서 독립군
연합 부대가 일본을 격파한 전투

연도 1920　부대 대한 독립군(홍범도), 북로 군정서(김좌진)　　기본 ☑ 심화 ☑

자! 이제 국외로 눈을 돌려 볼까요?

1920년대 만주에서는 항일 무장 투쟁의 총성이 본격적으로 들려오기 시작합니다.

두만강 근처 **봉오동**에서 **홍범도**가 이끄는 **대한 독립군**을 중심으로 한 연합 부대가 일본군을 상대로 대승을 거두었죠. 일본은 약이 오릅니다. 독립군을 소탕하려고 만주에 들어가려고 하죠.

하지만 만주는 일본 땅이 아니에요. 들어가기 위해선 빌미와 명분이 필요했죠.

그래서 훈춘 사건을 조작합니다. 중국 마적단을 매수해 훈춘에 있는 일본 영사관을 공격하라고요. 셀프 공격이죠.

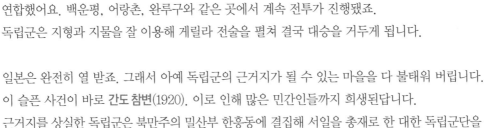

그러고는 훈춘 사건을 독립군의 소행으로 몰아 중국에 항의합니다.

"우리 영사관 이제 우리가 지킬게. 너흰 못 믿겠어." 자기들이 군대를 보내 지키겠다는 거죠. 기가 찹니다.

이후 일제는 대규모 군대를 동원하여 만주에 있는 독립군들을 조여 옵니다.

봉오동에서 이동한 독립군들은 **청산리**에 모입니다. 이제 큰 전투가 전개되겠군요.

청산리 대첩은 **김좌진**이 이끄는 **북로 군정서**를 중심으로 전개됩니다.

물론 여기에 홍범도의 대한 독립군과 천주교의 항일 무장 투쟁 단체인 의민단 등 여러 독립군도 연합했어요. 백운평, 어랑촌, 완루구와 같은 곳에서 계속 전투가 진행됐죠.

독립군은 지형과 지물을 잘 이용해 게릴라 전술을 펼쳐 결국 대승을 거두게 됩니다.

일본은 완전히 열 받죠. 그래서 아예 독립군의 근거지가 될 수 있는 마을을 다 불태워 버립니다.

이 슬픈 사건이 바로 **간도 참변**(1920). 이로 인해 많은 민간인들까지 희생된답니다.

근거지를 상실한 독립군은 북만주의 밀산부 한흥동에 결집해 서일을 총재로 한 대한 독립군단을 조직합니다.

이제 독립군은 어디로 가야할까요?

 **결정적 기출 선지**

① 홍범도가 이끄는 [    ]은 봉오동 전투에서 일본군을 크게 격파하였다.

② [    ]은 북로 군정서 중심의 연합 부대가 일본군에게 대승을 거둔 전투이다.

**정답**

대한 독립군

청산리 대첩

# 261

## 3부 ▶▶ 군사와 행정을 담당하는 참의부·정의부·신민부를 이르는 단어

배경 자유시 참변    통합 혁신 의회, 국민부                    기본 ☐  심화 ✔

이때 러시아가 자신들에게로 와 함께 싸우자 하네요. 갑니다! 그런데 러시아가 일본의 강력한
항의를 받습니다. "조선과 손잡는 것은 일본과 전쟁하자는 뜻이다." 맙소사!
결국 러시아는 입장을 바꾸고는 독립군에게 무장 해제를 요구하고 자신들의 군대에 편입해
싸우라고 합니다. 그럴 순 없죠. 우리가 독립군이지 러시아군이 아니니까요.
결국 러시아군의 공격을 받는 **자유시 참변**(1921)이 벌어지게 됩니다.
겨우 살아남은 독립군들은 다시 만주로 돌아가 **3부**를 결성합니다. **참의부·정의부·신민부.**
이 3부는 군사와 행정을 담당하고 있는 일종의 정부 역할을 하는 곳이지요.

헌데, 이제 안전한 걸까요? 일제가 가만 둘리 없겠죠?
일제는 중국 군벌과 1925년 **미쓰야 협정**을 체결합니다. 독립군 잡아오면 돈 주겠답니다.

어쩌죠? 위기입니다! 뭉쳐야 합니다!
그래서 **3부 통합 운동**이 전개됩니다. 3부가 북만주의
**혁신 의회**(1928), 남만주의 **국민부**(1929)로 재편돼요.
어? 왜 1이 아니고 2?
그렇죠. 사실 요게 좀 아쉽긴 합니다.
그래도 세 개가 두 개가 되었으니 진전이 있는 것이겠죠.

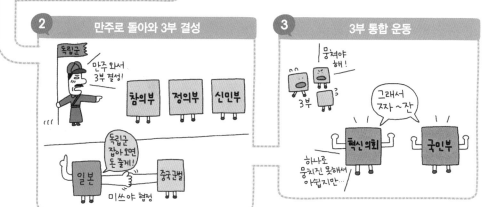

 **결정적 기출 선지**

❶ ⬜⬜⬜⬜⬜⬜으로 큰 타격을 입은 독립군은 만주로 돌아와 3부를 결성하였다.

❷ 1925년 일본은 독립군을 탄압하기 위해 만주 군벌과 ⬜⬜⬜⬜⬜을 체결하였다.

**정답**

자유시 참변

미쓰야 협정

## 262 한·중 연합 작전
▶▶ 만주 사변 이후 중국군과 한국의 독립군 부대가 함께 일본에 맞서고자 계획한 연합 작전

시기 1930~40년대    부대 한국 독립군(지청천), 조선 혁명군(양세봉)    기본 ☑ 심화 ☑

자! 이제 1930년대 이후 항일 무장 투쟁으로 넘어갑시다.

1930년대에는 북만주에서 결성된 혁신 의회가 해체된 뒤 한국 독립당으로 연결이 됩니다.

한국 독립당 산하 부대가 **지청천**이 이끄는 **한국 독립군**이었는데요.

이들은 **중국 호로군**과 연합 작전을 전개합니다.

아! 1930년대 무장 투쟁의 포인트는 **한·중 연합** 작전입니다.

미쓰야 협정을 통해 독립군을 일본에 넘겼던 중국이 왜 한국과 손을 잡았을까요?

그건 1931년 **만주 사변**으로 중국의 적이 일본으로
명확해졌기 때문입니다. 그리하여, 드디어!!
중국군과 독립군은 일본이라는
공동의 적을 두고 한·중 연합 작전을
전개하게 되는 거지요.
한국 독립군은 한·중 연합 작전으로
**쌍성보 전투, 대전자령 전투** 등에서 대승을 거두게 됩니다.

1920년대 후반 남만주에서는 국민부가 결성된다고 했죠?

국민부는 조선 혁명당과 연결이 됩니다.

조선 혁명당의 산하 부대인 **조선 혁명군** 역시 **중국 의용군**과 함께 한·중 연합 작전을 전개합니다.

그 결과 **영릉가 전투**와 **흥경성 전투**에서 대승을 거두게 되죠.

아, 이 조선 혁명군을 이끈 인물이 누구냐고요?

바로 **양세봉**이었습니다.

일제 강점기 유명한 쓰리봉이 계세요.
원봉은 김원봉.
투봉은 김두봉.
쓰리봉은 양세봉.
모두 군대를 거느리고 항일 무장 운동을
전개했던 분들이랍니다.

 **결정적 기출 선지**

① [            ]은 중국 호로군과 연합 작전을 통해 쌍성보 전투에서 승리하였다.

> **정답**
> 한국 독립군

## 263 조선 의용대 ▶▶ 김원봉의 주도로 창설된 중국 관내 최초의 한인 무장 부대

창설 1938  인물 김원봉

기본 ☑  심화 ☑

1930년대 중반이 되면 더 이상 만주에서 항일 무장 투쟁이 쉽지 않아요.
왜? 만주 사변을 일으킨 일본이 만주 괴뢰국이라는 꼭두각시 국가를 세우거든요.
그래서 많은 독립운동가들이 만리장성을 넘어 중국 관내로 들어옵니다.
당시 가장 큰 조직이 바로 **김원봉**이 주도해서 만든 **민족 혁명당**(1935)이었습니다.
만주의 독립운동 세력과 민족주의·사회주의 계열을 아우른 조직이죠.
앞서 의열단에서 읽은 부분 기억나시죠?
의열단이 폭탄 던지고 건물 무너뜨리고 해도 소용이 없었잖아요.
그러면서 의열단 노선이 바뀌고 군대와 당을 가지려 했다고.
그 결과물이 나온 겁니다.
이후 민족 혁명당은 조선 민족 전선 연맹을 결성해 조직을 키운 뒤
중국 우한(한커우)에서 산하 부대인 **조선 의용대**를 창설합니다.
조선 의용대는 **중국 관내에서 결성된 최초의 우리 군사 조직**으로 중국 국민당 정부의 지원을 받죠.

민족 혁명당

하나가 되어야 합니다.

김원봉

## 264 한국 독립당 ▶▶ 조소앙의 삼균주의를 내세워 강력한 항일 투쟁을 했던 정치 조직

창설 1940  인물 김구

기본 ☐  심화 ☑

한국 독립당

민족 혁명당이 결성될 때 중국 관내에서 큰 세력을
형성했던 김구는 합류하지 않았어요.
김구·조소앙·지청천은 따로 1940년에 당을 조직하는데
바로 **한국 독립당**입니다.
한국 독립당은 **충칭**으로 이동했던 대한민국 임시
정부의 여당 역할을 하게 됩니다.
왜 충칭이냐고요? 김구가 조직한 한인 애국단의 윤봉길
의거가 성공하면서 일본의 압박이 들어왔거든요.
결국 대한민국 임시 정부는 중국 국민당 정부를 따라 상
하이를 떠나 대장정의 길을 걷죠. 최종 정착지가 충칭.

 **결정적 기출 선지**

❶ [          ]는 중국 관내에서 결성된 최초의 한인 무장 부대였다.

정답

조선 의용대

## 265 한국 광복군 ▶▶ 중국 충칭에서 조직된 대한민국 임시 정부의 정규 군대

창설 1940   인물 지청천   활동 국내 진공 작전   기본 ✓ 심화 ✓

충칭에 정착한 대한민국 임시 정부는 산하 부대도
조직하는데요. 바로 **한국 광복군**입니다.
한국 광복군은 **지청천**이 총사령관으로 이끌게 되는데요.
1942년에는 조선 의용대 일부를 이끌고 온 김원봉(원봉!)을
껴안습니다. 나머지 조선 의용대원들은 화북 지역으로
이동해 조선 의용대 화북 지대를 결성하죠.
나중엔 조선 의용군에 들어갑니다.
조선 의용군을 이끄는 사람은 투봉! 김두봉!

한국 광복군은 1941년 대일 선전 포고를 하고, 1943년에는 연합군의 일원으로 인도·미얀마 전선에
투입되어 영국군과 연합 작전을 수행하기도 합니다.

대한민국 임시 정부는 1941년 또 하나의 원대한 꿈을
발표하는데요. 바로 **건국 강령**.
**조소앙**이 기초를 만들었고 방향을 잡아주셨지요.
어떤 방향이냐. 바로 **삼균주의**예요.
개인 간에는 교육과 경제면에서의 평등이 있어야 하고, 민족 간에는 자결주의를 지켜야 하며,
국가 간에는 불가침이 지켜져야 한다. 멋지지 않나요?
또 임시 정부는 새로운 조국은 공화정을 골격으로 한다고 발표합니다.
이제까지의 왕정 체제를 끝내고 국민이 대표를 뽑아 그에게 권력을 위임하는 공화정 체제를
선포한 것입니다. 지금 우리의 모습이죠.

1945년에는 한국 광복군이 미군의 지원으로 미국 전략 정보국(OSS)과 협력하여 특수 훈련을 받고
**국내 진공 작전**을 계획하기도 합니다.
1940년대. 일제가 마지막 발광을 하지만 서서히 일제 강점기도 폐장 분위기로 가고 있었습니다.
이 기회를 한국 광복군이 잘 살려 준다면….
조금씩 조금씩 광복이 다가오고 있네요.

 **결정적 기출 선지**

1 충칭에서 [          ]을 총사령관으로 한국 광복군이 창설되었다.

2 한국 광복군은 미군의 지원을 받아 [          ]을 계획하였다.

정답

지청천

국내 진공 작전

# 266 조선 건국 동맹

▶▶ 조선 독립을 목표로 국내에서 여운형의 주도로 비밀리에 조직

설립 1944   인물 여운형

기본 ☐   심화 ☑

이때 대한민국 임시 정부만 독립운동을 한 건 아닙니다.
임시 정부가 민족주의 진영이라면 중국 화북 지역에서는
사회주의 세력이 중심이 되어 독립운동을 하고 있었죠.

그 대표적인 조직이 바로 김두봉(투봉!)이 이끌던
**조선 독립 동맹**입니다.
이 조직의 산하 부대는 **조선 의용군**인데요.
조선 의용대 화북 지대를 개편한 것이죠.
조선 의용군은 중국 공산당의 팔로군과 함께
무장 투쟁을 전개했어요. 반소탕전에서 큰 전과를 올렸죠.

국내에도 조직이 있었습니다.
바로 **여운형**이 이끄는 **조선 건국 동맹**이에요.
좌우 세력을 총망라하여 조직했죠. 민주주의 국가 건설을 목표로
삼으면서 일제의 패망 뒤 찾아올 광복에 대비하고 있었어요.
국내 질서를 자주적으로 유지하자는 것이지요.
이 조직은 광복 이후 **조선 건국 준비 위원회**로 계승됩니다.
조선 독립 동맹과 조선 건국 동맹. 이름이 비슷하니까 영~ 헷갈리죠?
너무 외울 것이 많은데 어떤 조직이 더 시험에 잘 나오냐고요?
뭐, 다 중요합니다.

일제 강점기 부분이 너무 어렵다고 생각하실 수도 있어요.
그런데 이렇게 생각해 보면 어떨까요?
우리가 외워야 할 독립운동 단체들이 많다는 건, 그만큼 정말 많은 분들이 청춘과 젊음을 바쳐
조국 광복을 위해 헌신하셨다는 것을 의미하는 것이고, 지금 이 순간을 우리에게 만들어 주기
위해 싸우신 분들의 피·땀·눈물이 서린 것이란 사실을요 ….
그렇게 생각하면 비록 어렵더라도 단체 하나 하나가 정말 소중해지지 않을까요?
적어도 한국사를 공부하는 여러분이라면 이 부분은 놓치지 않으셨으면 합니다. 부탁입니다.

---

 **결정적 기출 선지**

❶ 조선 독립 동맹의 산하 부대인 [          ]은 중국 공산당과 대일 항전을 전개하였다.

❷ 여운형 등이 일제의 패망과 광복에 대비하여 국내에서 [          ]을 결성하였다.

**정답**

조선 의용군

조선 건국 동맹

## 01 다음 자료에 해당하는 전투에 대한 설명으로 옳은 것은? [2점]

> **어느 독립운동가의 수기**
>
> 우리 중대는 백운평에서 김좌진 사령관의 본대와 합류하였다. 1920년 10월 21일부터 적군과의 싸움이 시작되었다. 적의 기병을 섬멸하고 포위망을 교묘히 빠져나가면서 싸웠다. 완루구에서는 우리 군대의 복장이나 모자가 적들과 비슷한데다가 짙은 안개 때문에 적군들은 서로 싸우다가 죽기도 하였다. 우리는 6일 간의 전투에서 포위를 뚫고 기적적으로 살아남았다.

① 한·중 연합 작전으로 승리를 거두었다.
② 만주에서 활약하던 조선 혁명군이 이끌었다.
③ 한국 독립군이 대전자령에서 적을 물리쳤다.
④ 북로 군정서 등 독립군 연합 부대가 주도하였다.
⑤ 대한 독립군 등이 봉오동에서 적군을 격퇴하였다.

## 02 (가), (나) 독립군 부대의 공통점으로 옳은 것은? [3점]

> 나는 북만주 지역에서 활동한 (가) 의 총사령관으로 쌍성보, 대전자령 등지에서 일본군을 크게 물리쳤습니다.

지청천

> 나는 남만주 지역에서 활동한 (나) 의 총사령관으로 영릉가 전투, 흥경성 전투 등을 승리로 이끌었습니다.

양세봉

① 한·중 연합 작전을 전개하였다.
② 고종의 밀지를 받아 조직되었다.
③ 조선 혁명 간부 학교를 설립하였다.
④ 미군과 연합하여 국내 진공 작전을 추진하였다.
⑤ 러시아에 의해 무장 해제를 당하여 세력이 약화되었다.

## 03 밑줄 그은 '이 부대'에 대한 설명으로 옳은 것은? [2점]

> 이것은 중국 타이항산에 있는 윤세주, 진광화의 옛 무덤입니다. 두 사람은 이 부대의 화북 지대 소속으로 중국군과 연합하여 항일 운동을 전개하였으며, 일본의 대대적인 공격에 맞선 타이항산 반소탕전에서 큰 공을 세웠습니다.

① 지청천이 총사령관이었다.
② 서울 진공 작전을 전개하였다.
③ 연통제를 통해 군자금을 모았다.
④ 쌍성보 전투에서 크게 승리하였다.
⑤ 우한에서 김원봉 등이 조직하였다.

## 04 (가) 군대에 대한 설명으로 옳은 것은? [1점]

> 이것은 대한민국 임시 정부 산하의 (가) 총사령부 건물로, 지난 3월 이곳 충칭의 옛 터에 복원되었습니다. 과거 임시 정부가 중국의 도움으로 (가) 을/를 창설하였듯이, 오늘날 이 총사령부 건물도 양국의 노력으로 세울 수 있었습니다.

① 김좌진의 지휘 아래 활동하였다.
② 자유시 참변으로 큰 타격을 입었다.
③ 미국과 연계하여 국내 진공 작전을 계획하였다.
④ 중국 관내(關內)에서 결성된 최초의 한인 무장 부대였다.
⑤ 중국 호로군과 연합 작전을 통해 항일 전쟁을 전개하였다.

## 01 키워드 260 | 봉오동 전투와 청산리 대첩 답 ④

자료에 김좌진 부대가 언급되고 있어요. 전투 지역은 백운평, 완루구 등이네요. 무슨 전투인지 알 수 있나요? 바로 1920년 10월에 벌어진 청산리 대첩이죠. 같은 해 6월에 일본은 봉오동 전투에서 독립군에게 크게 패합니다. 그 후 본격적으로 독립군을 토벌하기 위해 대대적인 군사력을 투입하죠. 김좌진의 북로 군정서를 중심으로 홍범도의 대한 독립군, 천주교의 항일 조직인 의민단 등 독립군 연합 부대는 추격해 온 일본군을 삼림 지대로 유인해요. 그리고 6일 간 10여 차례에 걸친 전투 끝에 일본군 1,200여 명을 죽이는 큰 전과를 올립니다! 우리 독립군 정말 대단하죠?

### 바로알기

① 1931년 일제가 만주 사변을 일으키자 중국인들은 조선인과 손을 잡게 됩니다. 그 결과 한·중 연합 작전이 전개되죠.

② 양세봉이 총사령관이었던 조선 혁명군은 남만주에서 중국 의용군과 연합해 영릉가 전투, 흥경성 전투 등에서 일본군을 크게 물리쳤어요.

③ 한국 독립군은 중국 호로군과 연합해 쌍성보 전투, 대전자령 전투에서 일본군을 격파합니다.

⑤ 1920년에 홍범도의 대한 독립군을 비롯한 연합 부대는 봉오동 주변에 매복하고 있다가 다가오는 일본군을 기습 공격해 크게 승리했어요.

## 02 키워드 262 | 한·중 연합 작전 답 ①

어! 이분들 되게 유명하신 분들이에요! 절대 몰라서는 안 돼요! (가) 독립군 부대는 지청천이 총사령관이고 쌍성보 전투, 대전자령 전투에서 승리를 거둡니다. 한국 독립군이죠. (나) 독립군 부대는 양세봉이 총사령관이었고요. 영릉가 전투, 흥경성 전투에서 일본군을 무찌릅니다. 네, 조선 혁명군이에요. 두 독립군은 모두 1930년대 한·중 연합 작전을 전개했어요. 일본이 만주 사변을 일으키자 중국은 독립군과 손을 잡아야 할 필요성을 느꼈거든요. 한국 독립군은 중국 호로군과 손을 잡습니다. 그리고 조선 혁명군은 중국 의용군과 손을 잡고요. 결과는 대성공이었죠!

### 바로알기

② 고종의 밀지를 받아 조직된 비밀 무장 단체는 독립 의군부예요. 1912년 국내에서 임병찬의 주도로 조직되었죠.

③ 조선 혁명 간부 학교를 설립한 단체는 의열단입니다. 개별적인 폭력 투쟁에 한계를 느낀 의열단의 단장 김원봉이 1932년에 설립했어요.

④ 미군과 연합해 국내 진공 작전을 추진한 부대는 대한민국 임시 정부의 한국 광복군입니다.

⑤ 러시아에 의해 무장 해제를 당한 부대는 대한 독립군단이에요. 자유시 참변 기억하죠?

## 03 키워드 263 | 조선 의용대 답 ⑤

일제 강점기 수많은 독립군 부대 중 화북 지역으로 이동하여 결성된 부대는 조선 의용대예요. 조선 의용대는 김원봉이 이끄는 민족혁명당이 중국 우한에서 창설한 무장 조직입니다. 조직될 당시 중국 국민당 정부의 지원을 받았는데, 언제부턴가 중국 국민당이 항일 투쟁에 소극적인 모습을 보여요. 그러자 조선 의용대 대부분은 중국 국민당과 안녕하고 화북 지역으로 이동합니다. 거기서 중국 공산군(팔로군)과 함께 항일 투쟁을 전개하다가 조선 독립 동맹 산하의 조선 의용군으로 재편되죠. 그럼, 남아 있는 조선 의용대는요? 김원봉이 중심이 된 이들은 대한민국 임시 정부의 한국 광복군에 합류한답니다.

### 바로알기

① 지청천은 북만주에서 결성된 한국 독립군의 총사령관으로 중국 호로군과 연합해 쌍성보 전투, 대전자령 전투에서 일본군을 크게 격파합니다. 또 지청천은 대한민국 임시 정부의 산하 부대인 한국 광복군의 총사령관도 역임하죠.

② 1907년에 일어난 정미의병 당시에 조직된 13도 창의군은 서울 진공 작전을 전개하였습니다.

③ 대한민국 임시 정부는 국내에 비밀 행정 조직인 연통제를 시행했어요. 연통제를 통해 국내 독립운동 단체와 연락 업무를 취했죠.

④ 쌍성보 전투는 한국 독립군이 중국 호로군과 연합하여 일본군에 큰 승리를 거둔 전투예요.

## 04 키워드 265 | 한국 광복군 답 ③

대한민국 임시 정부 산하, 충칭 …. 익숙한 단어들이죠? (가)는 한국 광복군입니다. 대한민국 임시 정부는 1940년 충칭에서 지청천을 총사령관으로 하는 한국 광복군을 창설합니다. 1942년에는 김원봉의 조선 의용대를 흡수해 군사력이 증강했고요. 중국 국민당과의 협상 끝에 독자적인 작전권을 확보한 뒤로는 연합군과 공동 작전을 전개했어요. 1943년에는 미얀마·인도 전선까지 공작대를 파견해 영국군과 공동 작전을 전개합니다. 또 1945년에는 미군과 연합해 국내 진공 작전을 시행하기로 계획했어요. 그러나 안타깝게도 일본이 연합군에 무조건 항복하면서 한국 광복군의 국내 진공 작전은 무산되고 맙니다.

### 바로알기

① 김좌진의 지휘 아래 활동한 독립군은 청산리 대첩을 승리로 이끈 북로 군정서죠. 한국 광복군의 총사령관은 지청천입니다.

② 간도 참변 이후 러시아의 지원 약속을 믿고 자유시로 이동했던 대한 독립군단이 뒤통수를 제대로 맞아요. 러시아군의 공격을 받아 자유시 참변이 벌어지게 됩니다.

④ 조선 의용대가 중국 관내 최초의 한국인 무장 부대였답니다.

⑤ 북만주에서 활동한 지청천의 한국 독립군은 중국 호로군과 연합해 쌍성보 전투, 대전자령 전투에서 일본군을 크게 격파합니다.

## 267 박은식 ▶▶ 민족 정신인 국혼을 강조한 학자이자 독립운동가

강조 국혼　저술 『한국독립운동지혈사』　기본 ☐　심화 ☑

이제 문화 얘기를 해 볼까요?

일제는 우리 문화를 망치려고 부단히 노력했습니다.

하지만 가만있을 우리 민족이 아니지요.

박은식은 1925년 이승만이 탄핵당한 후 대한민국 임시

정부의 제2대 대통령으로 잠깐 취임합니다.

하지만 박은식은 뭐니뭐니 해도 민족주의 역사학자로서

족적을 남겼죠. 그가 남긴 『한국통사』, 『한국독립운동지혈사』는

모두 '국혼'을 강조하며 일제 강점기를 버텨 내야 한다고 주장합니다.

『한국통사』는 한국의 아픈 역사라는 뜻으로 근대사에 나타난 일본의 침략 과정을 담았어요.

나라는 '형(形)'이요, 역사는 '혼(魂)'이라며 역사를 잊지 않고 있으면 언젠가 나라를 되찾을 수

있다고 했던 늘 실천하는 지식인으로서의 박은식. 잊지 않겠습니다.

한 명 더 절대 잊어선 안 되는 분이 계십니다. 아래에서 살펴보죠.

> 나라는 형(形)이요, 역사는 혼(魂)이다.

## 268 신채호 ▶▶ 고대사 연구에 주력하여 민족 고유의 사상인 낭가 사상에 주목한 민족주의 역사학자

강조 낭가 사상　저술 『독사신론』, 『조선상고사』, 『조선사연구초』　기본 ☑　심화 ☑

구한말 『독사신론』을 통해 민족주의 사학의 방향을 잡아 준 신채호는

의열단이 부탁한 투쟁 노선을 '조선 혁명 선언'에 담아 주기도 하죠.

그 역시 민족주의 역사학자로 『조선상고사』, 『조선사연구초』를 통해

조선 역사의 우수함을 증명하려고 노력합니다.

특히 『조선상고사』를 통해 역사는 아(我)와 비아(非我)의 투쟁이며,

이런 투쟁을 통해 역사가 발전하는 것이라고 말했어요.

『조선사연구초』에서는 **낭가 사상**을 강조합니다.

낭가 사상은 옛 신라 화랑도의 호방한 정신을 떠올리시면 되요.

민족주의 역사학은 이후 1930년대 정인보의 '얼'과 문일평의 조선심(心)으로 계승된답니다.

정인보·문일평 등은 **조선학 운동**을 벌여 정약용의 저술을 정리한 『여유당전서』를 간행했어요.

> 조선 역사의 우수함을 알려야지!
>
> 신채호

### 결정적 기출 선지

❶ ☐☐☐ 은 『한국독립운동지혈사』에서 독립 투쟁 과정을 서술하였다.

**정답**

박은식

## 진단 학회 ▶▶ 한국사를 실증적으로 연구하기 위해 조직된 학술 단체

경향 실증주의    인물 이병도, 손진태                              기본 ☐  심화 ✔

1930년대에는 민족주의 사학과 함께
**실증주의 사학**도 발달합니다.
실증주의 사학은 역사가 사실만 알려 주면 되지
해석을 남겨서는 안 된다는 입장을 내세웁니다.
문헌 고증을 통해 객관적 사실만 밝히자는 거죠.
대표적인 인물로는 **이병도**와 **손진태**를 들 수 있어요.
이들은 **진단 학회**를 조직해 일제 식민 사관 양성 기관인 청구 학회에 대항합니다.
<진단 학보>도 발행하여 연구 성과를 알려 나갔죠.
뭐, 물론 교과서적인 표현입니다. 인터넷을 통해 이병도를 검색하면
제 주장에 대한 반박도 있을 겁니다. 학문 특성상 일제에 가장 소극적으로 대항하기도 했죠.
판단은 여러분들의 몫이구요. 저는 여기까지만 실증주의 사학과 진단 학회를 설명하겠습니다.

## 사회 경제 사학 ▶▶ 일제의 정체성론에 맞서 유물 사관에 입각해 한국사를 연구하던 역사학

인물 백남운    비판 정체성론                              기본 ☐  심화 ✔

사회주의 유물 사관에 영향을 받은 역사학도 1930년대에 발달합니다. 바로 **사회 경제 사학**.
대표적인 인물이 **백남운**인데요. 『**조선사회경제사**』를 통해서 유물 사관에 입각해 우리 역사를 분석
합니다. 유물 사관은 역사가 원시 공산제 → 고대 노예제 → 중세 봉건제 → 근대 자본주의,

그리고 사회주의(공산주의)로 발전한다는 이론입니다.
이건 법칙입니다. 그렇기에 세계 어디나 다 이런 법칙이
똑같이 적용됩니다. 보편성을 가지고 있다는 거죠.
'발전, 법칙, 보편' 이런 단어가 들어가면 사회 경제 사학
이라고 보시면 됩니다.
사회 경제 사학은 한국의 역사가 정체되어 있다는 일제
식민 사관 중 하나인 **정체성론**을 비판한답니다.

### 결정적 기출 선지

❶ ☐☐☐☐☐ 은 유물 사관을 바탕으로 식민 사관의 정체성론을 반박하였다.

정답

백남운

# 271 조선어 연구회 ▶▶ 한글 연구 민간 단체로 한글 학회의 전신

설립 1921   활동 가갸날 제정, <한글> 간행   계승 조선어 학회   기본 ☑ 심화 ☑

**조선어 연구회**는 1920년대 이른바 '문화 통치' 시기의 틈을
비집고 만들어진 단체입니다.
주시경 선생의 국문 연구소를 계승하여 제자들이 조직했죠.
이 단체는 정말 한 일이 많아요.
무엇보다 지금 10월 9일이 쉬는 날이죠? 왜 쉬죠?
한글날이라서! 예. 바로 이 한글날을 만든 단체가
조선어 연구회입니다.
이 당시 한글날은 '**가갸날**'로 불리었습니다.

'가나다라마바사…'를 기념하는 날이죠.
그리고 <한글>이란 잡지도 간행합니다.

조선어 연구회는 1930년대에 **조선어 학회**로 계승됩니다.
이윤재·최현배 등이 주도하여 조직했어요.
조선어 학회는 **한글 맞춤법 통일안과 표준어**를 제정하죠.
또 한글을 가르쳐주는 한글 강습회도 개최했어요.
그리고 『**우리말 큰사전**』도 편찬하려 합니다.

그런데 1940년대 민족 말살 통치가 절정에 이르게 되자
조선어 사용이 금지됩니다.
이때 일제는 조선어를 실수로 사용한 학생의 배후를 캤는데,
이 일이 조선어 학회와 연결이 됩니다.
일부러 그렇게 연결시킨 수작이었겠지만….

일제는 조선어 학회 인사들이 독립운동을 한다며 치안 유지법 위반으로
체포해버리죠.
이로 인해 조선어 학회는 강제 해체됩니다. 1942년에 있었던 **조선어 학회 사건**이에요.
이들이 편찬하려고 했던 『우리말 큰사전』 편찬 작업도 중단되었다가
광복 이후 한글 학회에 의해 편찬된답니다.

 **결정적 기출 선지**

❶ [          ]는 한글 맞춤법 통일안과 표준어를 제정하였다.

**정답**
조선어 학회

## 272 원불교

▶▶ 불교의 현대화·생활화·대중화를 주창하여 각자 직업에 종사하며 교화 사업을 하는 종교

창시 1916  암기 새 생활 운동, 중광단                    기본 ☐  심화 ✔

불교가 가지고 있는 구습 타파!

원불교

원불교는 일제 강점기 때 창시된 종교입니다. 박중빈이 창시하였고 기존의 불교가 가지고 있는 구습을 타파하고자 합니다. 그래서 허례허식 폐지·미신 타파 등의 새 **생활 운동**을 전개하죠. 다른 종교들도 살짝 알아볼까요? 불교는 1911년에 일제가 사찰령을 제정해 불교를 억압하려 하자 사찰령 폐지 운동을 벌였고, 1921년에는 조선 불교 유신회를 조직하기도 했어요. 천주교는 일부 천주교도들이 만주에서 **의민단**을 조직해 항일 무장 투쟁을 했죠. 개신교는 1930년대 후반에 신사 참배 거부 운동을 벌였어요. **천도교**는 어린이·여성 운동을 전개해 <개벽>, <어린이>, <신여성> 등의 잡지를 간행하기도 했습니다. 대종교는 만주로 옮겨서 **중광단**을 조직했죠. 3·1 운동 직후엔 북로 군정서로 개편돼요. 북로 군정서는 다른 독립군 부대들과 함께 청산리 대첩을 승리로 이끌었죠. 정말 대단하신 분들이에요!

## 273 저항 문학

▶▶ 일제의 식민 통치에 저항하고자 쓰인 문학

인물 윤동주, 이육사                    기본 ✔  심화 ✔

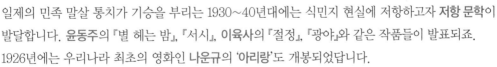

나는 이 시대에 저항한다!

일제 강점기에도 문학 작품이 쓰여졌을까요? 당연하죠. 삶이 힘들수록 글은 더 잘 써지는 법. 1920년대에는 경향이 비슷한 사람끼리 모여서 잡지를 냅니다. 이걸 동인지 문학이라고 해요. 〈창조〉, 〈폐허〉, 〈백조〉와 같은 동인지가 있었죠. 1920년대에는 사회주의 사상의 영향을 받은 신경향파 문학도 발달합니다. 일명 카프(KAPF) 문학. 식민지 백성이 겪는 고통을 그대로 문학에 녹여냈죠. 일제의 민족 말살 통치가 기승을 부리는 1930~40년대에는 식민지 현실에 저항하고자 **저항 문학**이 발달합니다. 윤동주의 『별 헤는 밤』, 『서시』, 이육사의 『절정』, 『광야』와 같은 작품들이 발표되죠. 1926년에는 우리나라 최초의 영화인 **나운규**의 '아리랑'도 개봉되었답니다. 일제 강점기, 우리 민족의 문화를 지키기 위해 헌신해주신 모든 분들 정말 감사합니다.

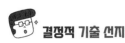 **결정적 기출 선지**

❶ 대종교도들은 만주에서 [          ]을 조직하여 항일 독립 전쟁에 참여하였다.

정답

중광단

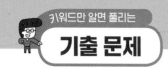
## 01 다음 가상 인터뷰의 주인공에 대한 설명으로 옳은 것은? [2점]

선생께서 한국독립운동지혈사를 저술하신 동기를 말씀해 주시겠습니까?

일제의 침략과 탄압에 맞선 우리 독립 투쟁의 역사를 구체적인 자료를 통해 보여 주고, 한국인의 긍지와 민족의식을 고양시키고자 책을 쓰게 되었습니다.

① 민족의 얼을 강조하고 조선학 운동을 추진하였다.
② 진단 학회를 설립하여 실증주의 사학을 발전시켰다.
③ 조선사 편수회에 들어가 조선사 편찬에 참여하였다.
④ 유물 사관을 바탕으로 조선사회경제사를 저술하였다.
⑤ 한국통사를 저술하고 민족주의 사학의 기초를 닦았다.

## 02 다음 글을 쓴 인물의 활동으로 옳은 것은? [2점]

역사란 무엇이뇨? 인류 사회의 아(我)와 비아(非我)의 투쟁이 시간부터 발전하며 공간부터 확대하는 심적 활동 상태의 기록이니, 세계사라 하면 세계 인류의 그리되어 온 상태의 기록이며, 조선사라 하면 조선 민족의 그리되어 온 상태의 기록이니라.

– 『조선상고사』 –

① 독사신론을 발표하였다.
② 진단 학회를 창립하였다.
③ 조선어 연구회를 조직하였다.
④ 조선사회경제사를 저술하였다.
⑤ 조선 불교 유신론을 제창하였다.

## 03 밑줄 그은 '이 단체'에 대한 설명으로 옳은 것은? [2점]

1942년 여름 함흥 영생 고등 여학교 학생 박영옥이 기차 안에서 친구들과 우리말로 대화하다가 적발되는 사건이 일어났다.
일본 경찰은 취조 결과 여학생들에게 민족주의 감화를 준 사람이 서울에서 우리말 사전 편찬을 하고 있는 정태진임을 알게 되었다.
같은 해 9월 5일에 정태진을 연행, 취조해 이 단체가 학술 단체로 위장하여 독립운동을 목적으로 활동하고 있다는 자백을 강제로 받아내어 회원들을 검거하였다.

① 형평 운동을 주도하였다.
② 민립 대학 설립을 추진하였다.
③ 한글 맞춤법 통일안과 표준어를 제정하였다.
④ 국문 연구소를 세워 국어의 이해 체계를 확립하였다.
⑤ 고전 간행, 귀중 문서의 보존과 전파를 목적으로 하였다.

## 04 다음 인물에 대한 설명으로 옳은 것은? [2점]

### ○○○ 연보

1917년 북간도 명동촌에서 출생
1941년 연희 전문학교 졸업
1942년 일본 유학
1943년 독립 운동 혐의로 검거
1945년 후쿠오카 형무소에서 옥사
1948년 유고집 「하늘과 바람과 별과 시」 출간

① 신소설 금수회의록을 발표하였다.
② 서시, 별 헤는 밤 등의 작품을 남겼다.
③ 창조, 폐허 등의 동인지를 발간하였다.
④ 토월회를 결성하여 신극 운동을 펼쳤다.
⑤ 카프(KAPF)를 조직하여 식민지 현실을 고발하였다.

## 01 키워드 267 | 박은식    답 ⑤

『한국독립운동지혈사』를 쓴 역사학자는 바로 박은식입니다. 박은식은 혼과 정신을 강조하였고, 이를 토대로 일제 강점기를 이겨내야 한다고 주장했답니다. 『한국통사』를 저술하기도 했죠.

### 바로알기

① 조선학 운동을 추진한 인물은 정인보, 안재홍을 들 수 있죠. 1934년 다산 정약용의 서거 100주년 기념 사업의 일환으로 『여유당전서』를 간행한 것을 계기로 조선학 운동이 본격화되었답니다.

② 진단 학회는 식민 사관을 설파한 청구 학회에 대항한 조직이에요. 왜곡된 역사가 아닌 실증적인 역사 연구를 주장했죠. 이병도, 손진태 등이 대표적입니다.

③ 조선사 편수회는 조선 총독부가 한국사를 왜곡하기 위해 설치한 조직입니다. 식민 사관의 온상이었죠.

④ 백남운의 사회 경제 사학에 해당하는 내용이죠. 백남운은 마르크스의 유물 사관에 영향을 받은 역사학자였어요. 그래서 한국사의 발전 과정을 세계사의 보편적인 발전 과정과 비교해서 연구했죠. 그 결과 한국사도 세계사와 같은 궤적을 따라 자본주의 사회로 발전해 왔다고 주장했어요. 구체적인 자료와 수치까지 보여 주었지요. 이는 일제가 내세운 식민 사학의 정체성론을 비판하는 근거가 되었어요. 식민 사학은 한국사에 봉건 사회가 없어 스스로 근대 사회로 발전할 수 없다고 했거든요.

## 02 키워드 268 | 신채호    답 ①

이번에는 『조선상고사』를 지은 인물을 알아야 해요. 역사는 '아와 비아의 투쟁'이라는 유명한 말을 남기기도 했죠. 그렇죠, 신채호입니다! 신채호는 『조선상고사』뿐 아니라 『조선사연구초』라는 역사서도 남겼고요. 또 대한매일신보에 『독사신론』을 발표해 민족주의 역사학의 방향을 제시했답니다. 의열단의 부탁으로 '조선 혁명 선언'을 써 주기도 했지요. 어휴. 몸이 열 개라도 부족할 것 같아요. 민족주의 역사학에서 신채호는 박은식과 쌍두마차를 이루었습니다. 두 사람의 책이 헷갈릴 때가 있어요. 구별하는 방법! 책 이름에 박은식은 주로 '한국'이 들어가고 신채호는 '조선'이 들어갑니다. 이건 그냥 tip!

### 바로알기

② 진단 학회는 이병도, 김상기, 손진태 등이 설립한 단체예요. 실증주의 사학을 추구하였죠.

③ 조선어 연구회는 1920년대 주시경의 제자들이 우리말 연구 목적으로 조직했어요. 조선어 학회의 전신이라고 할 수 있어요.

④ 『조선사회경제사』를 저술한 인물은 사회 경제 사학자인 백남운입니다. 이를 통해 식민 사관의 정체성론을 비판했죠.

⑤ 조선 불교 유신론을 제창한 인물은 독립운동가이자 승려인 한용운이에요.

## 03 키워드 271 | 조선어 연구회    답 ③

자료는 우리말과 관련된 어느 단체의 회원들이 검거된 배경을 보여 주는 이야기입니다. 『우리말 큰사전』을 편찬하고 있었던 걸로 보아 이 단체는 조선어 학회임을 알 수 있죠. 제시된 사건을 발단으로 회원 30여 명이 검거되는 조선어 학회 사건이 일어납니다. 조선어 학회에서는 한글 맞춤법 통일안과 표준어를 제정했답니다. 또 전국을 돌면서 한글 강습회도 개최했었죠. 하지만 일제는 1940년대 민족 말살 통치를 펼치면서 우리말을 연구하는 조선어 학회를 곱지 않은 시선으로 보지 않았어요. 그래서 회원들을 대거 체포해 버렸고, 이 때문에 숙원 사업이었던 『우리말 큰사전』 편찬은 물 건너 가 버렸지요.

### 바로알기

① 백정들은 신분 차별과 멸시를 타파하고자 1923년 경남 진주에서 조선 형평사를 조직하고 형평 운동을 전개했어요.

② 1922년 창립된 조선 민립 대학 기성회는 '한민족 1천만이 한 사람이 1원씩'이라는 구호를 내걸고 민립 대학 설립 운동을 일으킵니다.

④ 1907년에 국문 연구소가 설립되었고, 지석영과 주시경 등의 주도로 국어 문법의 연구와 정리가 이루어졌어요. 국문 연구소는 조선어 연구회의 모체가 되었답니다.

⑤ 박은식, 최남선 등은 1910년 조선 광문회를 조직하고 우리 역사, 지리, 고전 등을 보존하고 간행했어요.

## 04 키워드 273 | 저항 문학    답 ②

어떤 인물의 연보일까요? 연보와 함께 제시된 사진으로 눈치를 챌 수도 있을 것 같아요. 유고집으로 『하늘과 바람과 별과 시』를 출간한 윤동주입니다. 1930~40년대는 일제가 한국의 인적·물적 자원을 전쟁에 동원하기 위해 민족 말살 통치가 실시된 시기였어요. 이에 맞서 저항 문학이 발달했습니다. 대표적으로 제시된 연보의 주인공인 윤동주와 이육사가 있죠. 일본에 저항하다 잡혀 264라는 수감자 번호를 받을 만큼 일제를 강하게 비판한 이육사는 시 『절정』을 통해 고통의 상황을 극복하려는 의지를 밝혔습니다. 당시에는 일본의 제국주의 전쟁을 미화하는 글을 써 친일 행위에 앞장선 예술가도 많았답니다. 더욱 이육사, 윤동주와 같은 시인들을 잊으면 안 되는 이유입니다. 윤동주의 대표적 작품으로 『서시』, 『별 헤는 밤』 등이 있습니다.

### 바로알기

① 『금수회의록』은 1908년에 발표된 신소설이에요.

③ 1920년대에는 경향이 비슷한 사람들끼리 모여 <창조>, <폐허>, <백조>와 같은 동인지를 발간했어요.

④ 토월회는 1923년에 조직되어 신극 운동을 전개했어요.

⑤ 1920년대에는 사회주의의 영향으로 식민지 현실의 계급 모순을 적극적으로 비판하는 신경향파 문학이 등장했어요. 일명 카프(KAPF) 문학이라고도 합니다.

**3** 박정희~전두환 정부

288
5 · 16 군사 정변

289
한일 협정

290
베트남 파병

291
3선 개헌

295
6월 민주 항쟁

294
5·18 민주화 운동

293
12·12 사태

292
유신 헌법

**4** 경제 발전 및 사회 변화와 통일을 위한 노력

296
경제 개발 5개년 계획

297
새마을 운동

298
전태일

299
석유 파동

303
7·4 남북 공동 성명

302
IMF 사태

301
금융 실명제

300
3저 호황

304
6·15 남북 공동 선언

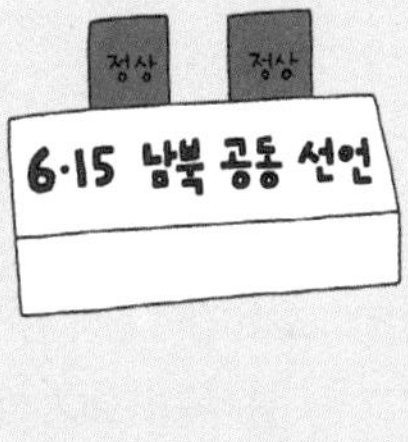

## 274 8·15 광복 ▶▶ 1945년 8월 15일 일제 강점기에서 벗어나 나라를 되찾은 일

연도 1945   인물 여운형   단체 조선 건국 준비 위원회          기본 ✔ 심화 ✔

드디어 너무 아팠던 일제 강점기의 어두운 터널을 뚫고 나왔네요.
8·15 광복입니다. 만세! 그런데 중요한 건 이 광복을 우리 스스로의
힘으로 쟁취하지 못했다는 겁니다.
일본의 패망이 가까워오자 연합국에서는 카이로 회담을 통해
'적당한 시기와 절차를 거쳐' 우리나라를 독립시킬 것을 최초로
언급하고요. 포츠담 선언을 통해 한국의 독립을 약속하죠.
그러던 중 제2차 세계 대전에서 패한 일본은
일왕이 직접 항복을 선언합니다.
이즈음 한국 광복군이 국내 진공 작전을
계획하고 있었는데, 아쉽게도 실행하지 못합니다.
우리가 직접 태극기를 탁 꽂았어야 하는데 그걸 못 해요.
갑작스런 일본의 항복으로 시도조차 못 해 본 안타까운 상황이 벌어진 거죠.
이제 미국과 소련은 해방군이 아닌 점령군으로 한반도에 들어오게 될 것입니다.

하지만 국내에서는 **여운형**이 중심이 되어 활동했던 조선 건국 동맹이
**조선 건국 준비 위원회**로 탈바꿈하고 빠르게 건국 준비를 합니다.
줄여서 '건준위'라고 하죠. 좌우 합작 단체예요.
건준위가 해야 할 가장 중요한 일은 치안이었답니다.
치안대를 결성해서 무정부 상태의 혼란을 방지하려고 했죠.
그리고 미군이 들어온다고 하자 바로 **조선 인민 공화국**을
선포하고 지방에는 인민 위원회를 설치합니다.
미국과의 협상을 원만히 하기 위해서죠.
그러나 미국은 '웃겨'하며 한반도의 모든 행정 조직을
인정하지 않습니다.
심지어 충칭의 대한민국 임시 정부도 인정하지 않아요.
김구가 임정 주석이 아닌 개인 자격으로 귀국한다니까요. 광복인데…. 이건 뭐니.
이렇듯 우리의 일은 우리가 직접 해결해야 합니다!!

 **결정적 기출 선지**

❶ 광복 후 [          ]이 중심이 되어 조선 건국 준비 위원회가 조직되었다.

❷ 조선 건국 준비 위원회는 [          ]을 수립했으나, 미군정의 승인을 받지 못했다.

정답

여운형

조선 인민 공화국

# 모스크바 3국 외상 회의

▶▶ 미국·영국·소련이 전후 문제 처리를 위해
모스크바에서 개최한 외무 장관 회의

연도 1945. 12.　결정 임시 민주 정부 수립, 미소 공동 위원회 설치, 신탁 통치 실시　기본 ☑ 심화 ☑

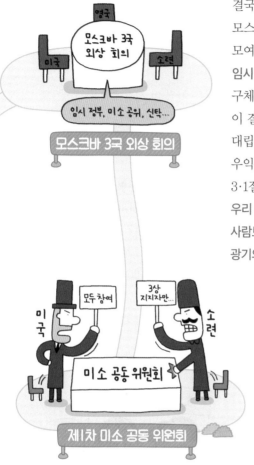

**모스크바 3국 외상 회의**

**제1차 미소 공동 위원회**

결국 한반도의 운명은 열강들이 쥐게 됩니다.
모스크바에 미국·소련·영국 3국의 외무 장관들이
모여 한반도의 운명을 결정짓습니다.
**임시 민주 정부**를 세울 것, **미소 공동 위원회**를 열어
구체화할 것, **신탁 통치**는 최대 5년으로 할 것이라는 결정.
이 결정이 국내에 알려지자 좌익과 우익은 심하게
대립합니다. 좌익은 모스크바 3상 회의의 총체적 지지를,
우익은 신탁 통치 반대를 주장했죠. 그러면서 1946년
3·1절 행사도 따로 하고 심지어 충돌까지 합니다.
우리 이러지 맙시다. 이념보다 사람이 먼저입니다.
사람보다 이념이 앞서게 되면 그때부터 우리는
광기의 시대로 접어듭니다.

혼란 속 모스크바 3국 외상 회의의 결정에 따라
1946년 제1차 미소 공동 위원회가 열렸습니다.
이념이 다른 두 나라의 회의 …. 결과가 아름답지
않겠죠? 결국 미국과 소련이 대립합니다.
임시 정부 수립 협의에 참여할 단체 구성에 대해
미국은 '원하는 세력은 누구나 참여하게 하자'는
반면, 소련은 '모스크바 3상 회의 찬성 세력만 들
어오게 하자'라고 주장합니다.

미국은 임시 정부에 우익 세력이 많이 들어오게, 소련은 좌익 세력만 들어오게 하고 싶었던 거죠.
자신들을 지지해 줄 세력을 한반도에 심는 게 이들의 목표였기 때문에 결론을 낼 수가 없었습니다.
결국 제1차 미소 공동 위원회는 성과 없이 결렬되었고, 무기한 휴회를 결정합니다.
분단이라는 글자가 조금씩 보이는 것 같네요.

 **결정적 기출 선지**

**1** 모스크바 3국 외상 회의에서 최대 5년간의 ☐☐☐☐ 실시를 결정하였다.

**2** 제1차 ☐☐☐☐☐☐☐ 는 임시 정부 구성을 둘러싼 대립 끝에 결렬되었다.

**정답**

신탁 통치

미소 공동 위원회

# 276 좌우 합작 운동 ▶▶ 해방 후 전개되었던 통일 정부 수립 운동

연도 1946~1947    인물 여운형, 김규식    기본 ☑ 심화 ☑

상황이 이렇게 돌아가자 노련한 정치인 **이승만**은 미국과 소련이 영원히 합의하지 못할 것이라고
판단합니다. 대통령이 되고 싶었던 이승만은 빨리 남한만이라도 정부 수립을 해야 한다고 생각했죠.
그 생각을 정읍에서 밝힌 것이 그 유명한 1946년 이승만의 **정읍 발언**입니다.
이렇게 되면 남과 북에 따로따로 정부가 들어서고, 이건 분단인데….
사실 좌우 대립이 심하긴 했어도 남북이 분단될 것이라는 생각은 아직 이 시점에선 없었거든요.
그런데 이제 사람들의 머릿속에 분단이라는 선택지가 추가된 것입니다.
절대 안 돼!! 독립한 지 얼마나 되었다고 분단이라니요….

그래서 통일 정부 수립을 위해 **좌우 합작 운동**이 전개됩니다. 중도 좌파인 **여운형**과 중도 우파인
**김규식**이 중심이 되어 전개하죠. 초기에는 미군정도 중도 세력을 중심으로 정치 안정을 꾀할 필요
가 있다고 판단하여 팍팍 지원합니다. 여기서 나온 결과물이 **좌우 합작 7원칙**.
'미소 공동 위원회를 빨리 재개하고 임시 정부를 세우자!', '친일파 처단과 토지 개혁을 진행하자!'는
내용이 담겨 있죠. 그러나 좌우익 세력의 외면으로 동력을 상실하고, 성과가 없자 미군정도 손 뗍니다.
그 후 여운형이 암살되고 제2차 미소 공동 위원회까지 결렬되죠.
결국 좌우 합작 운동은 실패하고 맙니다. 미국은 한반도 문제를 유엔으로 넘겨 버리구요.

통일 정부 수립을 위한 노력

제1차 미소 공동 위원회 결렬

남한만이라도 정부 수립에 박차를 가해야…

이승만

정읍 발언

이승만의 정읍 발언

좌우 합작 운동

분단될 수도 있다

손 잡아야 한다

여운형 좌파    우파 김규식

좌우 합작 운동

### 결정적 기출 선지

❶ 이승만은 [       ]에서 남한만의 단독 정부 수립을 주장하였다.

❷ [       ]은 여운형, 김규식 등 중도 세력을 중심으로 전개되었다.

**정답**

정읍(정읍 발언)

좌우 합작 운동

# 277 남북 협상

▶▶ 남한만의 단독 정부 수립에 반대하기 위해
남북의 일부 지도자가 함께 정부 수립을 논의한 일

연도 1948. 4.   인물 김구, 김규식

기본 ☑ 심화 ☑

유엔 총회에서는 인구 비례에 의한 남북 총선거를 결정합니다. 그런데 소련이 이를 거부하죠.
당시 유엔은 미국의 세력권 안에 있는 것과 마찬가지였거든요.
결국 유엔은 남한만이라도 총선거를 하라고 다시 결정하죠. 그래서 시행된 것이 5·10 총선거.
그런데 이 선거는 쉽게 진행되질 못해요. 좌익과 일부 우익 세력이 반대했거든요.
제주도에서는 좌익 세력인 남로당을 중심으로 단독 선거에 반대하는 정부 저항 운동이 일어납니다.
문제는 미군정이 이를 진압하는 과정에서 무고한 제주도 양민들이 무참히 학살되었다는 것이죠.
이게 바로 **제주 4·3 사건**이에요. **이념이 사람보다 먼저일 때 나타나는 비극입니다.**

5·10 총선거에 반대한 대표적인 우익 세력은 **김구**죠. 김구는 5·10 총선거 실시에 반대한다면서
**김규식**과 함께 38선을 넘습니다. 김일성을 만나겠다는 것이죠. 이것이 바로 **남북 협상**입니다.
남북 협상에서 외국군 철수, 통일 정부 수립 등의 내용이 담긴 공동 성명을 발표하죠.
그러나 사실 김일성은 이미 정부 수립에 준하는 조직들을 다 갖추고 있었어요.
남한의 5·10 총선거 준비도 착착착 진행되는 상황이었고요.
상황이 김구의 생각대로 돌아가지는 않았답니다.

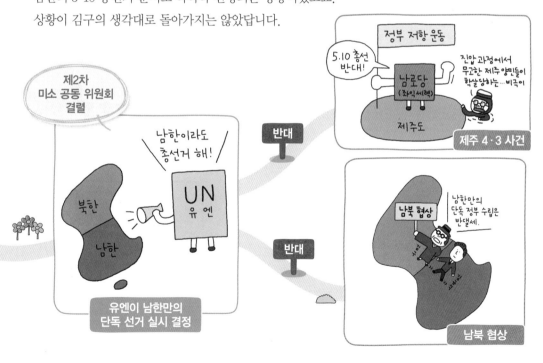

 **결정적 기출 선지**

① 좌익 세력과 제주 일부 주민들이 단독 선거에 반대하며 [          ]이 일어났다.

② [          ], 김규식 등이 남북 협상에 참여하였다.

**정답**

제주 4·3 사건

김구

311

## 278 5·10 총선거 ▶▶ 남한만의 단독 선거, 민주 정치 첫 경험!

실시 1948   암기 보통 선거, 제헌 국회          기본 ☑ 심화 ☑

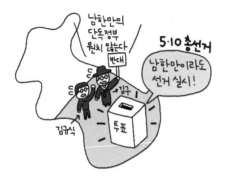

우여곡절이 있었지만 결국 5·10 총선거는 시행됩니다.
비록 남한만의 단독 선거였지만 만 21세 이상의
모든 국민에게 선거권이 주어진 우리나라 **최초의
민주적 보통 선거**였어요.
그러나 좌익 세력과 김구 등의 남북 협상파가
불참하였고, 제주 4·3 사건으로 인해 제주도에서는
3개 선거구 중 1개의 선거구에서만 선거가 실시됐죠.
근데 총선은 왜 하냐고요? 국회의원 뽑으려고요.

왜 국회의원을 먼저 뽑냐고요? 국회는 입법부잖아요. 쉽게 말해, 헌법을 만들기 위해서죠.
5·10 총선거를 통해 선출된 국회의원들이 **제헌 국회**를 구성하고, **제헌 헌법**을 만듭니다.
제헌 헌법은 대통령을 국회에서 뽑는 대통령 간선제,
그리고 '국회의원 임기는 2년으로 한다'는 내용을 담고 있어요.

헌법이 만들어졌으니 이제 **대한민국**이 출범하면 되겠네요.
국회에서 간선제로 이승만을 초대 대통령으로 선출합니다.
당시 선출된 국회의원들은 대부분 이승만을 지지하고 있었거든요.
김구와 김규식 부류의 남북 협상파 인물들은 5·10 총선거에
참여하지 않았으니까요.
이날이 바로 1948년 8월 15일입니다.
정말 많은 굴곡을 거쳐 우리의 자랑스런 대한민국이 출범하였습니다.
이 대한민국이 지금까지 이어지고 있는 것이지요.

이제 무엇을 해야 할까요?
첫 번째는 이제까지 해결하지 못한 친일파 청산이고,
두 번째는 소작농들에게 토지를 나누어 주는 것이었죠.
이 두 가지 국가적 과제를 어떻게 수행하게 될까요?

 **결정적 기출 선지**

① ☐ 는 우리나라 최초의 보통 선거였다.

② 제헌 국회는 간선제 등의 내용이 담긴 ☐ 을 공포하였다.

정답

5·10 총선거

제헌 헌법

# 279 제헌 국회 ▶▶ 5·10 총선거로 구성된 우리나라 최초의 국회

활동 반민족 행위 처벌법(1948), 농지 개혁법(1949) 제정    기본 ☑ 심화 ☑

친일파 청산

제헌 국회 일 시작합니다. 우선 친일파 청산!
제헌 국회는 **반민족 행위 처벌법**을 제정하고
**반민족 행위 특별 조사 위원회(반민특위)**를
구성해요. 그런데 이승만 정부가 협조를
안 합니다. 왜일까요?
정부 수립 전 미군정은 정국 안정을 위해
일제 강점기의 정부 조직을 그대로 운영했어요.
이는 이승만 정부 때에도 마찬가지.
이승만 정부는 출범한 지 얼마 되지도
않았는데 정부 인사들이 반민특위에 끌려가는
상황이 많아지니 위기감을 느꼈죠.
사실 이승만은 아주 오랫동안 미국에
있었기에 우리나라에 기반이 없었어요. 그래서
자신의 정치적 기반을 친일파로 삼았구요.
게다가 북쪽에는 공산주의 정부인 북한이 있고,

여전히 국내에도 많은 공산주의자들이 있었죠.
그 결과 이승만은 친일 청산보다는 반공을 우선시합니다. 결국 반민특위는 경찰의 습격을 받고,
국회 프락치(간첩) 사건에 가담하였다고 공격받다가 해체되고 맙니다.

이번엔 **토지 개혁**! 북한은 이미 토지 개혁을 단행했습니다. 무상 몰수·무상 분배.

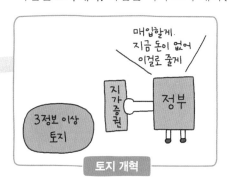

토지 개혁

우린 **농지 개혁법**을 제정해 **유상 매입·유상 분배**로
우선 3정보 이상의 토지는 국가가 매입합니다.
하지만 정부가 돈이 없어서 현금 대신 지가 증권으로
줍니다. 유상 분배는 토지 가격을 1년치 생산량의
150%로 정했어요.
그리고 그걸 30%씩 5년간 분할 상환하면 됩니다.
휴우. 어느 누구도 만족하지 못했지만 그래도
농지 개혁을 실행하긴 했습니다.

---

🤓 **결정적 기출 선지**

❶ 제헌 국회에서 친일파 청산을 위해 [          ]을 제정하였다.

❷ 대한민국 정부 수립 후 유상 매입·유상 분배의 [          ]이 제정되었다.

**정답**

반민족 행위 처벌법

농지 개혁법

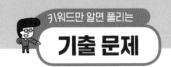
## 01 다음 상황이 일어난 배경으로 가장 적절한 것은? [2점]

지금 사람들이 무엇을 하고 있는 것이오?

신탁 통치 결정에 반대하는 집회를 열고 있는 중입니다.

① 평양에서 남북 협상이 열렸다.
② 반민족 행위 처벌법이 제정되었다.
③ 유엔의 감시 아래 총선거가 실시되었다.
④ 모스크바에서 3국 외상 회의가 개최되었다.
⑤ 장면을 국무총리로 하는 내각이 수립되었다.

## 03 다음 성명서가 발표되었던 시기를 연표에서 옳게 고른 것은? [3점]

......

2. 남북 제 정당 사회 단체 지도자는 우리 강토에서 외국 군대가 철거한 이후에 내전이 발생될 수 없다는 것을 확인하며, 또한 그들은 통일에 대한 조선 인민의 지망(志望)에 배치되는 어떠한 무질서의 발생도 용허(容許)하지 않을 것이다.

......

4. 천만여 명 이상을 망라한 남조선 제 정당 사회 단체들이 남조선 단독 선거를 반대하느니만큼 유권자 수의 절대 다수가 반대하는 남조선 단독 선거는 설사 실시된다 하여도 절대로 우리 민족의 의사를 표현하지 못할 것이며 다만 기만(欺瞞)에 불과한 선거가 될 뿐이다.

| 1945. 8. | 1945. 12. | 1946. 3. | 1947. 5. | 1947. 11. | 1948. 7. |
|---|---|---|---|---|---|
| | (가) | (나) | (다) | (라) | (마) |
| 광복 | 모스크바 3국 외상 회의 | 제차 미소 공동 위원회 개최 | 제2차 미소 공동 위원회 개최 | UN 총회의 남북한 총선거 결정 | 대한민국 헌법 공포 |

① (가)  ② (나)  ③ (다)  ④ (라)  ⑤ (마)

## 02 (가)에 들어갈 내용으로 옳은 것은? [3점]

제차 미소 공동 위원회가 결렬된 이후의 정치 상황은 어떻게 전개되었을까?

좌익과 우익의 대립이 심화되고 남북 분단의 가능성이 높아졌어.

그래서 여운형과 김규식이 중심이 되어 (가)

① 국민대표 회의를 개최하였어.
② 민족 유일당 운동을 전개하였어.
③ 좌우 합작 위원회를 결성하였어.
④ 독립 촉성 중앙 협의회를 조직하였어.
⑤ 반민족 행위 특별 조사 위원회를 발족하였어.

## 04 다음 뉴스에서 보도하고 있는 선거에 대한 설명으로 옳은 것은? [2점]

5월 10일, 전국에서 유엔 한국 임시 위원단이 지켜보는 가운데 총선거가 실시되었습니다. 투표 결과 무소속이 85석으로 그 어느 정당보다도 많았습니다.

① 비례 대표제가 적용되었다.
② 6·25 전쟁 중에 진행되었다.
③ 헌법 개정에 따라 시행되었다.
④ 우리나라 최초의 보통 선거였다.
⑤ 통일 주체 국민 회의 대의원을 선출하였다.

## 01 키워드 275 | 모스크바 3국 외상 회의 | 답 ④

신탁 통치 결정에 반대하는 집회라는 것을 통해 대한민국 정부 수립 과정에서 있었던 모스크바 3국 외상 회의에 대한 내용임을 알 수 있어요. 1945년 12월 미국·영국·소련의 외무 장관들이 모여 한국의 정부 수립 문제를 논의합니다. 이 회의에서 한반도에 임시 민주 정부 수립과 이를 위한 미소 공동 위원회 설치, 최대 5년간의 신탁 통치 등이 결정되죠. 이 소식이 알려지면서 우익 세력이 대대적인 신탁 통치 반대 운동을 전개하였고, 이를 둘러싸고 좌익과 우익 간의 심각한 의견 대립이 발생합니다.

### 바로알기

①, ③ 한국 문제에 대한 미국과 소련의 견해 차이가 좁혀지지 않자 미국은 한반도 문제를 유엔에 넘겨버립니다. 유엔 총회는 남북한 총선거를 시행하라고 결의했죠. 그런데 소련이 이를 거절하자 남한만이라도 총선거를 하라고 합니다. 그러자 남북 분단을 우려한 김구는 단독 선거 실시에 반대하며 남북 협상에 참석합니다. 그럼에도 결국 1948년 5월 10일 남한만의 총선거가 실시됩니다. 우리나라 최초의 보통 선거였죠.

② 1948년 제헌 국회에서 반민족 행위 처벌법을 제정하고 이 법령에 따라 반민족 행위 특별 조사 위원회가 구성되었어요. 하지만 이승만 정부의 방해로 활동은 지지부진했죠.

⑤ 1960년 4·19 혁명으로 이승만과 자유당 정권이 붕괴된 후 개헌을 통해 정부가 대통령 중심제에서 내각제로 변화됩니다. 장면을 국무총리로 하는 내각이 수립되죠. 궁금하면 321쪽으로!

## 02 키워드 276 | 좌우 합작 운동 | 답 ③

미소 공동 위원회에서 미국과 소련이 아무것도 결정하지 못하고 임시 정부 구성은 계속해서 미뤄지고 있었습니다. 또 신탁 통치 문제를 두고서 좌익과 우익이 격렬하게 대립하고 있었죠. 그때 이승만의 정읍 발언이 좌익과 우익의 대립을 더욱 심화시켰어요. 이러다가는 정말 남북이 분단될 수도 있겠다는 위기감을 느낀 중도 좌파 여운형과 중도 우파 김규식은 손을 잡습니다. 좌우 합작 위원회를 결성해 좌우 합작 운동을 전개했죠. 어떻게든 우리 민족이 분단되는 걸 막아야 했어요!

### 바로알기

① 국민대표 회의는 1923년 대한민국 임시 정부의 새로운 활로를 모색하기 위해 열었던 회의입니다.

② 일제 강점기 민족주의 세력과 사회주의 세력으로 나누어져 있던 독립운동 단체들은 하나로 힘을 합치고자 민족 유일당 운동을 추진했어요. 그 결과 신간회가 창립되었죠.

④ 독립 촉성 중앙 협의회는 광복 직후 이승만이 우파 세력과 함께 세운 정당이에요.

⑤ 제헌 국회는 친일파를 처벌하기 위해 반민족 행위 처벌법을 제정하고 반민족 행위 특별 조사 위원회를 구성했습니다. 하지만 별 소득 없이 친일파 청산은 수포로 돌아가요.

## 03 키워드 277 | 남북 협상 | 답 ⑤

성명서에 외국 군대 철거, 단독 선거 반대 등의 내용이 담겨 있군요. 바로 김구와 김규식이 북측의 김일성과 김두봉을 평양에서 만나서 결의한 사항이에요. 1948년 4월 이루어진 남북 협상이죠. 제2차 미소 공동 위원회까지 결렬되자 미국은 한국 문제를 유엔에 넘깁니다. 유엔은 인구 비례에 따라 남북한 총선거를 시행하라고 해요. 근데 소련이 거부합니다. 북한 인구가 남한보다 적어 불리했거든요. 그래서 이번에는 선거가 가능한 지역에서만 총선을 치르라고 해요. 남한만 선거하라는 얘기죠. 이제 정말 남북이 분단될 일촉즉발의 상황까지 가게 되었어요. 김구는 어떻게라도 이 사태를 막아야 했어요! 38선을 베고 쓰러질지언정 단독 정부 수립에는 참여하지 않겠다고 삼천만 동포에게 읍고합니다. 그리고 직접 김일성을 만나러 북으로 갑니다. 거기서 통일 정부를 수립하고 외국 군대를 빨리 철수시키자는 결의문을 채택하죠. 하지만 김구의 노력은 별다른 성과를 거두지 못해요. 남한에서 총선거가 그대로 실시되었거든요. 이것이 우리 민족이 진정으로 바라던 광복 후 조국의 모습이었을까요?

어쨌든 남북 협상이 실시된 시기는 UN이 남북한 총선거 실시를 결정한 후인 (마)입니다.

## 04 키워드 278 | 5·10 총선거 | 답 ④

'5월 10일 유엔 한국 임시 위원단의 감시하에 실시된 총선거'네요. 우리나라 최초의 보통 선거인 5·10 총선거예요. 우여곡절 끝에 치러진 선거였죠. 유엔이 인구 비례에 의한 남북한 총선거를 결정했지만 소련이 이를 거부하면서 남한 단독 선거를 실시하게 됐어요. 5·10 총선거의 결과로 남한에 제헌 국회가 구성되어 제헌 헌법을 만들고 대한민국 정부가 수립되지요. 아, 참. 김구와 김규식 등 남북 협상파 인물들은 5·10 총선거에 참여하지 않고, 계속해서 통일 정부 수립 운동을 이어 나가요. 남북의 골은 더욱 깊어져만 갑니다!

### 바로알기

① 5·10 총선거에서는 비례 대표제가 적용되지 않았어요. 비례 대표제가 처음 도입된 선거는 1963년 실시된 제6대 총선거였답니다.

② 5·10 총선거는 1948년 5월 10일에 실시되었습니다. 6·25 전쟁은 1950년 6월 25일에 발발하여 1953년 7월 27일에 정전 협정이 체결되었어요.

③ 5·10 총선거 자체가 헌법을 제정할 국회를 구성하기 위한 선거였으므로 당시 개정될 헌법은 없었어요.

⑤ 1972년 유신 체제 아래에서는 통일 주체 국민 회의에서 대통령을 간접 선거로 선출했답니다. 박정희 대통령 장기 집권을 위해 수를 쓴 거죠. 뒤에서 배울 거예요.

# 280 6·25 전쟁 ▶▶ 1950년 6월 25일 북한의 기습 남침으로 벌어진 한국 전쟁

연도 1950. 6. 25.~1953. 7. 27.　배경 애치슨 선언　암기 인천 상륙 작전　　기본 ☑ 심화 ☑

**우리나라도** 어수선한데 주변 정세는 완전 뒤숭숭합니다.

1948년에 대한민국 정부가 수립되자 북한도 바로 조선 민주주의 인민 공화국을 선포합니다.

1949년에는 중국 공산당이 중화 인민 공화국을 선포하죠. 그리고 북한을 팍팍팍 밀어 줍니다.

소련 역시 북한에게 아낌없이 무기를 몰아 주고요.

이런 상황에서 1950년 미국이 **애치슨 선언**을 통해 미국의 방위선에서 한반도를 제외해 버립니다.

이건 뭥미. 헐? 북한의 김일성은 쾌재를 불렀겠죠.

미국이 한반도를 떠난 거라고 착각하며 소련과 중국에게 무기와 군인을 더 제공해 달라고 합니다.

아니… 동족상잔의 비극을 일으키겠다는 건가요?

이념보다 사람이 먼저입니다. 제가 계속 강조하고 있죠?

어떤 이유라도 이 땅에서 전쟁은 안 됩니다. 그런데 그걸 김일성이 일으킨 겁니다.

북한은 1950년 6월 25일 전면적인 남침을 단행합니다. **6·25 전쟁**의 시작.

계속 진격해서 낙동강까지 밀고 내려옵니다. 이때 **유엔군이 참전**하고 맥아더의 **인천 상륙 작전**이

성공하면서 상황 역전! 서울을 수복하고 38선을 넘어간 날이 10월 1일입니다.

그래서 국군의 날이 10월 1일이 된 것이랍니다.

그리고 북으로 진격! 압록강까지 밀고 올라갑니다.

6·25 전쟁의 전개

애치슨 선언

북한의 무력 남침

인천 상륙 작전으로 서울 수복 후 압록강까지 진격

 **결정적 기출 선지**

① 1950년 미국이 [           ]을 통해 미국의 방위선에서 한반도를 제외하였다.

② 6·25 전쟁 당시 유엔군의 [           ]을 계기로 전세가 역전되었다.

정답

애치슨 선언

인천 상륙 작전

# 281 · 1·4 후퇴 ▶▶ 중국군의 공세로 수도 서울을 다시 빼앗긴 사건

연도 1951    암기 한미 상호 방위 조약                    기본 ☐ 심화 ☑

어쨌건 이제 압록강까지 진격하나 했는데 두둥. 북소리가 울리면서 **중국군이 참전**합니다.

아~ 통일이 눈앞에 다가왔었는데 ….

인해전술로 밀고 내려오는 중국군을 막아 낼 재간이 없네요.

중국군의 거센 남진으로 결국 1951년 1월 4일, 서울이 다시 함락됩니다. 이걸 **1·4 후퇴**라고 합니다.

이후 계속 밀리는 듯했으나 다시 반격해 서울을 재탈환해요.

그러나 쉽게 끝나지 않는 전쟁. 38도선을 경계로 밀고 밀리는 치열한 싸움이 전개됩니다.

결국 소련이 휴전을 제안하여 정전 회담이 시작되나 이 역시 순탄치 않습니다.

휴전선 설정과 포로 문제 때문이었죠.

소련은 포로를 자동 송환할 것을, 미국은 포로가 원하는 나라에 갈 수 있는 자유 송환을 주장합니다.

이 과정에서 1953년 이승만 정부는 미·소가 그리 귀하게 여기는 포로를 과감히 석방해 버립니다.

이름하여 **반공 포로 석방 사건**. 미국은 이승만 정부를 달래죠.

이승만 정부는 두 가지를 달라고 합니다. 경제 원조와 미군 주둔.

미국은 이걸 모두 수용합니다. 결국 1953년 **정전 협정**이 체결되었고, 정전 직후

**한미 상호 방위 조약**이 체결되면서 미군이 우리나라에 주둔하게 됩니다. 주한 미군의 시작이죠.

중국군 참전으로
1·4 후퇴

38도선을 경계로
전선이 고착화되자
소련이 휴전 제안

휴전선 설정 및
한미 상호 방위 조약 체결
(1953. 10.)

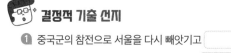 **결정적 기출 선지**

❶ 중국군의 참전으로 서울을 다시 빼앗기고 [          ]를 하였다.

❷ 6·25 전쟁의 결과 이승만 정부는 미국과 [          ]을 체결하였다.

**정답**

1·4 후퇴

한미 상호 방위 조약

## 282 발췌 개헌 ▶▶ 부산 피난 시 이뤄진 대한민국 정부 수립 이후 첫 번째 헌법 개정

연도 1952   정부 이승만                                             기본 ☐ 심화 ☑

친일파 청산, 농지 개혁이 제대로 안 되었던 것, 기억하시죠?

결국 이승만 지지 세력이 1950년 총선에서 대거 낙선합니다.

제헌 헌법 기억나죠? 대통령은 어디에서 뽑는다? 국회지요.

그러니 이승만 정부는 재집권하기 어렵겠네요. 이승만 정부, 가만히 있을 수 없겠죠?

6·25 전쟁 중 임시 수도였던 부산에서 결국 사고가 터집니다. 부산 정치 파동.

계엄령을 선포하고 야당 국회의원들을 협박해 **대통령 직선제**

개헌에 찬성하게 합니다. 심지어 기립 표결.

'전쟁 중 장수를 바꾸지 않는다'는 논리일까요?

대통령 직선제로!

발췌 개헌 (1차)

어쨌든 이승만이 다시 대통령 당선.

이리하여 1차 개헌, 즉 **발췌 개헌**이 이뤄집니다.

대통령 직선제와 내각 책임제, 양원제의 장점을 발췌해서 만든

헌법이라는 건데, 사실은 대통령 직선제에 더 방점이 찍힙니다.

## 283 사사오입 개헌 ▶▶ 대통령 3선 금지 조항을 고치기 위해 헌법을 개정한 사건

연도 1954   정부 이승만                                             기본 ☑ 심화 ☑

이제 이승만은 대통령을 두 번이나 했으니 더 이상은 못해요.

그래서 또 개헌합니다. 초대 대통령에 한해 중임 제한 철폐.

즉, '이승만은 죽을 때까지 대통령 선거에 나올 수 있다'.

2차 개헌을 우리는 **사사오입 개헌**이라고도 하는데요.

왜냐? 개헌하기 위해 모인 국회의원 203명. 이중 2/3 이상이

찬성해야 통과! 그럼 몇 명 찬성? 136명이죠.

반올림이 안 되므로 가결!

사사오입 개헌 (2차)

135.3333···

사사오입은 반올림의 이전 말!

그런데 이게 웬일. 135명만 찬성하네요. 부결됩니다.

그러자 용감한 수학자 등장. 203의 2/3는 136이 아니라 135라고 주장합니다.

잉? '135.333···에서 5 미만은 반올림이 안 되므로 버려야 한다. 따라서 135명이 맞다.'

옳다구나! 부결된 헌법을 다시 가결시킵니다.

 **결정적 기출 선지**

❶ [        ]으로 초대 대통령에 한해 중임 제한이 철폐되었다.

**정답**

사사오입 개헌

## 284 진보당 사건 ▶▶ 북한의 주장과 유사한 평화 통일 방안을 주장하였다는 혐의로 진보 세력인 조봉암을 사형시킨 사건

연도 1958 인물 조봉암

기본 ☐ 심화 ✔

사사오입 개헌으로 다시 대통령 후보로 나선 이승만은 1956년 대선에서 승리를 낙관했습니다.
'못 살겠다, 갈아보자'를 내세워 돌풍을 일으켰던 야당 후보인 신익희가 선거 도중 사망했거든요.
무난하게 승리할 거라 예상했죠. 물론 승리를 하긴 했습니다. 그런데 무소속으로 나온 **조봉암**이 상당한 표를 가져갑니다. 위협을 느낀 이승만 정부는 강력한 반공 분위기를 통해 정권의 위기를 넘기려 합니다. 신국가 보안법을 만들고, 조봉암이 만든 진보당의 평화 통일 강령을 문제 삼아 조봉암을 간첩 혐의로 사형시킵니다.
그리고 정부에 비판적인 기사를 쓰고 있는 경향신문도 폐간시키죠.
정치적 악수를 두고 있는 이승만 정부. 그 끝이 서서히 다가옵니다.

## 285 삼백 산업 ▶▶ 1950년대 한국에서 중추적 역할을 했던 제분·제당·면방직 산업

삼백 밀·설탕·면화

기본 ✔ 심화 ✔

이승만 정부의 정치쪽 상황 잠깐 멈추고요. 경제쪽을 살펴보도록 하죠.
이승만 정부는 미국으로부터 원조를 받으며 경제를 유지했습니다.
원조는 주로 미국의 농산물이었는데요. 대표적인 것이 밀·설탕·면화였습니다.
이것들의 공통점은? '하얗다'입니다.
이 제품들을 들여와 가공해서 판매하는 **삼백 산업**이
이때 발전하게 됩니다. 이 삼백 산업의 발전을 통해
우리도 자본 시장을 구축하게 되는 것이지요.
그런데 원조 경제가 1958년에 종료됩니다.
미국에 대한 경제 의존도가 높았기 때문에 국내 경제가 어려워지죠.
이 위기는 결국 4·19 혁명의 경제적 배경이 되기도 하죠. 4·19 혁명이 뭐냐구요?
궁금하면 다음 쪽~

 **결정적 기출 선지**

① 이승만 정부 시기, 진보당의 [ ]이 간첩 혐의를 받아 사형되었다.

정답

조봉암

# 286 4·19 혁명 ▸▸ 이승만 정부를 무너뜨린 민주주의 혁명

연도 1960    정부 이승만    원인 3·15 부정 선거                    기본 ☑  심화 ☑

1960년(제4대) 대선에서는 대통령 선거보다 부통령 선거가 더 중요했어요.
워낙 이승만 대통령 후보가 연로했기에 이승만 대통령 사망 시 그 뒤를 잇는 부통령이 누구일지가
중요했거든요. 정부 여당인 자유당 부통령 후보로 나온 이기붕.
그러나 야당 후보인 **장면**에게 깜이 되질 않았습니다. 하지만 무슨 일이 있더라도 이기붕을 부통령
으로 만들어야 했기에 어마어마한 부정 선거가 자행됩니다. 이것이 바로 **3·15 부정 선거**입니다.
투표함 바꿔치기에, 공개 투표까지 …. 민주주의의 근간을 완전히 무시해 버리는 행동이었어요.
황당하고 황망한 부정 선거가 자행되자 마산에서 학생들이 들고일어납니다.
그 과정에서 **김주열** 학생이 실종됐는데, 이후 최루탄에 맞아 죽은 상태로 마산 앞바다에 떠오릅니다.

**4·19 혁명**의 도화선이 되죠. 시민들과 학생들이 거리로 쏟아져 나왔습니다.
결국 경찰은 시민을 향해 총을 쏘았으며 계엄령이 선포됩니다.
하지만 시민뿐만 아니라 대학 교수까지 모두 거리로 나오면서 저항의 물결은 더욱 거세졌죠.
학생들의 희생을 보고만 있을 수 없던 대학 교수들은 시국 선언문을 발표하고 시위에 참여했어요.
이렇게 저항이 계속 거세지자 결국 이승만은 하야 성명을 발표하고 미국으로 망명했죠.
혁명이 성공한 것입니다.

 **결정적 기출 선지**

① 4·19 혁명은 [          ]가 발단이 되었다.

② 4·19 혁명의 결과 국민들의 요구에 굴복하여 대통령이 하야하였다.   ○ │ ✕

정답

3·15 부정 선거

○

## 287 장면 내각 ▶▶ 대통령 윤보선, 국무총리 장면이 선출된 제2공화국

암기 내각 책임제, 양원제                                      기본 ☐   심화 ✔

혁명이 성공하고 이승만이 하야하자 이를 수습하기 위해 **허정 과도 정부**가 들어섭니다.

그리고 바로 개헌 작업.

3차 개헌의 특징은 우리나라 역사상 **최초의 내각 책임제**라는 것입니다.

한 사람에게 권력을 너무 많이 주었기 때문에 독재가 생겼다고 생각했기 때문이죠.

국회는 지금의 미국, 영국처럼 민의원(하원)과 참의원(상원)의 **양원제**로 구성됩니다.

이 개헌 이후 실시된 총선거에서 야당이었던 민주당이 압승을 거두며 정권을 장악하게 되는데요.

이리하여 제2공화국인 **장면 내각**이 출범하게 됩니다.

내각 책임제라 대통령이 아니라 내각을 책임지는 총리 위주로
정치가 운영되므로 장면 내각이라 부르는 거예요.
그렇다고 제2공화국에 대통령이 없는 것은 아닙니다.
윤보선 대통령이 있었죠. 하지만 실권은 없었어요.
총리인 장면에게 있었지요.
다수당의 우두머리이자 실세.

장면 내각은 3·15 부정 선거 사범 처벌을 위해 소급 입법을
적용하는 4차 개헌을 단행하고, 경제 개발을 최우선 과제로 두기도 했죠.

또 장면 내각이 출범하자 이제까지 억눌렸던 민주화 요구들이 쏟아져 나옵니다.

혁신계의 중립화 통일 주장(가자! 북으로, 오라! 남으로)도 나오죠.

그런데 이런 상황을 수습 못 하고 있는 장면 내각.

각 계층의 민주화 요구도 제대로 수용하지 못합니다.

게다가 민주당 내부에선 신구파끼리의 파벌 정쟁도 벌어집니다.

세상은 다시 혼란 속으로….

이것은 누군가의 오판을 불러올 위기일까요? 아니면 민주주의는 원래 시끄러운 것이니 기다려야

하는 것일까요?

 **결정적 기출 선지**

❶ 허정 과도 정부 시기에 정부 형태가 [          ]로 바뀌게 되었다.

❷ 3차 개헌으로 국회가 민의원·참의원의 [          ]로 운영되었다.

정답

내각 책임제

양원제

키워드만 알면 풀리는
# 기출 문제

**01** (가) 전쟁 중에 볼 수 있는 모습으로 적절하지 않은 것은?

[2점]

이곳은 부산의 유엔 기념 공원입니다. (가) 으로 전사하거나 실종된 4만여 명의 유엔군 전몰장병을 기리는 묘지입니다.

① 압록강을 건너 참전하는 중국군
② 일본군의 무장을 해제하는 미군
③ 인천 상륙 작전을 준비하는 국군
④ 낙동강 전선으로 배치되는 학도병
⑤ 흥남에서 구출을 기다리는 피난민

**02** (가)~(라)를 일어난 순서대로 옳게 나열한 것은?

[3점]

| 6·25 전쟁의 기록 | |
|---|---|
| **(가)** | **(나)** |
| 스트러블 해군 제독의 지휘 아래 8개국 261척의 함정 등 대규모 선단이 집결하였다. 새벽 5시부터 상륙 부대가 배 20척에 나누어 타고 인천 상륙을 감행하였다. | 북한군의 진격로를 차단하기 위해 한강 인도교와 한강 철교가 폭파되었다. 이로 인해 당시 한강 이북에 있던 각 부대의 퇴로와 서울 시민들의 피난길이 막혔다. |
| **(다)** | **(라)** |
| 중국군의 이른바 신정 공세로 인해 국군과 유엔군은 서울을 빼앗기고 평택-삼척선으로 후퇴하여 그곳에 새로운 방어선을 구축하였다. | 유엔군 사령관 리지웨이는 소련의 제의를 받아들여 북한과 중국에 휴전 회담을 제안하였다. 이것이 수용되어 개성에서 제차 휴전 회담이 열렸다. |

① (가) – (나) – (다) – (라)
② (가) – (나) – (라) – (다)
③ (나) – (가) – (다) – (라)
④ (나) – (가) – (라) – (다)
⑤ (다) – (가) – (나) – (라)

**03** 다음 뉴스에서 보도하고 있는 헌법에 대한 설명으로 옳지 않은 것은?

[2점]

대한민국 정부 수립 이후 첫 번째로 개정된 헌법이 7월 7일에 공포되었습니다. 이번 개헌은 정·부통령 직선제 채택을 주요 내용으로 하고 있습니다.

① 계엄하에서 통과되었다.
② 6·25 전쟁 중 부산에서 공포되었다.
③ 국회의 형태를 양원제로 규정하였다.
④ 초대 대통령에 한하여 중임 제한을 철폐하였다.
⑤ 국회에서 토론 없이 표결에 부쳐져 통과되었다.

**04** 다음 상황이 전개된 배경으로 옳은 것은?

[2점]

S#24. 마산 시청 앞
학생 대표: 마산 시민 여러분! 우리는 결코 저 자유당 독재 세력을 두려워해선 안 됩니다! 다 같이 외칩시다. 김주열을 살려 내라! 살인자를 찾아내라!
시민들: (한목소리로) 김주열을 살려 내라! 살인자를 찾아내라!
경찰1: 최루탄이 다 떨어졌습니다. 후퇴할까요?
경비과장: 후퇴하면 안 된다. 실탄을 장전해라!
경찰2: 실탄 장전!

① 12·12 사태로 신군부 세력이 등장하였다.
② 장기 독재를 가능케 한 유신 헌법이 공포되었다.
③ 계엄군의 무력 진압으로 광주 시민들이 희생되었다.
④ 직선제 요구를 거부하는 4·13 호헌 조치가 발표되었다.
⑤ 여당 부통령 후보 당선을 위한 3·15 부정 선거가 일어났다.

## 01　키워드 280 | 6·25 전쟁　답 ②

부산에서 유엔군 전몰장병을 기리고 있다는 구절을 통해 (가) 전쟁이 6·25 전쟁임을 알 수 있어요. 1950년 6월 25일, 북한군이 기습 남침을 단행하여 전쟁이 시작됩니다. 남한은 3일 만에 서울을 함락당하였고, 부산을 임시 수도로 낙동강에 최후 방어선을 구축하기에 이르죠. 낙동강 전투 당시 학도병이 동원되었고요. 이때 미국을 주축으로 하는 유엔군이 인천 상륙 작전에 성공하면서 전세가 역전됩니다. 압록강까지 진격하여 통일을 눈앞에 두지만 중국군의 개입으로 다시 후퇴하게 되었죠. 이걸 1·4 후퇴라고 합니다. 이후 38선 부근에서 전선이 교착화되었죠. 결국 소련이 휴전을 제안했고, 이후 2년여 간의 정전 회담 끝에 1953년 정전 협정이 체결됩니다.

### 바로알기

② 미군이 일본군을 무장 해제시킨 것은 광복 직후의 상황이에요.

## 02　키워드 280 | 6·25 전쟁　답 ③

6·25 전쟁 때 일어난 사건을 시기 순으로 나열하는 문제네요. 전반적인 스토리를 이해하고 있어야겠죠?
(나) 6·25 전쟁은 북한군의 남침으로 시작되었습니다. 북한군은 낙동강 유역까지 진격해 내려와요.
(가) 이때 유엔군의 인천 상륙 작전으로 전세가 역전됩니다. 국군과 유엔군은 서울을 수복하고 그대로 압록강까지 밀고 올라가죠.
(다) 조국 통일을 눈앞에 둔 순간, 중국에서 중국군이 인해전술로 밀고 내려와요. 국군은 다시 밀려 서울을 뺏겼다 되찾았다를 반복합니다. 38도선 부근에서 치열한 공방전이 계속되지요.
(라) 결국 1953년 7월 27일 판문점에서 정전 협정을 체결해요. 지금까지 정전 상태죠.
시기 순으로 나열하면 (나)-(가)-(다)-(라)가 되겠네요.

## 03　키워드 282 | 발췌 개헌　답 ④

헌정 사상 첫 번째 개헌에 관한 내용이네요. 1차 개헌을 발췌 개헌이라고도 합니다. 이승만이 야당 국회의원들을 협박해 개헌안을 통과시켰죠. 왜 그렇게까지 했을까요? 뭘 얻고 싶었던 걸까요? 이승만 정부는 1950년 2대 총선에서 패배했었습니다. 대통령 간선제였으니 다음 대권은 힘들어졌어요. 그래서 헌법을 고쳐 버립니다. 대통령 직선제로요. 그래서 전쟁 난리통인데도 불구하고 부산에서 헌법을 고쳐요. 이승만은 계엄령을 선포하고 국회의원들을 협박해서 그것도 기립 표결로 개헌안을 통과시킵니다. 하나 더 알아 둘 것! 발췌 개헌은 대통령 직선제와 상·하 양원제, 내각 책임제 등의 장점을 발췌해서 만든 헌법이라 붙여진 이름이에요. 하지만 대통령 직선제가 가장 중심이 되었죠.

### 바로알기

④ 초대 대통령에 한해 중임 제한을 두지 않는다는 내용이 골자인 개헌은 사사오입 개헌(2차 개헌)입니다. 대통령 두 번으로는 만족이 안 됐던 이승만이 단행한 개헌이죠. 사사오입의 논리를 내세워 개헌안이 통과된 것으로 번복했다 하여 사사오입 개헌이라 불러요.

## 04　키워드 286 | 4·19 혁명　답 ⑤

김주열 학생의 시신이 마산 앞바다에서 떠오른 것을 계기로 전국적 시위로 확대된 사건은 4·19 혁명입니다. 1960년 3월 15일에 열린 제4대 정·부통령 선거에서 이승만 정부는 부통령에 여당 측 대표인 이기붕 후보를 당선시키기 위하여 선거에서 온갖 부정을 저지르죠. 결국 선거 당일부터 부정 선거를 규탄하는 시위가 열렸고, 김주열 학생 사건을 계기로 시위가 전국적으로 확대됩니다. 이승만은 결국 4월 26일 하야를 선언하고 대통령직에서 물러나요. 이승만의 마지막 멘트. "국민이 원한다면 물러납니다."

### 바로알기

① 1979년 10·26 사태로 박정희가 죽고 당시 국무총리였던 최규하가 대통령의 뒤를 잇습니다. 이때 권력의 공백기를 틈타 또 한 번의 군사 정변이 벌어집니다. 1979년 전두환, 노태우를 중심으로 한 12·12 사태로 신군부가 정권을 장악하죠.
② 박정희는 1972년 장기 독재를 위하여 유신 헌법을 공포합니다. 유신 헌법에 의해 대통령을 통일 주체 국민 회의에서 뽑고요. 연임 제한을 없애 영구 집권이 가능해졌어요. 대통령에게는 긴급 조치권, 국회 해산권, 국회의원 3분의 1 임명권 등 무소불위의 막강한 권력이 부여되었죠.
③ 신군부의 비상계엄 확대에 저항하고 민주 헌정 체제의 회복을 요구하며 광주에서 5·18 민주화 운동이 일어나요. 신군부는 공수 부대를 파견해 무력 진압하고요.
④ 4·13 호헌 조치는 전두환 정부가 헌법을 고치지 않고 수호하겠다는 말입니다. 국민들의 대통령 직선제 요구를 거부한 것이죠. 결국 6월 민주 항쟁이 일어납니다.

## 288 5·16 군사 정변 ▶▶ 박정희를 중심으로 한 일부 군부 세력이 일으킨 군사 정변

연도 1961  인물 박정희   기본 ☐  심화 ☑

아~ 박정희를 중심으로 한 일부 군인들은 이 상황을 위기로 판단합니다.
그리하여 1961년, 4·19 혁명으로 들어선 장면 내각을 해체시켜 버리죠.
국민의 손으로 무너뜨린 부패한 정부를 대신해 들어선 내각이 군인들에게 짓밟힌 것입니다.
이것이 바로 5·16 군사 정변.
정변 세력들은 반공을 국시로 내걸죠.
전국에 비상계엄을 선포하고요.
그리고 비상 상황에서 권력을 마음껏
휘두를 수 있는 **국가 재건 최고 회의**를
조직하여 군정을 실시합니다.
그뿐만 아니라 야당 정치인들을 감시하고,
북한의 정보 동향을 파악하기 위해
중앙정보부도 창설합니다.

경호실장 박종규
(당시 육군소령)

박정희
(당시 육군소장)

경호실장 차지철
(당시 육군대위)

개헌도 하죠. 내각 책임제에서 다시
대통령 중심의 대통령 직선제로 전환시킵니다.
이것이 제5차 개헌(1962)입니다.
1963년에는 이후 탄생할 박정희 정부의 여당 역할을 해 줄 민주 공화당도 창당합니다.
처음 정변을 일으켰을 때는 분명 사회가 안정되면 민간에 정권을 이양하겠다고 했는데….
암튼 일사천리란 이런 것이네요. 이제 대통령이 될 모든 준비가 끝났습니다.

결국 1963년 대선에서 박정희가 승리하면서 제3공화국이 시작되죠.
이렇게 출범한 박정희 정부의 가장 큰 미션은 무엇이었을까요?
바로 경제 개발. 정통성이 부족했던 박정희 정부는 명분이 필요했습니다.
그래서 경제 개발! 어떻게 경제 개발을 했을까요?
박정희 정부는 경제 개발 5개년 계획을 통해 미션을 수행하고자 합니다.
그런데 돈이 없네요. 결국 이 돈을 외부에서 끌어오려고 하죠.
그 방법은? 다음 장에서 확인하시죠.

### 결정적 기출 선지

1 [         ]를 중심으로 한 군부 세력은 5·16 군사 정변으로 정권을 장악하였다.

2 정권을 장악한 박정희는 [         ]를 통해 군정을 실시하였다.

정답

박정희

국가 재건 최고 회의

## 289 한일 협정 ▸▸ 경제 개발 자금 마련을 위해 일본과 국교를 정상화한 일

연도 1965   정부 박정희   반대 6·3 시위                기본 ☐ 심화 ✔

박정희 정부는 서독에 광부와 간호사를 파견해 이들의 임금을 담보로 차관을 빌려옵니다.
그래도 부족해요. 결국 일본과 1965년 **한일 협정**을 맺고 수교하게 됩니다.
국가 발전을 위해서라면 수교해야죠.
문제는 이것이 제대로 된 수교가 아니었다는 거예요.
일본과 수교할 때 우리는 당당하고 유리한 입장이었습니다.
제대로 된 사과도 받고 돈도 받을 수 있었는데 우리 정부는
오히려 저자세를 취하며 사과조차 받지 못했습니다.
이런 일련의 과정을 보면서 학생들은 분노합니다.
이 분노가 1964년 **6·3 시위**로 나타납니다.
이 역시 정부는 계엄령을 통해 진압하지만 우리의 자존심에
큰 상처를 입은 것은 사실입니다.

## 290 베트남 파병 ▸▸ 미국의 요청과 외화 벌이를 위해 우리나라가 베트남으로 국군을 파병한 일

연도 1964~1973   정부 박정희   암기 브라운 각서          기본 ☐ 심화 ✔

경제 개발에 쓸 돈이 한일 수교로도 부족하자 이번에는
미국이 전쟁을 벌이고 있는 **베트남에 파병**하기로 합니다.
브라운 주한 미국 대사와 **브라운 각서**를 맺어요.
물론 그 대가는 미국이 제대로 주겠다고 했죠.
베트남 파병은 고엽제 문제 등 참으로 많은 문제를 일으킵니다.
하지만 한일 수교와 베트남 파병을 통해 경제 개발을 위한
자금을 확보하였고, 이를 통해 1960년대부터 대한민국 경제는
고속 성장의 길로 들어서게 됩니다.
결과만 좋으면 과정은 OK? 이 부분에 대해 많은 의견이 있죠. 여러분의 생각은 어떤지요?

### 결정적 기출 선지

① 굴욕적인 한일 수교에 반대하여 [            ]가 일어났다.

② 박정희 정부 시기에 베트남 파병에 관한 [            ]가 체결되었다.

**정답**

6·3 시위

브라운 각서

## 291 3선 개헌 ▶▶ 박정희 대통령의 3회 연임을 허용하기 위해 단행된 개헌

연도 1969  정부 박정희                    기본 ☐  심화 ☑

민주주의를 억압하기는 했지만 경제 성장을 통해
박정희는 두 번 연속 대통령에 당선됩니다.
하지만 이제 더 이상 대통령이 될 수 없었죠.
그러자 경제 성장을 마무리해야 한다며 한 번만 더
기회를 달라고 합니다. 그러기 위해서는 개헌을 해야겠죠.
그래서 **3선 개헌**(6차 개헌)이 단행됩니다.

개헌 통과 이후 치른 대통령 선거에서 야당의 김대중과 박정희가 붙습니다.
박정희가 근소한 차이로 이기면서 승리. 그런데 당시 세계적 상황이 좀 묘합니다.
닉슨 독트린이 나오면서 냉전이 완화되는 데탕트의 시대로 접어들게 된 거죠.
주한 미군 철수 이야기도 나옵니다. 박정희 정부는 경제 개발과 반공을 내세우며 집권했었는데….
박정희 정부. 정권 연장에 위기를 느끼게 됩니다.

## 292 유신 헌법 ▶▶ 박정희 대통령의 장기 집권을 위한 개헌으로 독재를 가능하게 만든 헌법

제정 1972  정부 박정희                    기본 ☑  심화 ☑

1972년 박정희 정부, 깜짝 놀랄 정책을 발표합니다.
바로 7·4 남북 공동 성명.
중앙정보부장 이후락이 평양으로 잠행하고 온 후
**자주·평화·민족 대단결**의 통일 3대 원칙을 발표합니다.
반공만을 강조해선 세계사의 흐름에 발맞추기 어렵단 걸
안 거죠. 과연 한반도 정세는 어떻게 흘러갈까요?
이런 뒤숭숭한 상황에서 박정희 정부는 **유신 헌법**(7차 개
헌)을 발표하고 유신 체제를 성립합니다.

어수선한 나라 분위기와 국가 기강을 바로 잡아야한다는 명목으로요.
한국식 민주주의를 표방하며 권력을 대통령에게 집중시키죠. 우선 대통령 연임 횟수 제안을 없애
서 영구 집권이 가능하게 됩니다.
그리고 대통령 직선제를 **통일 주체 국민 회의**에서 선출하는 **간선제**로 전환합니다.
국회의원 해산권도 대통령이 가지게 됩니다. 심지어 국회의원 1/3은 대통령이 추천합니다.
이에 반발하면 **긴급 조치권**을 통해 헌법을 정지시킬 수도 있습니다.
무소불위의 권력을 대통령이 가지게 된 것이죠. 제4공화국, 겨울 공화국의 시작입니다.

## 293 12·12 사태 ▶▶ 전두환·노태우 중심의 신군부 세력이 일으킨 군사 정변

연도 1979　인물 전두환·노태우　　　　　　　　　　　기본 ☑ 심화 ☑

이제 저항의 역사를 보죠. 유신의 칼바람에 저항하는 유신 반대 운동이 일어납니다.
그 불꽃이 바로 3·1 민주 구국 선언.
1976년 재야 인사들이 유신 체제에 반대하며 긴급 조치의 철폐와 박정희 정권의 퇴진을 주장했죠.
박정희 정부는 긴급 조치권을 발동하여 유신 반대 운동을 탄압합니다.
하지만 영원히 지속되는 권력은 없는 법! 유신의 끝이 다가옵니다.
그 시작은 YH 무역 사건. YH 무역의 여성 노동자들이 당시
야당인 신민당 당사에서 회사 폐업에 저항하자 공권력을
투입해 해산시켜 버립니다.
이에 야당 총재 김영삼이 강력하게 반발하죠.
그러자 김영삼의 국회의원 제명으로 맞서는 정부 여당.
부산과 마산에서 더는 못참겠다며 학생들이 들고일어나죠.
이른바 부·마 민주 항쟁.
이 민주화 운동의 진압 방식을 놓고 집권층 내부에서 의견이 충돌합니다.
그 과정에서 온건한 입장이었던 중앙정보부장 김재규가 박정희 대통령을 암살하는 사건이 일어나죠.
10·26 사태. 이런 일이 벌어지리라 누가 예상했을까요? 이렇게 유신 체제가 막을 내립니다.

그리고 최규하 부통령이 통일 주체 국민 회의를 통해 대통령이 되어 유신 체제의 뒤를 잇습니다.
그러나 권력은 그로부터 나오지 않습니다. 그럼?
권력은 12·12 사태를 일으킨 전두환·노태우 중심의 신군부로부터
나오게 됩니다. 기나긴 유신 체제가 끝나면서 많은 사람들은
민주주의의 봄이 오리라 예상했습니다.
'서울의 봄'이란 용어도 여기서 나온 것이었죠.
그러나 빼앗긴 들에 아직 봄은 오지 않았습니다.
유신 헌법 폐지와 계엄령 해제를 요구하는 목소리에
유신 헌법 유지와 계엄령 확대로 답하는 신군부 세력 …

### 🤓 결정적 기출 선지

❶ 박정희의 장기 집권을 위해 대통령의 3회 연임을 허용하는 [　　　　]이 단행되었다.

❷ 유신 체제 성립 이후 대통령을 [　　　　]에서 선출하였다.

❸ 유신 철폐를 요구하며 부산과 마산에서 [　　　　]이 일어났다.

❹ 전두환, 노태우 등의 신군부 세력이 [　　　　]로 군권을 장악하였다.

정답

3선 개헌

통일 주체 국민 회의

부·마 민주 항쟁

12·12 사태

## 294 5·18 민주화 운동

▶▶ 민주화의 불씨, 1980년 5월 18일부터 27일까지 광주와 전남 지역의 시민들이 벌인 민주화 운동

연도 1980    지역 광주    암기 8차 개헌(대통령 간선제, 7년 단임제)    기본 ☑ 심화 ☑

이러한 신군부의 답에 따르지 않는 곳이 있었으니, 바로 **광주**입니다.

신군부 퇴진과 계엄령 해제를 계속적으로 요구하는 광주. 결국에 공수 부대가 투입됩니다.

그리고 들리는 총성.

국민의 세금으로 국민을 지키기 위해 들려 준 무기가 국민을 향해 발포된 것입니다.

거센 진압에 맞서 생존을 위해 시민들도 총을 잡습니다. **시민군**의 등장.

그러나 광주의 저항은 탱크와 헬기까지 동원한 무자비한 신군부의 진압에 무릎을 꿇습니다.

어마어마한 희생자를 낸 5·18 민주화 운동.

5·18 민주화 운동이 실패로 끝났다고 생각할 수도 있지만 절대 아닙니다!

5·18 민주화 운동이 씨앗이 되었기 때문에 1987년 6월 민주 항쟁이 일어나 민주화의 꽃을 피우게 될 겁니다. 5·18 민주화 운동 관련 기록물은 그 의미와 가치를 인정받아 2011년에 유네스코 세계 기록유산으로 등재되었답니다.

5·18 민주화 운동을 잔인하게 진압한 신군부 세력은 허수아비 대통령으로 최규하를 세워두고 정권 탈취 욕망을 꺼내 놓기 시작합니다. 그리고 **국가 보위 비상 대책 위원회**(줄여서 '국보위')를 설치해 실권을 장악합니다.

또 **삼청 교육대**를 설치해서 신군부 세력에 저항하는 사람들을 끌고 가 비인권적인 방법으로 정신 개조 작업을 진행합니다. 언론사 통폐합을 통해 비판적인 언론도 정리하죠.

자, 이제 준비가 다 끝났으니 대통령이 될 일만 남았네요. 통일 주체 국민 회의를 통해 전두환이 대통령으로 선출됩니다. 이때까지도 유신 헌법이 존재했던 거죠.

대통령이 된 후에는 개헌을 합니다. 8차 개헌의 내용은 **대통령 간선제**와 **7년 단임제**.

유신 헌법에서는 통일 주체 국민 회의에서 대통령을 뽑았다면, 이젠 **대통령 선거인단**에서 뽑습니다.

공통점은 국민이 직접 뽑지 않는 대통령. 제5공화국은 이렇게 시작되었습니다.

전두환 정부는 야간 통행금지 해제, 두발의 자유화, 프로 야구단 창단 등의 유화 정책도 실시합니다.

 **결정적 기출 선지**

❶ [          ]은 신군부의 비상계엄 확대에 반대(저항)하여 광주에서 일어났다.

❷ 8차 개헌은 대통령 선출 방식으로 [          ]를 채택하였다.

**정답**

5·18 민주화 운동

간선제

연도 1987   배경 4·13 호헌 조치   결과 9차 개헌(대통령 직선제, 5년 단임제)   기본 ☑ 심화 ☑

### 민주주의의 발전

전두환 정부의
4·13 호헌 조치 발표

6월 민주 항쟁 전개

여소야대 정국

자신들이 원하는 사람을 대통령으로 뽑을 수 없는 현실에 국민들은 점점 화가 납니다. 이 와중에 1987년 엄청난 사건이 터지죠. 박종철 학생이 물고문으로 죽었다는 소식. '탁! 치니 억!하고 죽었다'는 황당한 변명까지. 여기에 전두환 정부가 4·13 호헌 조치를 발표합니다. 지금의 헌법을 수호하시겠다네요.

결국 국민들의 분노가 6월 민주 항쟁으로 폭발합니다. '호헌 철폐, 독재 타도!' 전국에 퍼지는 함성 소리. 그 소리를 외치던 이한열 학생이 최루탄에 맞아 쓰러지자 분노는 극에 치닫습니다. 더 커지는 함성. 결국 집권당인 민정당 대표 노태우는 6·29 민주화 선언을 통해 대통령 직선제를 수용합니다. 대통령 직선제와 5년 단임제의 9차 개헌. 6월 민주 항쟁의 유산을 우리는 지금도 누리고 있습니다. 그런데 그 결과는? 김대중과 김영삼 야당 후보들이 단일화를 이루지 못하면서 표가 분산되고 맙니다. 결국 노태우가 대통령에 당선이 됩니다. 피·땀·눈물로 쟁취한 대통령 직선제인데…. 이게 뭔가요.

하지만 국회는 6월 민주 항쟁의 민심을 반영합니다. 여소야대 정국. 여당 국회의원의 수가 야당 국회의원 수보다 더 적은 거죠. 그런데 이 판을 뒤집는 일이 벌어지니, 바로 3당 합당. 집권 여당인 노태우, 야당인 김영삼과 김종필이 손을 잡은 거죠. 국민들이 만들어 준 여소야대 정국이 한순간에 여대야소 정국으로 바뀌게 됩니다. 호랑이를 잡으려면 호랑이 굴에 들어가야 한다는 심정으로 여당 길을 택한 김영삼. 정치란 참 묘합니다.

 **결정적 기출 선지**

① 1987년 전두환은 국민들의 개헌 요구를 거부하는 [        ]를 발표하였다.

② 6월 민주 항쟁은 5년 단임의 [        ] 개헌을 이끌어 냈다.

**정답**

4·13 호헌 조치

대통령 직선제

**01** (가)에 들어갈 내용으로 옳은 것은? [2점]

이 자료는 제3공화국 시기에 있었던 사실들을 보도한 신문 기사입니다. 제3공화국 시기에는 (가)

① 6·29 민주화 선언이 발표되었습니다.
② 한·미 상호 방위 조약이 체결되었습니다.
③ 서독에 광부와 간호사가 파견되었습니다.
④ 남북한 동시 유엔 가입이 이루어졌습니다.
⑤ 경제 협력 개발 기구(OECD)에 가입하였습니다.

**02** (가) 헌법에 대한 설명으로 옳은 것은? [2점]

이곳은 민주화의 성지로 불리는 명동 성당입니다. 1976년 재야인사들은 여기에서 박정희의 장기 집권을 강화시킨 (가) 에 반대하는 3·1 민주 구국 선언을 발표하였습니다.

① 제헌 국회에서 제정되었다.
② 6월 민주 항쟁의 결과로 개정되었다.
③ 국회를 양원제로 운영하도록 하였다.
④ 대통령에게 긴급 조치권을 부여하였다.
⑤ 대통령 선출 방식을 직선제로 규정하였다.

**03** 다음 대화에 나타난 민주화 운동에 대한 설명으로 옳은 것은? [2점]

'서울의 봄' 이후 광주에서 시민군이 결성되었던 이유에 대해 알고 싶어요.

공수 부대가 집단 발포를 하자 시민들이 스스로를 지키기 위해 무장하고 저항했던 것입니다.

① 4·13 호헌 조치에 저항하였다.
② 3·15 부정 선거가 발단이 되어 일어났다.
③ 박종철과 이한열의 희생으로 확산되었다.
④ 굴욕적인 한·일 회담의 중단을 요구하였다.
⑤ 신군부가 계엄령을 전국으로 확대한 것에 반대하였다.

**04** 밑줄 그은 '선거'가 실시된 배경으로 가장 적절한 것은? [2점]

이번 대통령 선거에 나오는 후보들이군.

마침내 국민의 손으로 대통령을 직접 뽑을 수 있게 되었으니 신중하게 투표하세.

① 3당 합당으로 민주 자유당이 창당되었다.
② 국제 통화 기금(IMF)의 구제 금융을 받게 되었다.
③ 비상 계엄이 선포된 가운데 발췌 개헌안이 통과되었다.
④ 여당 부통령 후보 당선을 위한 3·15 부정 선거가 자행되었다.
⑤ 호헌 철폐 등을 내세운 시위로 6·29 민주화 선언이 발표되었다.

## 01 키워드 289 | 한일 협정 답 ③

월남(베트남) 파병과 한일 협정 비준안 통과는 제3공화국에서 일어난 일이었어요. 베트남 파병 대가로 미국은 우리나라에 군사적 지원, 경제적 지원을 해 주었습니다. 실제로 베트남 파병으로 국군의 전력이 증강되었고, 한국 기업은 베트남 건설 사업에 참여할 수 있게 되었죠. 그래서 이른바 베트남 특수가 나타납니다. 그리고 김종필과 오히라의 비밀 교섭으로 1965년 6월 한일 협정이 이루어지게 됩니다. 이 과정에서 굴욕적인 한일 수교에 반대하는 6·3 시위가 벌어지고 정부는 이를 진압하고자 계엄령과 휴교령을 선포하죠. 또 박정희 정부는 광부와 간호사들을 서독에 파견했어요. 그들의 임금을 담보로 서독으로부터 차관을 받기 위해서였죠.

**바로알기**

① 6·29 민주화 선언은 6월 민주 항쟁의 결과 전두환 정권이 대통령 직선제 수용을 선언한 것입니다.

② 6·25 전쟁이 끝난 후 이승만 정부는 미국과 군사적 안전을 보장하는 한미 상호 방위 조약을 체결했어요.

④ 노태우 정부 때 북방 외교를 추진하여 소련, 중국과 수교하였고, 남북한이 유엔에 동시 가입했습니다.

⑤ 1996년 김영삼 정부는 경제 협력 개발 기구(OECD)에 가입해 선진국 대열에 들어서고자 했어요.

## 02 키워드 292 | 유신 헌법 답 ④

'3·1 민주 구국 선언'과 1970년대 박정희의 장기 집권을 강화시켰다는 것을 통해 (가)는 유신 헌법임을 알 수 있어요. 박정희 정부는 1972년 10월 17일 모든 헌법 기능을 정지시키는 비상계엄을 선포하고, 국회를 해산하고 모든 정치 활동을 금지합니다. 이어 한국식 민주주의를 실현하기 위한 새로운 헌법을 제정하겠다고 선언하죠. 국민 투표를 거쳐 유신 헌법을 확정합니다. 유신 헌법에서는 6년 임기에 중임 제한이 없는 대통령직을 통일 주체 국민 회의에서 선출하고, 대통령에게 국회 해산권과 긴급 조치권을 부여하여 대통령이 헌법 위에 군림할 수 있도록 합니다. 대통령 간선제는 국회에서 대통령을 선출했잖아요. 근데 유신 헌법에는 국회가 아니라 통일 주체 국민 회의에서 대통령을 뽑아요. 그게 차이점이에요.

**바로알기**

① 제헌 국회에서는 반민족 행위 처벌법(1948)과 농지 개혁법(1949) 등을 제정했어요.

② 6월 민주 항쟁의 결과 5년 단임의 대통령 직선제 개헌이 이루어집니다. 네, 9차 개헌이요. 마지막 개헌이지요.

③ 3차 개헌으로 역사상 최초로 내각 책임제가 실시됩니다. 다수당의 대표가 내각의 수장, 즉 총리가 되는 제도였어요. 장면 내각 시기에 민의원과 참의원으로 구성된 양원제 국회가 운영될 수 있었던 이유입니다.

⑤ 대통령 직선제로의 전환은 1952년의 1차 개헌, 1962년의 5차 개헌, 1987년의 9차 개헌에서 이루어졌죠.

## 03 키워드 294 | 5·18 민주화 운동 답 ⑤

'서울의 봄', '광주', '시민군', '공수 부대' 등을 통해 5·18 민주화 운동에 대한 대화임을 알 수 있어요. 1979년 10·26 사태로 박정희 시대가 종말을 맞았지만 전두환과 노태우를 비롯한 신군부 세력이 쿠데타를 일으켜 권력을 장악합니다(12·12 사태). 여기에 분노한 시민들이 1980년 5월, 서울역 앞에 모여 시위('서울의 봄')를 벌였으나, 신군부 세력은 5월 17일 비상계엄을 전국으로 확대합니다. 이에 광주 시민들이 저항하자 신군부는 공수 부대를 투입하여 시위대를 무자비하게 탄압하였고, 이 과정에서 수많은 사람들이 죽거나 크게 다칩니다.

**바로알기**

① 민주화에 대한 국민의 열망이 고조되어 국민들이 대통령 직선제 개헌을 요구하였으나, 전두환 정부는 4·13 호헌 조치로 개헌 의사가 없음을 밝힙니다. 이에 6월 민주 항쟁이 벌어지죠.

② 제4대 대통령 선거에서 부통령에 이기붕을 당선시키기 위해 3·15 부정 선거가 저질러졌고, 이로 인해 4·19 혁명이 일어납니다.

③ 박종철 고문치사 사건과 이한열 사망 사건은 6월 민주 항쟁의 기폭제 역할을 했던 사건들이에요.

④ 김종필·오히라 비밀 회담에 따라 한일 국교 정상화가 추진되자 학생들이 이에 반대하며 1964년 6·3 시위를 벌였어요.

## 04 키워드 295 | 6월 민주 항쟁 답 ⑤

국민의 손으로 대통령을 직접 뽑을 수 있게 되었대요. 대통령 직선제가 시행되고 있는 거죠! 지금은 대통령 직선제가 당연하다고 생각할 수도 있지만, 대통령 직선제가 시행되기까지 수많은 사람들의 희생이 있었답니다. 전두환 정부는 장기 집권을 위해 헌법을 고치지 않고 수호하겠다는 4·13 호헌 조치를 발표해요. 이제는 시민들도 더 이상 참지 못하죠. 호헌 철폐와 독재 타도를 외치면서 6월 민주 항쟁을 일으켰습니다. 그 과정에서 이한열 학생이 최루탄에 맞아 쓰러집니다. 시민과 학생들의 분노는 극에 달하죠! 전두환 정부도 더 이상 고집을 부리기 어렵게 되었습니다. 결국 6·29 민주화 선언을 통해 대통령 직선제를 수용하게 되죠.

**바로알기**

① 여소야대의 상황에서 어려움에 부닥친 노태우의 민주 정의당은 1990년 김영삼의 통일 민주당, 김종필의 신민주 공화당과 합당하여 민주 자유당을 창당합니다. 이로써 여대야소로 바뀌었죠.

② 김영삼 정부 때 외환 위기를 맞아 국제 통화 기금(IMF)의 구제 금융을 지원받았답니다.

③ 발췌 개헌은 1952년 이승만 정부 때 이루어집니다. 총선에 참패하고 간선제로는 대통령이 되기 어려워지자 직선제로 헌법을 바꾼 거죠.

④ 제4대 대통령 선거에서 부통령에 여당 후보 이기붕을 당선시키기 위해 대대적인 3·15 부정 선거가 저질러졌습니다. 그 결과 4·19 혁명이 일어납니다.

# 296 경제 개발 5개년 계획

▶▶ 국민 경제 발전을 위해
5년 단위로 추진한 경제 계획

정부 박정희  성과 수출 100억 불 달성

기본 ☑ 심화 ☑

**현대의** 정치는 여기까지 하고요. 이제 경제를 살펴보겠습니다.
앞에서 봤지만 박정희 정부는 크게 두 시기로 나뉘잖아요.
1960년대의 제3공화국과 1970년대의 제4공화국.
60년대와 70년대의 정치 상황이 많이 달랐듯 경제도 차이가 있습니다.

어쨌든 핵심은 **경제 개발 5개년 계획**입니다.
1962년부터 1971년까지 시행된 1, 2차 경제
개발 계획의 핵심은 **경공업 중심**이었습니다.
의류·신발 산업을 떠올리세요.
1972년부터 1981년까지 시행된 3, 4차 경제
개발 계획의 핵심은 **중화학 공업 중심**이었습니다.
포항 제철과 조선소를 떠올리세요.
이 기간 우리의 경제는 어마무시하게 성장합니다.
경공업 중심이든 중화학 공업 중심이든 포인트는 **수출 위주 정책**입니다.
1970년에는 경부 고속 국도도 개통되었죠.
그리고 1977년 드디어 **수출 100억 불**의 시대를 여는 감격을 맛보게 됩니다.

6·25 전쟁 직후 세계에서 가장 가난한 나라 중 하나였던, 미국에게 원조를 받았던 대한민국이
이렇게 성장한 것은 바로 이 시대 허리끈 졸라매고 자식들에게만큼은 가난을 물려주지
않겠노라고 청춘을 바쳐 일하신 우리의 할아버지, 할머니, 아버지, 어머니의 땀이 있었기 때문
입니다.

이게 무슨 말이냐고요? 우리나라가 너무 가난해서 돈이 없었잖아요.
그래서 해외로 인력을 수출하고 그들의 임금을 담보로 잡죠.
대표적인 게 앞에서도 잠깐 얘기했던 서독에 파견된 광부와 간호사.
왜 영화 국제시장에도 나오잖아요. 독일로 파견된 광부 황정민, 간호사 김윤진 이야기.
광부는 1,000미터 아래 깊은 땅으로 가서 광물을 채굴하고 간호사는 시신을 닦았죠.
우리네 어머니 아버지, 다시 한번 감사합니다. 우리도 후손들에게 잘 사는 나라를 물려줍시다.

 **결정적 기출 선지**

① 박정희 정부 당시 자립 경제 구축을 위한 [          ]이 추진되었다.

② 1977년 100억 불 수출이 달성되었다.  ○  ✕

**정답**

경제 개발 5개년 계획

○

## 297 새마을 운동 ▶▶ 1970년에 시작된 범국민적 지역 사회 개발 운동

연도 1970    정부 박정희    기본 ☐  심화 ✔

박정희 정부의 경제 성장을 뒷받침해 주고 있는
두 축은 바로 저임금과 저곡가 정책이었습니다.
특히 저곡가 정책으로 인해 먹고살기 힘들어진 농촌의
젊은이들이 도시로, 도시로 향하게 되죠.
이른바 이촌향도 현상이 나타납니다.
농촌은 이루 말할 수 없을 정도로 낙후됩니다. 이 상황을
극복하기 위해 1970년부터 **새마을 운동**이 본격화됩니다.
농촌의 소득 증대와 생활 개선 사업이 주가 되는데요.
이후에는 의식 개조 운동이 도시까지 확산되기도 합니다.
'새벽 종이 울렸네. 새 아침이 밝았네. 너도 나도 일어나 새마을을 만드세~'
전국 방방곡곡 스피커를 통해 울려 퍼진 이 노래의 작사가와 작곡가가 박정희랍니다.
그럼 도시로 향한 젊은이들은 어땠을까요? 아래에서 확인하시죠.

## 298 전태일 ▶▶ 근로 기준법 준수를 요구하며 분신을 한 노동 운동가

정부 박정희    기본 ✔  심화 ✔

젊은이들이 도시로 몰려드니 고용주들은 임금을 올릴 이유가
없습니다. 이 때문에 오랫동안 저임금 구조가 유지되는데요.
10대 청소년들이 하루에 16시간 이상 노동하고 환기구 없는
열악한 작업실에서 휴일 없이 일했죠.
그 눈물을 안고 스러져 간 '아름다운 청년'이 있죠.
바로 **전태일**입니다.
1970년 '근로 기준법을 준수하라'라고 외치며 자신의 몸에 불
을 붙이고 죽어 간 전태일. 절대 잊지 말아야 할 희생입니다.
그의 희생이 있었기에 1986년, 최저 임금법도 제정될 수 있었죠.

---

 **결정적 기출 선지**

❶ 박정희 정부 시기에 농촌 근대화를 목표로 [          ]이 추진되었다.

❷ 박정희 정부 시기, 근로 기준법의 준수를 외치며 [          ]이 분신하였다.

**정답**

새마을 운동

전태일

## 299 석유 파동 ▶▶ 석유 공급 부족으로 두 차례에 걸쳐 일어난 석유 가격 폭등

정부 박정희                                                          기본 ☐ 심화 ✓

1970년대에 들어오면 **박정희 정부**에게 경제 위기가 엄습합니다. 계속 승승장구할 수는 없죠.

고속 성장을 계속해야 하는 상황에서 어떤 위기가 온 걸까요?

바로 **석유 파동**입니다. 중동 국가에서 석유를 잘 안 파는 거예요.

팔더라도 아주 비싸게! 석유 갖고 물건을 만들어 수출하는 우리에겐 완전 직격탄!

그러나 1973년에 있었던 1차 석유 파동은 우리가 중동 건설 사업에 진출해 오일 달러를 벌어오는 방법으로 극복합니다. 문제는 1978년에 있었던 2차 석유 파동. 2차 석유 파동은 사실 1차보다 크지는 않았지만 석유를 이용한 중화학 공업 중심의 산업 구조인 우리나라는 큰 타격을 입었죠. 아마도 정치적으로 혼란한 상황이었기에 대응이 쉽지 않았던 듯합니다.

## 300 3저 호황 ▶▶ 저금리·저유가·저달러로 경제 부흥이 일어났던 시기

정부 전두환                                                          기본 ☐ 심화 ✓

하지만 이 경제 위기 터널을 잘 극복하자 빛이 보이네요.

1986년부터 1988년까지 **전두환 정부**는 단군 이래

최대 호황이라는 시기를 누리게 됩니다.

세계적으로 **3저 호황**의 시대였거든요.

저금리. 돈 빌려 투자하기 쉽죠. 저유가. 물건 만드는

원료 싸게 확보하죠. 저달러. 쉽게 달러 쓸 수 있죠.

이 시점에서 물건을 만들어 수출해야 하는 우리나라에겐 최적의 경제 환경이 조성된 것입니다.

이 상황을 우리가 잘 조절해서 더 탄탄한 경제 시스템을 구축해야 하는데 ….

혹시 분위기에 취해 샴페인을 먼저 터트리면 어쩌죠? 안 돼!

 **결정적 기출 선지**

① 박정희 정부 시기 제2차 [          ]으로 경제 불황이 심화되었다.

② 전두환 정부 당시 [          ]으로 물가가 안정되고 수출이 증가하였다.

**정답**

석유 파동

3저 호황

## 301 금융 실명제 ▶▶ 금융 기관과 거래할 때 본인의 실명으로 거래해야 하는 제도

정부 김영삼  암기 OECD 가입    기본 ☐ 심화 ☑

1993년 7월 3일. 김영삼 정부는 **금융 실명제**를 전격 발표합니다.
금융 실명제는 어찌 보면 전 국민의 재산 공개라고 볼 수도 있죠.
은행에서 통장 만들 때 꼭 자신의 이름으로 하는 것이 핵심입니다.
금융 거래를 투명하게 만들기 위함이었죠.
또 김영삼 정부가 들어서면서 개방의 물결에도 동참하게 됩니다.
우루과이 라운드가 타결되어 농축산물이 들어오게 되었고,
세계 무역 기구(WTO)가 출범하면서 개방의 압력이 거세졌죠.
우리도 커졌으니 격에 맞게 행동하자!!
그래서 선진국 클럽이라고 하는 경제 협력 개발 기구인 **OECD**에도
가입(1996)합니다.
우리도 선진국? 그런데 이게 웬일인가요?
너무 빨리 샴페인을 터트렸나 봅니다. 엄청난 국가적 위기가 찾아오거든요.

## 302 IMF 사태 ▶▶ 외환 위기로 IMF에 구제 금융 요청을 하면서 경제 위기가 온 사태

정부 김영삼~김대중  극복 금 모으기 운동    기본 ☑ 심화 ☑

바로 IMF 사태가 찾아온 겁니다. 외환 부족 사태지요.
늘 많을 것 같던 달러가 순식간에 동나버린 겁니다.
국가 부도의 위기를 맞아 달러 확보를 위해 많은 국민들이 장 속에
간직했던 금을 죄다 내놓습니다. 이것이 바로 **금 모으기 운동**입니다.
**전 세계적으로 유례를 찾을 수 없는 것이죠. 완전 감동!**
경제 위기에선 금을 쥐고 있어야 하는데 내놓다니. 어메이징.
이 외에도 'IMF 졸업'을 위해 여러 방법이 동원돼요. **노사정 위원회**가 그중 하나죠.
정부와 회사와 노동자가 함께 사회 정책을 토론하고 합의점을 찾는 기구지요.
전 국민이 함께 노력한 끝에 마침내 김대중 정부는 외환 위기 극복에 성공합니다.

 **결정적 기출 선지**

1 김영삼 정부는 금융 거래의 투명성을 위해 [       ]를 실시하였다.

2 김영삼 정부 때 경제 협력 개발 기구인 [       ]에 가입하였다.

정답

금융 실명제

OECD

## 303 7·4 남북 공동 성명

▶▶ 분단 이후 남북한 당국이 최초로 통일과
관련하여 합의·발표한 의미 있는 성명

연도 1972    정부 박정희                                    기본 ☑  심화 ☑

**자!** 이제 우리 책의 마지막 주제인 통일을 다루어야겠네요.

1972년 **7·4 남북 공동 성명**이 발표됩니다.

이승만 정부의 북진 통일, 1960년대 박정희 정부의 선경제 후통일 정책.

계속되는 반공 정책의 흐름에서 이 남북 공동 성명은 충격이었죠.

비밀 특사 파견을 통해 성사되었으며 **자주·평화·민족 대단결**의 통일 3대 원칙이 수립됩니다.

**남북 조절 위원회**를 열어서 이 문제를 더 구체적으로 논의하기도 했죠.

그러나 이 모습은 남한의 유신 헌법 발표, 북한의 사회주의 헌법 발표로 인해 묻혀 버리게 됩니다.

남북이 7·4 남북 공동 성명을 자신들의 독재 강화에 이용하거든요.

전두환 정부 때에는 **최초로 남북한 이산가족이 상봉**합니다. 감동.

이후 노태우 정부는 북방 정책을 추진하면서 사회주의 국가와 손을 잡게 되지요.

소련, 중국과도 이때 수교를 합니다. 그 연장선상에서 북한과도 대화의 국면으로 접어드는데요.

1991년 **남북이 함께 유엔에 가입**합니다. 이어서 남북 고위급 회담을 통해 **남북 기본 합의서**를

발표하죠. 또 이때 **한반도 비핵화 공동 선언**도 발표합니다.

남북 관계는 통일을 향해 나아가는 잠정적 특수 관계로, 남북 교류는 민족 내부 교류로 규정하여

정치·경제적으로 통일의 길을 조금 더 구체적으로 열어 놓았다는 데 의의가 있습니다.

 **결정적 기출 선지**

① 1972년 통일의 3대 원칙을 명시한 [          ]을 발표하였다.

② [          ] 정부 때 남북 기본 합의서를 채택하였다.

**정답**

7·4 남북 공동 성명

노태우

# 304 | 6·15 남북 공동 선언

▶▶ 남한의 김대중 대통령과 북한의 김정일 국방 위원장이 남북 관계 개선과 평화 통일 노력을 위해 발표한 공동 선언

연도 2000    정부 김대중

기본 ☑   심화 ☑

계속된 남북 대화의 흐름은 남북 정상 회담으로 열매를 맺습니다.

2000년 김대중 정부 때 대북 화해 협력 정책인 '햇볕 정책'이 추진되면서 남북 정상이 평양에서 손을 잡고 만나는 최초의 남북 정상 회담이 열린 것입니다.

여기서 나온 것이 6·15 남북 공동 선언이지요.

남한의 연합제 안과 북한의 낮은 단계의 연방제 안이 유사성이 있다는 원칙을 천명합니다.

연합제는 유럽 연합을 떠올리시고요. 연방제는 미국 연방을 떠올리세요.

어쨌건 이 선언 이후, 이전에 시행된 바닷길을 통한 금강산 관광뿐 아니라

육로를 통한 금강산 관광도 가능해집니다.

개성 공단이 설치되고, 경의선도 다시 개통되죠.

2007년에는 노무현 대통령과 김정일 국방 위원장의 2차 남북 정상 회담이 열렸습니다.

그리고 11년만에 역사적 순간이 다시 옵니다!

바로 2018년 문재인 대통령과 김정은 국무 위원장의 3차 남북 정상 회담이죠.

언젠간 서울역에서 평양에 가는 기차를 타고, 평양에 내려 냉면 한 그릇 먹는 저를 상상합니다.

우리는 과연, 통일된 조국을 다음 세대에게 선물로 줄 수 있을까요?

 **결정적 기출 선지**

❶ [        ] 정부 때 금강산 관광 사업이 시작되었다.

❷ 김대중 정부 때 [        ] 건설 사업이 추진되어 남북 간 경제 교류가 이루어졌다.

정답

김대중

개성 공단

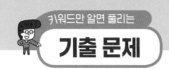
**01** 다음 뉴스에 보도된 사건 이후의 사실로 옳은 것을 <보기>에서 고른 것은? [3점]

어제 동대문 평화시장 재단사 전태일 씨가 분신하는 사건이 발생하였습니다. 이 과정에서 그는 노동자들의 열악한 근무 환경 실태를 고발하며 근로 기준법의 준수를 외쳤습니다.

┌─────── 보기 ───────┐
ㄱ. 최저 임금법이 제정되었다.
ㄴ. 한·미 원조 협정이 체결되었다.
ㄷ. 연간 수출액 100억 달러가 달성되었다.
ㄹ. 제1차 경제 개발 5개년 계획이 추진되었다.
└──────────────────┘

① ㄱ, ㄴ   ② ㄱ, ㄷ   ③ ㄴ, ㄷ
④ ㄴ, ㄹ   ⑤ ㄷ, ㄹ

**02** (가)에 들어갈 내용으로 가장 적절한 것은? [2점]

우리나라가 긴급 구제 금융을 받아 국제 통화 기금(IMF)의 관리 체제하에 있었던 시기의 일들에 대해 알고 싶어요.

(가)

① 새마을 운동을 시작하였어.
② 미국으로부터 농산물을 무상 지원받았어.
③ 외채 상환을 위해 금 모으기 운동을 전개하였어.
④ 서독에 광부와 간호사를 파견하여 외화를 획득하였어.
⑤ 유럽 연합(EU)과 자유 무역 협정(FTA)을 체결하였어.

**03** (가) 정부의 통일 노력으로 옳은 것은? [1점]

[(가)] 대통령과 고르바초프 대통령은 이번 정상 회담에서 한국과 소련의 상호 협력을 약속하고, 한반도의 안정이 동북아시아는 물론 세계 평화에 매우 중요하다는 데 인식을 같이 하였습니다.

북방 외교의 성과, 한국 · 소련 정상 회담 열려

① 금강산 관광 사업을 실시하였다.
② 남북 기본 합의서를 채택하였다.
③ 7·4 남북 공동 성명을 발표하였다.
④ 남북 정상 회담을 처음으로 개최하였다.
⑤ 이산가족 고향 방문을 최초로 성사시켰다.

**04** 다음 선언을 발표한 정부의 통일 노력으로 옳은 것은? [2점]

1. 남과 북은 나라의 통일 문제를 그 주인인 우리 민족끼리 서로 힘을 합쳐 자주적으로 해결해 나가기로 하였다.
2. 남과 북은 나라의 통일을 위한 남측의 연합제 안과 북측의 낮은 단계의 연방제 안이 서로 공통성이 있다고 인정하고 앞으로 이 방향에서 통일을 지향시켜 나가기로 하였다.
   ⋮

① 남북 조절 위원회를 구성하였다.
② 금강산 관광 사업을 실시하였다.
③ 남북 기본 합의서를 채택하였다.
④ 제2차 남북 정상 회담을 개최하였다.
⑤ 이산가족 고향 방문을 최초로 성사시켰다.

## 01 키워드 298 | 전태일 답 ②

뉴스에서 전태일 분신 사건에 대해 보도하고 있네요. 1960~70년대에 농촌 인구의 도시 유입이 가속화되어 도시 인구가 급증하였습니다. 이 때문에 노동력의 과잉 공급이 이루어져 저임금이 유지되는 악순환이 되풀이되었고, 노동자와 농민의 삶의 질은 열악해졌죠. 정부의 제조업과 수출 위주 경제 정책, 그리고 이를 위한 저곡가 정책과 저임금 정책은 빈부 격차를 심화시켰습니다. 평소 노동자들의 인권 보장을 위해 노력한 전태일은 노동자의 목소리를 외면하는 정부의 태도에 저항하여 1970년 근로 기준법 준수를 외치며 몸에 기름을 붓고 불을 붙여 분신했어요. 급속한 경제 성장의 이면에 드리워진 우리 사회의 어두운 그늘을 보여 주네요. 그의 분신 이후에 노동자의 인권에 대한 관심이 높아져 최저 임금법이 1986년에 제정되었습니다. 이런 열악한 상황 속에서도 1977년, 수출 100억 달러를 달성하죠. 이는 국가 발전을 위해 묵묵히 희생한 노동자들의 노력이 맺은 결실이 아닐까요?

### 바로알기

ㄴ. 한·미 원조 협정은 대한민국 정부가 수립된 직후인 1948년에 체결되었습니다.

ㄹ. 제1차 경제 개발 5개년 계획은 1962년부터 5년간 추진되었습니다.

## 02 키워드 302 | IMF 사태 답 ③

1997년 우리나라가 국제 통화 기금(IMF)에 구제 금융 요청을 했을 때 어떤 일들이 있었을까요? 김영삼 정부 때 터진 외환 위기를 김대중 정부가 고스란히 이어받게 됩니다. 김대중 정부에게는 국제 통화 기금 관리 체제에서 벗어나는 일이 최우선 과제였죠. 이를 위해 정부는 기업의 구조 조정 및 금융 개혁을 단행합니다. 국민들은 금 모으기 운동에 힘을 모았고요. 장롱 속에 있던 아기 돌 반지, 결혼 패물 등 금이란 금은 모두 들고 나오죠. 이런 노력 덕분에 2001년 김대중 정부는 국제 통화 기금에서 지원받은 자금을 조기에 상환할 수 있었습니다. 대한민국 국민 짱!

### 바로알기

① 박정희 정부 때 낙후된 농어촌을 살리기 위해 새마을 운동이 추진되었어요.

② 6·25 전쟁이 끝난 직후인 1950년대에 미국은 농산물 등을 무상으로 원조해 주었습니다.

④ 서독에 광부와 간호사를 파견해 외화를 벌어들인 시기는 박정희 정부 때입니다. 이들이 벌어들인 수입은 한국 경제 발전의 종잣돈이 되었죠.

⑤ 유럽 연합과의 자유 무역 협정은 2009년 이명박 정부 때 체결되었어요.

## 03 키워드 303 | 7·4 남북 공동 성명 답 ②

노태우 정부는 북방 정책을 추진하면서 소련, 중국과 수교를 하였어요. 그리고 이러한 흐름 속에서 북한과도 대화를 시도합니다. 1991년에 남북이 동시에 유엔에 가입하고, 고위급 회담의 결과 최초의 공식 합의서인 남북 기본 합의서를 채택했어요. 또 남북이 공동으로 한반도 비핵화 선언에도 합의했지요.

### 바로알기

① 금강산 관광 사업은 김대중 정부 때 이루어집니다.

③ 박정희 정부 때 7·4 남북 공동 성명 발표 이후 이를 구체적으로 실천하기 위해 남북 조절 위원회를 구성합니다.

④ 대북 포용 정책인 햇볕 정책을 펴 오던 김대중 정부는 2000년 6월, 최초로 남북 정상 회담을 개최했어요.

⑤ 남북 이산가족 고향 방문단이 최초로 상봉한 건 전두환 정부 때의 일입니다.

## 04 키워드 304 | 6·15 남북 공동 선언 답 ②

자료는 2000년에 채택된 6·15 남북 공동 선언의 일부입니다. '남측의 연합제 안과 북측의 낮은 단계의 연방제 안'이 결정적인 힌트입니다. 역사상 최초의 남북 정상 회담을 성사시킨 김대중 정부는 정상 회담 이전인 1998년부터 금강산 관광 사업을 시작했습니다. 처음에는 배를 타고 북한으로 갔지만, 2003년부터는 육로를 이용하여 북한으로 갈 만큼 관계가 발전했었습니다. 아쉽게도 현재는 중단된 상태이지요. 6·15 남북 공동 선언의 결과 이산가족 방문단의 서울·평양 동시 상봉과 비전향 장기수의 북송이 이루어졌죠. 또 경의선 복구 사업, 개성 공단 건설 등 남북 경제 협력이 활발하게 진행되었습니다.

### 바로알기

① 1972년 7·4 남북 공동 성명이 발표되고 남북 조절 위원회를 설치하여 구체적인 통일 방안을 논의하였어요.

③ 노태우 정부 시기인 1991년 남북 기본 합의서가 채택되었습니다. 이 합의서에서는 남북 관계를 잠정적인 특수 관계로 규정하였고, 남북 간 교류도 민족 내 교류로 규정한 것이 특징입니다.

④ 노무현 정부 시기인 2007년 역사상 두 번째로 남북 정상 회담이 열렸습니다.

⑤ 전두환 정부 때인 1984년, 남한이 큰 수해를 입자 북한이 구호 물자를 보냅니다. 이에 대한 화답으로 1985년 처음으로 이산가족 상봉과 예술 공연단 교환이 실현되었죠.

# 시험에 자주 나오는 유물·유적

자주 나오는 그림 자료를 총정리했으니, 그림과 설명을 보고 그림의 이름을 기억해 보세요.

## 1 유물

| 구석기 시대 | 신석기 시대 | | | 청동기 시대 | |
|---|---|---|---|---|---|

- 연천 전곡리 출토
- 손에 쥐고 쓰는 도끼 형태의 뗀석기

- 실을 뽑고, 옷이나 그물 제작에 사용

- 곡물이나 나무 열매를 부수어 가는 데 사용

- 빗살 같은 줄이 새겨진 토기로 곡식을 저장하는 용도의 그릇

- 민무늬 토기의 한 종류
- 양옆에 손잡이가 있음

- 돌로 만든 반달 모양의 농기구
- 곡식의 이삭을 자르는 데 사용

## 2 불상

| 고구려 | 백제 | 삼국 | 발해 | 고려 |
|---|---|---|---|---|

- 뒷면에 고구려와 관련된 글이 새겨져 있으며, 신라 지역에서 발견

- 불상 얼굴에 보이는 온화한 미소가 특징, '백제의 미소'라 불림

- 일본에 영향을 끼쳤으며, 고류사 목조 미륵보살 반가 사유상과 모양이 흡사함

- 두 부처가 나란히 앉은 불상
- 연꽃의 표현 방식 등이 고구려 전통을 계승한 것으로 보임

- 영주 부석사
- 신라 양식 계승

- 고려 초기 제작된 대형 석불로 지역적 특색 반영

## 3 탑

| 백제 | | 신라 | 통일 신라 | 고려 |
|---|---|---|---|---|

- 전북 익산
- 목탑 양식의 석탑

- 충남 부여
- 목탑에서 석탑으로 넘어가는 과도기적 단계에서 나타난 형태

- 현존 신라 석탑 중 최고 오래됨. 돌을 벽돌 모양으로 만들어 쌓음

- 불국사의 서쪽 탑
- 2단 기단 위에 3층의 탑신

- 강원 평창
- 고려 초기의 다각 다층탑

- 개성. 원의 영향을 받음
- 원각사지 10층 석탑에 영향을 줌

## 4 비석

| 고구려 | 신라 | | 조선 | | |
|---|---|---|---|---|---|

- 만주 지린성. 장수왕이 아버지의 업적을 기리기 위해 세운 비석

- 불교의 수용을 위해 목숨을 바친 이차돈을 기리는 비석

- 진흥왕, 서울 북한산
- 한강 유역까지의 영토 확장을 기념하여 세움
- 추사 김정희가 발견

- 숙종, 조선과 청의 경계선을 확정하기 위해 세운 비
- 토문강에 대한 해석을 둘러싼 간도 귀속 문제 발생

- 영조, 유생들이 붕당에 물들지 않고 학문을 연마할 것을 당부, 성균관 앞에 세움

- 흥선 대원군, 통상 수교 거부의 의지를 확고히 하기 위해 세움

| 정답 | 주먹도끼 | 가락바퀴 | 갈판과 갈돌 | 빗살무늬 토기 | 미송리식 토기 | 반달 돌칼 |
|---|---|---|---|---|---|---|
| | 금동 연가 7년명 여래 입상 | 서산 용현리 마애여래 삼존상 | 금동 미륵보살 반가 사유상 | 이불병좌상 | 영주 부석사 소조 아미타여래 좌상 | 논산 관촉사 석조 미륵보살 입상 |
| | 미륵사지 석탑 | 정림사지 5층 석탑 | 분황사 모전 석탑 | 불국사 3층 석탑(석가탑) | 월정사 8각 9층 석탑 | 경천사지 10층 석탑 |
| | 광개토 대왕릉비 | 이차돈 순교비 | 북한산 진흥왕 순수비 | 백두산정계비 | 탕평비 | 척화비 |

## 5 과학 기술

### 신라

- 선덕 여왕 때 천체 관측을 목적으로 세움

### 고려

- 개성, 사천대 관리가 관측 업무를 수행함

### 조선 전기

- 태조 고구려의 천문도를 바탕으로 제작

- 물이 흐르는 것을 이용한 시간 측정 기구(물시계)

- 바늘 끝이 가리키는 그림자로 시간을 알리는 해시계

- 천체의 운행과 그 위치를 측정하는 관측 기구

### 조선 후기

- 청으로부터 들어온 세계 지도로 조선인들의 세계관 확대에 영향을 줌

- 정약용, 무거운 물건을 들어올리는 기계로 수원 화성의 건축에 이용

- 김정호, 정확하고 정밀한 과학적 실측 지도

## 6 인쇄술

### 통일 신라

- 불국사 3층 석탑에서 발견
- 현존하는 세계에서 가장 오래된 목판 인쇄물

### 고려

- 목판 인쇄술, 합천 해인사에 보관, 몽골의 침략을 물리치기 위해 제작

- 청주 흥덕사에서 간행
- 현존하는 세계 최고(最古)의 금속 활자본

## 7 동전

### 고려

- 성종, 관에서 주조한 우리나라 최초의 화폐
- 숙종, 은 1근으로 만든 병 모양의 고가 화폐

### 조선 후기

- 인조 때 주조되기 시작하여 숙종 때 활발히 유통된 화폐
- 흥선 대원군이 경복궁 중건을 위해 발행

## 8 건축

### 고려

- 현존하는 목조 건축물 가운데 가장 오래된 것으로 주심포 양식의 건물
- 경북 영주 목조 건축물
- 주심포 양식, 배흘림기둥

### 고려

- 충남 예산
- 주심포, 배흘림기둥의 건축 양식으로 지어짐

### 조선 전기

- 한양 천도 후 가장 먼저 지은 궁궐
- 임진왜란 때 소실되어 흥선 대원군 때 중건

### 조선 후기

- 정조
- 당시 과학 기술의 집대성(거중기 사용)

- 1898년 서양 고딕 양식으로 지어진 건축물

### 대한 제국

- 르네상스 양식의 석조 건물
- 고종의 편전이나 침전으로 사용

- 독립 협회가 독립 의식을 고취하고자 성금을 모아 영은문이 헐린 자리에 건립

## 9 무덤 관련 유물

### 고구려

- 돌무지무덤, 돌을 계단식으로 7층까지 쌓아올림
- 만주 지린성 지안

- 돌로 널방을 만들고 그 위에 흙을 덮는 방식
- 삼국에서 공통으로 발견되는 고분 양식

- 무용총에서 발견된 고분 벽화
- 무예를 숭상한 분위기 반영

### 백제

- 계단식 돌무지무덤
- 한성 백제 시기 조성됨

- 벽돌무덤(중국 남조의 영향)
- 금제 관 장식, 오수전 등 출토

### 신라

- 신라 전기를 대표하는 고분 양식
- 경주 천마총에서 출토

| 정답 | 첨성대 | 첨성대(개성) | 천상열차분야지도 각석 | 자격루 | 앙부일구 | 혼천의 |
|------|--------|--------------|----------------------|--------|----------|--------|
| | 곤여만국전도 | 거중기 | 대동여지도 | 무구정광대다라니경 | 팔만대장경 | 직지심체요절 |
| | 건원중보 | 은병(활구) | 상평통보 | 당백전 | 안동 봉정사 극락전 | 영주 부석사 무량수전 |
| | 예산 수덕사 대웅전 | 경복궁 | 수원 화성 | 명동 성당 | 덕수궁 석조전 | 영은문 터와 독립문 |
| | 장군총 | 굴식 돌방무덤 | 무용총 수렵도 | 석촌동 돌무지무덤 | 무령왕릉 | 돌무지덧널무덤/천마도 |

# ⑩ 유네스코 세계 문화유산

- 조선 왕조 역대 왕과 왕비 및 추존된 왕과 왕비의 신주를 모시고 제사를 지냄

- 인공 석굴로 1995년에 유네스코 세계 문화유산으로 등록
- 경덕왕 10년, 김대성이 현생의 부모를 위해 창건을 시작한 것으로 기록

- 고려 대장경판 8만여 장을 보존하기 위해 만든 판전
- 해인사 경내에 있는 건물 중 가장 오래됨

- 조선 정조 때 정약용이 동·서양의 기술서를 참고하여 고안한 거중기, 녹로 등 근대 과학적 기구를 활용하여 건축

- 서울 종로에 있는 조선의 궁궐로 광해군 때부터 고종 때까지 역대 임금들이 나랏일을 보던 정궁으로 사용

- 청동기 시대의 대표적 무덤 양식

- 경주에 흩어져 있는 신라 유적을 지구 단위로 분류, 유적의 성격에 따라 5개 지구로 나눔

- 유교 사상과 토착 신앙 등 한국인의 세계관이 반영된 왕실의 장묘 문화 공간

- 하회와 양동이라는 이름으로 2010년에 유네스코 세계유산으로 등재

- 2014년 6월 11번째 유네스코 세계유산으로 등재. 산성 안에는 영조·정조 등 여러 왕들이 다녀간 이궁이 있음

- 공주 공산성과 송산리 고분군, 부여 관북리 유적·부소산성, 능산리 고분군·정림사지·나성, 익산 왕궁리 유적·미륵사지 유적이 해당

# ⑪ 세시 풍속

## 정월 대보름(음 1. 15.)

- 창건 이후 현재까지 불교의 신앙·수도·생활 기능을 유지하고 있는 종합 승원으로 통도사·부석사·봉정사·법주사·마곡사·선암사·대흥사 총 7곳 등재

- 조선 시대에 선현에 대한 제사를 지내고 지역의 인재를 모아 학문을 가르친 교육 기관으로, 경북 영주시 소수서원 등 총 9곳이 등재됨

- 두 편으로 나누어 고를 어깨에 메고 서로 부딪쳐 상대편 고를 눌러 땅에 닿게 하는 놀이

- 단장한 젊은 여자들이 공주를 뽑고 나머지 여성들이 허리를 굽혀 그 위로 공주를 걸어가게 하는 놀이

- 집터를 지켜준다는 지신에게 고사를 올리고 풍물을 올리며 축복을 비는 모습

- 나무 더미를 쌓아 '달집'을 짓고 달이 떠오르면 불을 놓아 나쁜 것을 없애고 복을 기원하는 풍습

- 정월 대보름 전날 농촌에서 논밭두렁 등의 마른 풀에 불을 놓아 태우는 풍습

- '동채'라는 기구를 만들어 양편으로 갈라져 밀어붙여 승패를 겨루는 경기

### 삼짇날(음 3. 3.)

- 삼짇날은 강남 갔던 제비가 돌아와 새봄을 알린다는 의미
- 경치 좋은 곳에서 꽃을 보며 노는 꽃놀이로, 진달래꽃으로 전을 지져 먹고 가무를 즐김

### 한식(4월 5일경)

산소에서 제사를 지내는 모습
- 조선 4대 명절의 하나, 조상의 산소에서 제사를 지낼 때 묘가 헐었으면 떼를 다시 입히기도 함. 이날은 더운밥을 피하고 찬밥을 먹는 풍습이 있음

### 단오(음 5. 5.)

- 수릿날이라고 불리는 단오에 행하는 풍속

- 창포 삶은 물에 머리를 감는 풍속

### 칠석(음 7. 7.)

덕흥리 고분의 견우와 직녀
- 견우와 직녀가 만나는 날. 처녀들이 직녀성을 보며 바느질 솜씨가 좋아지기를 비는 걸교, 햇볕에 책을 말리는 풍속이 있음

### 백중(음 7. 15.)

- 백중은 호미 씻는 날, 머슴날이라 불림
- 음식과 술을 나누어 먹으며 이 놀이를 즐겼으며, 힘든 농사일을 앞두고 머슴을 쉬게 함

### 추석(음 8. 15.)

- 전라남도 해안 지방에서 추석(중추절)을 전후한 밤에 행한 여성 집단 놀이

### 동지(양 12. 22.)

- 일 년 중 밤이 가장 길고 낮이 가장 짧은 날에 먹는 음식
- 동지는 우리나라에서 작은 설이라 하기도 함

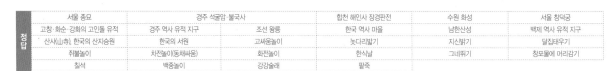

| 정답 | | | | | |
|---|---|---|---|---|---|
| | 서울 종묘 | 경주 석굴암·불국사 | | 합천 해인사 장경판전 | 수원 화성 | 서울 창덕궁 |
| | 고창·화순·강화의 고인돌 유적 | 경주 역사 유적 지구 | 조선 왕릉 | 한국 역사 마을 | 남한산성 | 백제 역사 유적 지구 |
| | 산사(山寺), 한국의 산지승원 | 한국의 서원 | 고싸움놀이 | 낫다리밟기 | 지신밟기 | 달집태우기 |
| | 쥐불놀이 | 차전놀이(동채싸움) | 화전놀이 | 한식날 | 그네뛰기 | 창포물에 머리감기 |
| | 칠석 | 백중놀이 | 강강술래 | 팥죽 | | |

# 근현대사
# 주요 인물

김옥균 1851-1894

| 1870 | 박규수 문하에서 공부 |
| 1881 | 후쿠자와 유키치의 문명 개화론 수용 |
| 1884 | 일본 정부와 차관 협상 실패 후 갑신정변 주도 (갑신정변 실패 후 일본 망명) |
| 1894 | 청에서 홍종우에게 암살당함 |

유길준 1856-1914

| 1883 | 한성순보 발간의 실무 책임 |
| 1885 | 유럽 여러 나라를 시찰하고 귀국 개화당으로 몰려 구금 조선 중립화론 주장 |
| 1895 | 『서유견문』 집필 |
| 1896 | 갑오·을미개혁 참여 아관 파천 직후 일본으로 망명 |

홍범도 1868-1943

| 1920 | 대한 독립군 사령관으로 봉오동 전투와 청산리 대첩에 참가해 일본군 격파 |
| 1921 | 자유시 참변 이후 러시아 적군에 편입 |
| 1937 | 스탈린에 의해 중앙아시아로 강제 이주 |

안중근 1879-1910

| 1907 | 국채 보상 운동에 참여 |
| 1909 | 만주 하얼빈에서 이토 히로부미 사살 |
| 1910 | 『동양평화론』 저술 뤼순 감옥에서 순국 |

김원봉 1898-1958

| 1919 | 지린성에서 의열단 조직 |
| 1926 | 황푸 군관 학교 졸업 |
| 1932 | 조선 혁명 간부 학교 설립 |
| 1935 | 민족 혁명당 창당 |
| 1938 | 조선 의용대 창설 |
| 1942 | 조선 의용대 일부를 이끌고 한국 광복군에 합류 |

김구 1876-1949

| 1919 | 대한민국 임시 정부 초대 경무국장 |
| 1930 | 한국 독립당 창당 |
| 1931 | 한인 애국단 조직 |
| 1940 | 한국 광복군 조직 임시 정부 주석 역임 |
| 1945 | 신탁 통치 반대 운동 주도 |
| 1948 | 남북 협상을 위해 김규식과 방북 |
| 1949 | 안두희에게 암살당함 |

김홍집 1842-1896

| 1880 | 제2차 수신사로 일본에 파견 황준헌의 『조선책략』을 들여옴 |
| 1894 | 갑오개혁 때 총리대신 역임 |
| 1896 | 아관 파천 직후 갑오 5적신으로 군중에게 피살됨 |

최익현 1833-1906

| 1846 | 이항로 문하에서 수학 |
| 1868 | 흥선 대원군의 경복궁 중건 비판 상소 |
| 1876 | 강화도 조약을 비판하며 왜양일체론 주장 |
| 1895 | 을미의병 거병 |
| 1905 | 을사의병 거병 |
| 1906 | 쓰시마섬에서 순국 |

김좌진 1889-1930

| 1916 | 대한 광복회에 가담 부사령관 역임 |
| 1919 | 대종교 입교 무오 독립 선언서에 서명 |
| 1920 | 북로 군정서 총사령관으로 청산리 대첩 승리로 이끎 |
| 1925 | 신민부 결성 |

안창호 1878-1938

| 1907 | 신민회 조직 |
| 1908 | 평양에 대성 학교 설립 |
| 1910 | 대한인 국민회 조직 |
| 1913 | 미국에서 흥사단 조직 |
| 1923 | 대한민국 임시 정부에서 개조파로 활동 |

박은식 1859-1925

| 1904 | 대한매일신보 주필 역임 |
| 1907 | 신민회 가입 |
| 1909 | 『유교 구신론』 제기 |
| 1910 | 조선 광문회 활동 |
| 1915 | 『한국통사』 저술 |
| 1920 | 『한국독립운동지혈사』 간행 |
| 1925 | 임시 정부 제2대 대통령 역임 |

여운형 1886-1947

| 1933 | 조선중앙일보 사장 취임 일장기 말소 사건(1936) |
| 1944 | 조선 건국 동맹 조직 |
| 1945 | 조선 건국 준비 위원회 조직 |
| 1946 | 좌우 합작 위원회 위원장 |
| 1947 | 서울 혜화동 거리에서 암살당함 |

# 우리나라 지역사

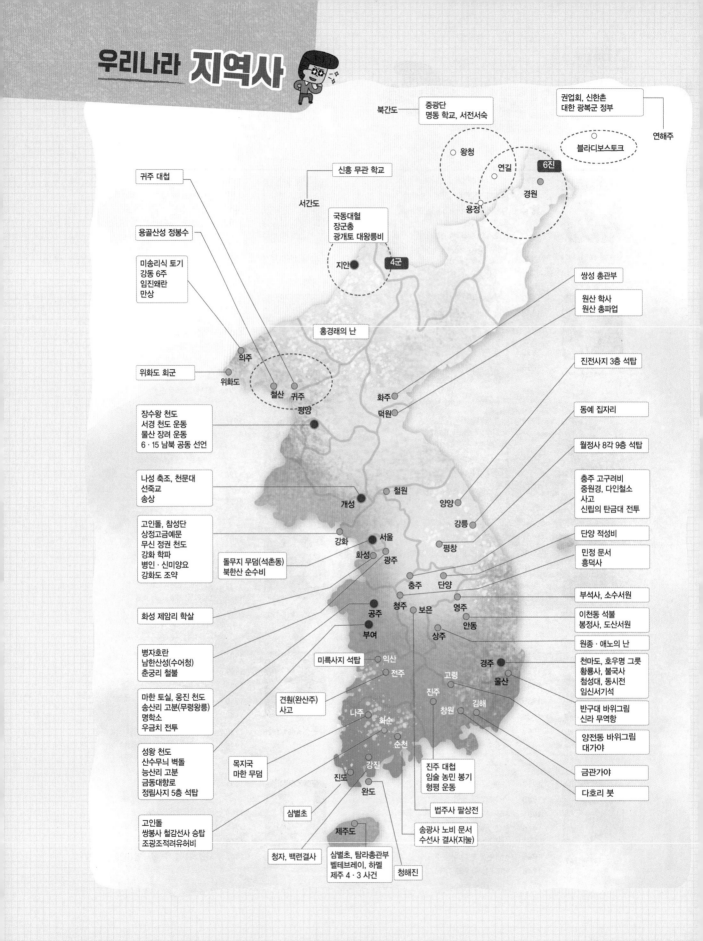

- 권업회, 신한촌 / 대한 광복군 정부 — 연해주
- 중광단 / 명동 학교, 서전서숙 — 북간도
- 블라디보스토크
- 신흥 무관 학교 — 서간도
- 왕청
- 연길
- 6진
- 경원
- 용정
- 국동대혈 / 장군총 / 광개토 대왕릉비
- 지안 — 4군
- 쌍성 총관부
- 원산 학사 / 원산 총파업
- 귀주 대첩
- 용골산성 정봉수
- 미송리식 토기 / 강동 6주 / 임진왜란 / 만상
- 홍경래의 난
- 의주
- 위화도 회군 — 위화도
- 철산 귀주
- 평양
- 진전사지 3층 석탑
- 화주
- 덕원
- 동예 집자리
- 월정사 8각 9층 석탑
- 장수왕 천도 / 서경 천도 운동 / 물산 장려 운동 / 6·15 남북 공동 선언
- 충주 고구려비 / 중원경, 다인철소 / 사고 / 신립의 탄금대 전투
- 나성 축조, 천문대 / 선죽교 / 송상
- 개성
- 철원
- 양양
- 강릉
- 평창
- 단양 적성비
- 민정 문서 / 흥덕사
- 고인돌, 참성단 / 상정고금예문 / 무신 정권 천도 / 강화 학파 / 병인·신미양요 / 강화도 조약
- 강화
- 서울
- 화성
- 광주
- 충주
- 단양
- 돌무지 무덤(석촌동) / 북한산 순수비
- 부석사, 소수서원
- 이천동 석불 / 봉정사, 도산서원
- 원종·애노의 난
- 화성 제암리 학살
- 청주
- 공주
- 보은
- 영주
- 안동
- 상주
- 경주
- 천마도, 호우명 그릇 / 황룡사, 불국사 / 첨성대, 동시전 / 임신서기석
- 병자호란 / 남한산성(수어청) / 춘궁리 철불
- 부여
- 미륵사지 석탑
- 익산
- 전주
- 고령
- 울산
- 김해
- 반구대 바위그림 / 신라 무역항
- 마한 토실, 웅진 천도 / 송산리 고분(무령왕릉) / 명학소 / 우금치 전투
- 견훤(완산주) / 사고
- 진주
- 창원
- 양전동 바위그림 / 대가야
- 성왕 천도 / 산수무늬 벽돌 / 능산리 고분 / 금동대향로 / 정림사지 5층 석탑
- 나주
- 화순
- 순천
- 금관가야
- 다호리 붓
- 목지국 / 마한 무덤
- 강진
- 진주 대첩 / 임술 농민 봉기 / 형평 운동
- 진도
- 완도
- 법주사 팔상전
- 고인돌 / 쌍봉사 철감선사 승탑 / 조광조적려유허비
- 삼별초
- 제주도
- 송광사 노비 문서 / 수선사 결사(지눌)
- 청자, 백련결사
- 삼별초, 탐라총관부 / 벨테브레이, 하멜 / 제주 4·3 사건
- 청해진